U0927487

灾后重建规划与田园村庄建设研究

——基于灾后村庄重建的盐城实践

倪　峰　李逸浩　主　编
陈　锋　张亚钊　副主编

南京大学出版社

图书在版编目(CIP)数据

灾后重建规划与田园村庄建设研究：基于灾后村庄重建的盐城实践 / 倪峰，李逸浩主编. —南京：南京大学出版社，2019.8

ISBN 978-7-305-21524-7

Ⅰ.①灾… Ⅱ.①倪… ②李… Ⅲ.①龙卷风—灾区—重建—研究—盐城 Ⅳ.①D632.5

中国版本图书馆 CIP 数据核字(2019)第 012352 号

出版发行 南京大学出版社
社　　址 南京市汉口路 22 号　　　邮　编 210093
出 版 人 金鑫荣

书　　名 灾后重建规划与田园村庄建设研究——基于灾后村庄重建的盐城实践
主　　编 倪　峰　李逸浩
责任编辑 郑晓宾　吴　汀　编辑热线 025-83593947

照　　排 南京紫藤制版印务中心
印　　刷 南京爱德印刷有限公司
开　　本 787×1092　1/16　印张 26.25　字数 529 千
版　　次 2019 年 8 月第 1 版　2019 年 8 月第 1 次印刷
ISBN 978-7-305-21524-7
定　　价 198.00 元

网　　址 http://www.njupco.com
官方微博 http://weibo.com/njupco
官方微信 njupress
销售咨询 (025)83594756

《灾后重建规划与田园村庄建设研究
——基于灾后村庄重建的盐城实践》
编撰委员会

主　　编　倪　峰　李逸浩

副 主 编　陈　锋　张亚钊

编　　委　王玉娟　李曙光　肖怀云
　　　　　顾海燕　龚晓芳

序　一

2017 年党的十九大报告提出乡村振兴战略，拉开了中国乡村转型的大幕，一时之间，各个领域的专家学者，争百家之言，展思想羽翼，从经济、社会、体制、文化、生态、治理等不同方面提出了各种精彩的观点学说。同时，乡村建设实践也拥有了推动乡村全面步入可持续良性发展轨道的政策立足点和战略总抓手，明确了未来发展的总体目标和基本方向。

伴随着工业化和城镇化转型的逐步深入，乡村现代化水平落后逐渐成为束缚地方乃至整个国家发展的主要瓶颈，也是让各级政府领导颇费心思的一项发展难题。在以往的建设实践工作中，往往容易出现因循守旧、偏重物质建设的模式或者是盲目拔高、脱离现实的做法，这些对乡村地区的可持续发展都是极为不利的。我国数千年的文化脉络源起于乡村，是古老的农耕文明孕育了不断繁荣昌盛的巍巍中华。乡村从来都不应该成为城镇发展的附属品和牺牲品，新型城镇化的最终目的绝不是消灭乡村，而是积极促进乡村的转型优化，使其有能力与城镇在互动并行中形成相互促进性的持续上升局面。

乡村振兴战略是新时代背景下基于当前中国乡村发展现状提出的全局性谋划，必然要求打破以往因追求短期成效或片面成果而导致的僵化局面，拓宽认知边界，升级发展思维，提升开创能力，激发和推动新型乡村空间形式的出现和成长。当然，我们深知，新型乡村的培育不可能一蹴而就，乡村空间功能定位转换也不是一朝一夕就能实现的，需要一个漫长而持续的奋斗过程。在这个过程中，有很多困惑亟待解答，很多难题需要攻克。比如新型乡村应该按什么样的标准体系来建设？乡村转型重点是引导原有村庄逐步转换，还是要除旧立新，全面建设新的村庄？乡村系统重塑的启动是从物质环境开始，还是从社会文化开始？推动乡村发展如何避免“授之以鱼”，转向“授之以渔”的建设方式？……乡村是一个囊括了经济、社会、文化、生态以及体制管理等方方面面的综合性系统，这个系统的转换逻辑是一个复杂而纷繁的混沌性过程，不是有着单一解数的线性过程。因此，我们认为对于当下乡村振兴事业而言，最首要的也许不是如何把乡村的物质空间建设得更加美丽整齐，而是如何全面转换变革思维，构建能够与新时代发展要求相匹配的新型理论框架体系。这需要在精准把握地域自身特点基础上，合理借鉴已有先进思想，融会贯通，激活创新，在不断反复的“积累—反思—破立—试验”中，循序渐进地构建乡村建设实践的内在精神支撑。

盐城市地处江苏省沿海中部，是承南启北、沟通黄海沿线的重要节点，也是典型的因农而兴的平原水网地区，拥有广袤的耕地和丰富的资源。这片土地不同于那些根植于富商官宦阶层文化形态为主的地域那样拥有众多特色鲜明的传统乡村聚落资源，有形的文化特色载体并不是很多。但是，这里浸渍着世世代代辛苦劳作者坚忍不拔的地域精神，凝聚着经过漫长历史时期累积和沉淀而成的文化精髓，这些都是宝贵的特色资源。2016 年，盐城的阜宁和射阳两县遭受了历史罕见的龙卷风冰雹特大灾害，这场劫难让当地遭受了巨大的经济损失，付出沉重的伤亡代价。但是，坚强的盐阜之魂并没有因此而表现出丁点儿的颓丧和懈怠，反而充分彰显和发扬了先祖们坚忍不拔、吃苦耐劳的传统精神，齐心协力，出色完成了灾后重建的各项任务，为受灾民众规划建设了一个个更加美好整洁的新型村庄，得到了大家的一致认可和肯定。

乡村振兴战略的实施才刚刚起步，前进的基本方向已经明确，但是具体路径的勾勒和开辟却需要基于地域发展考虑的统筹谋划。与其他地区一样，盐城乡村地区目前正处于以经济社会功能重新定位、空间布局重新调整、建筑设施全面更新等为主要内容的转型关键期，架构符合本土地域特征的乡村发展及其规划建设理论框架，是全面树立其内在精神支撑的重要前提。有鉴于此，在盐城市委、市政府的指导下，盐城市规划局组织编撰了《灾后重建规划与田园村庄建设研究——基于灾后村庄重建的盐城实践》一书，以一系列的田野调查、专题研究以及试验分析为前提，总结和评估了此次灾后重建整体效果，并在总结经验教训的基础上，进一步研究和探索了盐城地区实现乡村振兴的理论支撑和有效路径。本书的出版对于盐城及其他类似地区传统村庄转型及新型村庄规划建设的理论研究及实践探索，都具有较高的参考价值。在此，也希望这本书的出版，能够引发更多关于乡村建设的学术研究、理性思考和科学实践，为中国乡村振兴战略目标的实现添薪蓄力。

建设部原副部长、中国城市规划协会名誉会长 赵宝江

2019.3.21

序　　二

看过一部好莱坞大片，叫《龙卷风》(*Twister*)，导演是简·德·邦特，他还导过《生死时速》《古墓丽影2》等名片。《龙卷风》后来成为与《泰坦尼克号》齐名的十大好莱坞灾难片，堪称经典。这部片子的剧情已经变得模糊，但片中描写的龙卷风场景在我脑海中久久挥之不去，因为我就是来自一个龙卷风频发的地区，电影画面、音效唤起了童年的种种记忆。

龙卷风属于一种气象灾害。气象学上将龙卷风分为陆龙卷和海龙卷，多在春夏两季出现。与台风等巨系统相比，龙卷风只能说是“小玩闹”，但这个“麻烦制造者”因为出现频率高，有点儿神出鬼没、难以捉摸，显得很任性，又由于其中心附近地面气压极低，上升气流极强，能将火车卷入空中，将轮船抛到岸上，棍扫一遍的效果足以令人恐惧，因为被称为“破坏力最强的小尺度天气系统”。

2016年6月23日，阜宁、射阳等地遭受特大龙卷风洗劫，风力超过17级，伴随着暴雨冰雹，人民群众生命财产遭受巨大损失。媒体的报导，唤起我童年时的家乡记忆，每到夏季总有一些类似的事情发生，亲戚、朋友、同学家房屋倒塌，作物受损，生活一下子难以为继。时代毕竟不同了，盐城受灾地区的民众生活得到党和政府以及全社会的关心，灾害对生活秩序的影响降到了最低，但是，家园重建的话题，仍然是灾区必须面对的现实难点。

灾后重建既是盐城市特别是阜宁、射阳两地政府的重大任务，也是全国其他遭受各种灾害的地区不得不面对的挑战。我国是一个各种自然灾害频发的国家，唐山大地震、汶川大地震等特大自然灾害造成的伤痛至今难以抹去，如何治疗大自然给人居环境造成的创伤，需要制度保障、政策扶持、群策群力、技术支撑等，更需要理念更新。“防灾减灾救灾工作事关人民群众生命财产安全，事关社会和谐稳定，是衡量执政党领导力、检验政府执行力、评判国家动员力、彰显民族凝聚力的一个重要方面。”①

显而易见，如何认识自然灾害，怎样正确应对灾害带来的挑战，成为防灾减灾的关键，也成为灾后重建工作的起点。

受农业文明影响，在处理人与自然关系方面，先民对于自然充满敬畏之情，并且孕育了各种自然崇拜，同时，也形成了“高毋近阜而水用足，下毋近水而沟防省”②之类的自然智慧，造就了“水陆并行、河街相邻”的平江城（苏州古城）双棋盘格局，折射出优秀的中华传统理水营城哲学。

近代工业化以来，伴随着人口的不断增长和技术的突飞猛进，传统农业社会“因天之时，分地之利”的哲学被诠释成了单一的“改造自然”的理念，生物学“物竞天择，适者生存”、“弱肉强食”的原理被运用到极致，产生了藐视自然、战胜自然的惯性，甚至违反自然规律，“陶醉于对自然界的胜利”。不幸的是，“每一次这样的胜利，自然界都报复了我们”③。

进入新时代以来，尊重自然、顺应自然的价值观逐步得以确立。人们意识到，如果说肥田沃土是大自然给我们的恩赐的话，自然灾害则是这个恩赐的“附赠品”，我们不能每天享受着大自然的恩赐，却拒绝接受自然灾害频仍的事实，与其简单地恐惧、憎恨自然灾害，不如学会“与狼共舞”，允许自然界“带病生存”，妥善应对人居环境与灾共存的常态。

制作应对灾难的“疗伤药”，不仅要有战胜灾害的英雄气概和成就感，更要有放慢脚步、思考社会经济和人居环境发展方式的理性。盐城“6・23”特大龙卷风灾害后有关部门组织的相关研究和规划工作，正是这样一副疗伤“特效药”。盐城实践的高明之处在于，以积极的态度，主动应对灾害挑战，十分重视通过规划，统筹灾后重建，不是简单地着眼于房屋毁损的恢复重建，而是将其置于“实现受灾区域农民生活显著改善、农村社会和谐共融、产业经济整体提升、自然环境生态美丽、灾害防治安全有效的良性发展”的大框架下，通过“一系列的实地调研评估、专题研究以及

---

① 国务院办公厅:《国家综合防灾减灾规划(2016—2020年)》，2016年12月29日。

② 《管子・乘马篇》。

③ 《自然辩证法》，《马克思恩格斯全集》，第20卷，519页。

试验探索活动”，对村庄规划及田园村庄建设进行了系统总结与思考，涉及政策、规划、设计等不同层面，既有政府行动——从物质环境重建，到经济社会发展，又有村民的主体作用的发挥，以及全社会的共同参与。

我认为本书的价值不只在于灾后重建或田园村庄建设，不只在于对政策、规划、技术进行的深入研究，不只在于村庄规划怎么做或规划方案本身的优劣，更在于理性思考乡村经济社会发展与自然的关系，人居环境建设与综合防灾减灾的关系，在于践行“发展必须是遵循经济规律的科学发展，必须是遵循自然规律的可持续发展，必须是遵循社会规律的包容性发展”[①]。

作者嘱我写序，我借此机会记下片段思路，是为序。

2019 年 4 月 27 日于京

① 《习近平强调十三五规划尊重经济规律，走出中等收入国家陷阱》，人民网，http://politics.people.com.cn/n/2015/1029/c1001-27753492.html

前　　言

2016年6月23日，盐城市阜宁县、射阳县部分地区突发龙卷风冰雹特大灾害，9个镇(街道)29个村的大量民房、厂房、校舍倒塌，造成99人遇难、4.55万人受灾，直接经济损失超6亿元。灾害发生后，在党中央、国务院和江苏省委、省政府的坚强领导下，灾后重建工作迅速启动，历时一年多，建成集中安置点20个、安置5164户，基本完成灾后重建集中安置点建设任务。

我亲历了整个灾后重建的过程。为了迅速做好灾后重建工作，盐城市委、市政府成立了灾后重建指挥部，市长担任指挥长，我和李逸浩副市长以及两个县的县委书记任副指挥长。我们把规划作为灾后重建的基础性工作，放在重中之重的位置，聘请江苏省城镇与乡村规划设计院、江苏省城市规划设计研究院、上海市城市规划设计研究院和浙江省城乡规划设计研究院等4家省级甲级设计单位，开展20个集中安置点修建详规编制工作。围绕建设新农村集中居住点的目标定位，规划编制强调“模糊边界”，在村庄与田园之间自然过渡，让人记得住乡愁；强调多样性，根据每个安置点的区位条件、道路交通、河流水系等差异，因地制宜、合理布局；强调以人为本，安置点建设党群服务中心、幼儿园、卫生室、健身场地、晒谷场、农机房等，满足新时代农民需求。按照这个规划思路，高质量地完成了20个灾后重建集中安置点建设任务。

在欣慰之余，我们考虑，此次灾后重建规划的成果对于面广量大的农村集中居住点规划建设是否有参考价值？江苏省委十三届四次全会做出了“推进苏北地区农村群众按城镇化规律集中居住、真正过上与时代同步的现代城镇生活”的部署，各地在落实的过程中，首先面临的是规划问题。因此对此次灾后重建规划成果进行深入研究、固化、提升，很有必要，也正当其时，可以为今后的新农村建设，农村集中居住点规划建设提供借鉴和可以参考的样板。

鉴于此，我们组织相关领域的专家学者，经过为期一年的努力，完成了《灾后重建规划与田园村庄建设研究——基于灾后村庄重建的盐城实践》一书的编撰工作。本书分为上下两篇。上篇包括第一章至第五章，重点介绍盐城村庄发展的总体特征，此次自然灾害的受灾情况，并从总体规划、村庄建设规划以及建筑设计等方面对灾后重建的具体状况进行了详细阐述，最后对灾后重建效果进行了量化评估。下篇包括第六章至第九章，以田园村庄理念为研究基点，在对概念的内涵、处延以及相关理论等进行全面阐述的基础上，重点对盐城四个具有典型性和先行性的村庄空间演变特征进行剖析，发现问题，揭示机制，引发田园村庄理念指向的反思；并在对国内外先进地区村庄建设的宝贵经验进行借鉴的基础上，提出田园村庄的理论框架及其构建策略，希望能够对破解当前村庄空间转型困境，优化村庄规划体系，开辟乡村振兴路径有所助益。

这个研究成果对于推进农村集中居住点建设的现实意义主要有四个方面。一是要坚持规划引领。创新规划理念，改进规划方法，加强科学论证，切实提高规划的科学性、实效性，维护规划的权威性、严肃性，为民房建设和农村建设提供遵循依据。二是要坚持以人为本。习近平总书记说“房子是用来住的”。农村集中居住点的规划要突出农房的居住功能，在户型设计、公共配套等方面充分尊重村民意愿，切实满足农民生产生活需求。三是要打造田园乡村特色。与当地农村的环境相匹配，与规划地区的自然肌理相适应，遵循村庄自身发展规律，加强人文历史、乡风民俗、地域民居文化等元素的表达，保持乡村人文环境的原真性，对当地产业、旅游发展起到锦上添花的作用。四是要提供多样化选择。多设计不同民居户型图及风貌方案，充分满足农民多样性选择需求，让每个农民能够像城里人一样根据自身实际情况选择房屋。

感谢市委、市政府的高度重视、大力支持，感谢相关规划编制单位的密切配合，感谢专家学者欣然作序，感谢参与编著同志的辛勤付出，感谢出版社的严格编审！

倪　峰

2019 年 3 月于盐城

目　录

序　一　/ 001
序　二　/ 001
前　言　/ 001
绪　论　/ 001

上篇　立足现实，志存高远：盐城灾后村庄重建规划实践

第一章　盐城村庄发展现状及其受灾概况

第一节　盐城村庄发展的总体地域特征　/ 011
第二节　盐城“6·23”龙卷风灾害受灾概况　/ 020
第三节　受灾区域村庄发展特征　/ 033

第二章　盐城灾后重建之村庄统筹规划

第一节　灾后重建规划实践的案例研究　/ 043
第二节　灾后村庄重建规划的再认识　/ 050
第三节　盐城灾后重建总体规划　/ 055
第四节　灾后重建政策研究　/ 066

盐城灾后重建之村庄建设规划

第一节　村庄重建规划过程　/ 078
第二节　村庄重建规划总则　/ 087
第三节　村庄重建规划内容　/ 094
第四节　五个村庄重建规划实录　/ 110

盐城灾后重建之建筑设计

第一节　灾后重建建筑概况　/ 127
第二节　村庄居住建筑设计　/ 132
第三节　乡村公共服务中心建筑设计　/ 142
第四节　乡村幼儿园建筑设计　/ 148
第五节　灾后纪念性建筑设计　/ 155

盐城灾后重建效果评价研究

第一节　灾后重建效果评价理论概述　/ 163
第二节　灾后重建效果评价指标体系构建　/ 169
第三节　灾后重建效果评价实证分析　/ 177

下篇　他山之石，可以攻玉：田园村庄规划建设的经验启示

“田园村庄”视野下的主体转型与空间重构

第一节　理论：“田园村庄”、“主体转型”与“空间重构”　/ 202
第二节　观察：四个案例村庄的田野调查研究　/ 210

第三节　解析：盐城村庄空间重构特征总结　/ 244

第七章　国外不同地域环境下的村庄发展研究

第一节　美国乡村：现代化大规模农业经济　/ 249
第二节　德国乡村：以城带乡、城乡融合　/ 259
第三节　荷兰乡村：集约化、专业化、合作化　/ 267
第四节　韩国乡村：政府主导、社会参与、村民自主　/ 277
第五节　日本乡村：以工促农、一村一品　/ 284

第八章　国内不同地域背景下的村庄建设案例研究

第一节　南京江宁美丽乡村示范区建设研究　/ 293
第二节　浔龙河生态艺术小镇建设研究　/ 304
第三节　无锡阳山村庄田园综合体建设研究　/ 313
第四节　南张楼村“巴伐利亚试验”研究　/ 324

第九章　基于主体协同的田园村庄营建路径探索

第一节　村民主体作用下的村庄空间转型机制　/ 332
第二节　顺应村民主体转型的田园村庄发展思想　/ 351
第三节　契合村民主体需求的村庄规划策略更新　/ 355
第四节　促进村民主体协同的村庄治理策略更新　/ 371
第五节　田园村庄理念下盐城乡村振兴战略实践　/ 376

结语　/ 390

参考文献　/ 392

绪　论

2016年6月23日下午14时至15时，江苏省盐城市阜宁、射阳遭遇EF4级、风力超过17级的龙卷风，引发暴雨、冰雹、雷电等极端天气，受灾地区民众的生命财产遭受了严重损失，生态环境遭到严重破坏，农业产业经济遭受重创，基础设施和公共服务设施遭受不同程度损毁和破坏。面对罕见的巨大灾难，在党中央、国务院的坚强领导下，省委、省政府的统一部署下，市委、市政府的精心组织和直接指挥下，以及社会各界人士的关注支持下，全市广大干部群众奋起救援，在最短时间内启动应急响应，开展全覆盖、地毯式搜救，确保受伤人员得到有效救治，并积极组织受灾民众完成应急安置，最大限度地减少了人民群众生命财产损失，取得了抗灾救灾的阶段性胜利。大灾之后的恢复重建事关受灾地区的长远发展和民众的长远生计，事关人民团结和社会稳定，事关与全市全省同步实现全面建成小康社会的目标，是一项紧迫而艰巨的重大工作任务。灾后重建规划为科学、有序、高效推进灾后恢复重建，实现受灾区域农民生活显著改善、农村社会和谐共融、产业经济整体提升、自然环境生态美丽、灾害防治安全有效的良性发展，做出了重大贡献。为总结灾后重建规划的宝贵经验，明确灾后重建规划的实施效果，提高重建规划科学性和技术性，在盐城市委、市政府的领导下，盐城市规划局以一系列的实地调研评估、专题研究以及试验探索活动为基础，进行了盐城灾后村庄重建规划及田园村庄建设的相关研究。

一、研究背景

（一）国家战略背景

长期以来，由于城乡二元结构的存在，我国城乡之间发展存在着巨大的差异，乡村地区在经济发展、人均收入以及设施建设方面均远远落后于城市。党的十六大以来，打破城乡二元结构、推进城乡统筹协调发展已成为上至中央下至地方的发展共识，乡村发展和建设也进入新的时期。伴随着城镇化的快速推进，乡村作为资源输出方，当前发展面临经济、社会、文化等诸多方面的问题。加强乡村基础设施建设，改善农民生产生活条件，是落实新型城镇化基本国策的重要举措，是城乡一体化发展的有力抓手，是建设田园村庄的重要内容，也是全面建成小康社会的重要支撑。跨入21世纪以来，党和国家一直以“统筹城乡发展、统筹区域发展、统筹经济社会发展、统筹人与自然和谐发展、统筹国内发展和对外开放”为核心的科学发展观来指导、推进国家发展，推出了一系列有关“三农”问题的相关政策。

早在2002年，十六大以来，党中央、国务院为确保“三农”工作在中国“重中之重”的战略地位，就连续下发一号文件聚焦“三农”，以农村繁荣、农民增收、农业增效为主线，以缩小城乡差距为重点，围绕着“三农”问题出台了农业税免征、粮食保护收购价、粮食补贴、农机补贴、医保、低保、九年免费义务教育、乡村公路建设、农电改造、危房改造、农村信息化等一系列强农惠农富农政策，不断加大对“三农”的财政投入。

2006年颁布的《中共中央 国务院关于推进社会主义新农村建设的若干意见》，开始全面介入过去相对未被充分重视的农村地区，并成为控制城市建设规模、保障生态环境、保护农产品供给和促进农村生产生活水平提高的指导文件。

2007年，十七大报告中特别强调，统筹城乡发展，推进社会主义新农村建设，始终是全党工作的重中之重。

2008年，十七届三中全会对中国农村改革发展做出了一系列战略部署，把实现城乡基本公共服务均等化作为统筹城乡发展、推进城乡一体化的重要任务，把“扩大公共财政覆盖的农村的范围，发展农村公共事业，使广大农民学有所教、劳有所得、病有所医、老有所养、住有所居”作为根本措施。

2013年，十八届三中全会提出走中国特色的新型城镇化道路，是以城乡统筹、城乡一体、产业互动、节约集约、生态宜居、和谐发展为基本特征的城镇化，是大中小城市、小城镇、新型农村社区协调发展、互促共进的城镇化，其核心在于不以牺牲农业和粮食、生态和环境为代价，着眼农民，涵盖农村，实现城乡基础设施一体化和公共服务均等化，促进经济社会发展，实现共同富裕。特别强调深入推进新农村建设和扶贫开发，全面改善农村生产生活条件。

同年12月，中央城镇化工作会议上，习总书记提出城镇建设要依托现有山水脉络，让城市融入大自然，让居民望得见山、看得见水、记得住乡愁，要融入现代元素，更要延续城市历史文脉。

2017年，十九大明确提出了乡村振兴战略，提出了“产业兴旺、生态宜居、乡风文明、治理有效、生活富裕”的总要求，这是中国特色社会主义进入新时代以来解决“三农”问题的顶层设计，直指“三农”问题的核心即乡村发展的“短板”，这不仅与此前注重经济增速时期，通过强化城乡分割来推动工业化的政策实践完全不同，还体现了党在解决“三农”问题上发展理念和指导思想的不断深化，为乡村地区下一阶段的发展指明了方向。

由此可见，乡村建设与发展问题一直都是党和国家的工作重点。没有美丽的农村，就无法实现美丽中国。积极组织和开展盐城灾后村庄重建规划与田园村庄建设研究，其目的不仅是为提高灾后重建效率、增强受灾区域经济社会恢复能力提供理论依据，更是为了通过对国家战略机制、经济杠杆调节机制和相关政策扶持机制等方面的研究，为欠发达地区的乡村振兴路径的探索和构建提供理论支撑。

（二）地域发展背景

从深处思考社会问题，从远处谋划发展路径，是灾后重建的基本战略思想。在重建过程中，灾区的村庄成为灾区恢复与发展的重要空间载体，村庄规划的科学性、合理性以及实施效率等都会对受灾区域经济社会的恢复与发展产生重大影响。研究如何通过重塑村庄空间要素来提升灾区经济社会发展能力，如何实现重建规划实践基础上的理论提炼和理念升华以为其他受灾区域重建提供借鉴，如何使受灾区域更有秩序、有时序、有创造性地建设家园，是灾后重建工作的现实需求。盐城所处苏北地区的村庄发展，本来就远远落后于苏南等经济发达地区。江苏省提出“振兴苏北”、“田园村庄建设”等发展战略之后，先后采取了一系列鼓励政策促进苏北地区的“三农”发展，增强苏北农村建设力度。江苏省委、省政府出台《关于扎实推进城镇化促进城乡发展一体化的意见》，从城乡规划、产业布局、基础设施、公共服务、就业社保、社会管理六个方面提出“六个一体化”，从多方面着重强调了基本公共服务均等化建设，如推动基础设施向农村延伸，实施农村饮水健康工程，努力实现城乡供水同水源、同管网、同水质、同服务。近年来，实施村村通公路、村村通公交以及农村公路提档升级工程，完善覆盖城乡的综合交通运输体系。健全城乡一体公共服务体系，实现公共服务均等化，从公共资源配置上就要体现均衡，让大量农村人口享受到良好的教育、医疗等公共服务，并提出了具体的年限与指标要求（图0-1-1）。

盐城市委、市政府在推进乡村建设发展方面进行了积极的探索和尝试，相继出台了《中共盐城市委、盐城市人民政府关于鼓励和支持城乡统筹发展的政策意见》

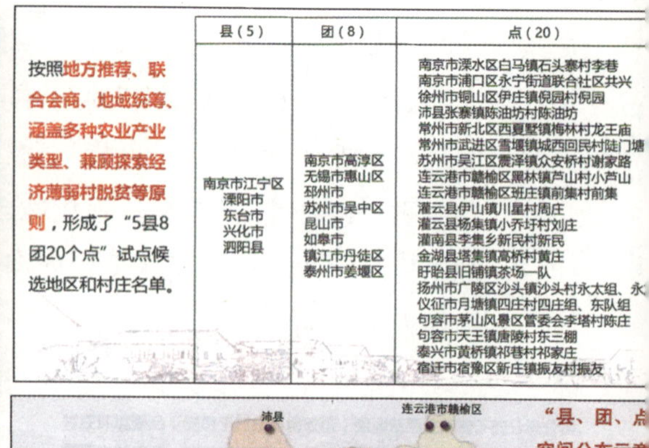

县（5）	团（8）	点（20）
南京市江宁区 溧阳市 东台市 兴化市 泗阳县	南京市高淳区 无锡市惠山区 邳州市 苏州市吴中区 昆山市 如皋市 镇江市丹徒区 泰州市姜堰区	南京市溧水区白马镇石头寨村李巷 南京市浦口区永宁街道联合社区共兴 徐州市铜山区伊庄镇倪园村倪园 沛县张寨镇陈油坊村陈油坊 常州市新北区西夏墅镇梅林村龙王庙 常州市武进区雪堰镇城西回民村陡门塘 苏州市吴江区震泽镇众安桥村谢家路 连云港市赣榆区黑林镇芦山村小芦山 连云港市赣榆区班庄镇前集村前集 灌云县伊山镇川星村周庄 灌云县杨集镇小乔圩村刘庄 灌南县李集乡新民村新民 金湖县塔集镇高桥村黄庄 盱眙县旧铺镇茶场一队 扬州市广陵区沙头镇沙头村永太组、永 仪征市月塘镇四庄村四庄组、东队组 句容市茅山风景区管委会李塔村陈庄 句容市天王镇唐陵村东三棚 泰兴市黄桥镇祁巷村祁家庄 宿迁市宿豫区新庄镇振友村振友

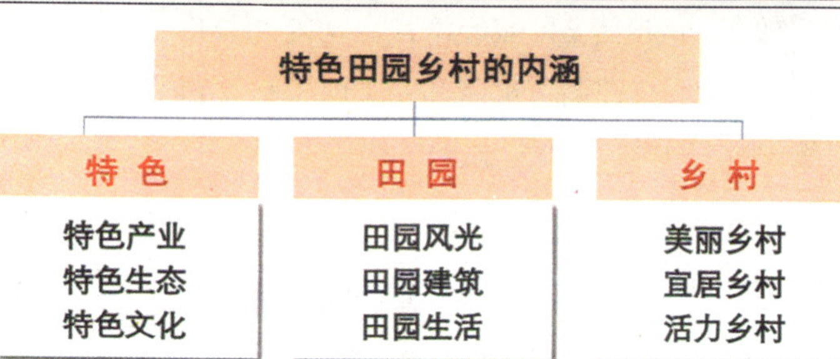

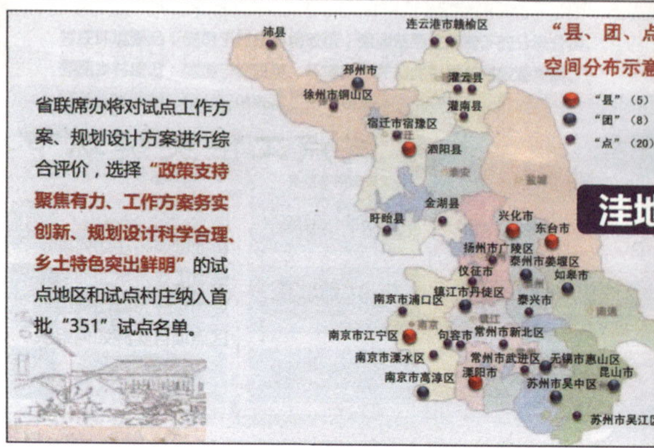

图 0-1-1　特色田园乡村建设战略示意图

资料来源：南京长江都市建筑设计股份有限公司（城市规划所），盐城市高新区潘黄街道仰徐田园乡村建设规划（汇报），2017 年 9 月

《中共盐城市委 盐城市人民政府关于推进全市城乡统筹发展的实施意见》等一系列政策和措施，坚持以产业发展为基础，以“三个集中”为抓手，以城镇化和田园村庄建设为驱动，积极推进以新型村庄社区为载体的集中居住点布局，以及以农业规模化经营、农民社区化居住为目标的万顷良田建设工程，加快形成城乡体制基本接轨、产业相互融合、社会协调发展、资源节约和环境友好的城乡经济社会发展一体化新格局。此次灾后村庄重建是盐城结合自身发展实际，运用新理念、新方法进行的一次田园村庄建设新尝试，是对盐城地域村庄发展路径的深入探索和挖掘。在重建规划的指导下，村庄空间要素、生产要素和社会要素等发生重构，哪些是正向的发展，哪些是负向的发展，对受灾区域的未来发展有何影响，这些都需要在灾后重建规划编制、实施以及后续影响研究基础上，总结经验，从而在新的历史高度上实现乡村振兴。

（三）现实背景

阜宁、射阳“6·23”龙卷风灾害[①]发生后，盐城市委、市政府高度重视，紧急启动灾害应急机制，迅速组织灾后救援，积极开展灾后重建工作，保障受灾区域经济社会发展有条不紊地回归正轨。此次重建邀请了江苏省城镇与村庄规划设计院、江苏省城市规划设计研究院、上海市城市规划设计研究院和浙江省城乡规划设计研究院的专家和业务骨干共同参与规划编制工作，计划用一年左右的时间完成恢复重建的主要任务，并在此基础上逐步实现受灾区域村庄的振兴和繁荣。为此，盐城市政府与社会各界对灾区重建的支持力度空前强大，为灾后重建提供了充足的政策支持与资金保障。“6·23”龙卷风灾害灾后重建工作既面临着解决灾民生产生活需要等最迫切、最直接的现实问题，也面临着加快推进城乡统筹，实现乡村振兴，加快地区工业化、城镇化和农业现代化等长远任务。至2016年10月，规划编制和各项设计工作基本完成，2017年6月，灾后重建任务全面完成，受灾民众全部安置到位。

当前社会主要矛盾已经转化为“人民日益增长的美好生活需要和不平衡不充分的发展之间的矛盾”，以居民需求为核心是村庄规划发展的主要方向。此次灾后村庄重建工作坚定持续地贯彻了“群众的需求就是第一需求”的核心思想，紧紧围绕受灾民众的生计恢复和生活水平提高这一根本目标而展开，正好应对了这一全新的判断和要求。规划注重本地地域特征，保留和挖掘原生态特色及民居风貌，充分保护当地乡土味道，避免机械复制城镇模式。当然，这次灾后恢复和振兴不是单纯的居住安置，更不是救援物质数量的堆积，而是充分考虑“人”的主体地位，从重构模式、发展方式上进行突破，推进经济社会转型发展，为实现“恢复—振兴—小康”的跨越式发展奠定坚实的基础。这对盐城村庄规划建设来说，也是一次很有意义的尝试和探索。

二、研究意义

（一）为灾后重建规划与评价提供新的理论依据

在自然灾害频繁袭扰下，灾后重建规划已成为世界各国共同研究和探索的课题。由于自然灾害突发性强、涉及面广、破坏性大等特点，灾后重建面临着时间紧、待重建项目多、布点分散和建设标准相对较高等问题和要求，是一项在“决策—实

① 也称为“‘6·23’特大龙卷风冰雹灾害”。

施—检验—修正”的循环往复过程中得以提高的复杂性、综合性工作。灾后重建一旦做出规划、决策并付诸实施，基本上难以改变或改变成本很大，因此，重建规划的经验总结和理论创新就显得尤为重要。灾后重建规划研究是在深入了解并准确分析各项相关政策、专项资金、具体项目实施安排等对受灾区域和民众生活的影响的基础上进行的经验总结和理论提炼。已有的灾后重建研究多就基础工程、生态环境、社会影响等某一方面展开，或从宏观层面进行全局性解读。本书尝试从小的村庄切面入手，对灾后重建中的各项政策、资金、项目等运作的有效性和不足进行分析，并挖掘其内在机制，为灾后重建规划与评价提供新的理论依据。

（二）为受灾村庄发展能力提升提供新方式

在市委、市政府的强力推动下，受灾区域的物质环境建设业已完成，但是后续的经济、社会、生态等方面的发展需要进一步的引导和协调。灾后重建规划研究是受灾村庄恢复和振兴的突破口，必须结合实施效果来培育受灾区域的自主发展能力。通过对灾后重建规划的研究，探索在物质空间重构基础上提高村庄经济社会的自主发展能力、突破发展瓶颈、创新发展模式的有效途径，这对受灾区域的振兴具有重要的理论意义和现实意义。

（三）为“三农”问题协调解决提供新思路

中国传统上是一个乡土性国家，广袤的村庄地区具有浓厚的乡土气息，是国家赖以发展的一大基础。随着新型城镇化时代的到来，国家对“三农”问题关注力度逐步加大，提出了很多改革措施，取得了很好的成效。但在体制改革大潮推动下，村庄也不可避免地经历着经济社会转型带来的阵痛。当前村庄发展既面临着配套设施不全、环境卫生较差、农民文化和生活水平相对较低的传统问题，又面临着住区空心化、人口老龄化、农业经济失调等一系列新问题。“三农”问题一直是各个领域关注的焦点问题。如何才能找到一种行之有效的办法来解决村庄的问题？那就要既不是因循守旧，也不是盲目崇拜技术革新，而是找到一种植根本土，同当地生活、文化相共生的方法，来应对这样的困惑与危机。此次田园村庄建设研究不仅分析村庄物质空间环境的优化问题，还着重考虑了乡土文化的延续、产业转型以及社会和谐等多方面内容，是基于乡土本质的系统性思考，紧紧抓住“田园”这一村庄根本特征，打造具有个性和特色的村庄空间，为“三农”问题的解决提供了新思路。

（四）为村庄规划建设转型提供新方向

目前的村庄建设规划存在缺乏相关理论规范指导的问题，把用于城市社区规划的理论运用到村庄建设规划中，过于偏重物质形态的规划，忽视村庄的特殊性和地域类型的多样性，不仅严重浪费资源，而且冲击了传统聚落及其乡土文化。因此，在城市化加速时期，研究村庄建设规划的核心内容体系，并使村庄持续、健康发展，是一项紧迫而又有深远意义的工作。田园村庄建设规划研究已成为传承和延续传统乡村特色的有效途径。我们不能一味复古，一成不变地复制传统，这不是传承，只是对地域文化传承、延续的无所作为。田园村庄规划建设要求在适应时代发展需要的基础上，挖掘村庄的田园气质，将现代化与乡土性有机结合，不仅将现代材料进行合理的利用与本土化，同时也要保持传统村庄的神韵。我们需要用合理的手段与方法解读田园，用适宜的方法和技术建构现代村庄，用更加经济、科学的手段去重塑一种兼有传统地域文化特色和现代化特色的新型村庄。

（五）为村庄传统特色发掘提供新路径

村庄亲切近人的氛围、山水相依的环境、简洁单纯的造型、因地制宜的布局，无不体现着自然与人工、环境与建筑的和谐与统一。中国在长期的历史进程中形成了浓厚的乡土性特征，深受传统文化价值观和世界观的影响，讲究实用和易用。在现代建筑潮流的冲击下，我们看到许多优美的传统村落开始消失，被技术和时代的潮流吞没。村庄的社会结构与经济结构都受到了巨大的冲击，人口外流、耕地减少、环境恶化、风土丧失等问题严重，而人们却无法有效引导处于加速发展时期的村庄建设。进行村庄建设规划，不是一种强势文化（城市文化）的“殖民”。基于传统和民俗思想的村庄建筑文化博大精深，一块装饰砖可能经过了数道工序反复打磨，一座宅院可能是历经数代人的经营才有了恢宏的局面。如何保持村庄天然的肌理，有效引导村庄“在保护中发展，在发展中保护”，是当前及今后村庄建设规划面临的重大问题。

“6·23”龙卷风灾害灾后重建工作推动了受灾村庄在空间要素、社会要素以及经济要素上发生全面重组，对村庄规划的合理性、科学性以及可操作性的要求较高。此次重建规划过程中，不仅引入了公众参与机制，还通过各种不同平台将指挥者、建设者、规划者以及使用者等不同主体纳入规划编制体系，形成多元主体参与的规划编制模式，这是对提高村庄规划建设科学性、可操作性的一次积极试验。但由于时间紧、任务重，再加上财力物力的局限，村庄规划建设中仍然存在一定的不足和问题，非常需要科学有力的村庄建设理论和措施予以指导和修正。“田园村庄”理论是基于激发村庄发展活力、传承村庄乡土特色、和谐村庄社会关系的新理论，要求在适应时代发展需要的基础上挖掘村庄的田园气质，将现代化与乡土性有机结合，不仅将现代材料进行合理利用与本土化，同时也要保持传统村庄的神韵。我们需要用合理的手段与方法解读“田园”，用适宜的方法和技术建构现代村庄，用更加经济、科学的手段去探索一种兼有传统地域文化特色和现代化特色的新型村庄规划建设模式，为盐城地区乃至中国的村庄建设和发展提供理论借鉴。

上　篇

立足现实，志存高远：盐城灾后村庄重建规划实践

第一章　盐城村庄发展现状及其受灾概况

第一节　盐城村庄发展的总体地域特征

盐城地处北纬32°34′～34°28′、东经119°27′～120°54′，位于江苏沿海中部、长三角北翼，是苏北地区唯一入选长三角"Ⅱ型大城市"的地级市。它东临黄海，南与南通、泰州接壤，西与淮安、扬州毗邻，北隔灌河与连云港相望，具体区位如图1-1-1所示。当地有着得天独厚的土地、海洋等资源，是江苏省土地面积最大、海岸线最长的地级市。2017年，全市土地总面积1.7万平方千米，年末户籍总人口826.15万人，常住人口724.22万人（城镇化率62.9%），是江苏人口第二多的大市。2017年，地区生产总值达到5082.69亿元，总量居全省第七位，按可比价计算，比上年增长6.8%。其中，第一产业实现增加值564.18亿元，比上年增长2.7%；第二产业实现增加值2256.72亿元，比上年增长4.8%；第三产业实现增加值2261.78亿元，比上年增长10.1%。产业结构持续优化，三次产业比重为11.1∶44.4∶44.5，第三产业比重首次超过第二产业，实现了从"二三一"到"三二一"的转变。人均地区生产总值首次超过1万美元，比上年增长6.7%。同年内，市区居民消费价格总指数（CPI）同比上涨1.7%。盐城拥有便捷的海陆空交通，同时拥有空港、海港两个一类开放口岸，境内基本形成高速公路、铁路、航空、海运、内河航运五位一体的多维立体交通运输网络。这里拥有便捷完善的快速公交（BRT）运行系统，是全省第二个、苏北首个拥有快速公交系统的城市。盐城是沪、宁、徐三大区域中心城市300千米辐射半径的交会点，是江苏省委、省政府确定的"重点发展沿江、大力发展沿海、积极发展东陇海线"的"三沿"战略及"海上苏东"发展战略实施的核心区，是国家沿海发展和长三角一体化两大战略的交汇点和"京沪东线"的重要节点，区域经济优势显著，对外来资源的吸引力逐年增强，经济社会已然呈现良性发展态势。

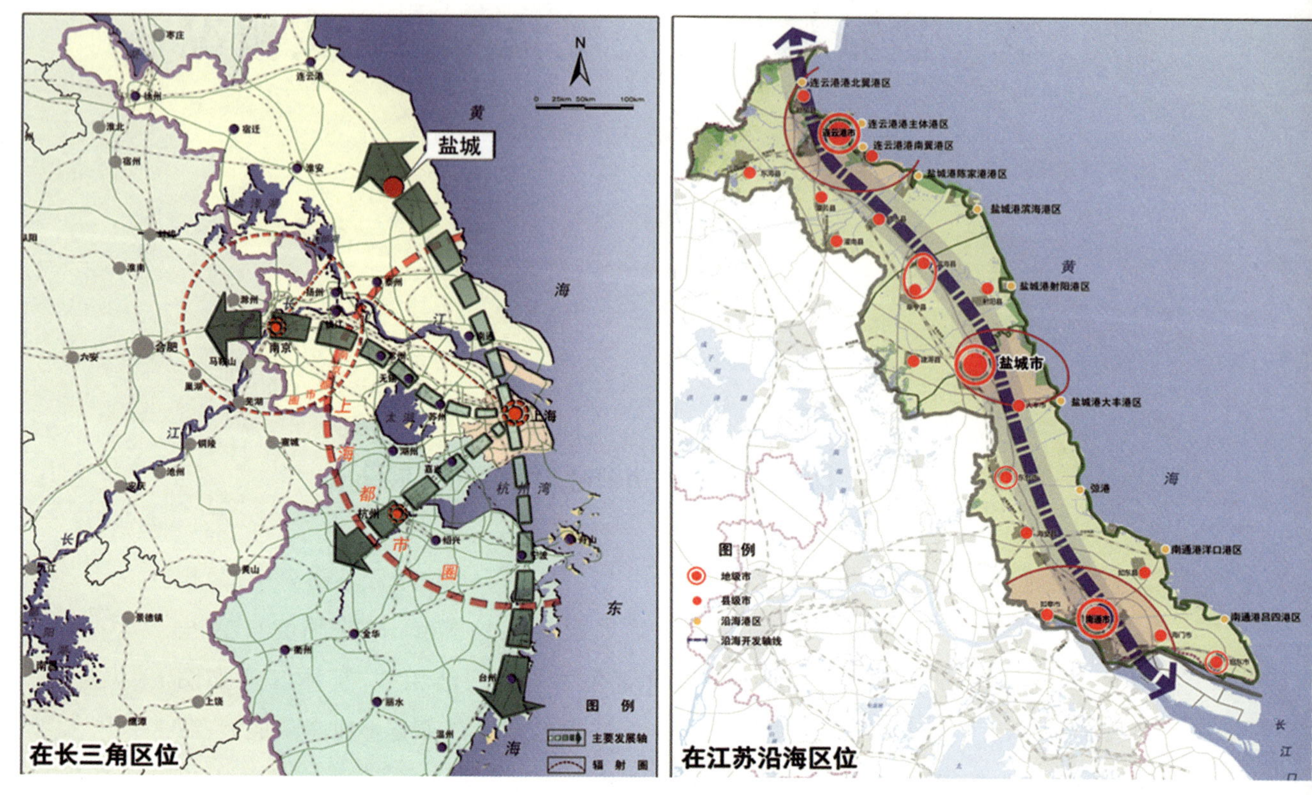

图 1-1-1　盐城区位图

资料来源：江苏省城市规划设计研究院，《盐城市总体规划(2013—2030 年)》，2014 年 7 月

一、历史沿革

盐城是一座古老而又新兴的城市，自西汉因盐置县起，迄今已有 2100 多年历史，详见图 1-1-2。汉武帝元狩四年(前 119 年)，朝廷将古射阳县东部靠黄海的一部分划出来单独设县，因这里遍地皆为煮盐亭场，到处是运盐的盐河，故称盐渎县，属临淮郡，此为盐城置县的开端。东晋安帝义熙七年(411 年)，盐渎因"环城皆盐场"而更名为盐城，沿用至今。盐城因"盐"置县，因"盐"兴城，在漫长演变过程中，海盐文化自始至终浸染着生生不息的历史长河，成为这座城市文明和思想的根基与灵魂。清初，盐城曾属江南省，康熙六年(1667 年)划归江苏省，属淮安府。民国时期，江苏省第六行政督察区驻盐城县，为首县，辖盐城、东台、兴化、阜宁 4 县。1940 年 10 月，东进北上的新四军与南下的八路军在白驹狮子口会师，成立了华中总指挥部。皖南事变后，新四军在盐城重建军部，陈毅为代军长，刘少奇为政治委员。从此，盐城成为苏北抗日根据地的心脏。华中党校、抗大五分校、鲁艺华中分

院等学校，在盐城为党培养了大批抗日干部和艺术人才。刘少奇、陈毅等老一辈革命家也在此留下了战斗足迹。1941 年 9 月，盐阜区行政公署成立，辖盐城、盐东、建阳、阜宁、阜东、淮安、涟水 7 县和涟灌阜边区办事处。1953 年，江苏省人民政府成立，设江苏省盐城专区。1970 年，盐城专区改称盐城地区，辖响水、滨海、阜宁、射阳、建湖、盐城、大丰、东台 8 县。1983 年实行省管市，设立地级盐城市，下辖城区、郊区 2 区和响水、滨海、阜宁、射阳、建湖、大丰、东台 7 县。后历经东台、大丰撤县设市，郊区撤销设盐都县，后改设盐都区，城区更名亭湖区，大丰撤市改区等一系列行政区划调整，盐城至今下辖 3 个区（亭湖、盐都、大丰）、1 个县级市（东台）和 5 个县（响水、滨海、阜宁、射阳、建湖）。

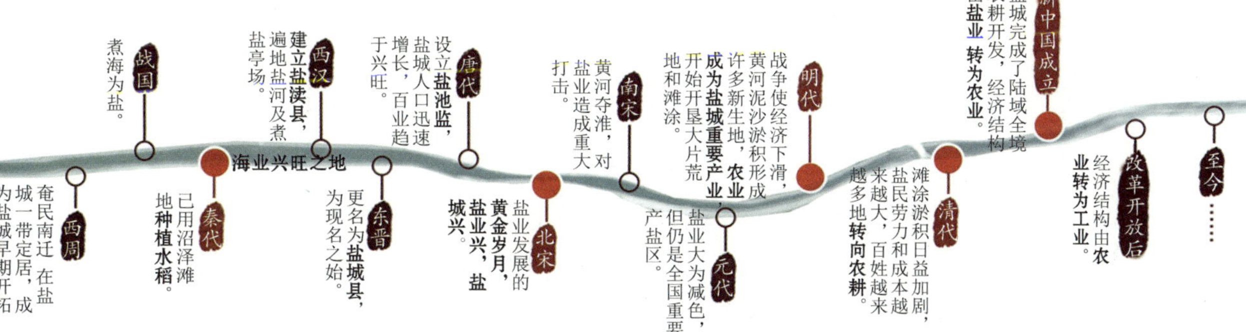

图 1－1－2　盐城历史沿革示意图

资料来源：南京长江都市建筑设计股份有限公司（城市规划所），《盐城市高新区潘黄街道仰徐田园乡村建设规划（汇报）》，2017 年 9 月

二、村庄发展的地域条件

（一）自然环境

1. 地形地貌

盐城全境为平原地貌，南北地区分别由长江和黄河携带的泥沙，经海潮、风浪作用沉积而成。西北部和东南部高，中部和东北部低洼，大部分地区海拔不足 5 米，最大相对高度不足 8 米。全境分为 3 个平原区：黄淮平原区、里下河平原区和滨海平原区。黄淮平原区位于苏北灌溉总渠以北，其地势大致以废黄河为中轴，向东北、东南逐步低落。废黄河海拔最高处达 8.5 米，东南侧的射阳河沿岸最低处仅 1 米左右。里下河平原区位于苏北灌溉总渠以南、串场河以西，属里下河平原的一部分，总面积 4000 多平方千米，该平原区四周高、中间低，海拔最低处仅 0.7 米。

滨海平原区位于灌溉总渠以南、串场河以东，总面积为7000多平方千米，约占全市总面积的一半，该平原区大致从东南向西北缓缓倾斜。东台境内地势较高，一般海拔为4～5米，向北逐渐低落，到射阳河处为1～1.5米。

2. 气候特征

盐城在气候区上属亚热带气候向暖温带气候过渡区域，全年气候较为温和，季风盛行，四季分明，雨水丰沛，雨热同季，日照充足，无霜期长。一般以灌溉总渠为界，渠南为亚热带气候带，渠北为暖温带气候带。由于东临黄海，海洋调节作用非常明显，也可属于湿润的季风气候区。气候受海洋影响，与同纬度的江苏省西部地区相比，春季气温低且回升迟；秋季气温下降缓慢且高于春温；年降水量也比本省西部明显偏多。季风气候明显，冬季受欧亚大陆冷气团影响，盛行偏北风且多寒冷天气；夏季受太平洋副热带高压影响，盛行偏南风且多炎热天气，空气温暖而湿润，雨水丰沛。

3. 水文条件

盐城属里下河水网地区，域内河流纵横交错，蜿蜒曲折，数量众多，水乡特色显著，号称“百河之城”。流经市区的主要河流有新洋港、蟒蛇河、串场河、朱沥沟、皮岔河、小洋河、通榆河、川东港、江界河等，是盐城主要的生态水脉和生态走廊。位于亭湖区的大洋湾，是城市中心最主要的湿地。大丰区沿海也有大面积的滩涂，拥有量位居全国前列。

4. 自然资源

盐城地区的光照和热能资源都比较充足，太阳年辐射总量为116.2～121.0千卡/平方厘米，全年日照时间平均在2280小时左右，年均气温13.7～14.5℃。年均降水量785.2～1309.5毫米，年均风速2.8～3.4米/秒。这里拥有丰富的海洋和滩涂资源、岸线港口资源、石油天然气资源、生态旅游资源等自然资源。其中，农用地面积109.35万公顷，占全市国土面积近65%。滩涂总面积45.53万公顷，占全省滩涂面积67%，其中潮上带面积2080平方千米，潮间带面积1139平方千米，辐射沙洲面积1334平方千米。射阳河口以南沿海地段还以每年10多平方千米的速度向大海延伸，被称为“黄金海岸”，是江苏最大、最具潜力的土地后备资源。盐城海岸线长达582千米，占全省海岸线总长度的61%，已规划港口岸线128.24千米，其中深水岸线64.9千米，已利用24.67千米。海域面积1.89万平方千米，其中内水面积1.21万平方千米，领海面积6753平方千米，沿海海域是中国唯一无赤潮的内海水域。盐城港下辖大丰、射阳、滨海、响水4个港区。大丰港区北距青岛港210

海里、距连云港港120海里，东距日本长崎港460海里、距韩国釜山港465海里，南距中国台湾基隆港620海里、距上海港280海里，是国家一类开放口岸。滨海港区地处江苏沿海中部、连云港与长江口之间，与日本、韩国隔海相望，－10米等深线离岸最近处为1.22海里，深水直通大海，可建5万吨至10万吨级码头泊位，是江苏沿海水深条件最好的岸段之一、国家一类开放口岸。射阳港区拥有建成生产性码头泊位23个(万吨级以上泊位2个)，泊位年综合通过能力436万吨，2017年获批国家一类临时开放口岸。响水港区距连云港港27海里，距日照港59海里，集、疏、运条件比较优越，为国家一类临时开放口岸。至2017年底，盐城港建成国家一类开放口岸2个，临时开放口岸2个，生产性码头泊位91个，其中万吨级以上泊位19个，泊位年综合通过能力9659万吨，集装箱年通过能力10.7万标箱；拥有国内外航线28条。盐城港全年货物吞吐量完成9016.63万吨，集装箱20.8万标箱，其中外贸吞吐量完成2459.33万吨。盐城市域东部拥有太平洋西海岸、亚洲大陆边缘最大的海岸型湿地，被列入世界重点湿地保护区，湿地保护区内建有世界上第一个野生麋鹿保护区和国家级珍禽自然保护区，被列入联合国“人与生物圈”保护区网络。市域西部地处里下河地区腹地，大纵湖、九龙口、马家荡等湖泊水域面积近百平方千米，为典型的潟湖型湖荡湿地，原始生态环境保存较好，被誉为“金滩银荡”。2017年，全市有景点94个，其中国家级自然保护区2个，国家AAAAA级旅游景区1个，国家AAAA级旅游景区(点)12个。

（二）农业资源

盐城市是江苏省重要的农业生产基地。市域国土面积1.7万平方千米，其中，农用地面积10935平方千米，占64.58%，其中耕地面积约0.78万平方千米，占农用地面积近50%。由于自然条件的差异和耕作习俗的不同，形成了三大农业区：串场河以西的里下河地区，水网纵横密布，属于水旱轮作区；串场河以东沿海地区，以及苏北灌溉总渠以北的徐淮农业区，水源较为缺乏，以旱作为主。油料、生猪、家禽、鲜蛋产量在全省均占重要位置；大蒜、中药材、薄荷、香料、芦苇、薯干、猪皮制革、山羊板皮、兔毛、羊毛、家禽羽毛等土特产品十分丰富，为轻工、纺织、食品、饲料加工提供了充裕的原料。畜禽饲养、淡海水产品养殖、特种水产品养殖、栽桑养蚕、果树栽培是盐城的传统副业，产品丰富，品质优良，在国内外享有盛誉。近几年利用沿海滩涂资源，盛产海盐、对虾、贝类等海产品以及芦苇、牧草等500多种植物。

图 1-1-3 盐城市乡镇分布图

资料来源：江苏省城市规划设计研究院，《盐城市总体规划(2013—2030 年)》，2014 年 7 月

三、村庄发展的经济条件

盐城市下辖东台1个县级市和建湖、射阳、阜宁、滨海、响水5个县，以及盐都、亭湖、大丰3个区，设有盐城经济技术开发区和城南新区，见图1-1-3。共有26个街道、96个镇，2068个村(居、社区)见表1-1-1，各镇人口规模不均，中间层次城镇较为密集。自然村数量众多，村镇空间结构比较分散，建设用地规模较大且布局各异，村庄集中布点难度较大。行政村密度为16个/100平方千米，平均每个行政村规模为2700多人。自然村的密度约为120个/100平方千米，平均每个自然村规模为300人左右。村庄空间布局基本呈现西南片比较集中、东片相对分散的格局，射阳河以西、以北地区的村庄布局较为集中，组团状布点明显，村庄点的密度较低，用地较为经济，射阳河以东以南地区的各镇村庄布局相对分散，基本呈传统的沿河圩、道路条状布局，导致村庄点的密度相对较高，土地使用经济性较差，未来集中布局的难度也较大。

表1-1-1 盐城市镇村统计表

<table>
<tr><td colspan="2">序号</td><td>1</td><td>2</td><td>3</td><td>4</td><td>5</td><td>6</td><td>7</td><td>8</td><td rowspan="2">合计</td></tr>
<tr><td colspan="2">县(市、区)名称</td><td>盐城市(盐都、亭湖)</td><td>大丰区</td><td>东台市</td><td>建湖县</td><td>射阳县</td><td>阜宁县</td><td>滨海县</td><td>响水县</td></tr>
<tr><td colspan="2">行政村(个)</td><td>299</td><td>216</td><td>379</td><td>201</td><td>219</td><td>341</td><td>251</td><td>162</td><td>2068</td></tr>
<tr><td colspan="2">行政村平均人口规模(人/个)</td><td>1710</td><td>2613</td><td>1317</td><td>3512</td><td>3374</td><td>2458</td><td>3955</td><td>3169</td><td>2763(平均)</td></tr>
<tr><td colspan="2">自然村庄(个)</td><td>1999</td><td>1272</td><td>2332</td><td>1598</td><td>1566</td><td>2102</td><td>1839</td><td>1295</td><td>14003</td></tr>
<tr><td colspan="2">重点村(个)</td><td>233</td><td>366</td><td>357</td><td>378</td><td>300</td><td>321</td><td>491</td><td>279</td><td>2725</td></tr>
<tr><td rowspan="4">特色村庄类型</td><td>历史文化型(个)</td><td>3</td><td>3</td><td>6</td><td>8</td><td>0</td><td>7</td><td>6</td><td>8</td><td>41</td></tr>
<tr><td>特色产业型(个)</td><td>24</td><td>13</td><td>30</td><td>88</td><td>13</td><td>6</td><td>25</td><td>18</td><td>217</td></tr>
<tr><td>自然景观型(个)</td><td>—</td><td>—</td><td>11</td><td>3</td><td>2</td><td>2</td><td>7</td><td>—</td><td>25</td></tr>
<tr><td>其他特色型(个)</td><td>11</td><td>—</td><td>4</td><td>10</td><td>0</td><td>3</td><td>10</td><td>4</td><td>42</td></tr>
<tr><td colspan="2">位于城市和乡镇规划建设用地范围内的村(个)</td><td>54</td><td>89</td><td>265</td><td>176</td><td>100</td><td>194</td><td>34</td><td>79</td><td>991</td></tr>
</table>

资料来源：编委团队调研统计

2017年,全市实现农林牧渔业总产值1139.2亿元,可比价增长2.2%。全市粮食总产量685.8万吨,粮食播种面积95.73万公顷,亩产477.6千克,棉花播种面积3666.67公顷,油料作物播种面积7.37万公顷,油料总产量22.4万吨。农业机械化规模扩大。全年全市农机总动力689.1万千瓦。大中型拖拉机、联合收割机、水稻插秧机保有量分别达2.72万台、2.58万台和2.55万台。全市秸秆机械化还田面积66.71万公顷,还田率78.6%,较上年增加1.4个百分点。全年农机化作业收入50.3亿元。

农业现代化进程加快。全年全市累计新增设施农业1.05万公顷,总规模14.76万公顷,占全省设施农业总面积16.6%。全市拥有有效"三品"(无公害农产品、绿色食品、有机农产品)总数2640个,新增706个。农民专业合作组织1.11万个,新增662个。全市拥有家庭农场4585家,新增888家。大丰、盐都、东台接连创成全国休闲农业与乡村旅游示范县(市、区),其中大丰、盐都入围全国休闲农业与乡村旅游综合发展实力前50强。全市累计创成国家级乡村旅游品牌34块、省级品牌28块,18条线路入选农业部重点推介精品线路。盐城市农业委员会和中农网购(江苏)电子商务有限公司创成全国农业农村信息化示范基地,46家单位被认定为省农业信息化示范基地,建成"益农信息社"1750家,打造了基于京东、苏宁易购、淘宝、邮乐网等四大平台的"盐城特产馆",建成各类农业电商平台1.36万个。全市拥有农业产业化龙头企业1707家,其中国家级农业产业化重点龙头企业5家、省级73家、市级307家。

村庄经济水平得到很大的提高,农民收入逐年增加。2017年,农村常住居民人均可支配收入18711元,比上年增长9.0%;人均生活消费支出14153元,比上年增长7.7%。

四、村庄发展的主要问题

(一)自然村落较多,空间布局零散

盐城地区内自然村落较多,一个行政村范围内一般被分成多个集聚点,多的有十来个,少的也有五六个。每个聚居点规模较小,多呈团状形态,在区域范围内均匀分散布局。盐城村庄这种小规模分散式布局与其经济水平较低相关,由于机械化程度低,人们难以长距离作业。为了方便农业活动,人们往往就选择在便于农业活动的一定范围内聚居,因此决定了聚集点规模较小、数量众多。在实际使用的过程中,平面利用率低。再加上村民散乱建房,土地浪费现象较为严重,土地集约性

普遍较弱。

（二）基础设施缺乏，居住环境较差

由于布局分散，基础设施和公共服务配套设施难以全面覆盖，盐城村庄普遍存在着配套设施较为欠缺的问题。很多村庄内部道路系统并不完善，部分路面没有经过硬化处理，与道路相配套的设施（如排水沟、绿化等）也不完备。由于缺乏相关投入，盐城很多村庄污水排放方式为明沟排水，产生的污水多排放到村庄附近的河流或沟渠。同时村庄内垃圾收集点大多没有设立或利用效率低，村民多选择就近排放，环卫设施的缺乏严重影响了公共居住环境卫生。

（三）空间秩序感不强，整体风貌较差

盐城村庄建设由于缺乏有效的规划指导，一个村庄中的建筑往往造型较为多样，村民各自按照个人喜好建造民房，从而导致整体风貌杂乱无序。很多村庄危旧住房较多，不仅影响了整体景观，也造成了较大的安全隐患。此外，由于盐城农宅的特点是宽、大、高，平面多呈行列式布局，整体居住空间较为单一、呆板。

（四）产业特色不强，经济水平较低

近年来，盐城各地纷纷探索特色品牌创立路径，形成一批富有特色的农业产品和品牌，如龙冈的桃园、张庄街道的葡萄、便仓镇的牡丹、滨海港经济区的何首乌、正红镇的草柳工艺、郭墅镇的瓜蒌、洋马镇的菊花、特庸镇的蚕桑、九龙口镇的荷藕等。但这些产品大多存在品种较单一、特色不够突出、品牌优势不显著的发展局限，整个地区具有强力辐射带动作用的现代化农业产业化项目并不多。乡村休闲旅游业也以单家独户经营的农家乐为主，缺乏具有品牌效应和规模化规范化体系的支撑，可持续发展能力比较薄弱。具有规模优势的大米、油菜籽、小麦等普通农产品也没有形成基于规模生产、就地深加工等模块的集聚集群化产业链。产业经济整体水平比较低。

（五）村庄空心化问题严重，住房空置率较高

在城镇化大潮的裹挟下，很多中青年劳动力拖家带口地迁入了城镇，留在村庄居住的大多是 50 岁以上的老年人，导致当地村庄缺少人气、活力和可持续的动力。村庄空心化、农户空巢化以及乡村社会老龄化问题是当前其他乡村地区也普遍存在的现实问题，也是阻碍村庄良性发展的时代难题。

盐城处于江苏沿海的中心节点区，是承南启北、沟通黄海沿线的重要节点，是典型的以农业经济发展为主导的平原水网地区。在国家关于实施乡村振兴战略的

指导下，整个地区的农村正处在空间布局调整、建筑更新、设施完善等一系列优化过程中，以村庄特色发掘和品质提升为目标的建设方向探索迫在眉睫。但盐城村庄发展现状整体呈现出发展模式单一、产业特色不明、经济活力不足等问题。在这传统向现代过渡、交错中转型的特殊时期，广大村庄地区面临着工业化、城镇化进程带来的资源和人口流失的巨大挑战，如何另辟蹊径，走出符合地域发展的新道路，是摆在所有村庄面前的一道难题。

第二节　盐城“6·23”龙卷风灾害受灾概况

图 1-2-1　阜宁县、射阳县在江苏省的区域位置

资料来源：江苏省城镇与乡村规划设计院，《盐城市“6·23”龙卷风冰雹特别重大灾害灾后重建总体规划》，2016 年 11 月

2016 年 6 月 23 日下午 14 时至 15 时，由冷暖空气激烈交锋形成的强度等级达 EF4 级、风力超过 17 级的龙卷风，由西向东途经江苏盐城市境内的阜宁和射阳两县(图 1-2-1)，并引发暴雨、冰雹、雷电等极端天气，造成房屋倒塌、公用设施损毁、人员伤亡、道路受阻等特别重大灾情，对两县地区的建筑及环境造成重大破坏。

一、受灾县区经济社会发展现状

（一）阜宁县概况

阜宁县地处苏北平原中部、盐城中北部，东临黄海之滨，西依黄河故道，见图1－2－1。县域面积1439平方千米，总人口83.82万人，城镇化率53.50%。史载阜宁“阜明水秀，乡坊稠密，土地肥饶，民灶辐凑（辏），其淮东之藩屏”，素有江淮乐地之称。在阜宁县域范围内，既有古黄河、通榆运河、串场河、射阳河、金沙湖、马家荡等形态丰富的水体特色资源，又有桃花源景区、县高效农业示范园、森源生态农业科技示范园等风光各异的田园特色资源，整体形成碧水串绿田的自然特色。阜宁县还是著名的革命老区，在抗日战争时期阜宁曾是华中抗日根据地的政治、军事、经济、文化中心，时有“北有延安、南有盐阜”之说，也是全国知名的“散文之乡”、“淮剧之乡”、“杂技之乡”、“建筑之乡”。

全县下辖13个镇，分别为羊寨镇、芦蒲镇、三灶镇、陈集镇、新沟镇、陈良镇、沟墩镇、板湖镇、古河镇、东沟镇、罗桥镇、益林镇、郭墅镇；下辖4街道，分别为阜城街道、新城街道、花园街道、吴滩街道。共辖行政村（居委会）341个，下辖自然村2102个，行政村密度为23.7个/100平方千米，平均规模2458人，自然村密度为146个/100平方千米，平均规模398人，见表1－2－1。近年来，村庄建设呈现出沿204国道、328省道和329省道集聚的态势。2016年全县完成地区生产总值（GDP）394.4亿元，在盐城10个县市区中排名第6位。按可比价格计算，2016年全县地区生产总值增长12%，高于江苏省平均水平。其中第一产业为54.6亿元，第二产业169.15亿元，第三产业170.65亿元；产业结构比重调整为二、三、一，且二、三产业所占比重不断提高，产业结构较以往更加优化。其中，第二产业2011—2016年年均增长14.8%，产业发展势头良好，成为一座基础较好的新兴工贸城市。阜宁县的城镇人均居民可支配收入与农民人均纯收入都在不断增长中，但城镇居民收入涨幅大于农民收入，因此城乡差距在不断地扩大。虽然居民收入逐年增长，但增速与人均GDP增速相比仍然偏低。

表1－2－1　阜宁县部分镇村现状一览表

	镇名称	行政村（居委会）个数	自然村（组）个数	户数	人口	建设用地面积（亩）	200户以上村庄个数
1	阜城街道	26	40	6807	20867	3585	11

续 表

	镇名称	行政村(居委会)个数	自然村(组)个数	户数	人口	建设用地面积(亩)	200户以上村庄个数
2	吴滩街道	21	147	13685	50898	15880	
3	金沙湖	7	10	3455	12798	8827.35	7
4	开发区	15	96	8902	32371	4925	
5	现代服务业园区	6	35	3219	12549	910	1
6	郭墅镇	16	54	9466	33379	2903.5	16
7	羊寨镇	19	158	13903	50856	4890.2	
8	陈集镇	19	38	13337	47343	4478	34
9	陈良镇	16	117	11775	38249	3647.1	1
10	沟墩镇	22	147	16823	57231	7433.98	3
11	板湖镇	18	147	12711	45611	3751	4
12	古河镇	20	128	14601	56930	6140	3
13	三灶镇	18	133	13704	49186	7590	
14	芦蒲镇	19	75	12211	48214	6812.2	
15	新沟镇	15	143	14082	46168	4425	7
16	罗桥镇	20	144	14270	57635	11869.65	7
17	益林镇	24	182	19147	69742	5731.55	13
18	东沟镇	40	308	31558	108209	9141.2	12
19	合计	341	2102	233656	838236	112940.7	119

资料来源:江苏省城镇与乡村规划设计院,《盐城市“6·23”龙卷风冰雹特别重大灾害灾后重建总体规划》,2016年11月

(二)射阳县概况

射阳县地处江苏沿海中部(图1-2-1),是中国大陆南北地理分界线的东部起点。总面积2605.72平方千米(陆地面积1826.35平方千米、水域面积779.37平方千米),有100.4千米海岸线,海域面积5130.67平方千米。辖13个镇、3个经济区(射阳经济开发区、射阳港经济区和盐城市纺织染整服装工业区),有省属农场3家、市属盐场1家,拥有国家二类对外开放口岸射阳港和国家中心渔港黄沙港,总人口89.10万,城镇化率为55.70%。2016年,全县实现地区生产总值441.65亿元,实现一般公共预算收入20.6亿元;城乡人均可支配收入增长9.1%,人均消费支出增长幅度为8.7%,恩格尔系数为33.40%;经济发展势头良好。

图 1-2-2　受灾区域（图中粉红色区域）在阜宁县、射阳县的区域位置

资料来源：江苏省城镇与乡村规划设计院，《盐城市“6·23”龙卷风冰雹特别重大灾害灾后重建总体规划》，2016 年 11 月

二、受灾村镇分布

“6·23”龙卷风灾害的严重受灾区范围长度约 52 千米、宽度平均约 2.5 千米，总面积达到 175 平方千米，如图 1-2-2 所示。龙卷风从阜宁县板湖镇的孔荡村入境，横扫了两县的板湖镇、陈良镇、吴滩街道、硕集镇、新沟镇、金沙湖街道、花园街道等 9 个镇（街道）的 29 个行政村（阜宁 22 个村，射阳 7 个村）、122 个自然村，其中袭击的主要村镇居民点分布如图 1-2-3 所示，包括：阜宁县的吴滩街道、花园街道、金沙湖街道、板湖镇、陈良镇、新沟镇、硕集社区；射阳县的经济开发区、海河镇。其中，阜宁县被破坏的，吴滩街道有立新村、蔡河村等，金沙湖街道有两合村、岗北村等，板湖镇有戚桥村、孔荡村、邵堪村、郑朱村等，陈良镇有丹平村、新涂村、成俊村等，新沟镇有大楼村、南湾村等，硕集社区有东崔村、计桥村、双桥村等；射阳县被破坏的，则有经济开发区陈洋办事处、新利村、伍份村、新宏村等，海河镇的烈士村、巨星村、革新村、陡港村、跃华村、塘洼村、宏丰村等。龙卷风经过的村庄整体受灾情况不同，特别严重受灾的自然村有 5 个，严重受灾的自然村 16 个。受灾乡镇主要经济社会指标状况如表 1-2-2 所示，受灾村庄分布如表 1-2-3 所示。

表 1-2-2　受灾乡镇主要经济社会指标（2016 年）

乡镇名称	阜宁 吴滩街道	阜宁 花园街道	阜宁 陈良镇	阜宁 新沟镇	阜宁 板湖镇	射阳 海河镇
面积（公顷）	7814	4887	6752	7742	6906	24243
总户数（户）	13012	12472	13307	14917	14749	31910
总人口（人）	51246	40428	39780	50909	48115	103394
从业人员数（人）	28542	17626	15393	20279	25989	46415
农作物总播种面积（公顷）	9430	4523	8446	10896	10115	28382
农业机械总动力（千瓦）	83887	18760	33218	41029	27579	112063
地区生产总值（万元）	93136	288560	121929	144797	89377	228000
农民人均纯收入（元）	13911	14562	14529	16461	13992	14897
公共财政收入（万元）	707	76031	2782	5419	2511	2789
财政总支出（万元）	2110	99517	4140	7216	3206	2995
固定资产投资完成额（万元）	19331	517936	27169	61489	30140	87250
规模以上工业企业总产值（万元）	13260	1336197	98058	250170	23052	257505
建筑业总产值（万元）	910	76235	1124	25019	9860	0
企业实交税金总额（万元）	6005	95166	5314	7667	3630	7046
社会消费品零售总额（万元）	27896	22877	27734	32996	34575	77136

资料来源：江苏省城镇与乡村规划设计院，《盐城市"6·23"龙卷风冰雹特别重大灾害灾后重建总体规划》，2016 年 11 月

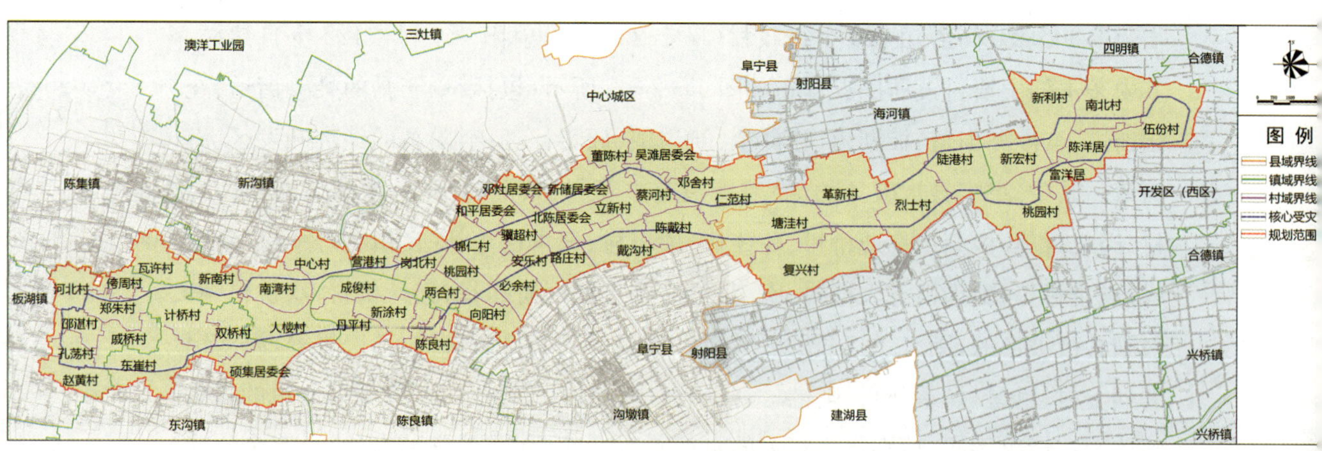

图 1-2-3　受灾村庄分布图

资料来源：江苏省城镇与乡村规划设计院，《盐城市"6·23"龙卷风冰雹特别重大灾害灾后重建总体规划》，2016 年 11 月

表 1-2-3 受灾村庄现状表

序号	行政村(居委会)名称	自然村(组)个数	户数	人口	建设用地面积(亩)	200户以上村庄个数	主导产业
1	立新村	7	721	2753	372	—	—
2	蔡河村	7	682	2593	360	—	—
3	岗北村	1	155	600	777.75	—	—
4	骥超村	5	593	2216	250	—	—
5	新储村	9	758	2718	450	—	—
6	锦仁村	9	1068	4115	450	—	—
7	丹平村	7	844	2469	254.5	—	—
8	新涂村	7	871	2728	264	—	—
9	成俊村	7	780	2598	233	—	—
10	陈良村	9	1092	4069	376.4	1	一二三产业
11	戚桥村	12	866	3008	260	—	高效产业
12	孔荡村	5	445	1597	139.2	—	高效产业
13	邵湛村	7	513	1583	165	—	高效产业
14	郑朱村	10	813	3140	244	—	高效产业
15	南湾村	10	1023	3452	311	1	—
16	大楼村	11	1044	3349	315	—	—
17	双桥村	7	671	2362	201	—	养殖业
18	计桥村	13	1192	4136	656	—	高效农业、养殖业、水产
19	东崔村	13	1303	3816	390	—	高效农业
20	北陈村	4	420	2347	200	—	—
21	陈舍村	8	613	2558	400	—	—
22	伍份村	8	—	3905	—	—	—
23	陈洋居	6	—	4138	—	—	—
24	新利村	8	—	3247	—	—	—
25	新宏村	5	—	1989	—	—	—

续 表

序号	行政村(居委会)名称	自然村(组)个数	户数数	人口	建设用地面积(亩)	200户以上村庄个数	主导产业
26	桃园村	9	—	3810	—	—	—
27	烈士村	9	—	3819	—	—	—
28	陡岗村	6	—	2628	—	—	—

资料来源:江苏省城镇与乡村规划设计院,《盐城市"6·23"龙卷风冰雹特别重大灾害灾后重建总体规划》,2016年11月

三、受灾情况

(一) 人口受灾情况

灾害共造成99人遇难,因灾伤病1024人,紧急转移安置29380人。其中阜宁县受灾人口33688人,因灾死亡人口98人,因灾伤病人口935人,紧急转移安置人口28510人,集中安置人口1662人,分散安置人口26848人;射阳县受灾人口106391人,伤病人口89人,紧急转移安置人口870人,集中安置人口178人,分散安置人口692人,需过渡性救助人口883人。

(二) 经济损失情况

农作物受灾面积67760公顷,其中成灾面积23106公顷,绝收面积1760公顷;受损房屋14636户55566间,其中倒塌毁损和严重损坏7301户29457间,一般损坏7335户26109间,基础设施损坏严重,供电、供水、通信设施大量损毁。据估算,这次灾害共造成直接经济损失约49.83亿元。其中,阜宁县农作物受灾面积80.01万亩,其中成灾面积17.08万亩,绝收面积1.16万亩;房屋损坏12994户52063间(农房12889户51151间),其中倒塌4234户17138间(农房4199户16794间),严重损毁2803户11490间(农房2768户11070间),一般损坏5957户23435间(农房5922户23287间);本次灾害造成直接经济损失437739万元,其中农业损失103761万元,工矿企业损失147601万元,基础设施损失27621万元,公益设施损失6756万元,家庭财产损失152000万元。射阳县农作物受灾面积21.63万亩,其中成灾面积19.5万亩,绝收面积2.13万亩;共造成房屋倒塌1642户,倒房屋186户559间,严重损坏房屋78户270间,一般损坏房屋1378户2674间;直接财产损失60600万元,其中农业损失23830万元,工矿企业损失5100万元,基础设施损失7500万元,公益设施损失2500万元,家庭财产损失21670万元。受灾现场如图1-2-4。

图 1-2-4　受灾现场照片

资料来源：新华网新闻，无人机队，《江苏盐城市龙卷风受灾现场航拍 现场一片狼藉》组图，新华网，http://sn.xinhuanet.com/jiaodiantu/20160624/3228696_p.html

（三）村庄受灾情况

龙卷风经过的村庄整体受灾情况不同，其中特别严重受灾的村庄 5 个，严重受灾的村庄 16 个，一般受灾的村庄 33 个，详见图 1-2-5。

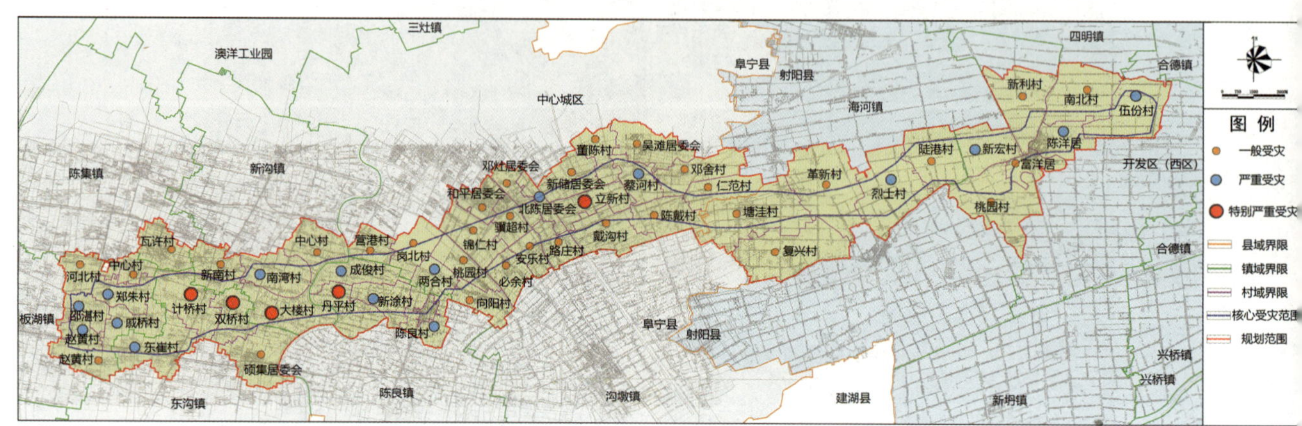

图 1-2-5 灾区村庄受灾情况评价分布图

资料来源：江苏省城镇与乡村规划设计院，《盐城市“6·23”龙卷风冰雹特别重大灾害灾后重建总体规划》，2016 年 11 月

（四）建筑破坏情况

此次龙卷风灾害对涉及范围内的各类建筑都有所影响，但损害程度有所不同，如图 1-2-6。龙卷风灾害的一大特点就是容易发生在比较空旷的区域，所以位于广袤村庄地域的大量低矮民宅和幼儿园等公共建筑受到损坏的程度都是比较严重的。用于农业生产的农业建筑，譬如大棚、简易棚房等临时性建筑，在本次风灾中受到的影响更加严重。位于空旷地的工厂厂房的屋顶也遭受了比较严重的损害。

实际调查发现，本次龙卷风灾中的人员伤亡和财产损失主要是大量低层建筑的风损和风毁造成。受损的低层建筑，大部分主体结构仍然完好，出现损毁的部位主要为墙体、屋面、门窗转角和边缘，以及其他附属构件。此外，由于龙卷风生消迅速、破坏力强，在其过境之处，除导致树木损毁、房屋受损现象外，还会将碎片卷积，这些碎片作为飞射物，加强了对建筑的破坏力。龙卷风在一定范围形成大气压降，造成房屋内外压差，产生具有破坏作用的绕流抽吸、拉拔剪切效应力，最终形成对屋面及上部连接墙体的破坏。本次风灾中建筑破坏主要集中在屋面上，破坏情况可以分为两大类：一类为直接破坏，原因为龙卷风带来内外压差，将屋面全部或部分掀起带来的毁坏，具体表现为受损轻的被带走部分瓦片，严重的整个屋面被掀走，更有甚者，屋面破坏的同时也将相连接的墙体破坏，如图 1-2-7 所示；另一类

图 1-2-5　不同类型的受灾建筑

资料来源：杨彦宇，《盐城特大暴雨龙卷风灾后》等组图，中国新闻网，http://www.chinanews.com/tp/hd2011/2016/06-24/650079.shtml

为间接破坏，龙卷风携带建筑周边倒塌物体以及空中飞射物，撞击建筑屋面，如图 1-2-8 所示。龙卷风对建筑墙体的破坏一般是由于屋面覆盖物被屋顶吸力卷走时，屋架在支承处与承重墙和承重柱的连接也遭到破坏。原有房屋设计建造对屋面圈梁及基础圈梁设置重视不够，与墙体连接构造不到位，当屋顶被风破坏时，房屋顶层外墙特别是空斗墙和主体失去联系后而成为竖向悬壁构件，严重时会导致失稳倒塌。另外，龙卷风对房屋形成的内外压差，也会对墙体产生破坏，将侧墙推倒。

（五）其他破坏情况

龙卷风强烈的脉动效应和绕流分离，形成了龙卷风前进路线成“之”字摆动的

图 1－2－7　龙卷风对建筑屋面的直接破坏

资料来源：杨彦宇，《盐城特大暴雨龙卷风灾后》等组图，中国新闻网，http://www.chinanews.com/tp/hd2011/2016/06－24/650079.shtml

特点；龙卷风的脉动效应和旋转扭曲，对轻柔结构的建筑物也构成了巨大威胁，高压线钢塔架、通信铁塔、施工龙门架和一些轻质、高柔的高耸结构等建筑物倒塌率居首。大量电线杆被吹倒，倒向一边，许多大树也被折断，树枝散落一地，路边的广告牌被吹倒在路上，如图 1－2－9 所示。

图 1-2-8　倒塌物和空中飞射物对建筑屋面的破坏

资料来源：杨彦宇，《盐城阜宁遭遇龙卷风》等组图，中国新闻网，http://www.chinanews.com/tp/hd2011/2016/06-23/649591.shtml

图 1-2-9　其他受灾事物

图 1-2-9　其他受灾事物(续)

资料来源:杨彦宇,《盐城阜宁遭遇龙卷风》等组图,中国新闻网,http://www.chinanews.com/tp/hd2011/2016/06-23/649591.shtml

第三节　受灾区域村庄发展特征

一、村庄空间特征

村庄的空间形态由地貌、水系、建筑物、道路、广场、绿化等环境要素共同组成，不同地域的村庄由于区位、气候、历史等条件各异，往往会形成差异较大的空间特征。盐城地处一马平川的苏北平原，没有山地丘陵，湖泊水系较多，自然基质上具有苏北乡村的一般空间特征，即多沿河、路、水域岸线等零散自由排布，村落之间未形成明显的空间肌理特征。传统村落在漫长的自我演化过程中，形成了适应当地自然人文环境的自由蔓生的零散状态或呈团块状的聚集形态模式。随着乡村经济社会的不断发展和农民生活需求的改变，以规划、整治、翻新、建设等手段进行的村庄建筑更新，对其空间形态特征产生了重大影响。从空间形态的角度探讨盐城村庄现状，分析村庄分布状态及其与周边环境的相互关系，对灾后重建的良性开展具有十分重要的意义。自然环境是村庄建设的基本载体，也是村庄良好运作的天然保障。不同自然环境通过对造房、基建、拓荒等人类活动的影响，塑造着不同的村庄空间布局形态。特定历史发展脉络和自然条件培育下，盐城村庄呈现出多元化的空间分布形态和关系。结合村庄的空间形态及其与地形地貌的关系，我们可以将其分为条带状水网型、散星状傍水型以及团块状平原型。

（一）条带状水网型

历史上的“废灶兴垦”使得人工开挖的河流将田地划分为“井”字形网格。受节约土地、临近水源等因素影响，自然村点的农宅多沿河流两侧呈单层狭长的条带状分布，随水系走势蜿蜒散布。自然村点的数量比较多，空间规模较小，根据河流走向可以进一步分为横向条带状和纵向条带状这两种类型，见图 1－3－1。规模较大的村落大多会形成于河流或道路的交汇处，呈现近似菱形的空间形态。由于河网纵横连片，依水布展的村落一般并不注重坐北朝南等风水观念引导下的择址原则。水陆高差较低处，建筑退后建造，沿河预留道路，以防水患；水陆高差较大处，建筑临水而建，沿河建筑之间的曲折带状空间构成村落景观的视觉廊道。水网交汇处多有桥梁架设，方便通行的同时，还成为村中主要的公共活动节点，彼此之间并没有明显的地理分界，形成典型的“村围地”的格局。此次受灾地区中的吴滩街道、海河镇等大部分村庄区域属于此类。这类地域虽然农业资源比较丰富，但因受水网阻隔，且呈条带状发展，不利于基础设施的布置和共享。

图 1-3-1 条带状水网型村庄形态

资料来源：卫星图截图

（二）散星状傍水型

这类村庄多位于水源丰沛的水稻种植区。水田的耕作半径较小，需要照料的时间较多，而且农民日常生活中对农业生产依赖性大，为了方便起见，往往会在自家田地旁边建设自己的住宅。因此，此类村庄在空间分布上比水网型村庄更加分散，村庄的密度非常大，村与村之间的分界更加模糊，多依水依路形成零星散布的空间格局，见图 1-3-2。居住空间主要围绕耕地和水域展开，与生产空间混合交叉，没有形成聚居形态，对基础设施集中布局和农业资源的规模化运营都有不利的影响，如陈良镇和东沟镇境内的大部分区域都属于这种类型。

（三）团块状平原型

位于湖荡地区的团块状平原型村庄的空间形态与前两种类型有所不同，所处地域的河流水系相对较少，农业生产以旱作为主，农田耕作半径较大，距离村庄相对较远，多分布在聚居区的外围。此类村庄的农宅集中布局在一起，生活区多逐水依路而置，村庄密度较小，空间规模较大，呈现接近于圆形、长方形或不规则多边形的团簇状

图 1－3－2　散星状傍水型村庄形态

资料来源:卫星图截图

形态。聚居区选址的地势往往较高,位于村域的中心位置,以此谋求适宜的耕作半径。村庄空间聚集性较强,彼此间的地理边界较为清晰,相隔距离较近,往往会形成多个村庄连成一片的现象,构成典型的农田包围村庄的空间关系,见图 1－3－3。

图 1－3－3　团块状平原型村庄形态

资料来源:卫星图截图

表 1-3-1　受灾村庄空间特征

编号	行政隶属	村庄名称	空间特征		
			城镇关系	村地(自然)关系	空间形态
1	板湖镇	邵湛村	纯农型	平原型	团块状
2		孔荡村	近郊型	平原型	团块状
3		郑朱村	近郊型	平原型	团块状
4		戚桥村	近郊型	平原型	团块状
5	硕集社区	东崔村	纯农型	平原型	团块状
6		计桥村	纯农型	平原型	团块状
7		双桥村	纯农型	平原型	团块状
8	新沟镇	南湾村	纯农型	傍水型	散星状
9		大楼村	纯农型	傍水型	散星状
10	陈良镇	成俊村	近郊型	傍水型	散星状
11		丹平村	纯农型	傍水型	散星状
12		新涂村	纯农型	傍水型	散星状
13	金沙湖街道	岗北村	近郊型	平原型	团块状
14		两合村	近郊型	平原型	团块状
15	吴滩街道	立新村	纯农型	水网型	条带状
16		蔡河村	纯农型	水网型	条带状
17	海河镇	塘洼村	纯农型	水网型	条带状
18		革新村	近郊型	水网型	条带状
19		烈士村	近郊型	水网型	条带状
20		陡港村	近郊型	水网型	条带状
21		跃华村	纯农型	水网型	条带状
22		巨星村	纯农型	水网型	条带状
23		宏丰村	纯农型	水网型	条带状
24	射阳县	新宏村	近郊型	水网型	条带状
25		新利村	纯农型	水网型	条带状
26		经济开发区陈洋办事处	纯农型	水网型	条带状
27		伍份村	纯农型	水网型	条带状

资料来源:编委团队调研问卷统计

村庄空间形态在形成、发展与转型的演变过程中，不可避免地会受到地形、地貌、水文以及气候等自然因素的制约和影响。但是，主导其演变的最核心的因素则是人口。人口聚集促成了村庄的形成，人口增长推动村庄发展，人口的外流导致了村庄的败落，逼迫村庄寻求转型。人们在生产和生活建设活动中，顺应自然，趋利避害地选择自己的定居场所。水网地带多依水线性延伸，平原地带多由中心向外围扩展，水田地区则依据农业生产需要择地头建屋。随着经济社会的不断发展，道路交通成为沟通内外的重要因素，村庄依道路延展的实例也不胜枚举。规划地区受河网地形的限制，大部分村庄建筑沿河流或道路呈单层皮布局，空间整体上呈现"井"字形结构(受灾村庄空间特征整体情况见表 1-3-1)。这种结构虽然是长期历史发展过程中形成的，但是明显不能适应当前以集约、效率、规模等为主旨的现代化发展要求。伴随着城镇化进入了一个新的发展阶段，农村人口流失问题日益严峻，经济社会问题日益突出，停滞、消逝或转型是所有村庄必然要经历的一个阵痛和抉择。

二、村庄社会特征

蕴含着生产、生活以及相互关系的"社会"，是村庄空间形成的根本机制。村庄成员之间的关系链受血缘、地缘等因素影响，并在市场化大潮的冲击下逐步趋向以利益关系、业缘关系等为主线。经历了城镇化和市场化的双重力量塑造，规划地区的村庄形成了具有一定独立特征的社会形态。在此，本节从人口结构、社会关系以及生产生活等方面，对当地村庄的社会特征、经济特征、地域文化特征等进行分析和总结。其中，人口结构主要根据这次灾后重建规划范围内的村庄的人口统计数据进行分析，生产生活方式和社会关系主要根据抽样调查的统计结果进行分析。

(一) 人口结构

受城镇化发展的影响，村庄的户籍人口结构与常住人口结构之间具有较大差别。考虑到大部分在外打工的户籍人口都处于"人"走"家"不走的状态，本章从两个统计口径，对人口年龄结构做对比分析，可以一窥村庄人口的主要特征。从户籍人口结构来看，60 岁及以上老年人占 21.8%，其中 70 岁及以上老年人口占 9.2%[①]；18 岁～59 岁的中青年人口比重达到 56.4%，其中 30 岁以下青年人口占 32.4%；18 岁以下的未成年人口约为 21.8%，其中学龄前人口(5 岁及以下)约为

① 指占总人口比重，后同。

10.1%。受户籍和宅基地管理制度限制，目前村常住人口基本属于户籍人口，约占总户籍人口的52.6%。常住人口中，60岁及以上老年人口比重占到58.3%，其中70岁及以上老年人口占22.6%；18岁～59岁的中青年人口比重仅为22.5%，30岁以下青年人口基本上在外求学或者打工，不在村里常住；18岁以下的未成年人口约为19.2%，其中学龄前人口约有8.0%。详见图1-3-4。

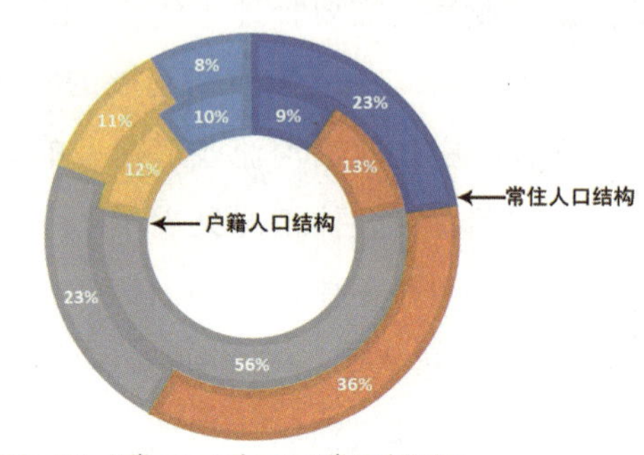

图1-3-4　人口年龄结构图(四舍五入后)

资料来源：编委团队调研问卷统计

国际上通常把60岁及以上的人口占总人口比例达到10%，或65岁及以上人口占总人口的比重达到7%，作为衡量国家或地区进入老龄化社会的标准。按照这个标准来看，不管是按户籍人口口径还是按常住人口口径统计，当地村庄社会的老龄化问题都是比较突出的。2017年，中国60岁及以上的老龄人口已达2.4亿，占全国总人数的17.3%，65岁及以上的人口为1.6亿，占比为11.4%。与此同时，户籍人口统计口径下的人口老龄化水平是与国家平均水平相接近的。但从常住人口统计口径来看，60岁及以上的老年人比重已经超过了50%，有的村庄甚至在70%以上。这个问题虽然看起来很严重，但不能单纯地以老龄化水平来衡量。因为这是伴随城镇化和村庄空心化必然产生的现象，村里60岁以下的中青年劳动力，特别是30岁以下的青年人口基本上迁入城镇常住了，但他们中绝大部分人还是以“村”为“家”的，节假日会回村小住，并支出一部分经济收入用于老家的家庭供养和建设，有些甚至会拿出大部分积蓄回村新建或修建住宅，也就是说“人”虽然在外，但“根”依旧留在故乡。调研发现，村里18岁以下的学龄(包括上幼儿园的)人口留守的并不多，大多随父母迁到城镇去上学和生活了，留守的大多是需要看护的未到学龄的婴幼儿，由家里老人负责看管和照顾。由于留守下来的大多是老人和婴幼儿，常住人口的学历水平普遍不高，小学及以下学历人口占65.3%，初中及高中学历人口比重为33.6%，大专及以上学历人口很少。

（二）社会关系

在对样本村庄的走访、座谈和问卷调查过程中可以感受到被调查村民为人处事方面的素养还是比较高的，大都为人和善，待人有礼。虽然有很多村庄的居住空间分布比较零散，各家各户住房相隔距离比较远，但每逢红白喜事等风俗仪式举办时，相近的村民还是会上门帮忙。闲暇时间，大家也会聚在一起聊天、打牌或者下棋。从社会关系调查问卷统计结果可以发现，村庄的社会交往关系并没有完全受居住空间距离的限制，有很多住户虽然居住相隔较远，彼此之间的交往频率仍然很高，关系比较密切。从统计表1-3-2中可以看出，这是受村庄血缘关系组织影响的缘故，也就是说亲戚是大多数村民社会密切交往的主要对象。另外，邻里之间的相处是比较融洽的，被调查对象认为邻里关系很和睦的占22.2%，认为还行的占46.4%。从归属感调查结果来看，38.2%的村民具有很强烈的归属感，32.3%的村民归属感比较强，也就是说，大多数村民与自己所生活的村庄有较深的情感联结。

表1-3-2　社会关系情况统计表

最密切的关系	邻里关系	亲戚关系	同行关系	雇佣关系	朋友关系
	28.3%	46.8%	8.2%	1.4%	15.3%
邻里关系状态	很和睦	还行	一般	不太好	很差
	22.2%	46.4%	13.4%	8.8%	9.2%
归属感	很强	比较强	一般	不太强	没有
	38.2%	32.3%	21.4%	7.0%	1.1%

资料来源：编委团队调研问卷统计

三、村庄经济特征

（一）生产生活

由于主要劳动力的流失和农用地流转，村民专门从事传统种植业和养殖业的农户占比很小，少数“大户”承包了大部分农田（水塘）进行种植（养殖）。而大多数小规模种植（养殖）户所产的农产品主要是用于自给而非售卖。在外打工人员所从事的职业多种多样，有进工厂做工的，有从事建筑施工行业的，有从事物流行业的，也有帮人做装修的各种匠工。留守在村里的人员也多在附近规模化耕作区或粮食加工工厂里打零工。村庄里一般都有一个到两个零售商店、理发馆、小餐馆等，满足村民日常生活需要，特别是日常所需的便利性商品都可以在村里小商店购得。联结各个村庄和城镇的公共交通系统已经基本成型，村民出行都较为便捷，衣物、化妆品、工具、家居、家具以及大型器械等选购性商品的购买一般会到附近的城镇或周期性集市完成。村民日常除了生产劳作外，闲暇时间多以看电视或上网、串门聊天、带小孩、下棋娱乐等方式度过。具体调研数据如表 1-3-3 所示。

表 1-3-3　生产生活方式统计表

生产方式	种植	养殖	手工艺品加工	村庄附近打零工	外出务工
	74.3%	36.8%	2.1%	23.9%	58.4%
选购性商品购买频率	一周以内	半个月以内	一个月以内	三个月以内	半年以内
	4.1%	26.4%	13.5%	46.8%	9.2%
闲暇生活方式	看电视或上网	下棋娱乐	串门聊天	运动健身	带孩子
	84.2%	12.5%	36.1%	6.3%	32.1%

资料来源：编委团队调研问卷统计

（二）产业特征

规划区村庄一般是以第一产业为主。但是各村的经济发展情况有所差别，产业结构也大不相同，有以传统种植业、养殖业为主的，也有开始发展大棚果蔬种植、花卉苗木种植等特色农业的，还有尝试进行休闲农业开发的，有的村庄已经开始培育农产品加工产业链。具体如表 1-3-4 所示。

表 1-3-4　规划地区各个村庄特色产业

特色产业	地区
高标准良田	邵湛村、南湾村、大楼村、硕集居委会、丹平村、新涂村、吴滩居委会、立新村、蔡河村、塘洼村、新利村、伍份村、经济开发区陈洋办事处
标准化设施农业	东崔村，计桥村、双桥村(计桥双桥村)
高效水产养殖	革新村、烈士村
高效畜禽养殖	孔荡村
特色粮油	郑朱村、戚桥村、陈良村
特色果品	陡港村、新宏村
特色花木	成俊村
旅游发展	两合村、岗北村、金沙湖旅游度假区
工业发展	阜宁经济开发区

资料来源：编委团队调研问卷统计

四、地域文化特征

盐城地区因"盐"而起，因"盐"而兴，历经两千余年的历史浸润，这里星罗棋布的村镇聚落都深深打上了"造盐"历程的烙印，以地名、民俗以及戏剧等不同的地域文化元素彰显着"海盐文化"的深厚积淀，见图 1－3－5。

图 1－3－5　海盐文化雕塑

资料来源：杜柏桦，《到黄骅，探海盐文明》（组图），搜狐网，http://roll.sohu.com/20120512/n342997450.shtml

"忆往夕"，《连续阴雨，去了趟海盐文化博物馆，请老师们多多指点！》，太平洋电脑网，https://itbbs.pconline.com.cn/dc/topic_21843490－13837715.html

"烟火三百里，灶煎满天星"，昔日壮观的淮南煎盐场景虽已不再，但与"盐"有关的地名却不可胜举。这些历史沉淀下来的地名记录着地域文化的发展历程，从一个侧面重现了历代盐民的活动场景。如"新兴场"、"伍佑场"以及串场河沿线的刘庄、白驹、草堰、东台等都曾是淮南赫赫有名的盐场；"团"为灶户"聚团共煎"的一种组织形式，中十场北侧的草堰场境内有数十个村组的地名都与该字有关；"仓"即盐仓，明清时建官盐场于集镇上，有正仓与便仓之分，以枯枝牡丹名扬天下的便仓镇就曾是伍佑盐场的便仓所在；另外，"灶"曾是盐区基本生产单元，"总"曾是盐场灶民聚居单元，“丿”是灶民煮盐的重要工具，境内还有很多乡镇、行政村以及自然村组因这些字而得名沿用至今。当年煎盐用的盘铁、点卤成盐用的皂角等均可在当地的地名中寻得踪迹，如滨海的铁盘洋村、响水的皂角树村等。民国时很多新启用地名都打上了“废灶兴垦”运动的烙印，如“大丰”地名源于1917年张謇创办的草堰场大丰盐垦股份有限公司之名，“裕华镇”地名源于1922年陈仪创办的裕华垦植公司之名等。这些蕴涵丰富历史信息的鲜活地名是盐阜大地的版图上最活跃的文化细胞，标记着历史发展脉络的关键节点，铺展出一道别致而有趣的文化风景。

另外，盐城地区还有很多与“海盐文化”相关的民俗习惯，比如有的村镇居民信仰和供奉龙王爷，把六月初六龙王爷生日这天晒的盐叫“龙盐”，供奉祭品给龙王爷享用，并在每年的正月十五烧“龙王纸”，祈求龙王爷在新的一年中多行好事，保佑他们多收盐、多得利，还有每年正月初六给“盐婆婆”过生日的习俗，这一天盐民要处处图吉利，祈望能讨其高兴。这些流传久远的独具特色的民俗至今已然成为“海盐文化”的宝贵记忆和象征。

作为全国著名的淮剧之乡，盐城是淮剧艺术主要的发源地。淮剧最主要的唱腔是大悲调，这种唱腔源于海边盐民的劳苦生产和生活。生活在社会的最底层盐民大众，在盐吏、把头垣商以及灶长等阶层的长期压榨和剥削下，从事着繁重的煎盐劳作，忍受着食不果腹的困苦生活，悲苦之情无处释放，于是在空旷的池滩亭场上一起随口唱和，自诉悲情。后在外来徽戏的影响下，艺人们将这些民间小调、童子戏、门叹词等进行艺术加工，逐步形成了盐淮小戏。后又吸收了徽班进京后的京剧养分，演变发展成今天的地方戏剧——淮剧。

“海盐文化”植根于社会底层生活，是浸透着劳苦大众血汗，凝结着盐民百姓智慧的历史文化结晶。特殊的海盐生产环境和盐农劳苦阶层生活方式的局限性，导致海盐文化不能像那些根植于富商、官宦阶层的文化形态一样特色鲜明、自成体系。历史上因黄河水道北移，海潮顶托，海啸、水旱灾害，战争等一系列灾难的发生，这里的盐民百姓们经常被迫背井离乡、流离失所，灾害过后，再回来重建家园、恢复生产，如此周而复始。这些都造成海盐文化模式呈现为一种周期性断裂的非稳定形态，并具有一定的封闭性和保守性，难以形成自己的体系。因此，在这里很难找到成片的特色院落、牌坊、塔楼等较为稳固的大型文化载体。虽然如此，“海盐文化”仍然培育了盐阜大地的文化魂魄。这是一种生长于劳苦大众命脉之中的坚忍不拔、勇于奋斗、吃苦耐劳、锲而不舍的地域精神，这种精神渗透在祖祖辈辈普通百姓的日常生活和生产之中，并淬炼出朴实无华的盐阜之魂。

第二章　盐城灾后重建之村庄统筹规划

龙卷风、地震、洪水、海啸、火山等自然灾难降临，对于受灾地区的民众来说是让人悲痛的。但地区经济社会发展要恢复，民众的生活也要继续，世界正是在这样的不断更新交替中继续前进的。重建规划研究主要是针对灾后重建的空间布局、规划设计等实践而进行的理论提升过程，不仅要考虑规划建设的常态内容，更要突出体现应急性、恢复性以及防灾性等非常态特征。盐城“6·23”龙卷风灾害范围主要在村庄地域。村庄所处地域环境不同、经济水平不同、建设情况不同以及社会发展水平不同，针对村庄地区所实行的发展政策和总体规划在侧重点、方法、程度上也必然会有所差异。本章的村庄统筹规划研究主要是针对《盐城“6·23”龙卷风冰雹特大自然灾害灾后重建总体规划》的编制、实施、管理情况，并在充分认识规划区的实际发展情况基础上，借鉴国内外灾后重建案例而进行的关于灾后重建规划理念、技术、方法的探讨。

第一节　灾后重建规划实践的案例研究

专门针对村庄地域的灾后重建规划，除了恢复地区经济社会发展之外，还要借此时机，改变以往村镇凌乱、分散的布局，并赋予它更多的新型功能和更舒适的生活环境。这些都需要在总结国内外类似案例经验的基础上，提炼经济、社会、空间以及生态等方面的理论体系作为支撑。

一、日本新潟县中越大地震灾后重建

日本新潟县的中越地区于2004年和2007年发生两次6.8级大地震，前后涉及27个市町村，造成82人死亡、7000多人不同程度受伤，共有16.4万栋房屋建筑受损，经济损失达到1584亿日元。中越地区的地震主要发生在山地地带，随着不

断的余震，滑坡、土崩、道路断裂、堰塞湖等伴生灾害也相继出现，对当地观光业、种植业、养殖业等造成极大损害，见图 2－1－1。受灾地区的村庄因多处于较为贫困之地，村里的青壮年村民大多走出山区，在附近的城市工作，致使村庄老龄化现象严重，大地震灾害加重了这一现象。

图 2－1－1　新潟县区位图及地震灾害现场

资料来源：王晓易，《日本发生 6.8 级强烈地震 引发海啸核反应堆关闭》，网易新闻，http://news.163.com/07/0716/10/3JH1FQR30001121M.html

为了使村庄从震灾中走出、走向复兴，以专家学者为主，由县内各界人士和受灾市町村代表等组成的震灾复兴蓝图制定恳谈会提出了复兴基本方针，由此制订了“新潟县中越大地震灾害复兴计划”。复兴计划在村庄家园重建中致力于实现几大目标：(1) 建设能够进行安全、安心生活的村落；(2) 建设能够进行自立生活的山区村落，并有就业的场所；(3) 恢复山古志村原有生活方式。复兴计划立志重建一个比地震前更有活力、更富裕、更安心的生活家园，始终遵循以灾民为本的规划建设理念，为受灾群众创造自立自救的重建环境。计划以地震灾后家园重建为契机，以创造性视点提高当地魅力，达到“创造新型山区村落面貌”的目标，基本思路体系见图 2－1－2。

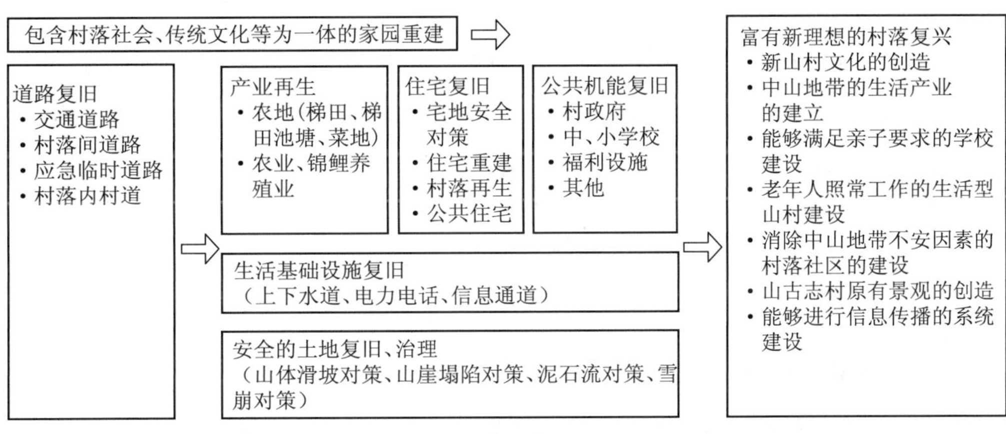

图 2－1－2　日本新潟中越地震灾后重建思路体系

资料来源：刘如山、林均岐、郭恩栋，《日本新潟中越地震简况及抗震救灾的经验教训》，《自然灾害学报》，2005年第 2 期

（一）构建复兴专用基金

为了保证灾后重建工作的长期持续的顺利进行，该地通过各种渠道筹措资金，构建了专款专用的项目基金，为期十年，并制定严格的管理制度，确保基金使用到位。在重建过程中，每年的资金使用规模为 60 亿日元，10 年共 600 亿日元。

（二）细致周到的灾后重建政策

为了保证受灾村庄从环境到社会的全面复兴，地方政府出台了一系列灾后重建政策。

住宅重建方面。新潟县中越地区利用复兴基金向住房重建群众提供贷款利息补助；利用复兴基金向老年人和残疾人提供租住房的租金补助；利用复兴基金为难以获得金融机构贷款的受灾老年人提供住房重建贷款(但规定在其去世后把土地和房屋出售以便一次性归还贷款，作为保证)。

生活重建方面。设立“生活支援咨询员”，为受灾人群提供福利服务，其人员费用由复兴基金提供补助；开展“心理关怀事业”，预防和防止受灾群众发生抑郁症等心理疾病，其工作经费由复兴基金提供；支持农田灾害相关治理工作，由国家和县里专项补助，解决地震后灾害治理，区划重新调整和复耕等工作；对于不属于国家和县里补助的农田生产能力恢复项目，比如水渠修整等，则由复兴基金支持；支持公共基础设施的恢复。

产业恢复政策方面。首先，复兴山区经济，具体措施包括设立“交流及绿色观光”项目，通过修复和完善农村美丽的景观，建设体验农村种植、养殖业和新兴的休闲活动设施，加强区域交流、加快绿色观光业的发展，开展城乡交流活动，恢复和提高灾后农村的经济活力，吸引游客。其次，振兴旅游观光产业，措施为开展地震后恢复性宣传，消除不利影响，通过复兴基金，为相关旅游团体提供业务工作经费补助。最后，加快城市商业重建，开展大型交易活动，复兴基金还对能够提高销售额的商业街的振兴给予支持。基础设施的综合治理和重建由国家国土交通省与县市联合对山区受灾道路、损毁河道、农业基础设施、堰塞湖和桥梁进行综合性治理和重建。

（三）民众主体机制

新潟县中越重建规划编制过程中，民意调研是工作的一项重要内容，重建规划将民众意见纳入规划建设的每个阶段。为了使复兴计划能够协作统一地完成，相关机构建立了一系列民众沟通与参与渠道。当地专门成立相关组织，旨在支持长期的复兴计划和增强民众的主人翁意识，这些组织代表了全体社会成员的利益，包括政府、商业、教育、健康和公共事业各方。同时，为了更加高效地完成复兴计划，最重要的是要聚集一批熟悉本地情况的民众代表，能够经常性地参与复兴计划讨论，协助设计工作者与更大范围的社区取得联系，以了解更多的民众意见。

（四）强调节能减排，注重生态恢复

在灾后重建中，与属于本地区原来最安定状态的“地区固有的自然、生态”共存，是可持续发展的村镇建设的理念。要向自然学习，建设顺应自然规律、保护当地生态环境、与周围环境协调发展的“共生型”生活环境。具体措施包括：鼓励当地政府、企业、居民减少能源使用；改善能源结构，使用风能、太阳能、地热能、生物质能；制定强制性的温室气体排放标准；通过政府法规的形式鼓励可持续性的设计和设计生态节能型的建筑、景观、城市基础设施；鼓励使用多种能源形式的交通工具以及汽车合用，鼓励步行和自行车交通，特别是在鼓励慢行交通方面，从街头景观和家具、公园和林荫小路的设计、适宜的开发密度，到公共设施的便捷联系等，都是慢行交通环境营造的重要考虑因素。

二、四川都江堰灾后重建

“5·12”汶川地震中，都江堰全市村庄居民住房受损总户数达 13 万余户，其中 4.2 万户农房被直接损毁，灾毁农户分布广、情况复杂、重建意愿多样，因此，群众主体、政府主导、社会参与，成为灾后住房重建的基本思想。都江堰村庄社区灾后重建新貌见图 2-1-3。

图 2-1-3　都江堰灾后重建村庄新貌

资料来源：张忠、刘裕国 等，《四川“两份答卷”一样精彩》，人民网，http://cpc.people.com.cn/n/2012/0830/c64387-18871880.html

（一）规划突出发展性、多样性、相融性、共享性

突出发展性，努力培育产业支撑，实现产业发展与村庄住房重建的有机结合；突出多样性，着力彰显建筑特色，利用自然的地形地貌进行规划设计，防止将城市小区布局模式简单复制到村庄；突出相融性，促进自然人文和谐，注重建筑风格与当地风貌相协调，努力形成历史文化和现代文明交融的新村庄，空间布局有效结合地形地貌，因地制宜设置；突出共享性，提高村庄文明程度，着力提高基础设施和公共设施共享性，推动城市基础设施向村庄延伸，城市社会服务事业向村庄覆盖，城市文明向村庄辐射。

（二）统一规划，并小盘建大盘，聚散院成新村

面对 13 万余户灾毁农户，都江堰市结合林盘整理，拆小院并大院，统一规划，提高林盘内建筑密度与高度，根据具体情况建设集中安置点。原 100 户的村民小组由约 6 个林盘构成，通过重组规划，建筑布局更加紧凑，每户节约 65%建设用地用于还耕，同时将部分耕地置换调整，保证耕作最远距离不超过 800 米。在村落中

心配套村级商业、文化娱乐设施，水电气集中供应，污水集中处理，养殖分户集中，环境卫生专队管理，建设用地节约部分可流转创收，生活品质获得提升，同时依然保持原先的农耕环境与生活形态。

（三）规划布局顺应自然，体现特色

在重建过程中，村庄新型社区和村庄住房重建均结合自然环境，顺应地形地貌，避免对山水自然风貌的遮挡和破坏，尽量结合水塘和渠系布局，利用现有林盘的优良环境条件，并结合产业发展，顺应地形，突出地域特色，宜聚则聚，宜散则散，相对集中节约地进行建设，在方便生产生活、有利公共配套和市政基础设施配套、尊重群众意愿的基础上科学规划布局。特别是平原地区安置社区的聚落布局，充分考虑川西田园景观风貌的延续，尽量保证田园肌理的完整，避免简单复制城市小区的布局方式。

（四）建设规划关键点：政府组织、尊重民意、群众自主、和谐规划

震后，都江堰市运用统筹城乡的思路和方法，结合村庄产权制度改革综合成果和城乡建设用地增减挂钩政策，充分尊重群众意愿。坚持“只组织不干预，只引导不拍板，只协调不做主”的工作原则，让群众参与安置条件设置、产业发展、安置点管理、“两房”建设等方面的民主提议、民主决策、民主监督、民主评议，通过“资源换资金”的方式，让村民做主，解决了灾后农房重建资金的来源问题，实现了村庄住房的全面重建。

三、台湾村庄桃米社区灾后重建

社区营造作为灾后重建的一剂良药，在台湾地区已经有了成熟的研究和使用。社区营造又称参与式规划，是社区发展充分运用社区内的各种资源条件，凝聚社区共识，改善生活环境，延续文化精神，重塑社区活力的自发过程，也是使社区主体充分参与到影响其生活的社区发展进程中，实现人、文、地、产、景五大面向的可持续发展的行动。其核心价值是：突出弱势群体的主体性参与价值，重建过程以受灾居民的利益为出发点。他们参与程度的强弱对重建后村民满意度有着直接影响。无论是从重建目的、重建途径、工作性质，还是从产生的问题来看，社区营造都应成为村庄灾后重建的主要模式。桃米的灾后重建是以震前就建立在埔里镇的“新故乡文教基金会”提供的协助平台为基础开始的。以“新故乡”所发起的“清溪活动”为起始，激发居民意识的自我觉醒，聚集社区民众力量。“新故乡”通过组织专家带领居民，对当地生态资源进行调查摸底，并开设休闲产业相关课程。多方共同讨论设立集有机农业、生态保育和休闲体验为一体的“桃米生态村”的发展目标，并制定了几大主要重建内容。在当局及民间资金支持下，打造以绿色民宿为切入点，以知识经济为基础的村庄体验式旅游产业，见图 2－1－4。

图 2－1－4　桃米社区新貌

资料来源：清华同衡规划播报，《台湾桃米村“社区营造”——可复制的台湾生态村经验》，百家号，https://baijiahao.baidu.com/s? id=1563113658901309

（一）桃米灾后社区营造主体

NGO（“新故乡文教基金会”）、社区居民、专业知识人员以及当局共同构成桃米社区营造主体。整个过程是在 NGO 的推动下，以社区居民为主体，在专业知识人员与当局协助支持下完成的。

（二）桃米灾后社区营造机制

资金初期来源主要是基金会、居民个人、当局支持以及社会募捐。之后，居民拿出经营收入的部分作为社区发展共同基金。NGO 推动居民自发进行自主重建和营造社区，使得居民的想法在专业人员的指导与技术支持下得以实现，整个过程是“自下而上”的。

（三）桃米灾后社区营造结果

灾后的家园得以修复，生活环境空间得到改善和美化，民众的灾后心理创伤在齐心协力的重建中得到修复，关系更加密切，社区凝聚力增强。该地在发掘并保留当地生态资源特色的前提下，形成独特的体验式旅游发展产业模式，经济迅速发展，一改之前贫困状况，经济迅猛发展，并吸引民众返乡，为社区注入新的生命力。桃米独特的灾后重建之路，吸引了越来越多的学者前来拜访和学习。

第二节 灾后村庄重建规划的再认识

由国内外灾后重建规划实践案例研究可以发现，灾后村庄重建规划与常态的村庄规划建设有一定的区别，不能遵循固有的规划模式进行。突如其来的自然灾害往往会给区域的经济社会发展造成巨大的破坏和影响，灾后重建工作的任务紧迫而艰巨，救助、规划、工程、建设、管理等多项工作需要齐头并进，在较短时间内同时完成，使得灾后重建规划工作所强调的紧迫性与传统规划建设所固有的全局性、综合性、战略性很难协调，应在充分认清现实困境基础上，牢牢把握科学合理的思想理念。

一、灾后村庄重建规划与常态村庄规划的区别

（一）规划编制目标不同

目前常态的村庄规划是在以科学发展观为指导，全面贯彻落实城乡统筹发展战略的背景下而实施的规划行为。其主要目的体现在要素优化和整体提升两个层面。要素优化是指通过对村庄土地要素、资源要素以及劳动力要素的重整，建立起社会主义市场经济体制下平等、和谐发展的工农关系和城乡关系，实现城市与村庄的良性互动。如江苏省许多地区开展的万顷良田建设工程，其实质主要是通过重整村庄土地要素，推进村庄城镇化，实现新的城乡市场经济要素平衡。整体提升是指通过对村庄的空间布局组织以及基础设施、公共服务设施的建设，实现村庄“生产发展、生活宽裕、乡风文明、村容整洁、管理民主”的整体目标。相比而言，村庄灾后重建规划则更加偏重对受灾村庄的修复和新建，强调通过灾后重建的契机，使受灾村庄能够获得更加安全、可持续的发展环境。具体而言，一方面体现在对受灾空间环境的修复，对于灾民民居的重建或者加固修缮；另一方面体现在对村庄基础设施、空间居住环境、防灾减灾设施的优化提升。总之，使村庄能够在一定时期内迅速恢复到乃至超过灾前发展水平。

（二）规划编制重点不同

从规划逻辑的出发点比较，村庄灾后重建规划面临复杂的环境、紧迫的形势，重建的核心问题突显，像平息受灾村民不安的情绪，满足受灾村民灾损补偿的合理利益诉求，并且维系村庄居民原有的耕地、宅基地等产权属性等，是村庄灾后重建

规划的重点内容。一切的工作均围绕灾区及灾民生活的重建，并且规划编制的成果必须具有极强的可操作性，需要在规划通过审批后的很短时间内加以落实。而常态村庄规划的重点则更倾向于村庄整体环境和发展的扩质提位，对规划成果的深度与广度有着一定的标准和要求，涉及村庄建设的方方面面，尤其是要考虑村庄整体建设的远期愿景，同时应避免规划成为一纸空谈，难以在近期具体落实建设。其规划的重点是为了推动村庄的现代化进程，提升村民生产生活水平。对于村民个体的利益诉求和村庄整体的发展往往要进行一定的平衡取舍，此时容易触及部分村民的短期利益。

（三）规划编制的技术依据及内容深度要求不同

从规划编制的技术规范比较，目前我国常态村庄规划编制已经形成一套相对具体完善的建设规划标准与范式。国家层面的，如建设部 2007 年出台的《镇规划标准》(GB50188－2007)、2008 年颁布施行的《村庄整治技术规范》以及《城乡规划法》等法规和技术标准，对常态村庄规划的编制地位、建设背景、原则、规划层面以及重点内容的技术应对做出了概括和指导。此外，各级地方政府根据地区发展情况，也制定了符合自身条件的村庄规划编制标准，对各地区村庄规划的编制成果、深度、广度以及建设标准等方面提出了详细的要求和建设标准。

而灾后村庄重建规划相比较而言则缺少统一的国家建设规范，这也是各灾区实际情况不同所决定的。如汶川地震灾后重建当中，国务院颁布的《汶川地震灾后恢复重建条例》，奠定了灾区重建工作的方针政策和整体的重建基调。四川省针对灾区村庄灾情和震前发展特征，制定了《四川省“5·12 地震”灾区村庄建设规划工作方案、内容与成果要求》的临时性建设标准，统一了灾区范围内重建过程中比较重要的技术难点的解决方案和建设标准。玉树地震灾后重建当中，青海省住房和城乡建设厅也根据地区实际情况制定了《玉树地震灾区镇(乡)、村庄重建规划编制内容深度暂行规定》，对村庄规划内容深度、建设标准等问题进行了统一的要求，使得重建工作的重点得到了进一步的明晰。但这些标准是在灾后重建初期紧急情况下制定而成的，来不及做更足够的研究和调查，所针对的问题也非常特定、有限，无法像常态村庄规划一样在常态机制下逐步研究和编制出一套具有可操作意义的全面的技术规范。

综合上述三点来看，尽管两种背景下的村庄规划存在较大差异性，但二者在规划的基本原理和方法等方面仍然存在一定相似性，灾后村庄重建规划可以说是常态村庄规划编制技术在特定阶段下的应对形态。

二、灾后重建规划的核心思想

灾后重建面临土地功能使用协调、经济发展战略制定、信息不充分情况下的决策、速度与质量的兼顾、多方利益主体博弈、公众参与、资金来源等诸多任务和挑战，需要更加科学理性的规划方法和全面系统的规划思想予以指导。

（一）构建多维度重建规划体系

多维重建规划体系在时间序列上强调渐进性，根据任务的紧迫程度，分阶段分层次逐步完成；在内容序列上强调系统性，包括重建工作体系、重建决策体系和重建保障体系。① 重建工作体系中，政策研究包括资金需求、财政政策、税收政策、金融政策、土地政策、援助机制和其他政策的研究；统筹评估包括灾害范围评估、灾害损失评估、资金总体预算以及经济社会恢复能力评价等；重建工作时间紧迫，规划编制不可能按部就班逐项完成，而要三个规划系列同时协作进行，突出重点，突击难点，以保证规划的实际指导价值；规划实施要明确建设主体、建设程序、资金来源、资源配置以及具体建设中存在问题的解决方案等。② 重建政策体系是引导重建工作按正确方向顺利开展的重要机制，目前我国灾后重建的相关政策储备很少，需要在恢复重建过程中创建科学合理的政策保障机制。需成立专项指导小组，在政策研究基础上建立和完善政策体系，并在实际工作过程中，根据具体实施情况及时准确地进行反馈、修正和补充。③ 重建保障体系方面，法律与监管体系是应急状况下总体上保障重建规划编制和实施顺利开展的重要前提。我国应对突发灾难的法律法规文件并不多，而且多是在灾害发生后紧急制定的，对于具体问题的解决，其指导意义尚存在一定局限。这就需要地方政府根据具体问题构建有针对性的配套法规，并在实践中进行修正和完善，形成具有弹性和张力的灾后重建法规保障体系。

（二）实践多主体参与的工作模式

重建问题归根结底是“人居”的重建，“以人为本”是最主要的，这也是新型城镇化建设的战略核心。只有将居民主体纳入重建中来，形成多主体参与的工作模式，才能彻底端正规划态度，保证重建工作能自始至终立足灾区环境的现实承载力和居民的现实需要。随着市场化程度加大，居民主体意识在不断增强，参与规划、决策、建设的意愿越来越强。但当前城乡建设中，普遍存在参与主体协作不够、居民主体性缺失的现象。灾后重建地域多为乡村，建设内容相对简单，主体规模较小，结构相对单一，思想上比较容易统一，更有利于多主体参与规划建设模式实践。灾后村庄重建多主体参与的重建工作模式要求在梳理政府、市场、社会、村民之间关系的基础上，寻求让村民发挥主体作用的有效机制，探索各主体之间如何通过互动与协作实现“多主体参与”这一行动目标。重建规划中在提升基层主体地位、实现自身现代化转型的同时，构建政府主体(责任政府)、技术主体(规划编制单位)和社会主体性(公民社会)的多主体互动平台。

(三) 提升地域环境的修复层次

灾后地域环境修复是必要的，但是修复的核心不应是“恢复”，而应在于“提升”和“优化”，即改变过去那种以牺牲生态为代价的粗放型发展模式，在实现人居环境品质化建设的同时也要进行生态环境优化建设：① 对受灾村点现状和变动趋势做科学判断，合理调整和整合乡村居民点，以提高土地利用效率、统筹土地利用关系；② 进行基于生态安全性的功能分区，划定灾害防护避让区、生态保护维育区、自然保护区、村镇发展区等，针对不同分区采取不同的规划管理对策；③ 完善环境监测系统，提高环境监管能力，加强生态环境跟踪监测，做好污染治理和废物清理工作；④ 快速引进和推广国内外先进的生态建设技术，促使村镇实现飞跃性的可持续发展；⑤ 原址重建的村镇充分利用现有资源，变废为宝，建立以节能、节材为原则的资源节约型建设体系，促进循环经济的发展。

(四) 重视民居建设差异性

灾后民居建设问题是重建工作的重中之重，因牵涉土地使用权、房屋产权等深层次因素而显得尤为复杂。不分灾前房产位置好坏、面积大小、质量高低，以一刀切模式进行回收、重建、分配的做法是万万不可取的。“不改变灾前百姓财富分布格局”是重建工作的首要准则，这不仅是遵守《物权法》《土地法》有关规定的需要，也是防止灾后次生“社会矛盾”和“管理冲突”的有效手段。因此，民居重建应该按照“标准体系构建—综合评估—建设模式选择—建设管理”的工作流程进行。其中，科学合理的标准体系构建和综合评估(住宅受损程度评估、灾前经济状况评估、主体经济能力评估、补偿资金等级评估等)至关重要，是后续工作顺利开展的基本依据，需要公开透明地进行。建设模式包括统一建设、自发建设、政府协助建设和混合建设等，模式选择需要根据评估结果和居民意愿进行，充分利用资金补偿机制引导，保证建设模式选择符合宏观需要。建设管理是引导民居建设遵守防灾、生态、集约等基本原则，实现可持续发展的重要保障。

（五）资金机制网络化运作

灾后重建带来的财政负担过重，会成为宏观调控中财政政策实施的障碍，影响地方经济的持续发展。灾后重建的良性发展要求摆脱对财政划拨的过度依赖，建立具有自主运作功能的网络化资金机制（图 2－2－1）。在资金供给层面，财政资金是支柱，社会捐赠、金融资金和民间资金是补充，而产业恢复产生的后续资金供给是促进资金自主运作的关键。因此，一方面要尽量扩大财政资金的供给面，除了专项划拨之外，还可以采用债券发行、彩票公益、税收杠杆等渠道；另一方面要突出产业经济恢复的重要地位，在加快社区建设的同时，也要加快农业经济、特色产业经济和创新型产业经济的重构，以尽早恢复地区经济的自主发展。早期的应急救助阶段需要以财政资金作为主导支撑，但后续建设阶段财政资金应转变为引导支撑，逐步强化金融资金、民间资金的积极作用，这两项资金运作具有很大的灵活性和市场性，有利于降低灾区经济社会发展的依赖性，提高其自主恢复能力。

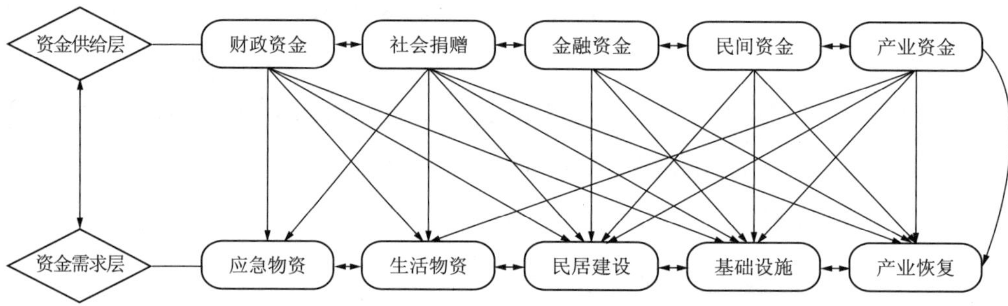

图 2－2－1　资金网络运作示意图

资料来源：编委团队自绘

灾后重建规划是一个特别强调效率的工程。一方面，要尽快恢复灾民生活、生产系统，尽快重建商业基础设施，提供临时和永久性住房。如果政府机构反应不是很迅速，灾民也会自己动手重建家园，而这种重建方式和区域选择没有统一规划的协调。另一方面，花时间制订高质量的规划同样重要。新的规划很可能会永久性地决定受灾地区未来的发展包括土地功能、基础设施、生活安全、社区服务、城市形态设计等，需要稳妥慎重处理，不可片面求快。但是，规划工作如果耗时太久，就会影响其战略性协调作用，效果会大打折扣。比如美国新奥尔良重建规划的进程就因为滞后而广受诟病。因此，灾后重建规划无疑是一个速度与质量的权衡过程。

第三节　盐城灾后重建总体规划

重建总体规划在重建规划体系中起到了非常重要的承上启下作用，是政府统筹受灾村庄空间、资源、设施和建设的重要手段，是指导村庄建设的总体依据，也将是全面实施重建战略的重要抓手。《盐城市“6·23”龙卷风冰雹特别重大灾害灾后重建总体规划》（以下简称“本次重建规划”）的规划范围包括阜宁的板湖镇、硕集社区、新沟镇、陈良镇、金沙湖管委会、花园街道、吴滩街道等地区以及射阳的海河镇、陈洋社区等地区，共11个镇（街道、管委会、社区）、54个行政村，总面积约269平方千米，如图2-3-1。

图2-3-1　盐城市“6·23”龙卷风冰雹特别重大灾害灾后重建总体规划布局图

资料来源：江苏省城镇与乡村规划设计院，《盐城市“6·23”龙卷风冰雹特别重大灾害灾后重建总体规划》，2016年11月

一、追溯规划本质，更新规划理念

（一）本质认知与理念构建

认清规划本质，明确规划理念，是重建规划发挥实际作用、实现根本价值的必要前提。从根本上，灾后重建规划不仅是为了尽快恢复受灾地区的正常发展，更是要为不幸的受灾民众打造一个更加幸福美好的生活家园。这不是一种追求一时效果的短期行为，而是一个着眼于地区长远发展的长期持续过程。灾后重建总体规划既是政府管理部门进行宏观调控、建设单位进行具体建设以及有关方面对受灾民众进行全面安置的基本依据，更是以“人”的主体认知、主体需求以及主体意愿为

核心，引导受灾地区居住、经济、社会、生态等生存系统进入不断完善和提升的良性循环的总体纲领。因此，本次重建规划，在理顺救援与自力、当前与长远、内在与外在、物质与社会以及建设与自然等主要关系的基础上，提出了如下五大理念（图 2－3－2）：

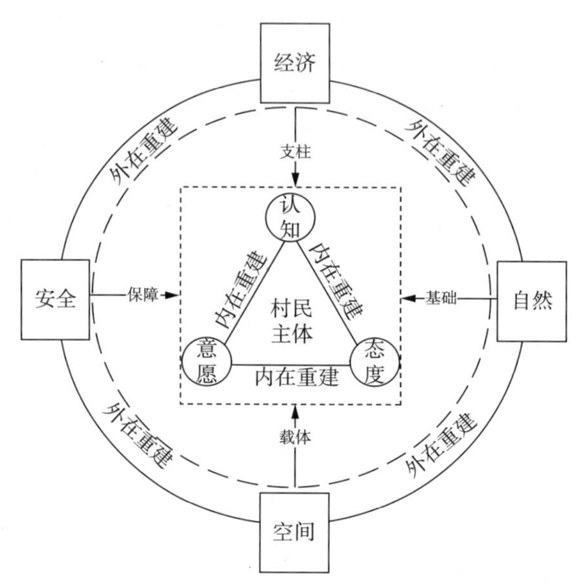

图 2－3－2　重建规划理念关系图

资料来源：编委团队自绘

1. 村民是主体——明确主体需求，尊重主体意愿

重建规划的服务对象是村里的居民，整个规划过程应贯穿以“人”为主体的核心理念。作为空间使用的主体，村民的日常生产生活与村庄空间建设是息息相关的，其对于重建规划质量检验和评价是最具话语权的。村庄规划应将村民主体纳入进来，充分调动公众参与的积极性与自觉性，借助数字化、智能化等高科技手段构建创造互动平台，以村民需求和意愿为基础，以先进的规划技术手段为保障，以政府意见和相关政策为引导，构建基于公众参与机制的规划工作体系。同时，在规划设计中应从空间使用主体的视角出发，充分尊重村民的生活习惯、空间感知状态、审美习惯等，勾画出符合主体意愿、深得主体欢心的村庄发展蓝图。

2. 经济是支柱——挖掘经济潜力，激发地区活力

盐城地区还有很多村庄延续着传统的农耕经济模式，自给自足的小农经济意识已经成为地区农业经济发展的绊脚石。随着城镇化、工业化发展的不断冲击，村庄的传统产业明显不能满足当前村庄居民日益提高的物质文化需要，无法实现村

民对美好生活的向往。当下村庄普遍出现的设施无力更新、建筑老化、景观破败、环境恶化等问题，表面上是人口流失导致的村庄“空心化”引起的，但是究其根源，实际上是村庄产业凋敝、经济衰落造成的。从诸多关于农民工进城影响因素分析的研究成果中可以发现，很多农村人口流入城市，最根本的原因在于在家乡他们找不到能够满足生活需要的就业岗位以取得经济收入，只能背井离乡地去城镇里讨生活。所以，恢复村庄活力，首先应该提高村庄的人口吸引力，而要提高人口吸引力，首先要打造能够带动就业、增加收入的产业经济体。这就需要立足地域的宏观背景，从整体高度认识和研究每个村庄的区位、资源及其与周边地区的关系等发展基础，充分挖掘村庄的发展优势和发展潜力，合理定位，科学规划，明确适合每个村庄发展的最佳产业结构和经济方向。

3. 自然是基础——尊重自然发展，修复生态优势

亲近自然是村庄地区的发展优势，也是村庄发展的根本依据。生态保护是本次重建规划要考虑的关键问题之一。这主要体现在土地利用和防治环境污染两个方面。作为建构居民生存体系的基本载体，土地的有限性要求村庄的空间布局应该是慎重而理智的。本次重建规划要求以集约用地、保护农田、保持生态平衡为前提，对现有的土地资源进行梳理、整合和再开发利用。环境污染是整个中国面临的严峻问题，也是村庄发展中无法逃避的现实问题。由于没有大规模的工业集中区，人口密度也比较小，很多村庄的自然环境污染并没有城市那么严重。但长期的农业污染问题也不容忽视，农业生产和农民生活过程中产生的、未经处理的污染物数量和种类都在逐年增加，对水体、土壤和空气等环境的污染在位置、途径、数量上都具有很大的不确定性，分布范围也十分广泛，导致预防和治理的难度都很大。如何恢复和挖掘村庄自然环境的生态优势，是本次重建规划着重考虑的关键问题。

4. 空间是载体——营造和谐空间，打造新型村落

和谐共生强调的是一种包容互惠、良性互动的空间关系，这不仅体现在有形的物质空间上，也体现在无形的社会空间中。传统村落逐水而居的零散格局是历代村民在长期的繁衍生息中自发形成的空间产物，曾与自然山水以及地势地貌有着和谐相融的空间关系。但随着时代背景的变化和经济社会的发展，星散分布的自然村点已经无法适应资源共享以及用地集约发展的时代要求。本次规划要求在充分考虑村落的发展历史、人文风情、地域文化及原生的生态基层条件基础上，本着用地集约、适度整合的原则，在挖掘村庄历史文化特色、修复村民邻里关系的同时，打造适应现代化需要、符合时代发展要求的和谐共生的新型村落空间。

5. 安全是保障——提高安全意识，构建防灾体系

近年来，自然灾害的频繁发生使全国上下对自然灾害防治的艰巨性、复杂性、严峻性以及长期性有了更加全面而清醒的认识，防灾减灾的意识和要求也越来越高。增强防灾意识，更新防灾思想，以先进理念引领机制创新，着力构建包括灾害防治技术体系、制度体系、组织体系在内的灾害防治系统，通过各种渠道宣传强化全民防灾抗灾意识和安全意识，有效防治自然灾害，严格执行抗震、抗风等设防标准和建设技术规范，确保重建工程质量，保障灾区群众人身安全。而这些也是本次重建规划着力研究的重要内容。

（二）规划目标与工作重点

基于对规划本质及其核心理念的再认识，项目团队最终确定本次重建规划总体目标为：在推动重建工作有效率有质量地顺利完成，促进村庄空间适度集聚和土地资源集约利用的基础上，打造“产业兴旺、生态宜居、村风文明、治理有效、生活富裕”的新型村庄示范样板，借助重建契机，探索经济欠发达地区实现乡村振兴的有效途径，为盐城乃至其他类似地区村庄发展提供借鉴。

要实现重建规划的总体目标，就得在反思当前村庄规划建设中存在的建设模式粘贴复制、投入粗放分散、点状示范效应弱、盲目大资本投入等现状问题的基础上，正视各个村庄社会形态差异性、用地和人口规模的不均衡性以及经济发展的不平衡性等特点，按照分异化、聚焦化以及系统化的规划建设思路进行重建模式的深入探索。具体思路详见图 2-3-3。

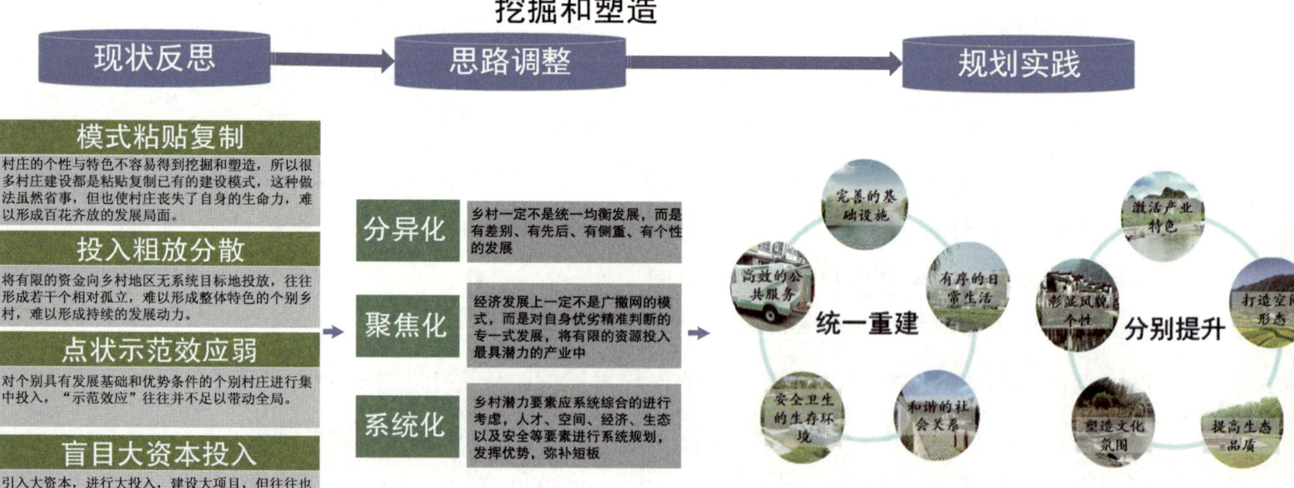

图 2-3-3　重建规划思路示意图

资料来源：编委团队自绘

整个规划过程要基于现实，忠于民众，合理引导，适度管制，工作重点如下：

1. 增强建设用地集约性

合理划分村庄类型，预测人口规模和用地规模，科学选址，结合功能完善和用地集约原则引导村庄适度集聚整合，明确划定和严格遵守各类生态空间及基本农田的管制界限。

2. 提高村庄居住品质

优化村庄空间形态和布置格局，增强基础设施保障能力，提高公共服务水平，增加绿化、公共空间，打造具有地域魅力和特色的居住社区。

3. 围绕农产品打造一二三产业相结合的产业链

党的十九大报告提出“促进农村一二三产业融合发展”，明确了农村经济振兴的实现路径，那就是以农业为基本依托和核心，向二、三产业拓展，形成结构合理的产业链。

4. 塑造村庄个性

探索形成自然环境修复保护的新模式，促进自然生态系统逐步恢复和生态环境功能作用有效发挥，借助生态优势，挖掘地域文化，打造社会和谐、风气文明、景观怡人、秉性迥异的和美村落群。

5. 完善防灾体系

排查隐患、监测预警、使信息发布常态化，使重点区域地质灾害得以积极治理、合理避让，提高建筑、设施工程的抗灾标准，宣传防灾知识，增强防灾意识，促进风险防范和损失补偿等作用的有效发挥，实现综合防灾减灾救灾能力的全面提高。

6. 实现村庄科学治理

探索村庄治理方法，提出治理措施，构建符合地域发展的村庄治理体系。

二、引入公众参与，改良工作模式

重建规划过程中，政府总体调控和引导的作用是无可替代的，宏观层面的战略决策都需要基于上层意志和视角的政策导控。但传统规划模式过于强调政府意志，将村民完全排除在外的做法，与当前集多元文化价值观和人本精神为一体的社会主流思想明显是格格不入的。为了有效实现规划目标，本次重建规划之初，就要求全力打通公众参与规划的公共渠道，构建上下互动的新型规划机制，在透彻了解和理解村民主体需求、地域发展特征以及人口迁移趋势的基础上，编制符合政府意志和公众需求的规划成果。但由于村民主体数量庞大，利益诉求多样复杂，难以整合和统一，而且自身的主体意识淡薄，专业常识也比较缺乏，因此，公众参与积极性和主动性都不是很高。要将这个性质多元的复杂群体纳入规划决策中并不是一件容易的事，需要突破固有的“单一视角”城乡规划工作模式，通过对村民主体需求感知与意愿表达机制的打造，构建一个能够沟通上层意志与基层意愿的交流平台，保证居民主体对规划决策的自主意向和偏好的充分表达，以提高村民的主体意识，激发公众参与兴趣，整合民众智慧，形成一种“上下互通、齐头并进”的联动机制，具体流程详见图 2-3-4。

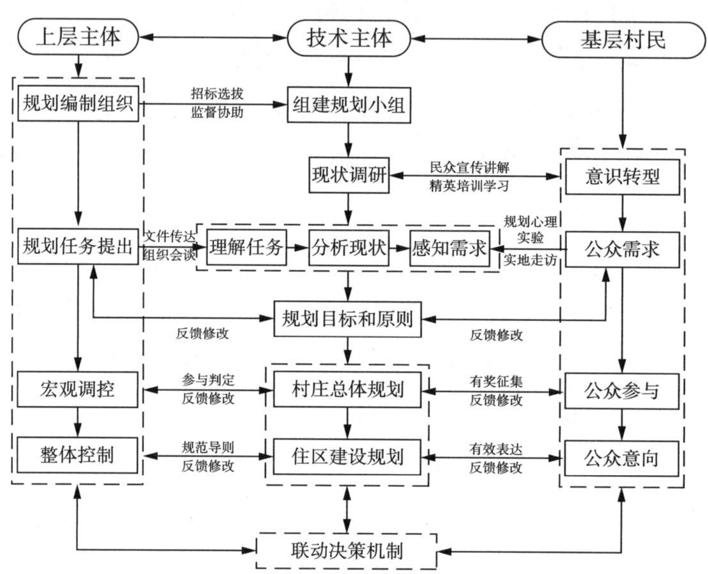

图 2-3-4　公众参与的重建规划流程图

资料来源：编委团队自绘

三、逐步深化，突出重要抓手

（一）重视空间差异，构建分类体系

根据建筑设施的受损情况，可将规划范围内村庄分为特别严重受灾型、严重受灾型以及一般受灾型。不同受灾程度的村庄采取不同的重建措施：属于特别严重受灾型的 5 个村庄包括计桥村、双桥村、大楼村、丹平村以及立新村，规划异地重建，所对应的 4 个较大规模的集中安置社区（计桥和双桥合并），以美丽乡村的标准建设；严重受灾的 16 个村庄，全部规划异地重建，所对应的一般规模的集中安置社区，以康居村庄的标准建设；一般受灾型的 33 个村庄，规划安排群众原址重建，按镇村布局规划调整的分类要求建设；受灾的其他村庄，以群众自行修缮和整治提升

为主，按镇村布局规划调整的分类要求建设，其中轻微受损的房屋，经安全鉴定，符合居住安全的，以群众自行修缮为主。详见表2-3-1及第一章图1-2-4。

表2-3-1　灾后村庄重建方式分类表

序号	名称	规划建设标准	重建方式
1	吴滩街道立新安置点	美丽乡村	重点援建
2	陈良镇丹平安置点	美丽乡村	重点援建
3	新沟镇大楼安置点	美丽乡村	重点援建
4	东沟镇计桥双桥安置点	美丽乡村	重点援建
5	陈良镇成俊安置点	康居村庄	对口援建
6	陈良镇新涂安置点	康居村庄	对口援建
7	硕集社区东崔安置点	康居村庄	对口援建
8	板湖镇戚桥安置点	康居村庄	对口援建
9	板湖镇郑朱安置点	康居村庄	对口援建
10	板湖镇孔荡安置点	康居村庄	自建
11	花园街道北陈安置点	康居村庄	自建
12	金沙湖管委会两合安置点	康居村庄	自建
13	陈良镇陈良安置点	康居村庄	自建
14	板湖镇邵湛安置点	康居村庄	自建
15	新沟镇南湾安置点	康居村庄	自建
16	吴滩街道蔡河安置点	康居村庄	自建
17	陈洋社区陈洋居安置点	康居村庄	自建
18	陈洋社区伍份安置点	康居村庄	自建
19	陈洋社区新宏安置点	康居村庄	自建
20	海河镇烈士村旭日安置点	康居村庄	自建
21	开发区锦仁村	按镇村布局规划调整	修缮提升
22	开发区新储居委会	按镇村布局规划调整	修缮提升
23	板湖镇赵黄村	按镇村布局规划调整	恢复整治
24	板湖镇侉周村	按镇村布局规划调整	恢复整治
25	板湖镇河北村	按镇村布局规划调整	恢复整治

资料来源：江苏省城镇与乡村规划设计院，《盐城市"6·23"龙卷风冰雹特别重大灾害灾后重建总体规划》，2016年11月

对各村庄灾情进行摸排，人口安置的对象主要是耕地和宅基地因灾严重损毁、无法在原村民小组范围内生产生活的农村人口。坚持就地就近集中安置为主，对受灾严重的村庄进行集中安置，对一般受灾村庄进行就地重建与整治。在政府有

序组织和政策引导下，遵循市场规律，对少量自愿通过投亲靠友、自主转移等方式到其他地区安家落户的灾区群众，尊重其自主选择。对盐城受灾地区进行灾情统计和评估，梳理灾情、确定对象；以就近安置、集中建设进行有序引导，在尊重民意的前提下确定各集中安置点户数。根据人口及受灾地区受灾特点，结合村庄具体情况，选取地势平坦、交通方便快捷、服务配套方便的地段，在集约用地、保护耕地的前提下，进行统筹安排，确定支撑产业，优化用地。集中安置点人口、用地规划安排具体见表 2-3-2，空间分布状况详见图 2-3-5。

表 2-3-2　集中安置点用地安排引导表

序号	安置点名称	需安置户数（户）	用地面积（公顷）	位置
1	吴滩街道立新安置点	368	12.40	村域中北部，原村委会北侧
2	陈良镇丹平安置点	544	16.70	原自然村六组建设用地
3	新沟镇大楼安置点	563	14.97	原大楼村三组建设用地
4	东沟镇计桥双桥安置点	1032	31.60	计舍以东，王舍以西
5	陈良镇成俊安置点	248	7.24	231 省道东侧，与成俊村委所在地隔路相望
6	陈良镇新涂安置点	656	22.82	东接 231 省道，西临胜利河，南至规划的幸福大道，北侧到陈家舍
7	硕集社区东崔安置点	58	1.56	348 省道以东，原自然村四组建设用地
8	板湖镇戚桥安置点	368	7.50	分为两个安置点，一处位于老王庄，一处位于戚桥老桥
9	板湖镇郑朱安置点	184	6.52	殷桥西北侧，靠近主要道路
10	板湖镇孔荡安置点	325	11.43	村委会以西，南面紧邻县道
11	花园街道北陈安置点	93	3.40	唐庄以南，小陈庄以北
12	金沙湖管委会两合安置点	103	3.60	中河以东，村委会以南
13	陈良镇陈良安置点	67	2.25	原自然村五组建设用地
14	板湖镇邵湛安置点	106	4.42	小陈庄以东，临近主要道路
15	新沟镇南湾安置点	95	2.73	原自然村四组建设用地
16	吴滩街道蔡河安置点	79	3.00	临近吴滩街道
17	陈洋社区陈洋居安置点	688	13.33	通陈线以东，陈洋四组五组以北
18	陈洋社区伍份安置点	3398	30.80	小洋河以北，洋曙河以西

续 表

序号	安置点名称	需安置户数（户）	用地面积（公顷）	位置
19	陈洋社区新宏安置点	222	4.97	地龙河以西，海河以北
20	海河镇烈士村旭日安置点	507	27.85	329 省道以北，四长线以东

资料来源：江苏省城镇与乡村规划设计院，《盐城市"6·23"龙卷风冰雹特别重大灾害灾后重建总体规划》，2016 年 11 月

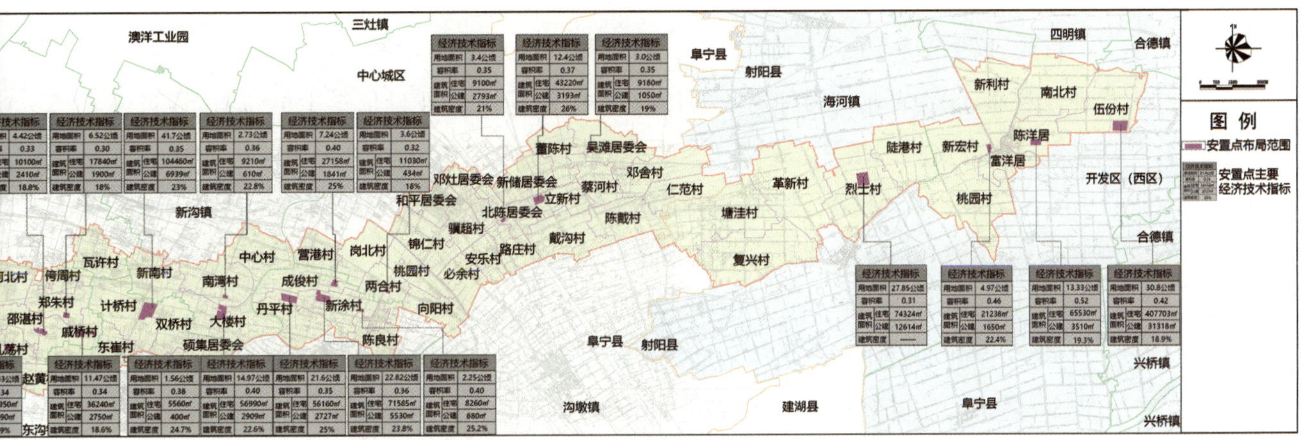

图 2-3-5 各安置点布局范围、主要技术指标分布

资料来源：江苏省城镇与乡村规划设计院，《盐城市"6·23"龙卷风冰雹特别重大灾害灾后重建总体规划》，2016 年 11 月

（二）完善基础设施，提升居住品质

首先，因地制宜，梳理规划区对内和对外交通系统，推进城乡交通一体化。在建立城乡主干体系一张图的基础上，构建本地化乡村道路体系网络，形成全域乡村道路一盘棋，如图 2-3-6。

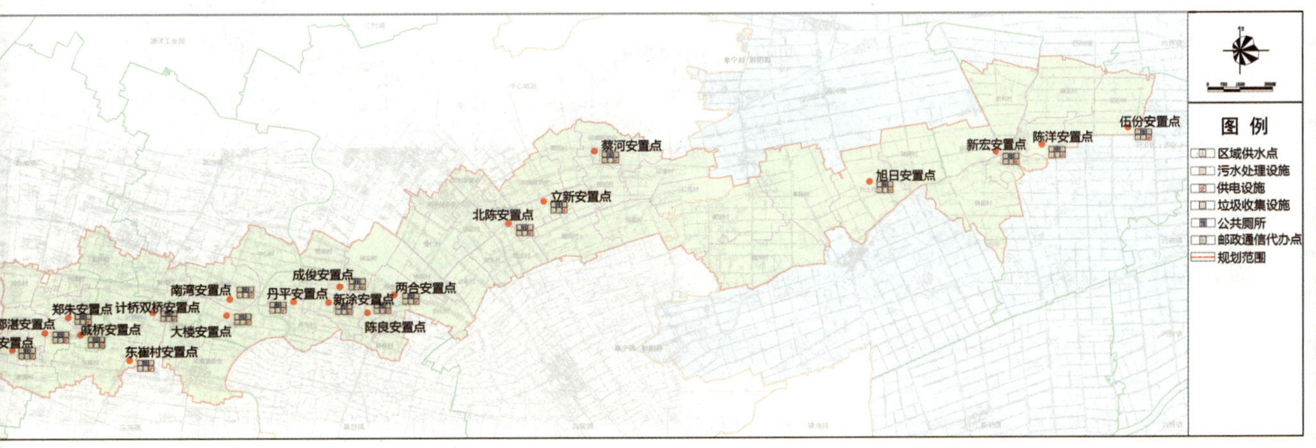

图 2-3-6 公用服务设施布局图

资料来源：江苏省城镇与乡村规划设计院，《盐城市"6·23"龙卷风冰雹特别重大灾害灾后重建总体规划》，2016 年 11 月

其次，立足设施服务特性，差异化引导市政公用设施建设。梳理各层级总体规划和专项规划要求，根据公用设施特性及服务类型，将乡村公用设施分为统筹落实型设施、统筹细化型设施和特色引导型设施，并分类进行空间指引。

最后，分级配套公共服务设施，均衡城乡公共服务配给。构建城乡地区的三次生活圈格局，因地制宜地完善、深化“镇—村”两级的公共服务设施规划内容与要求。

（三）推动产业振兴，增强空间凝聚力

首先，以生产和加工环节的纵向一体化推动产业融合发展。用工业化方式经营现代农业，改变农业作为种植业的传统面貌，提升在产业价值链上的位置，通过规模经济提高资本回报率。

其次，积极为产业融合发展提供空间一体化基础。与城市相比，农村具有土地资源丰富、生态环境好的优势。可以根据区位状况选择发展具有比较优势的产业（具体布局如图 2－3－7），通过范围经济提高资本回报率。

再次，以新型农业经营主体带动产业融合发展。通过发挥企业家才能，提高人力资本回报率，使更多乡村人才有动力留在农业，从事农业及延伸产业，更好地实现乡村人才振兴。

最后，以融合发展模式创新推动产业融合发展。经过多年的积极摸索和大胆创新，我国出现了多种融合发展模式，如农业内部有机融合模式、全产业链发展融合模式、农业产业链延伸融合模式、农业功能拓展融合模式、产业集聚型发展融合模式等。以产业发展模式的创新，增强农业在产业价值分配上的谈判能力。

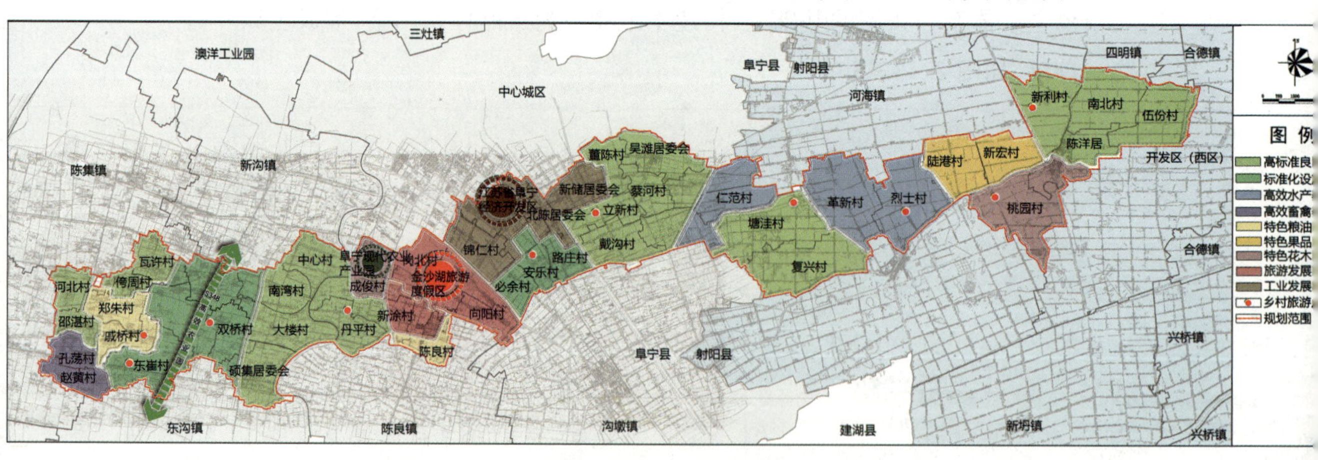

图 2－3－7　产业布局图

资料来源：江苏省城镇与乡村规划设计院，《盐城市“6・23”龙卷风冰雹特别重大灾害灾后重建总体规划》，2016 年 11 月

（四）传承地域文化，构建和谐社会

首先，梳理特色乡村群落，采用“大手拉小手，以点带面”的发展思路，将相似资源条件的特色规划发展村庄进行群落化发展，形成多个特色乡村群落，打造特色田园乡村，助推乡村产业兴旺。

其次，落实生态红线要求，发挥自然水体资源的生态功能，构建生态安全格局，作为乡村建设的基础。通过“绿水环绕，营造特色，实现水云间的田园相融的美丽画境”、“格局特色，串联成线，构建系统特色的网状田园村庄风貌区”、“合理分区，打造特色产业，丰富村庄景观独特体验”等措施，营造由点到线再到面的田园村庄示范区。

最后，围绕创新、传承，挖掘历史精华，重塑地域文化底蕴。全面梳理乡村地区文化资源，落实相关政策和规划要求，结合地域文化特色，打造休闲旅游产业，通过创新传承，延续文脉，增强村庄地域的历史文化生命力。

（五）提高防灾意识，构建防灾体系

防灾体系建设对于此次遭受重大创伤的受灾地区来说，显得尤为重要。本次重建规划充分考虑了防灾减灾的各种措施手段。充分考虑了疏散通道和疏散场地的规划布置，对村落交通系统实施系统整治，对村庄主要交通道路进行适度拓宽，保证消防车的顺畅行驶，村庄内部屋前屋后的空地上设置必要的停车空间，发生灾害的时候可作为疏散通道和消防车通道。学校操场、公共空间、面积较大的绿化开敞空间等空间的布置，充分考虑其作为疏散场地的间距和服务半径，并与疏散通道有机结合，以便在灾害发生时可作为临时避难场所。公建的设置也与村落的公共防灾相结合。对建筑及各种设施工程质量进行高标准、严要求控制，保持住宅防火间距，提高住宅抗震抗风等级。

（六）落实乡村振兴战略，治理体系创新提效

首先，建立健全党委领导、政府负责、社会协同、公众参与、法治保障的现代乡村社会治理体制。其中，党的领导是关键。乡村振兴要解决的是农村发展这个中国发展最大的“短板”，乡村振兴战略的政策和工作方针千头万绪，没有一个坚强的领导核心，是无法实现的。

其次，创新乡村治理体系，健全自治、法治、德治相结合的乡村治理体系。自治是乡村治理的具体实现形式，法治是自治得以实施的法律依据和手段，德治是自治得以实现的文化基础。创新乡村治理体系，首先要加强农村基层党组织建设，强化

农村基层党组织领导核心地位，并推动村党组织书记通过选举担任村委会主任，以便与村民自治体制相适应。自治、法治、德治三种基本治理手段，围绕党的领导这一核心，共同构成了有机统一的、中国特色社会主义的乡村治理机制。

第四节　灾后重建政策研究

地方政府是灾后村庄重建工作的主持者与统筹者，统领协调规划建设活动的进程与建设主体的利益。盐城市“6·23”龙卷风冰雹特别重大灾害发生后，为了尽快帮助灾民恢复生活秩序，地方政府根据国家和省市相关救灾补助政策，在第一时间果断制定了“科学评估、政策救助、引导集中、自愿选择、统筹建设、个人购买，多种方式、照顾困难”的总体思路，并随之出台了关于灾后重建的各种政策文件，为做好灾后重建工作，促进灾区社会稳定和经济发展，加快建设幸福美丽新家园提供了重要指导。

一、规划政策

（一）科学合理，扎实可行

为切实提高规划水平，充分发挥规划引领作用，盐城市地方政府特聘请上海市城市规划设计院、浙江省城乡规划设计院、江苏省城镇与乡村规划设计院以及江苏省城市规划设计研究院等高资质高水平的规划设计单位进行灾后重建规划。团队结合重建工作需求和重点关注问题，组织编制了《盐城市“6·23”灾后恢复重建村庄规划建设技术指引》，重点从村庄空间布局、特色塑造、农房建设、材料铺装、节能技术利用等方面做了规定，要求在规划过程中立足现实、深入调查、契合需求、塑造特色、提升品质，确保灾区恢复重建总体效果。重建规划充分引入了多主体协同机制，特别是将社区使用者——受灾居民纳入规划体系，听取民众意见，尊重民众意愿，协调民众矛盾，充分发挥规划的科学引导和专业协调作用。

（二）安全选址，专业引导

在现状调研和征集各界专家、领导以及民众意见的基础上，项目团队确定了20个集中安置点，其中，阜宁县硕集社区计桥双桥安置点等四个较大规模的集中安置点以美丽乡村的标准进行建设，其他16个一般规模的集中安置点以康居村庄的标准进行建设，并将森林村庄、绿色建筑理念贯穿其中。并组建了历史建筑研究、建筑设计、景观设计等相关领域14名省“设计大师”参加的专家咨询组，为盐城当地编制恢复重建规划、开展设计提供技术咨询和支持。其中，4名省“设计大师”对阜宁县4个重点重建村庄进行“一对一”技术指导。省住建厅专门组织专家团队开展盐城历史建筑和传统民居风貌研究，召集盐城当地规划主管部门、省内技术专家进行技术研讨，抓紧梳理、提炼盐城传统建筑元素和文化符号，形成《盐城市具有传统风貌特征的民居图片资料集》，供规划单位、设计单位在规划、设计中参考。

（三）配套完善，服务周到

在配套设施、硬件上，科学、合理布局社区服务、文化娱乐、卫生、教育、商业服务等基本功能设施以及交通基础设施，并针对农村留守老人、留守妇女、留守儿童较多和务农生产的实际情况，专门设计了供农业生产使用的功能用房。

（四）节约成本，尊重自然

在成本控制上，既满足群众生产生活以及防灾减灾功能配套需求，又考虑百姓收入水平，从规划设计、建筑材料、施工管理、资金筹措等各个环节加强成本控制。空间布局要求尊重原有“水、田、林”自然基底，顺应边界，“不填塘、不砍树”；农房建设以低层院落式布局为主，多用坡屋顶，并允许在院落内建设辅房，以有利于院落、辅房、主房等形成错落有致的空间关系和乡土建筑特征；材料铺装鼓励利用毁坏建筑废旧建材铺设道路、搭建围墙，实现建筑景观的局部再现；有效整合专项资金，重点推动重建农房的太阳能光热技术与建筑同步设计、同步建设，使有条件的村庄公共建筑达到一星级绿色建筑标准，并指导当地在建筑设计方面充分考虑选址、布局、朝向，合理控制窗墙比，采用自然通风、自然采光等被动式绿色建筑技术，确保新建住房舒适、宜居，因地制宜推广装配式建筑、秸秆制沼气等绿色技术应用。

（五）立足地域背景，挖掘乡村特色

在特色风貌上，注重体现地域文化特色，积极吸收传统建筑元素和文化符号，结合江浙地区的民居风貌特征，突出展现新中式盐城民居风格，强化滨水空间、公共活动空间、村口等重要节点环境营造，保持秀美的田园风光和乡村景观。规划设计了15种民居户型图及17种风貌方案，基本满足了受灾居民的选择需要。

（六）引领美丽乡村建设，打造示范样本

结合实施村庄环境改善提升行动，在已安排阜宁和射阳两县美丽乡村建设各2个示范村庄，并拨付省级专项资金890万元的基础上，盐城当地政府在2016年度专项资金中安排支持阜宁县康居村庄3个，射阳县康居村庄2个，2017年拨付

省级专项资金750万元。其中，重点选择部分具有美丽宜居乡村建设示范意义的村庄，加大对其规划设计、建设实施的重点跟踪指导。力争通过省级试点示范和跟踪技术指导，提升恢复重建村庄的空间品质，彰显地域特色，体现时代特征，形成一批具有示范引领效应的美丽宜居乡村。

二、土地政策

（一）全力保障灾区抢险救灾用地

对于灾区电力、通信、供水等抢险救灾设施和应急安置、医疗、卫生防疫等急需使用土地的，可以先行使用，其中属于临时用地的，灾后及时恢复原状并交还原土地使用者，不再办理用地手续；救灾结束后需保留作为永久建设用地的，在灾害结束后6个月内申请补办建设用地审批手续。

（二）积极配合做好安置用地的选址

阜宁县、射阳县国土部门加强与住建、规划、环保等部门的协调，对受灾乡镇损毁房屋用地情况展开调查，摸清原址重建和异地重建的需求，配合做好灾后重建规划。对需要异地重建的，积极引导到土地利用总体规划确定的允许建设区进行建设。确实需在土地利用总体规划确定的允许建设区之外选址的，尽量少占耕地和基本农田。灾区救灾和灾后重建确需占用基本农田且无法恢复的，可申请省国土资源管理部门在省级多划的基本农田中予以核销。

（三）积极做好用地规划保障

抢险救灾和灾后重建用地确需修改土地利用总体规划的，对灾区乡镇土地利用总体规划进行一次修改，不作为规划修改次数考核。规划修改方案按现行审批程序申请批准，或可先将规划修改方案报省国土资源管理部门备案，并将备案的规划修整方案纳入紧接着开展的土地利用总体规划调整完善方案。

（四）全力做好灾后重建用地计划保障

依据灾后重建规划，对灾后重建确需异地安置的，其新增建设用地计划，由省国土部门给予支持。在用地报批时经省国土资源管理部门审核后，省国土资源管理部门在省留计划中予以安排。

（五）支持通过增减挂钩恢复重建

对灾后规划安排异地新建的村庄、农村居民点，由阜宁县、射阳县在调查的基础上，对废弃原有建设用地具备复垦条件的，由两县制订复垦计划报省国土资源管理部门。根据灾后重建需要，确定建新地块先行安排重建，在建设过程中将建新和拟复垦地块组成项目区，纳入建新拆旧规划，省国土资源管理部门在城乡建设用地增减挂钩周转指标上给予支持，并在增减挂钩专项补助资金上给予支持。

（六）建立灾后重建用地报批快速通道

灾后重建用地审批材料应单独组卷报批，在报批材料齐全的情况下，随到随办。重建用地报批相关费用按农民建房用地政策办理。灾后重建占用耕地的，可实行计划补充和承诺补充，但应在用地报批后一年内补充与占用耕地数量和质量相当的耕地。

（七）积极支持灾后农村土地整治

市、县国土部门认真做好灾毁耕地的调查，并上图标注，建立台账。对于农田配套设施遭破坏的耕地，申请省国土资源管理部门通过土地整治项目、土地再整治项目和土地整治专项资金予以支持。对于损毁严重，确实无法恢复耕种的耕地，可申请省国土资源管理部门核实后，在土地利用总体规划调整完善中予以核减。其中涉及的基本农田可在规划调整完善和永久基本农田划定中通过布局优化进行调整。

（八）积极支持灾区开展地质灾害防治工作

省国土资源管理部门从 2016 年省级地质勘查专项资金中安排 500 万元（阜宁县 400 万元、射阳县 100 万元）用于灾区地质灾害隐患点排查及灾后恢复重建地段和有关重建工程的地质灾害危险性评估工作。

三、安置政策

（一）总体思路

在充分尊重受灾群众意愿的基础上，盐城当地根据国家和省相关救灾补助政策，按照“科学评估、政策救助，引导集中、自愿选择，统筹建设、个人购买，多种方式、照顾困难”原则，确定灾后重建安置工作的总体思路。当地出台了四项基本政策和一项托底政策，四项基本政策即省定户均补助 3.5 万元、将原宅基地复垦后补偿 2 万元、县级 2 万元专享优惠贷款、每户 900 元/平方米的价格购买集中安置点安置房一套，一项托底政策即对特殊困难户给予托底安置。

（二）安置方式

根据受灾民众的实际需求，制定了五种主要安置方式，包括新建集中安置、进程入镇购房、购置空关民房、原址重建安置等方式，具体如下：

1. 新建集中安置

(1) 集中安置，住宅面积主要有 70 平方米、90～100 平方米（实际设计可尊重多数民意确定）、120 平方米、140 平方米等多种类型，另按特殊需求设计部分小面积住宅。认购以户为单位，每户限购一套，受灾户将原宅基地交由村集体复垦后，方可根据实际需要选择认购。建设主体以 900 元/平方米的价格与认购户进行结算。认购集中安置住宅的受灾户，除享受倒损住房恢复重建补助金外，由县再给予每户不超过 2 万元的农民宅基地退出补偿。

(2) 五保户安置，在尊重本人意愿的前提下，将原宅基地交由村集体复垦后，原则上统一安排到敬老院集中供养，其相关补偿补助资金划入敬老院；不愿到敬老院居住的，统一建设每人 30 平方米的生活住房，其补偿补助资金划入镇（街）民政部门账户，房屋产权归集体所有。对无法筹足购房资金的特殊困难户给予 70 平方米托底安置。

(3) 集中安置区建设用地由所在村内部进行调剂平衡，跨村的由所在镇区（街道、社区）负责协调平衡，由县给予一定的补助。安置点建设用地上的零星民房，参照县重点工程征地标准进行拆迁安置。

2. 鼓励进城入镇购买商品住房安置

受灾户凡到县城安置房超市购房（含各级政府存量安置房）或购买县城二手住宅房屋的，参照执行县去库存相关激励政策；到集镇规划区购买商品住房（不限于本镇区）的，享受县进集镇购房相关优惠政策。进城入镇购买商品住房（含二手住房）的，同时享受倒损住房恢复重建补助金。

3. 鼓励购买空关闲置民房安置

受灾户将原宅基地交由村集体复垦后，购买镇、村空关闲置民房（可以跨村、跨组）居住的，除享受倒损住房恢复重建补助金外，由县再给予每户不超过 2 万元的农民宅基地退出补偿。

4. 原址重建安置

未选择在集中安置点购买住宅、进城入镇购买商品住房、购买镇村空关闲置民房的受灾户，在符合规划的情况下，经批准可在其原址进行重建，享受倒损住房恢复重建补助金，同时免收相关建设规费。

5. 其他方式安置

受灾户选择其他方式安置的，在明确安置去向，并将原宅基地交由村集体复垦后，享受倒损住房恢复重建补助金，由县再给予每户不超过 2 万元的农民宅基地退出补偿。

6. 住房一般受损户维修安置

对经评估为一般受损户的，原则上采取维修加固的办法进行灾后重建，按相关程序核定补助金额，不得简单平均分配。

（三）安置程序

在政策制定与执行过程中，坚持以群众是否满意作为衡量标准，组织工作人员带着安置政策、安置房型设计以及购置协议，深入受灾镇村，与所有受灾群众面对面精准对接，把每一户的需求精确到楼层和房型上。具体程序如下：

1. 搞好倒损评估

由县组织专门工作班子，充分发挥村民群众自治组织作用，协助住建部门核准，查实住房受灾倒损情况，逐户建立评估档案。

2. 确定补助金额

按照群众申请、民主评议、村组公示、镇（街道、社区）审核、县级民政部门审批的程序，逐户确定房屋倒损重建补助资金。

3. 组织实施安置

通过召开群众代表会议，确认抽签选房的形式，公示分房流程，确保所有环节公开、公平、公正。根据群众自愿，逐户确定安置方式，分类组织安置，并与群众签订具有法律效力的认购协议。

选房后，每个安置小区留 2～5 人驻点小区负责回访服务，给每户发放联系卡，方便群众后续联系。

（四）安置管理

1. 加强领导，明确责任

各级党政主要领导是灾后重建工作的首要责任人。完善县、镇、村三级灾后恢复重建工作机制，精心组织、周密部署；细化工作任务，层层落实工作责任，努力形成一层抓一层、层层抓落实的工作格局。各级有关部门要牢固树立“一盘棋”思想，识大体、顾大局、讲全同，做到急事急办、特事特办，优化审批程序，提高工作效率，努力形成推动灾后重建工作的强大合力。

2. 加强宣传，规范操作

深入细致做好群众思想工作，把过细工作贯穿到整个灾后重建工作的始终，为灾后重建工作营造良好的社会氛围。严格对照政策、依据政策、执行政策，做到政策规定内的坚决落实到位、不打折扣，政策规定外的坚决予以禁止、不开口子，前后一致、左右公平，切实维护政策的严肃性和平衡性。自觉接受群众监督，增强工作透明度，依法依规公开救灾补助信息，做到公开、公平、公正。

3. 加强督查，严肃纪律

建立灾后重建工作定期督查制度，加大督查力度，对因落实不力、推进缓慢影响进度的，及时通报批评，情节严重的按有关规定严肃处理。严肃工作纪律，纪检、监察、审计部门要关口前置、全程监督。加强资金管理，严禁套取骗取救灾补助资金，严禁编造虚假受灾档案，严禁虚报重建资金，严禁冒领救灾补助资金，严禁套取灾区贴息贷款。

四、资金政策

（一）资金筹措

采取多种渠道多种模式，筹措救灾重建所需资金。一是立足自身筹措资金，要求受灾区域所在的阜宁、射阳两县把灾后重建与新农村建设、扶贫开发、农业开发、土地整理、农村危房改造等方面资金整合起来，并进一步调整优化财政支出结构，集中资金抓灾后重建，同时充分发挥县级投融资平台作用，以及协调东台、大丰、市开发区、市城投集团和盐城城南新区等单位，通过多方渠道筹措重建资金；二是加强与国家开发银行、中国农村发展银行等政策性银行合作，争取总行在信贷资源配置上向灾后重建倾斜，为受灾民众争取住房重建优惠贷款，推动各保险公司提高政策性保险、商业保险的理赔效率和幅度，确保理赔资金及时足额赔偿到位；三是积极主动向上争取重建资金，编制《灾后重建集中安置公共事业和基础设施配件项目》，筛选编排请求省支持的《盐城灾后重建项目需求表》，组织市直相关部门、单位向上争取资金，最大限度弥补灾后重建资金缺口；四是发挥社会资金作用，通过盐城市募办、救助中心、慈善总会和红十字会等组织向广大社会争取募捐物资，合理利用捐赠的资金和物品，除指定用途外，依法依规、公开透明地用于灾后重建。通过自建、代建、以工代赈等市场方式，充分吸引社会资金投入灾后重建。

（二）资金管理

当地先后制定并出台了《救灾捐赠资金接收使用管理办法》《救灾捐赠物资接

收使用管理办法》《救灾捐赠不适用和临近过期物资处理办法》《关于加强“6·23”自然灾害财政性救灾资金管理的通知》《“6·23”自然灾害受伤人员医疗救治费用管理办法》等文件，以规范管理和有效使用各种物品和资金，对救灾款物接收、使用范围、资金分配、资金拨付、资金监管和灾害受伤人员医疗救治费用管理以及受灾群众应急救助、遇难人员家属抚慰、过渡性生活救助、倒塌及损坏住房恢复重建等做出了严密周全的制度规定。统一管理、统筹安排、专款专用、注重实效，严格遵循公开透明的基本原则，纪检、审计、财政、物价等部门全程介入，贯穿救灾款物管理使用的全过程，保证物资能够第一时间到村、入户，每笔捐助都体现捐献者意愿，用到最需要的地方。在具体工作中，坚持“四个严格”的工作原则：一是严格款物转交，要求各单位收到款物后，严格按规定统一转交慈善总会和红十字会，并明确专人管理；二是严格资金使用，捐赠物资按照捐赠人意愿分配，政府资金按照财政政策执行，确保专款专用，坚持尽量照顾重灾灾民、贫困户、残疾人员等重点和弱势群体，严格执行民主评议、等级造册、张榜公布、公开发放等程序，主动接受公众监督，坚决杜绝暗箱操作；三是严格账务管理，对所有资金实行专账管理，设立专门账户、专户管理、专项核算、封闭运行，并严格财务管理，做到账目清楚，手续齐全，准确无误；四是严格监督检查，始终把救灾款物安全作为第一责任，灾后第二天就成立专门的审计小组，对现场救灾款物进行监督，建立跟踪审计工作机制，省、市、县三级审计机关抽调324名人员组成111个审计小组，分别对各级财政、民政，慈善总会，红十字会安排用于救灾的专款和募捐的捐赠款物进行全程跟踪审计。

五、农业恢复政策

（一）突出发展“短平快”项目促增收

加强在田作物灾后管理，组织农技人员到田头开展技术指导，加快苗情转化。对需要改补种田块，以及一时难以恢复的高效设施农业基地，抓紧利用土地空茬，突出“短平快”，积极发展以叶菜类为主的伏秋蔬菜和“四青”作物，提高种植效益，弥补受灾损失。积极准备秋播蔬菜生产，着力做好技术指导、农资筹措、产销对接等工作，帮助灾区尽快实现恢复生产，挽回受灾损失。

（二）推进高效设施农业提档升级

以灾后重建为契机，加大结构调整力度，推进设施农业提档升级。高起点规划、高标准建设现代农业产业园区，努力把受灾地区建成高标准的现代农业示范基地。帮助修复损坏设施大棚，协调解决钢架、棚膜、种苗等物资供应，突击组织好集中育苗，为尽早恢复生产做足准备。积极引导改建适合机械作业的 8 米标准钢架大棚或连栋大棚，配套“两网一灌”、水肥一体化节本降耗设备，促进设施园艺生产提升档次。积极推广种养结合、生态循环等高效新模式，拓展果蔬采摘、生态观光、创意农业等功能，建设休闲观光农业示范村，促进一二三产业融合发展。

（三）推进畜禽规模化标准化养殖

充分利用当畜时产品市场利好的时机，切实加强分类指导，因地制宜，加快生猪家禽恢复发展，提升规模化标准化水平。积极帮扶大中型规模户修复、重建受损倒塌圈舍，帮助补栏复圈。利用农业产业化引导健康养殖等项目倾斜支持非禁养区的规模养殖场户，加快项目实施，强化技术改造，配套标准化养殖设备和动物粪便综合利用设施设备，提升规模装备水平；对于受灾的散养户和禁养区内养殖户，配合有关部门给予合理补贴补偿后，逐步清理淘汰。引导发展适度规模经营、种养结合的生态循环型家庭牧场和畜禽专业合作社，扩大规模养殖，提高畜禽生产效率，增强综合生产竞争力。

（四）推进高标准农田建设

统筹农业综合开发，争取国家新增千亿斤粮食生产能力规划田间工程等项目向灾区倾斜，开展集中连片土地整治，加强农田灌排、机耕路桥、农田林网等基础设施工程建设，加快灾毁农田的恢复。在做好田间工程建设的同时，强化耕地质量建设，积极推广秸秆还田、增施有机肥、绿肥种植等地力培肥措施，提高耕地基础地力，保障灾区农田产出水平。对于村庄整治形成的新增耕地，严格把好建设质量关，提升农田基础设施水平，确保达到高标准农田建设各项要求。

六、建设管理政策

（一）合理组织，落实责任

一是落实好主体责任，围绕“立足自力更生，国家救助为辅”的基本思想，要求相关领导干部坚持工作在一线，切实加强对重建工作的协调服务，及时解决困难和问题，鼓励和引导广大受灾村镇和受灾民众克服“等靠要”的依赖心理，勇于担当，主动作为，承担起灾后重建的主体责任。二是落实好援建责任，要求东台、大丰、盐都、市城投集团四家重点援建方明确投资建设项目法人，作为安置房项目的代建主体，全面履行安置点项目建设管理责任，加快推进集中安置点建设，建湖、亭湖、市开发区、滨海、响水等五家对口援建方明确公建配套项目的代建主体，负责安置房建设，阜宁县、射阳县对其余自建的集中安置点，要明确各自的建设主体，切实承担安置点所有项目建设管理责任。三是落实好建设责任，要求重建指挥部向各个项目实施主体下达明确的建设任务书，明文规定安置房入住率、质量标准、成本控制等目标任务和时间节点，把横向纵向任务分解到位，倒逼工作有序推进。要求各项目实施主体严格按照任务书精心组织、精心施工、精心管理，组织开展以“比质量、比工期、比安全、比廉洁、比文明施工”为内容的“五比”竞赛，加快工程建设，确保按时完成建设任务。

（二）加强管理，保证质量

在建设施工上坚持质量至上、安全第一的基本思路，强化责任，加强监管，把监管贯穿到工程建设每一个时段、每一个环节和每一道工序。

招投标方面，坚持项目规划设计、预算、评审、招投标等按常规流程进行，勘察设计、施工、监理和设备、原材料采购等一律公开招标，依法签订合同，让责任可追溯、可追究，严格筛选符合资质条件的施工队伍，严禁技术力量单薄、管理水平不高的施工队伍进场施工，坚决杜绝没有资质的施工队伍通过各种形式参与其中，坚决杜绝挂靠投标、串通投标、违法分包转包等不法行为。

工程建设方面，最大限度地统筹人力、物力，充分调度各方面资源，与施工单位一起科学制订方案，明确时间进度，合理安排工期，实行“挂图作战”，有条不紊、高效有序地推进集中安置点的建设。为了保证重建社区的绿化建设，切实落实市委关于“一片林”的战略部署，当地政府下发了《关于加强灾后重建安置点绿化建设的通知》，要求对社区入口、广场、干道、水体等关键节点的绿化要进行提档升级，确保绿化栽植质量和景观效果，努力构建一批森林村庄、特色村庄。

质量和安全监管方面，严格按照国家建筑工程施工质量验收统一标准和规划要求，当地政府出台《阜宁县、射阳县灾后重建安置点建设专项督查制度》等相关规章制度，合理加强质量安全监督管理，并分别派出由专业质监和安监人员组成的5个督查小组每周对各个安置点建设进度、工程质量、安全管理、文明施工等方面情况严格督查，牢牢把握好质量、进度、廉政和安全等关口。同时，组织开展“质量专项整治月活动”，对阜宁县16个安置点逐幢逐户排查质量问题，整改完成率达到96.5%。加强集中安置点质量通病和安全隐患整改工作，组织建设、监理、施工和援建单位项目管理人员在安置点召开现场会议，促进各安置点质量管理水平不断提高。

（三）严格标准，规范验收

验收工作是保证工程质量、提高建设水平的关键一环，为了确保验收工作的顺利进行，当地组织相关专业人员进行竣工验收和分户验收。并组织举办住宅工程质量分户验收培训班，下发《加强灾后重建安置点项目竣工验收工作的通知》和《市"6·23"灾后重建安置房常见质量问题维修指导手册》等文件，以妥善处理好安置点交付和使用过程中出现的质量问题，及时化解矛盾，保障安置群众的合法权益。竣工验收方面，首先施工单位应按照工程质量检查内容和要求，组织建设、监理、施工单位技术人员和援建单位人员参加对安置点工程质量进行自检，确保综合验收顺利完成，然后抽调县国土、水务、交运、供电、通信、绿化及建设、勘察、设计、施工、监理等单位组成验收组，制订验收方案，进行整体竣工验收。验收工程中要求验收人员认真审阅建设、勘察、设计、施工、监理单位的工程档案资料，按照质监竣工验收报验流程、内容和要求，逐条逐项对照标准展开验收，建立完善的台账资料，确保工程质量验收禁得住时间的检验。分户验收方面的具体内容及程序包括：建设单位项目负责人组织施工、监理单位相关技术人员编制分户验收方案，按照江苏省《住宅工程质量分户验收规程》进行分户验收；分户验收小组将分户验收的实体质量、实测数据进行汇总，形成分户验收资料；分户验收过程中发现的质量问题，交由施工单位落实整改，建设、监理单位负责督促；县质监站随机抽查分户验收的实体质量、实测数据的相符性；分户验收完成后，由建设单位组织各方责任主体进行竣工验收，县质监站全程监督各方责任主体质量行为；建设单位向安置户交房时，按照阜宁县《关于"6·23"灾后重建安置房交房验收管理细则的通知》执行，严格进行一房一验、一房一交，参与交房的安置户，镇村负责人，建设、监理、施工单位负责人在交房验收交接单上签字确认；向安置户发放《安置点质量投诉联系卡》，公布建设、监理、施工单位负责人姓名、联系方式，以及市、县指挥部质量投诉电话，方便安置户的质量投诉及咨询。

七、重建政策特征

（一）政策发布时效强

恢复重建政策在第一时间出台，并以最快速度实施，力求在最短时间内见效。恢复重建政策包含税收减免、资金补助和信贷支持等内容，体现真金白银、货真价实。如税收方面，受灾企业确有困难的，视损失情况，报经地税部门批准，可减征或免征 2016 年度城镇土地使用税、房产税和水利建设资金。农业方面，对受灾影响严重并已参加农业保险的晚稻给予 50 元/亩的灾后管理补助；经县林业部门认定，对受灾果园、茶园分别给予 300 元/亩、800 元/亩的补助；等等。工业方面，从当年市级工业扶持资金中专项安排 1000 万元专款用于受灾严重的工业企业恢复生产中所需新增贷款的担保公司担保费。

（二）政策内容涵盖面全

这次灾后重建政策内容涵盖了经济、农业、渔业、林业、服务业、金融、保险、财税、电力、工商、社保等相关领域，确保政策扶持全覆盖。

（三）政策执行力度大

恢复重建政策务求落实，不摆花架子，不停留在纸面上。各级各部门还结合各自实际和职责分工，研究制订实施方案及具体工作措施，加强协调配合，优化流程，超前服务，提高效率，以最大力度、最实作风将各项扶持政策落到实处。

（四）政策导向性明确

恢复重建政策不是普通意义上的产业扶持政策，而是具有明确的加快产业转型升级、淘汰落后产能等导向。比如，对受灾较严重的县（市、区）受灾企业列入年度市重点产业技改专项项目的，其设备技术投资额的补助比例在原有的基础上提高 2 个百分点，最高限额不变；从年度市级工业扶持资金中专项安排 1000 万元给受灾较严重的县（市、区），用于受灾企业在淘汰和更新机电设备时的补助。

（五）政策影响具有可持续性

此次灾后重建政策和主要指导方针包括规划、土地、农业、资金、安置以及建设管理等一系列内容，旨在采取整体主义路径指导灾后重建并促进村庄地区经济和社会发展水平，政策的制定不仅着眼于眼前灾后重建工作的顺利进行，更注重受灾村庄未来能以具有回弹应变复原力的方式重生。降低风险，严格执行，关注长远，是政府构建重建政策体系的基本原则。

第三章　盐城灾后重建之村庄建设规划

“6·23”特大龙卷风冰雹灾害后，人们没有时间过多地去悲伤和感慨。当抢险救灾取得阶段性胜利后，灾后重建便马不停蹄地展开。要把灾后重建作为一项重大而紧迫的民心工程，把灾区集中安置点建成安居乐业、环境优美、安全和谐的新家园。盐城灾后重建根据党中央、国务院指示，以及省委、省政府，市委、市政府要求，以“创新、协调、绿色、开放、共享”五大发展理念统筹灾后重建全局，并在坚持以人为本、尊重自然、实事求是、量力而行、科学规划、合理布局的前提下，注重灾区恢复重建，科学编制受灾镇村的村庄规划。

在村庄重建规划过程中，对乡村社区的营造，规划师、设计者等从自觉地走向基层平民和弱势群体着手，走向现实的民间日常生活，走向真实的地域和场所，走向现场的建造，走向那些实实在在的问题。村庄规划是在快速城镇化浪潮中的农村建设，不应失去农村原有的生态环境和质朴的农耕文明风貌，而应按照科学规划布局美、村容整洁环境美、创业增收生活美、乡风文明身心美的目标要求，全面建设宜居、宜业、宜游的美丽乡村。盐城“6·23”特大龙卷风冰雹灾害灾后重建，不仅是救灾，更是期望在废墟上“生出”美丽新村，做到旧貌换新颜，把灾区集中安置点建成安居乐业、环境优美、安全和谐的新家园。可如何让到集中安置点生活的受灾群众对安置小区的规划设计、面积大小、户型等方面都满意？受灾群众需求不同，众口难调，这是一个不小的难题。

第一节　村庄重建规划过程

一、探析——认知村庄灾后现状

规划者在灾后重建区进行调查时了解到，为了更好地开展群众性的工作，每个受灾村都设有群众建议组进行集体议事，一般一个村的群众建议组由 6 到 7 位大家推选的德高望重的老人组成。与规划设计专家学者的角色地位不同，村镇里经验丰富的老人被群众认为具有处理公共事务的智慧。不同于其他形式的访谈或调查，此次灾后重建的规划准备按照行动参与的特点，在行动中逐步确定。

通过对村庄受灾的评估(图 3 - 1 - 1)，规划者了解到，“6 • 23”龙卷风经过的村庄受灾情况不同，其中特别严重受灾村庄 5 个，严重受灾村庄 16 个，一般受灾村庄 33 个。特别严重受灾村庄包括吴滩街道立新村、陈良镇丹平村、新沟镇大楼村、硕集社区计桥村和硕集社区双桥村。严重受灾村庄包括板湖镇孔荡村、板湖镇郑朱村、东沟镇东崔村、陈良镇新涂村、吴滩街道蔡河村等。一般受灾村庄包括金沙湖岗北村、花园街道锦仁村、花园街道新储村、吴滩街道陈舍村、海河镇烈士村等。

图 3 - 1 - 1 灾区村庄受灾评价分布图

资料来源：江苏省城镇与乡村规划设计院，《盐城市“6 • 23”龙卷风冰雹特别重大灾害灾后重建总体规划》，2016 年 11 月

阜宁和射阳受灾的村镇，其房屋布局基本是由农户自主选择，没经过整体规划和布局。村居建造也没进行科学选址，而常选在开阔的溪滩和河道边等风口地，地理位置方面比较不利。再者，由于没有整体规划，村镇房屋布局也就无章可循，散乱布置，紧凑性不强，这样造成了各类缺陷。总体来说，受灾地区呈带状分布，破坏严重(如图 3 - 1 - 2)。风灾经过区域大多为农村地区，农村住宅受损严重，很多伤亡是由建筑的整体性不足，受风灾毁坏屋顶后带来的次生灾害造成。地面市政设施构筑物倒塌，地面的高压线电杆倒塌、线路受损，部分区域的通信中断，给水等生活保障设施受损。途经地区生态和植被受损严重，风灾对沿途树木破坏严重，部分农业耕作区域受冰雹冲击也损坏严重。风灾经过区域的公共服务建筑受损较多，原来公

共服务短缺的情况雪上加霜，受损的公共服务建筑有村委会、幼儿园等。

图 3-1-2　灾区村庄航拍图

资料来源：江苏省城镇与乡村规划设计院，《硕集社区计桥双桥村庄建设规划》，2016 年 9 月

二、沟通——建立信任与沟通渠道

所有人为了一个共同的目标而聚到一起制订规划的过程，比规划文件本身更具价值，当饱受磨难的人们以主人翁的姿态提出自己的建议时，共同的参与过程也是他们心灵家园重建的过程，而这一经历与记忆将永远伴随着他们。对于新村庄、新家园，他们将更具有主人翁意识和责任感，这就是沟通的力量。建立信任与沟通的渠道，加强建设者、设计者与村民的联系，更了解村民的需求，才能重建起更符合需要的村庄。对于灾后重建，有的群众要求自己家在原址重建，有的群众因小孩在县城读书想选择进城购房，还有的群众希望政府给予补贴来购买农村中的闲置房，众口难调。为了让受灾群众在家园重建中选择自己满意的方式，阜宁县委、县政府实施一村一领导、一户一党员、一伤一医护的工作机制，全县四套班子领导下派到 22 个村，镇村干部组成工作组，到每个受灾户的家中，进行摸底排查，逐一征求受灾群众的意愿。主要做法就是规划师（研究者）深入群众，进行访谈，尤其是找到群众建议组并进行交谈，基本上可以建立整个灾后重建沟通的渠道。同时，受灾的镇村还引入村民议事会制度，组织村干部、村民代表、受灾群众代表和县驻村干部、镇驻村干部、专业技术人员共同评议，把评价权、监督权交给群众，让广大农民群众广泛参与补助对象确定、农房评估、资金发放等工作，充分发挥群众在灾后重建中的主体作用，确保让受灾群众满意。

根据市领导会办意见，2016 年 7 月 12 日，在市行政服务中心，纪检、财政、审计、招投标中心等部门会同，联合开展灾区修建性详细规划招标工作，通过竞争，最终确定上海、江苏、浙江等地 4 家省级甲级设计单位中标。并立即召开编制单位碰头会，对规划内容、设计标准、编制深度、建筑风貌等进行交流、研讨和确定，各设计单位按照统一的标准、深度和目标开展规划编制工作。

在安置房建设过程中，阜宁县成立 3 个飞行检查小组，对工程进行全天候检查，每个安置点设立 3 名群众监督员，监督工程质量，在阶段考核评比中实行质量安全一票否决制，确保重建工程禁得起历史和群众的检验。阜宁县委、县政府主要领导每周对各安置点现场检查 1 至 2 次，县分管领导每周检查 3 至 4 次，县指挥部及县住建局、城投公司对所有项目坚持每天检查、每天会办，及时发现整改存在问题，整改不到位的不得进入下道施工程序。

三、定点——确立集中安置点

一个安置点的选定意味着该处为老百姓的长期居住地，所以选址评价工作尤为重要。灾后重建，时间紧迫，而首要任务就是确定集中安置点。如何确定，则需要考虑以下几点。首先，结合村庄的区位条件、地形地貌、经济发展、道路交通、河流水系等情况差异，切合实际地选择集中安置点位置。区位条件关系到未来安置点的发展前景，地形地貌需有利于抗龙卷风等自然灾害。安置点的位置还需考虑是否有利于该村的经济发展，交通是否便利快捷。其次，集中安置点确定还需遵循村民意愿，需进行调查访问，考虑村民希望安置点建设在什么位置。同时通过村组推荐、县级审核等程序来最终确定集中安置点，做到既节约集约用地，又方便群众生产生活。最后，结合龙卷风灾害特点，集中安置点建设统一规划，统一安排用地。根据规划改造旧村庄，调整建设布局，集中更多用地用于公共服务设施建设或绿化环境改造。除新安置点以外不得另外新建任何形式的农民居住集聚点，规划农民居住集聚点范围外不得新建农民住宅。完善规划农村新社区公共设施及基础设施配套，加强环境整治和生态建设，集中收集垃圾，统一处理。处于规划建设用地之外的已建村庄，要逐步向规划农村新社区与镇区迁移。

安置点的选取方式宜采取因子否定机制，这里所说的因子是指对安置点稳定与适宜性不利的因素，采用反向思维，即确立对安置点稳定不利的所有因子，再逐个排除，直至选定场地。以此为方法，确定了 4 个较大规模安置点和 16 个普通规模安置点的另建地址，剩余村庄原址重建。

四、构建——划分村庄重建方式

灾后恢复重建指挥部成立之后，立刻开展灾后恢复重建工作。政府对倒房、毁房提供资金资助和技术支持，鼓励个人自立自强，自己劳动或雇工建筑房屋。

并在对龙卷风灾后充分调研分析后，进行盐城市“6·23”龙卷风冰雹特别重大灾害灾后重建总体规划的编制方式，提出了以下几种灾后重建方式(图 3-1-3)。

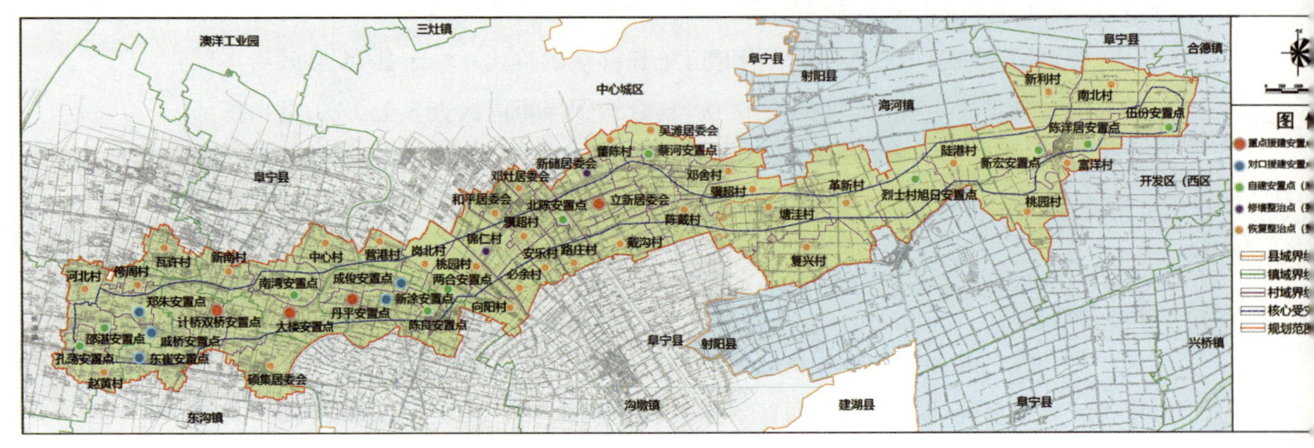

图 3-1-3　灾后重建方式分类

资料来源：江苏省城镇与乡村规划设计院，《盐城市“6·23”龙卷风冰雹特别重大灾害灾后重建总体规划》，2016 年 11 月

（一）重点援建

重点援建针对异地重建的 4 个安置点：东台市重点援建东沟镇计桥双桥安置点；大丰区重点援建新沟镇大楼安置点；盐都区重点援建吴滩街道立新安置点；盐城市城投集团重点援建陈良镇丹平安置点。具体按照美丽乡村的建设要求，重点援建单位与阜宁县签订集中安置点代建协议，依据经审批的各安置点规划，组织实施规划范围内的民房建设，教育、医疗、商贸、文化等公共设施，区内道路、排水、路灯、绿化等公用设施，以最快的速度建设完成，整体移交受灾县市进行分配安置。

国家《美丽乡村建设指南》规定了道路、桥梁、饮水、供电、通信等生活设施和农业生产设施的建设要求。明确规定村主干道建设应进出畅通，路面硬化率达 100%，并科学设置道路交通标志，村口应设村名标识；在生态环境保护方面，标准规定气、声、土、水等环境质量要求，对农业、工业、生活等污染防治，森林、植被、河道等生态保护，以及村容维护、环境绿化、厕所改造等环境整治进行指导，并设定村域内工业污染源达标排放率、生活垃圾无害化处理率、生活污水处理农户覆盖率、卫生公厕拥有率等 11 项量化指标。

（二）对口援建

对口援建针对异地重建的 5 个安置点：建湖县对口援建陈良镇新涂安置点；亭湖区对口援建硕集社区东崔安置点；盐城市开发区对口援建板湖镇戚桥安置点；

滨海县对口援建陈良镇成俊安置点；响水县对口援建板湖镇郑朱安置点。具体按照康居村庄的建设要求，对口援建单位与阜宁县签订集中安置点区内公用设施和公共配套建设代建协议，依据经审批的各安置点规划，组织实施道路、排水、路灯、绿化等公用设施和教育、医疗、商贸、文化等公共配套建设；阜宁县负责组织群众按统一规划实施集中安置点的农房建设。

（三）自建

异地重建的 11 个安置点：板湖镇孔荡安置点、花园街道北陈安置点、金沙湖管委会两合安置点、陈良镇陈良安置点、板湖镇邵湛安置点、新沟镇南湾安置点、吴滩街道蔡河安置点、陈洋社区陈洋居安置点、陈洋社区伍份安置点、陈洋社区新宏安置点、海河镇烈士村旭日安置点。具体按照康居村庄的建设要求，由各自的县自行组织建设，组织实施规划范围内的民房建设，实施道路、排水、路灯、绿化等公用设施和教育、医疗、商贸、文化等公共配套服务建设。

（四）修缮整治

修缮整治的 2 个村庄分别是：开发区锦仁村、开发区新储居委会。具体按照镇村布局规划调整的村庄分类要求，由村庄自行组织，进行民居房屋、公共建筑、公共空间等的修缮与整治，补充必要的公共设施。

（五）恢复整治

恢复整治的 31 个村庄，分别是：板湖镇赵黄村、板湖镇佴周村、板湖镇河北村、陈集镇瓦许村、新沟镇新南村、新沟镇中心村、东沟镇硕集居委会、金沙湖街道营港村、金沙湖街道岗北村、金沙湖街道桃园村、金沙湖街道向阳村、开发区必余村、开发区安乐村、开发区路庄村、开发区骥超村、开发区邓灶居委会、开发区董陈村、阜城街道和平居委会、吴滩街道戴沟村、吴滩街道陈戴村、吴滩街道吴滩居委会、吴滩街道邓舍村、吴滩街道仁范村、海河镇陡港村、海河镇塘洼村、海河镇复兴村、海河镇革新村、陈洋社区南北村、陈洋社区新利村、陈洋社区桃园村、陈洋社区富洋居。具体按照镇村布局规划调整的村庄分类要求，由村庄自行组织，进行民居房屋、公共建设、公共空间等的恢复与整治。

五、确立——制定村庄重建内容

灾后重建规划项目组多次与受灾群众进行会议讨论，讨论的议题就是对镇区空间利用的看法、对村民参与的建议以及对规划师提出的设计方案进行评价。经过了多次调研和专家论证，并反复征求群众意见。规划选址和设计上，充分尊重老百姓要求在交通便捷的地方选址的意见，同时在安置点建设幼儿园、卫生室、农贸市场、超市等配套设施，方便群众生产生活；户型选择上，邀请上海、浙江等地知名规划设计单位，高起点高标准设计，提供多种户型，满足不同住户需要，统筹配套生产生活设施。

（一）人口规模

根据村庄受灾情况，分类进行人口安置：对耕地和宅基地因灾严重损毁、无法在原村民小组范围内生产生活的农村人口，进行重点安置；对严重受灾村庄集中安置；对一般受灾村庄就地重建整治。所以，重建村庄人口规模能够确定，按照"就地就近"安置原则，对安置点周边受灾村庄的受灾人口进行统计评估，并在此基础上进行工作。

（二）用地选址

根据人口及受灾地区受灾特点，结合村庄具体情况，选取地势平坦、交通方便快捷、服务配套方便的地段，在集约用地、保护耕地的前提下，进行统筹安排，确定支撑产业、优化用地。

（三）重建原则

重建规划应把保障民生作为恢复重建的基本出发点，把修复重建居民住房摆在突出和优先的位置。因此规划应优先解决与受灾群众生活密切相关的问题，包括住房、公益性公共设施及基础设施的恢复与重建。在恢复重建村庄基本功能的基础上，充分考虑未来长远发展的需要，推动产业结构调整和发展方式转变，努力发展适应地方特色的产业体系，提高灾区自我发展能力。同时，在重建规划中充分考虑地方的地形地貌、生态环境、历史人文、建筑形态等要素，加强对村庄风貌的规划引导，促进具有鲜明地域文化特色的村庄建设。

（四）重建内容

村域规划以集中安置点为单位，主要对村庄（居民点）布点及规模、产业及配套设施的空间布局、村域综合交通、耕地等自然资源的保护等提出规划要求，村域范围内的各项建设活动应当在村域规划指导下进行。

（五）村庄（安置点）规划

集中安置点规划主要对安置点空间布局、公共服务设施、住宅建设、道路系统、绿化景观、基础设施、综合防灾等进行具体规划。安置点需集中布局，避免过度分散，合理安排村庄各类用地；充分利用自然条件，充分挖掘地方文化内涵，突出地方特色，并结合村民生产生活方式，有利农业生产，方便村民生活，体现乡村特色，避免机械复制城市小区式布局。公共服务设施的配套应根据村庄人口规模和产业特点确定，与经济社会发展水平相适应，配套规模应适用、节约。住宅建设遵循适用、经济、安全、美观和节地、节能、节材、节水的原则，建设节能省地型住宅，住宅平面设计应尊重村民的生活习惯和生产特点，同时注重加强引导卫生、舒适、节约的生活方式。村庄道路系统应结合村庄规模、地形地貌、村庄形态、河流走向、对外交通布局及原有道路，因地制宜地确定，一般应尽可能不设外环路。绿化景观尊重地方文脉，结合民风民俗，展示地方文化，体现乡土气息，营造有利于形成村庄特色的景观环境。基础设施根据相关规划和当地实际情况进行配置和布局管线。综合防灾则需就风灾、消防、防洪排涝、地质灾害防治、地质灾害防治等进行规划控制。

六、反馈——引入公众参与

村民意愿是村庄重建规划编制的重要基础。乡村是村民自己的家园，集体所有制的土地政策决定了村民在乡村建设中的主导地位。村庄发展和变化的各项活动主体是村民，因而规划必须争取村民的广泛支持和参与，提高村民的决策参与度，让村民感到村里的重大决策听取了自己的意见、符合自身利益，充分调动村民贯彻落实各项决策的自觉性和积极性，解决村民目前最迫切、最直接、最关注的问题。尊重村民、尊重村民意愿是进行乡村建设的必要条件，当然重建规划并不是完全无选择地接受村民意愿，需在科学分析和合理规划的基础上通过宣传加以引导，使之符合乡村建设科学发展的要求。村庄规划是建立在村民意愿上的公共政策，村庄建设更是要符合大多数人的意愿。这就要求在规划建设过程中加强对农民意见的调查与采集，多沟通，引导农民进行科学建设。村民意愿调查分两个层面展开：一是以村支书、村委会主任为代表的村干部对村庄未来建设的构想；二是普通村民家庭调查，采用随机走访、调查问卷现场问答的形式。调查内容是围绕农居建设展开的，重点调查了房屋受灾前使用情况、未来农居选址、具体实施建议、未来村庄发展等方面问题。

在前期调研规划立项准备过程中，公众参与的方式主要为访谈式（图 3 - 1 - 4 左）。访谈式参与即乡政府灾后重建指挥部在乡政府会议室组织村民、村委干部及设计师召开居民座谈会征询居民的重建意愿，设计师入户访谈村民并进行土地产权确认，最后形成会议纪要和农房入户调查实录，作为规划设计依据。通过分户走访，设计师重点对村民生活状况、生活习惯、收入来源、居民重建意愿等做了详细调查。村民可以在访谈时发表自己的意见、建议及利益诉求。通过调查，设计团队发现村干部对未来村庄发展基本都有明确考虑，对农居重建的重要问题与重建法律和政策要求基本吻合。普通农户更注重自身农居建设问题，但因巨大灾难而形成的共同遭遇往往使村民容易团结在一起，放弃对局部的、个人的利益的过多考虑，从而容易形成相对一致的村民意愿。通过调查，设计团队掌握了未来村庄发展方向、村民对灾后自己农居建设的初步设想和要求等重要信息，保证了村民意愿在规划层面的表达。设计师以此提出初步方案草图。

在总体平面规划拟定形成过程中，公众参与的方式主要为沟通式（图 3-1-4 右）。关于沟通式参与，一方面，政府灾后重建指挥部在乡政府会议室组织村民、设计师召开信息协调会，对已形成的初步规划方案进行选择，对提出的意见反馈进行记录，形成会议纪要；另一方面，灾后重建指挥部在县政府会议室组织相关专家、设计师、村民代表召开规划听证会，对初步方案进行修订或批准，对修订意见进行记录，形成技术论证工作纪要。以村民意见反馈会议纪要和技术论证工作纪要为依据，设计师进行规划方案的调整，最终形成规划方案及初步成果。

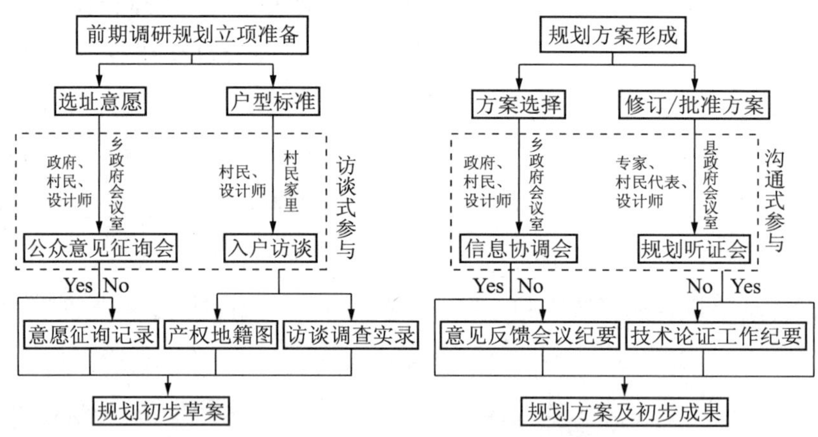

图 3-1-4　访谈式、沟通式公众参与过程详图

资料来源：刘俊，《公众参与的灾后重建建筑设计研究》，西安建筑科技大学硕士学位论文，2016 年

龙卷风灾害灾后重建规划编制过程中，公众参与是工作的一项核心内容。设计工作者将公众的意见反馈融入工作中的每一步。为了使重建计划能够协作统一地完成，灾后重建有一套能够保证公众有机会参与并对设计团队的工作提出评价

的机制。盐城市灾后重建公众监督小组，代表了全体社会成员的利益，引导公众对规划建设进行评价。如，2016年8月15日下午，公众监督小组组织四家规划设计单位就灾后重建安置点规划编制方案向市政府主要领导、村代表做了专题汇报。并根据会上提出的相关要求，整理修改意见发放至各设计单位，要求在8月底前将方案优化设计到位。8月31日，成果得到了镇村负责同志的一致好评，获得专家组的评审通过。

第二节　村庄重建规划总则

一、规划依据

盐城"6·23"特大龙卷风冰雹灾害发生后，灾后重建村庄规划并不是忙乱中、痛苦中、紧急中出炉的简易品。它应是非常严谨的，规范的，高标准、高质量的科学规划，以有利于村庄的可持续发展。这就有赖于规划者在进行村庄规划时有着完整全面的规划依据。它应是村庄规划的准绳。针对村庄受灾特点，灾后重建坚持居民住房重建与新农村建设、扶贫开发相结合，对阜宁、射阳两县进行统一布局，对整个龙卷风灾害受灾地区进行整体规划，在充分尊重群众意愿、突出防灾减灾的情况下，最终确定20个村庄异地集中安置点，其中阜宁县规划16个，射阳县规划4个，并以《江苏省村庄规划导则》《江苏省美丽乡村建设示范指导标准》《江苏省农村宅基地管理办法》《盐城市"6·23"灾后恢复重建村庄规划建设技术指引》《盐城市"6·23"龙卷风冰雹特别重大灾害灾后重建总体规划》《阜宁县城市总体规划(2015—2030)》《射阳县城市总体规划(2015—2030)》、阜宁县灾后重建安置点选址红线等相关法律法规、规范标准、文件条例为规划依据进行村庄规划。比如《江苏省村庄规划导则》对村庄规划建设提出，空间形态要充分结合地形地貌、山体水系等自然环境条件，引导村庄形成与自然环境相融合的自由空间形态，并积极引导住宅院落空间的建设，可利用纵横方向并进的方式和道路转折点、交叉口等条件组织院落空间，形成空间特色。《江苏省美丽乡村建设示范指导标准》则要求村庄建成区范围内(或村庄周边)至少有一处不小于300平方米供居民休闲的集中式休闲公园或广场绿地，以及公益性公共服务设施配套指标按每服务千人500平方米左右进行建设。在充分做到遵循以上依据的前提下，此次灾后重建村庄规划才有的放矢，与上层次规划衔接合理。

二、指导思想

按照党中央、国务院指示和省委、省政府要求，围绕长三角区域一体化发展国家战略新契机，以“创新、协调、绿色、开放、共享”五大发展理念统筹灾后重建全局，坚持以人为本、尊重自然、实事求是、量力而行、科学规划、合理布局、政策救助、合力推进、自力更生、奋力自救，着力抓好灾区恢复重建、公共服务和公用设施建设、灾害综合治理和抗灾防灾能力提升，整合各种资源，调动各方面积极因素，以各级政府为主导，以广大干部群众为主体，切实做好灾后恢复重建与新农村建设的紧密结合。弘扬铁军精神，重建美好家园，又好又快完成灾后恢复重建任务，努力让公用设施、生态环境、群众生活超越灾前水平，打造生态、宜居、美丽、幸福的新型农村社区。

三、重建理念

确立新生，坚强不屈，灾后重生，建设新时代的美丽村庄。并在各村庄灾后重建规划中，践行、深化该理念。

四、重建原则

（一）统一规划，科学重建

强化规划的引领指导作用，遵循上位规划，科学编制灾区重建规划，统一标准，集成政策，以公共及公用设施、综合防灾、产业发展和风貌特色建设为重点，集中力量打造新型农村社区集中居住点，以点带面，示范引领。坚持恢复、改造、提升并重，采用原址重建、异地重建和整治提升等方式，推进重建工作顺利开展。

（二）以人为本，民生优先

尊重村民意愿，征求并采纳群众在户型设计、公共配套等方面的意见。把保障和改善民生作为恢复重建的基本出发点，选址布局，精心设计，围绕生活舒适、环境优美、配套完善、服务便民的规划目标，实现乡村生产发展、生活富裕、生态美好。

（三）因地制宜，合理布局

根据村庄的区位条件、地形地貌、经济发展、道路交通、河流水系等差异，切合实际地选择集中安置点位置，合理规划，制定与之相应的规划建设标准。根据受灾情况，划分不同的村庄重建类型，宜聚则聚，宜散则散，构建生态宜居的空间格局。

（四）传承文化，彰显特色

在重建过程中，加强人文历史、地域民居文化等元素的表达，保持乡村人文环境的原真性，有效保护和合理利用历史文化资源，促进文化传承。尊重农民生产、生活习惯和乡风民俗，突出“一村一韵”，实现乡村特色化发展。

（五）防灾抗灾，安全第一

按照灾害防范和抗灾要求，完善防灾抗灾规划，健全设施，实施防灾减灾工程，提高防风抗风等级，保证建筑质量，全面提升综合防灾、抗灾、救灾能力和水平，确保村庄安全。

五、重建目标

根据生活条件和经济社会发展需达到小康水平的要求，村庄重建规划以建设“村容整洁、村貌宜人、村强民富、村风文明”的新家园为目标，为经济社会可持续发展奠定坚实基础。根据美丽乡村建设要求，以塑造新型村庄形态美、促进新型村庄生产美、推动新型村庄生活美、突显新型村庄生态美、构建新型村庄和谐美为受灾地区村庄规划策略。

（一）塑造新型村庄形态美

按照全面建成小康社会的目标，优化村庄形态，塑造村庄特色，建设布局合理、错落有致、肌理丰富的新农村，着力打造整洁村庄、康居村庄、美丽村庄。

（二）促进新型村庄生产美

按照低碳、绿色、特色发展要求，加快现代农业发展，提升农业生活保供、生态旅游、都市休闲三大功能，推动传统产业提档升级，培育特色农业、加工业、旅游业等具有竞争力的生态型特色产业。

（三）推动新型村庄生活美

改善和保障农村民生，完善农村公共服务，配套完善村庄道路、照明、给排水、污水垃圾处理等公用设施建设，着力提升农村住房成套率，推动农民得以享受与城镇居民同等的生活品质。

（四）凸显新型村庄生态美

加强和改善农村生态环境和区域整体风貌，基本实现“村内有绿地、院内有花草、路渠有绿荫、四旁有绿化”的格局，全力打造天蓝、地绿、水净、气清的美丽乡村。

（五）构建新型村庄和谐美

鼓励引导农村形成健康、文明、和谐的生活方式，培育和谐文明、健康淳朴的乡风民俗。注重农村乡土文化的发掘、整理、保护、继承和弘扬，引导推动村庄科学发展、特色发展，带动打造出一批产业强村、生态丽村、旅游靓村、社区新村等新农村精品典范。

六、重建标准

（一）规划建设用地标准

灾后建设用地结合土地利用总体规划调整，坚持节约集约用地，科学合理安排用地布局和重建用地规模，妥善解决原地重建、异地重建等不同类型的用地需求，优先保障农村居民住房重建用地，促进土地资源的可持续利用。

1. 居住用地

规划建设 20 个集中安置点、5164 套农房，其中 4 个较大规模的集中安置点以美丽乡村标准建设，16 个一般规模的集中安置点以康居村庄标准建设。此外，规定农村居民一户只能拥有一处宅基地。人均耕地不足 1 亩的村庄，每户宅基地不超过 133 平方米；人均耕地大于 1 亩的村庄，每户宅基地面积不超过 200 平方米。具体按县(市、区)人民政府规定的标准执行。

2. 道路用地

村内道路需形成主要道路、次要道路、入户道路的三级道路体系，并完善现有镇村公路，提高公路等级。出入口通村的主要道路达到四级公路以上标准，路幅宽度不低于 6 米，村庄道路通村率达到 100%。村庄主要道路宜采用硬质材料为主的路面，次要道路和入户道路路面可根据实际采用乡土化、生态化的铺设材料。如安置点规模较小，尽量采用二级路网，材质主要为水泥路面。加强村内道路与对外交通道路的联系，增加主路宽度控制在 4～6 米，次路宽度控制在 3.5～4.0 米，入户道路控制在 2～2.5 米。道路组织方式与断面宽度要结合机动车的不同停车方式合理确定。

3. 服务设施用地

服务设施用地是指与居住人口规模相对应配建的、为居民服务和使用的各类设施的用地。充分考虑公共服务设施配置的均衡性和经济适用性，实现服务方式因地制宜、服务设施集约建设、服务运行正常有效。公共服务设施配套指标按每服务千人1000～2000平方米建筑面积计算。

（二）公共服务设施配套标准

公共服务设施按照具体的项目特点分为教育、医疗卫生、文化娱乐、交通、体育、社会福利与保障、行政管理与社区服务、邮政电信和商业金融服务设施等。为在灾后重建区建立完备、安全、便捷、高效、舒适的公共服务设施配套体系，全面提升灾区规划建设水平和生活环境质量，则需实现规划编制和管理的标准化。针对盐城灾后重建，新建公共服务设施应与村庄实际发展水平和实际需求相适应，建设规模适度，避免“大而无当、空而无用”。结合当地经济社会发展水平，充分考虑公共服务设施配置的均衡性和经济适用性，实现服务方式因地制宜、服务设施集约建设、服务运行正常有效。

根据镇村布局体系，分类实施公共服务设施布局。按照一般村、重点村、特色村分类进行公共服务设施配套设置。一般村按照整洁村庄标准，要达到保持村容整洁、垃圾及时清扫收运、饮用水水质满足卫生要求和道路满足居民出行要求的标准。公共服务设施主要包括健身活动场地(含公共体育建设设施)，用地面积50～100平方米，满足村民日常活动需求。重点村作为城镇公共设施向乡村延伸、公共服务向乡村覆盖的中心节点，是保证基本要求的主要载体。规划配置能够辐射一定范围乡村地区的，规模适度的，具有管理、便民服务、教育、医疗、文体、农资服务、群众议事等功能的建筑和活动场地，培育建设“康居村庄”。公共服务设施包括农村社区卫生服务站，文化活动室、网络服务室、农家书屋，1500平方米以上的室外体育健身场地(1个篮球场、2个乒乓球台)、1条健身路径和“三室”(乒乓球室、棋牌室、健身房)，以及居家养老服务站。特色村根据自身特色以及行政村范围内的公共设施配置情况，合理配置相应的公共设施。发展乡村旅游的村庄，应结合旅游集散中心布局公交、停车等交通设施。并依据游客量配套相应规模的旅游服务设施，布局在游客主要集散地。特色产业型村庄可根据产业的特殊要求，增设农业生产所需的服务设施。发展养殖的村庄可增加卫生防疫设施的配置，并注重治理污染，严格保护村庄环境。处于生态敏感区内的村庄应加强生活污水的有效治理。四个重点援建的集中安置点作为重点特色村，应在既有村庄基础上，充实公共服务设施类型，主要配置行政办公、教育、文化科技、医疗卫生、社会福利、体育及商业设施等内容。在一套完整公共服务设施的基础上，建设特色化配套设施，规划配置各类公共服务设施，同时结合乡村旅游发展，配套旅游服务功能，提高服务周边乡村地区的水平，提高居住环境品质。

（三）市政设施配套标准

1. 给水工程

灾后重建地区的规划采用区域供水，水源取自县区域供水水厂。规划发展村庄综合用水指标取每人 150～200 升/日；其他村庄综合用水指标取每人 120～200 升/日。规划村庄给水从镇区引入，沿通村主要道路敷设，村庄内部主要道路敷设给水主管，原则上敷设于道路的东、南侧。村庄生活饮用水水质应符合现行国家标准《生活饮用水卫生标准》(GB5749－2006)的规定。根据《江苏省村庄规划导则》，给水管网的供水压力宜满足建筑室内末端供水龙头不低于 1.5 米的水压。

2. 排水工程

规划村庄以粪污分流、雨污分流为原则，综合人口分布、污水水量、经济发展水平、环境特点、气候条件、地理状况，以及现有的排水体制、排水管网等确定生活污水收集模式。排水体制为雨污分流制。靠近城镇的村庄如满足市政污水管网接入要求，宜就近接入城镇污水管网，纳入城镇生活污水收集处理系统。其他规划发展村庄综合考虑村庄居住形态、地形地貌等因素，因地制宜地选择“相对集中处理模式”或“分散处理模式”。建设污水处理系统并定期维护，生活污水处理农户覆盖率≥70%。规划污水管道沿主要道路敷设，污水管道管径宜为 d200～d400，原则上敷设于道路的西、北侧。规划采用透水铺装、雨落管断接、雨水花园、生态植草沟等海绵设施建设，实现雨水自然积存、自然渗透、自然净化。

3. 供电及通信工程

农村电力网建设与改造的规划设计应符合《农村电力网规划设计导规》(DL/T 5118)的要求，电压等级应符合标准电压(GB/T 156－2017)的要求，供电应能满足村民基本生产生活需要。规划范围村庄用电就近引自 110 kV 变电站，供电采用 10 kV 箱式变压器对村庄进行分片供电，根据用户实际负荷情况和变压器供电半径不超过 250 米的原则，因地制宜地布置。规划 10 kV 及以上线路采用架空敷设，10 kV 以下线路结合村庄发展需求，宜优先采用下地敷设。规划结合村庄主次道路设置路灯以满足居民出行及生活需求。合理配置照明路灯，宜使用节能灯具。广播、电视、电话、网络、邮政等公共通信设施齐全、信号通畅，线路架设规划、安全有序。规划村庄通信线路引自镇区通信局，沿规划范围主干道路敷设至各个村庄。规划对现状受损通信设施进行针对性修复。规划结合村民服务中心设置通信交换间(箱)，结合村庄布点合理设置通信基站。规划范围内行政村可结合规划发展村设置邮政服务网点及电商服务网点。规划通信线路埋设深度大于 0.7 米，原则布置在道路的西、北侧。

4. 绿化工程

为了体现乡村特色、田园风光，避免照搬城市绿化做法，现状河流予以保留，不新增水面，不做喷泉等高维护设施。村庄绿化宜采用本地果树林木花草品种，兼顾生态、经济和景观效果，与当地的地形地貌相协调，绿化率要大于 20%。庭院、屋顶和围墙提倡立体绿化和美化，适度发展庭院经济。

5. 环卫工程

规划地区推行生活垃圾分类处理和资源化利用；垃圾应及时清运，防止二次污染。按照“村收集、镇转运、县处理”的原则，建立健全垃圾回收体系，垃圾无害化处理率逐步达到 100%。灾后重建地区应建立生活垃圾收运处置体系，生活垃圾无害化处理率≥80%。按照需求合理配置垃圾桶(池)，实行分类收集，应合理配置垃圾收集点、建筑垃圾堆放点、垃圾箱、垃圾清运工具等，垃圾收集点的服务半径不超过 70 米。

《江苏省村庄规划导则》规定公共厕所服务半径不宜超过 300 米。每个村庄原则上需配置 1 座公共厕所，规模较大的村庄可设置 2～3 座公共厕所，实施农村户用厕所改造，村庄户用卫生厕所普及率≥80%，卫生要求应符合《农村户厕卫生标准》(GB19379－2012)要求。而《美丽乡村建设指南》和康居村庄标准中规定 1500 人以下设置 1～2 座，1500 人以上设置 2～3 座，达到或超过三类水冲式标准。卫生公厕应有专人管理，定期进行卫生消毒，保持干净整洁。村内要求无露天粪坑和简易茅厕。

（四）建筑工程建设标准

1. 民用建筑标准

农村住宅的结构体系采用框架结构。有条件的地区可实现农村住宅的工业化生产，推荐采用模块化的装配式结构形式。抗震设防烈度为 6 度，设计基本地震加速度值为 0.05 g，设计地震分组为第三组，抗震设防类别为丙类(标准设防类)。基础部分规定农村住宅基础须坐落在老土层上，有条件的地区须在设计前进行地质勘探。基本风压要求按 50 年重现期的风压值采用，取 $w_0=0.45\ kN/m^2$。地面粗糙度类别符合 A 类标准。

2. 危险房屋鉴定标准

2016 年 7 月 9 日住房城乡建设部发布关于行业标准《危险房屋鉴定标准》的公告，声明内容批准《危险房屋鉴定标准》为行业标准，编号为 JGJ125－2016，自

2016年12月1日起实施。房屋危险性鉴定应以幢为鉴定单位。在地基、基础、上部结构构件危险性的判断上，应考虑其危险关联度。当构件危险性呈关联状态时，应联系结构的关联性判定其影响范围。房屋危险性等级应进行两阶段鉴定。在第一阶段地基危险性鉴定中，当地基评定为危险状态时，应将整幢房屋评定为D级整幢危房；当地基评定为非危险状态时，应在第二阶段鉴定中，综合评定房屋基础及上部结构（含地下室）的状况后做出判断。

第三节　村庄重建规划内容

灾后重建不应当是匆促的恢复，而是灾后的重建与复兴。如何在满足灾后安置需求的基础上，充分考虑未来长远发展的需要，实现村庄的生产、生活、文化复兴，是本次规划要解决的核心问题。因此，在寻找规划切入点时，应考虑到：产业上做到多元引导，实现"一村一品"；空间上重构场所，实现空间多元化；文化上注重提升活力，实现文化复兴。

一、村域规划

（一）村域空间布局规划

灾后重建村域空间布局，应引导从事第一产业的农村人口在村庄集中居住，合理推进城镇化进程，并做到保护农村生态环境，有利农业生产发展，提高村民生活质量；保护耕地，节约用地，充分利用闲置地、空地及其他非耕地进行建设。严格限制建设，未来引导进城、迁居或安置点减量。农用地集中农业生产设施形成更加规整的农田板块，利于发展现代规模农业。

1. 对新老村庄的组织

考虑各类设施的布局优化，村委会向村域中部迁建，各类设施合理布局，有利于对新村庄和老村庄空间都实现最大化利用。例如孔荡村重建规划（图3-3-1），规划村域包含村民住宅用地、公共管理和公益性设施用地、农业生产用地、果园及大棚种植用地。村民住宅用地主要位于硕陆线以北，其中新建乡村居民点位于孔荡湖以南，按照新型农村社区标准建设；原有乡村居民点位于孔荡湖以北，以整治改造为主。新村和老村通过滨河休闲活动轴串联。公共活动中心位于新村，通过商业、卫生、文化、教育等多种服务设施的设置，为村民提供便利的服务。村东侧和硕陆线南侧以农业生产用地为主。村庄西侧扩建原村庄的果园及大棚种植用地。

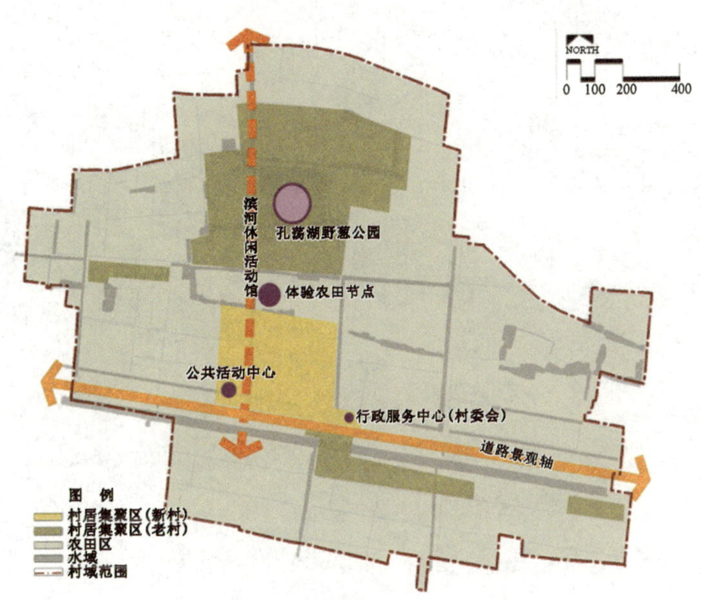

图 3-3-1 孔荡村域结构规划

资料来源:台湾慈济慈善事业基金会,《盐城市阜宁县孔荡村灾后重建村庄建设规划》,2016 年

2. 对村庄肌理的延续

充分尊重村庄原来的自然布局,以自然地貌为底,延续村庄自然肌理,做到人工空间与自然空间有机结合。充分分析里下河地区乡村空间生长机制,构建田、村、水、路交融的村庄格局,重视不同尺度的"田园"与村庄的有机结合。例如立新村(图 3-3-2),依河而建,沿河道展开,呈格网状布局,在长期的历史中自然形成了宅、院、田均质的空间关系,为低层高密度的开发形态,具有宜人的空间尺度。村落围绕着街巷聚集,外围被农田包围。巷与街共同组成交通网络,密如蛛网地延伸到村镇的各个角落。这种网络形同树状结构,以街为主干,贯穿整个村。而巷如同树杈,由主干向四周延伸,并通过它来连接千家万户。巷是一种封闭、狭长的带状空间,对于村落来说,密如蛛网的巷道连接各家各户,从而形成一种独特的网络系统,对于传统的生活环境具有特殊的功能和审美意义。

(二) 产业发展规划

了解所在地域农业发展的资源优势,结合区位条件,合理策划能带来农民增收的产业类型,从区域角度做好引导和培育。结合新建村庄,合理导入生态观光农业和以农业旅游为主题的业态,做到多元多样发展。立足现状,大力发展多种经营,促进农业特色化发展;积极引进现代化的农业企业,推进农业产业化,扩大规模生产,调整农业产业结构;鼓励农业向绿色、生态、旅游方向延伸,提升农业的附加值,

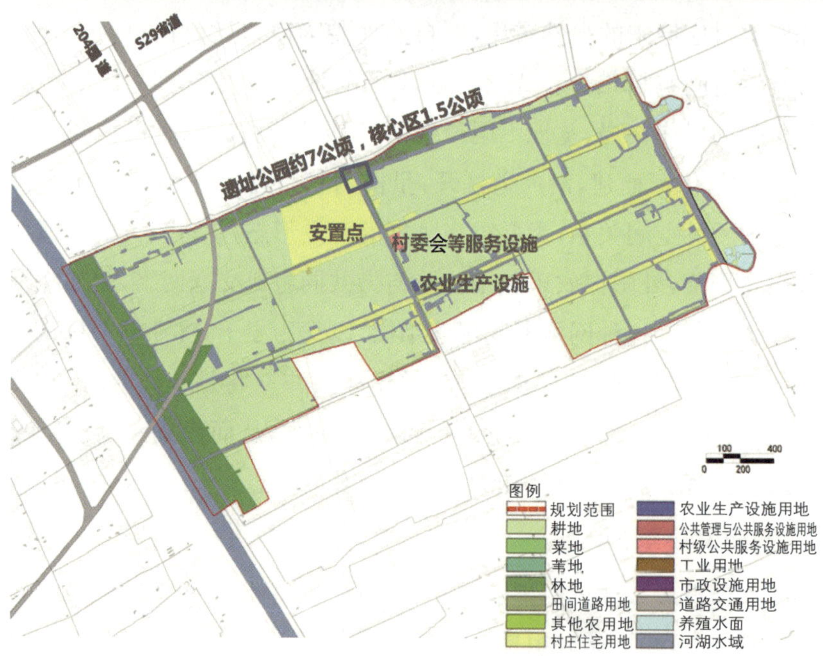

图 3-3-2　立新村自有肌理及村域规划图

资料来源：上海市城市规划设计研究院，《盐城市阜宁县立新村灾后重建村庄建设规划》，2016 年 9 月

强化农业与其他产业的融合；加强农业服务体系和流通体系的建设；引导农户发展各类型农业生产合作组织，建设集生产、加工、服务、销售于一体的农业产业体系。

根据资源环境承载能力、上位规划、产业政策和产业现状特征，以市场为导向，支持发展特色优势产业。以恢复重建为契机，延伸优势产业链条，推进结构调整，促进发展方式转变，扩大就业机会，实现绿色增长。一般受灾区在不影响主体功能的前提下，适度发展旅游业和现代农业，根据自身特点发展相关产业，延伸产业链，增强配套能力，逐步形成优势产业带和产业基地；严重受灾区应重点发展以旅游、生态农业为主的特色产业，建设精品旅游区，严格限制其他产业发展。如计桥双桥村(图 3－3－3)，以一产为主，带动三产。延续原有村庄产业，后期结合村庄水系环境，发展种养复合农业，如稻虾共生、稻鸭共生等项目。拓展一产销售模式，建设农村电商平台，发展现代农业销售途径。将美丽乡村建设成果转化为旅游资源，结合特色农业和水产养殖，积极发展乡村休闲旅游。

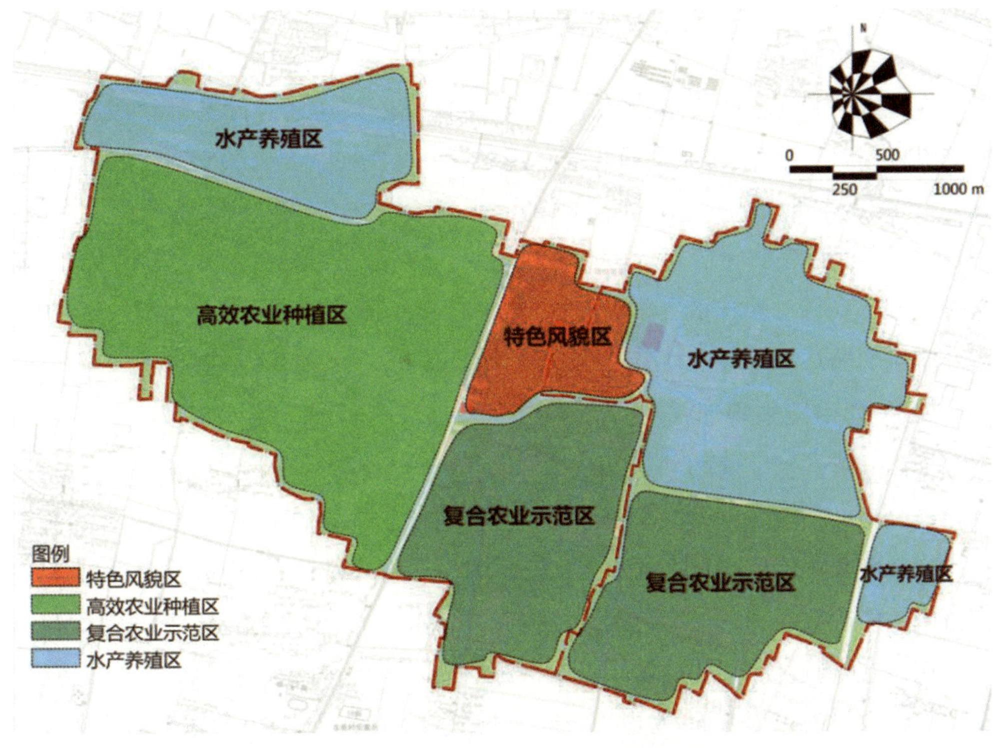

图 3－3－3　计桥双桥村产业规划布局图

资料来源：江苏省城镇与乡村规划设计院，《硕集社区计桥双桥村庄建设规划》，2016 年 9 月

（三）综合交通规划

村域道路系统总体分为对外道路、通村道路和村庄内部道路三级。结合实地条件，本着节约资金和用地、减少拆迁的原则，因地制宜规划道路系统。道路布局与村庄原有格局相耦合，道路系统应满足村民日常出行、适应村庄农业生产并符合管线敷设要求。强化对外交通，加强村内道路与对外交通道路的联系，增加出入口。完善道路等级，强化村庄间交通和村庄内部居民点间交通，提升主要居民点间的道路为主要道路，提升横向路网通行度。

1. 通村道路

根据受灾情况和居民点规划建设，完善现有镇村公路，提高公路等级，对受灾道路进行全面通行恢复，加强灾后恢复和养护。依托村域现状交通骨架构建快捷、便利的交通系统，提升村民出行便利性。强化对外交通，加强村内道路与对外交通道路的联系，增加出入口。拓宽连接自然村的道路，包括村庄的内部道路和村庄之间的乡村道路，红线宽度为6～9米。

2. 公共交通

在现有公共交通的线路、场站的基础上，恢复公共交通通行能力，加强村与村之间、城区与村之间的公共交通联系。规划发展村庄在主要公共交通线路上的，设置公交站点，也可结合村口设置公交站点；并结合村入口或广场设置公交回车场，面积不低于150平方米。还可考虑在村主要入口处、村委会办公地分别设停车场。同时还构建乡村对外联系生命线工程，每个村庄应急疏散通道不少于2条。村庄对外联系干路达到抗震设计要求，确保畅通。村庄道路线位选择远离次生灾害源。

（四）公用设施规划

按照城乡统筹发展的要求，规划村庄适度提高规划标准，合理预控发展容量，构建适度超前的市政①设施承载体系。根据镇村布局及村庄实际情况，合理确定村庄的市政公用设施的建设标准和建设时序，实现市政资源利用最大化，提高村庄的市政综合服务水平。强化公用设施配置对空间布局的引导作用，差异化配建市政公用设施，通过优势、优质市政设施资源向规划发展村庄倾斜，减少重复投资。

在市政设施规划方面，对电力、通信、燃气、给排水、环卫等设施提出改造和建设的要求，并结合时代要求适当提升。按照重点村及一般村的分类，从给水工程、排水工程、环卫工程、能源工程、电力工程、通信工程、综合防灾工程共7个方面对

① 此处"市政"概念用于更为广义的镇村管理工作范围。

村庄的市政设施进行规划设计，明确规划目标与标准（表 3－3－1）。

表 3－3－1　市政设施设计目标与标准

	重点村	一般村
给水工程	饮用水水质、水压、水量满足需求；给水管网结合道路新建敷设。	饮用水水质、水压、水量满足需求；结合村庄改造完善给水管网。
排水工程	靠近城镇的村庄宜就近接入市政污水管网，其他村庄结合实际情况采用联村处理或分散处理；完善雨水排放体系。	
环卫工程	垃圾实行分类收集；收集点的服务半径不超过 70 米；公共厕所按 2～3 座设置。	垃圾实行分类收集；收集点的服务半径不超过 70 米；公共厕所按 1 座设置。
能源工程	近期以罐装液化石油气和电能为主，远期使用管道天然气。	以罐装液化石油气和电能为主。
电力工程	中低压线路采取地埋方式，内部电力线路敷设在路东、路南；配电设施应保障村庄道路照明需求。	中低压线路主要采用架空敷设方式，有条件的地方或有特殊要求的地方可采用电缆地埋敷设，内部电力线路敷设在路东、路南，能共杆的皆采用同杆并架的方式；配电设施应保障村庄道路照明需求。
通信工程	电信、有线电视、广播线网沿进村道路敷设，采用架空共杆方式。	
综合防灾工程	结合村庄主次道路设置消防通道，自建义务消防队，对现状危旧房拆除，对易燃建筑进行改造；设置应急避难场所并配置应急设施，新建房屋应满足抗震及防风要求，加强防洪排涝基础设施的建设。	

资料来源：江苏省城镇与乡村规划设计院，《硕集社区计桥双桥村庄建设规划》，2016 年 9 月

（五）生态保护规划

生态环境的恢复重建，应尊重自然、尊重规律、尊重科学，加强生态修复和环境治理，促进人口、资源、环境协调发展。结合村庄肌理，模糊村落的边界，将新建村庄与周围农田等生态环境结合起来考虑。设计中注重乡土化、地域化、特色化设计。对遭受破坏的树木和建筑废料合理利用，促进村庄传统元素的延续。对遭受破坏的生态环境积极恢复。以立新村西部通榆河饮用水源保护区为例。按照规划，通榆运河水域及两岸纵深各 100 米的陆域范围为一级管控区，两岸纵深各 1000 米的陆域范围为二级管控区。保护区内禁止进行有损生态的开发建设活动，对区内已有的建设用地应逐步迁址，并加强生态修复。强化绿化建设，优化绿化结构，注重水环境整治，增强区域生态自我平衡与修复能力，保障区域整体生态安全。

二、村庄规划

就农村建设现状问题而言，农宅占地面积普遍超过了法律条文规定，存在乱占地、多占地的情况。因此，在重建规划建设中调整农民宅基地，将其控制在法定范围之内，尤为重要。新建农居宅基地要符合法规要求，同时要充分考虑到节地住宅的规划手段，在有效满足农居功能需求前提下，有效节约土地。

目前农村建设往往陷入一种以城市为模板的误区。李凯生在《乡村空间的清正》中指出“农村就是农村，它生长在特有的现实性和地域关系之间，城市就是城市，它应当对应于城市文化的基本事实”，并引述海德格尔在《我为什么要留守乡下》中提到的乡村生活对他的吸引，“我的全部工作是由这山岭和乡民所维持和引导着”，在这里他完成了哲学史上划时代的著作《存在与时间》。乡村也是霍华德田野城市理论的重要一极，正是由于乡村的存在，使得城市完整而丰富。中国传统村落更是以地域文化和人文精神而著称。可见，乡村是人类的精神家园。而良好的村庄规划则是我们保护好这精神家园的有效方法。

（一）村庄空间组织

新的安置点要协调其与周边用地与环境的关系，以改建安置为主的村庄重建规划，要着重梳理旧村空间和肌理，有机地嵌入新建筑。实现新旧村落脉络的延续、路径的通达、风貌的协调和空间形态的自然生长。理顺街巷系统，关注院落营造，增加绿化和公共活动空间，提升村民生活品质。布局方式采用相对集中布局，避免过度分散，充分利用自然条件，结合村民生产生活方式，以有利于农业生产，方便村民生活，体现乡村特色，避免城市小区式布局。村庄布局应强化组团式布局，形成多个组团的有机整体。

灾后重建空间组织方面，当地规划对现状水系及道路进行梳理，达到道路主次分明，水系优化贯通，住宅布局灵活多变，公共设施临近主路的要求。构建田、村、水、路交融的村庄格局，重视不同尺度的“田园”与村庄的有机结合；新建居民点强化自然村组团关系，组团内空间紧凑，规模适中，符合居民生活习惯；依托丰富的河流水系，结合居民点用地，构建村庄公共活力空间；规划尽量按原自然村形成组团关系，配置不同的户型，保持和谐的邻里关系。避免行列式、兵营式的建筑布局及组合关系，避免生硬的几何图案，通过道路线型调整、水系格局呼应，采用组团式、围合式等布局方式，营造丰富、灵活、多样的村庄格局。

依托村庄公共空间、村口、墙体等进行文化传承的集中展示与体现，通过民居风貌、公共建筑风貌、绿化景观、设施建设、艺术小品、墙体宣传画、标识标语等内容，体现新农村的地域文化、时代气息和精神氛围。依托遗址公园建设，集中体现众志成城、不屈不挠、抗风救灾、自力更生的抗灾文化精神。大力宣传救灾中激发的伟大民族精神和自强不息、重建新家园的感人事迹。

如大楼村集中安置点以水绿交融、村嵌田中为布置原则，结合水系与道路，形成“阡陌农田、自然散布”的空间布局（如图 3－3－4）。依托主要对外道路合兴路，布置公共配套服务中心，并打造主要村口景观。对现状水系进行梳理，一方面贯通内部零散水系，另一方面优化岸线形态。村内引入农田，一方面增加乡土绿化，另一方面为村民提供菜地空间。规划对不同户型进行混合布置，形成一个自然村一个居住组团的安置模式。

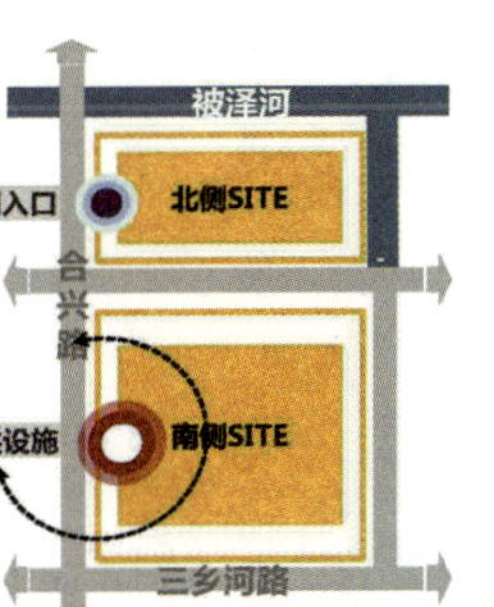

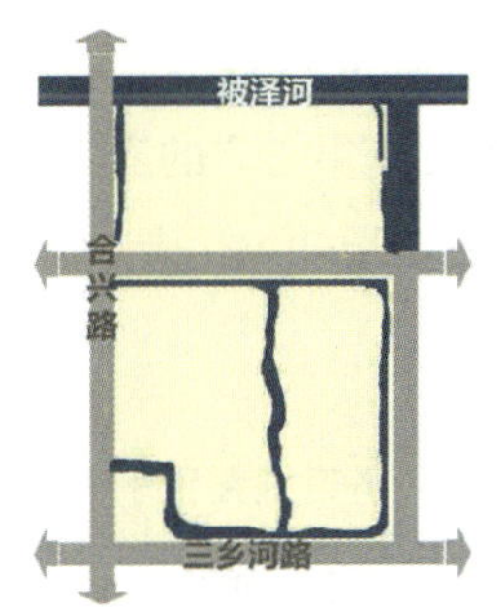

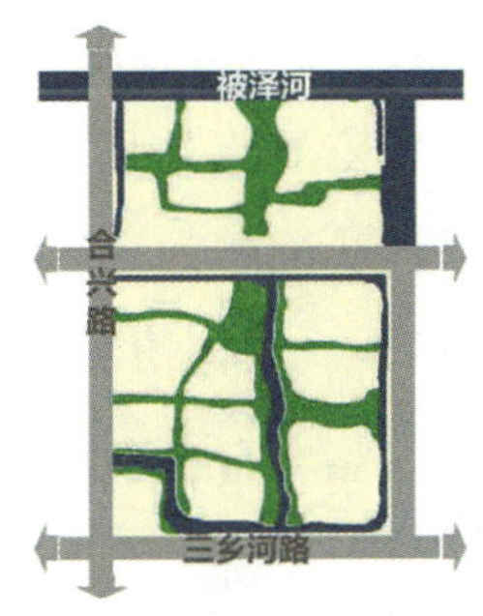

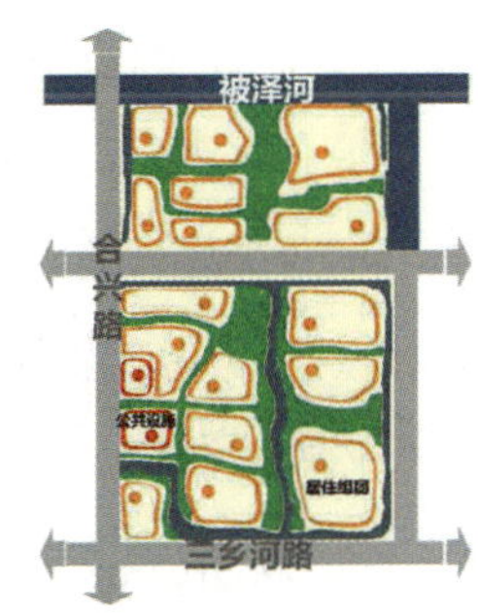

图 3－3－4　大楼村空间组织形成图

资料来源：江苏省城镇与乡村规划设计院，《新沟镇大楼村村庄建设规划》，2016 年 9 月

规划布局中，尽量满足一个自然村一个居住组团的要求，维持原有的邻里关系。同时，户型以老人公寓 30 m^2、70 m^2、90 m^2、100 m^2、120 m^2、140 m^2 六种面积可供选择，满足多样需求。户型分布以 30 m^2 户型和多样搭配两种方式进行。30 m^2 户型为老人房，规划集中建设老年公寓，临近公共配套服务中心。其余规划户型采用多样搭配的方式布置，尽量保证一个自然村安置于一个或邻近多个居住组团的安置模式。规划将农田引入村庄内部，形成村落、水系以及农田交融的规划布局，最终达到“田在村中、田绕村边”的景观效果。

（二）村庄河道水系组织

盐城灾后重建村庄集中安置点多是地势平坦、水系众多之地，规划中避免大规模改变水系格局，“不填塘、不砍树”，保持村庄内外水系连通，保持良好的生态基底。

充分利用场地原有自然水系，打造一系列尺度宜人、富有特色的滨水休憩、活动空间，满足村民多样化的使用需求。结合水系，使用雨水花园、生态草沟、人工湿地、透水性铺装等多样低影响开发技术，创造生态宜人的居住环境。

充分利用基地内的水体景观资源，驳岸设计在满足安全、生态及景观要求的同时，尽可能从人性化角度创造亲水空间，活跃滨水空间。驳岸是水体与陆路接触的部分，也是游人发生亲水活动的主要场地。规划的驳岸分为软质和硬质两种。其中软质驳岸包括自然草坡驳岸、河石驳岸、亲水步道驳岸。硬质驳岸包括出桃木平台驳岸、亲水平台驳岸、亲水台阶驳岸。

（三）村庄公共服务设施规划

乡村建设中主要涵盖三大系统：生态、生产和生活。公共服务设施规划作为生活系统的重要组成部分，是灾后重建规划的重点之一。考虑未来村落的发展需要，对村内的行政管理设施、教育设施、商贸流通设施等公共服务系统进行合理化布点建议。如计桥双桥村安置点采用“有效整合，设施共享”的布局方式，依托主要道路，将功能集中布置，总面积为 6939 平方米，修建幼儿园、农贸市场各一个，村民服务中心、老年公寓两个。具体情况见表 3－3－2。

表 3－3－2　计桥双桥村公共服务设施配置表

<table>
<tr><th>序号</th><th colspan="2">公共设施</th><th>建筑面积(m²)</th><th>合计(m²)</th></tr>
<tr><td>1</td><td colspan="2">幼儿园</td><td>2082</td><td>2082</td></tr>
<tr><td>2</td><td colspan="2">农贸市场</td><td>498</td><td>498</td></tr>
<tr><td rowspan="2">3</td><td rowspan="2">村民服务中心</td><td>计桥村</td><td>1018</td><td rowspan="2">2033</td></tr>
<tr><td>双桥村</td><td>1015</td></tr>
<tr><td rowspan="2">4</td><td rowspan="2">老年公寓</td><td>计桥村</td><td>1396</td><td rowspan="2">2326</td></tr>
<tr><td>双桥村</td><td>930</td></tr>
</table>

资料来源：江苏省城镇与乡村规划设计院，《硕集社区计桥双桥村庄建设规划》，2016 年 9 月

重建中将公共卫生系统的改良优化作为介入项目，在灾后重建契机下，结合新村建设，来改善现状脏、乱、差的公共卫生局面。同时经过科学的研究，通过政府机构推广的方式来改良卫生环境，以期对周边起到示范作用。整体上对公共卫生空间系统提出对策与建议，对公厕选点、垃圾处理等提出具体方案。同时从村落形象需求、使用需求、安全防病等方面考虑，协调村落未来的发展，达到良性引导村庄建设发展的作用。基于以上考虑，各村一般会建有卫生室、独立公厕等。各村卫生室情况见表 3－3－3。

表 3-3-3　各村卫生室规划面积表

村庄名称	北陈	蔡合	东崔	成俊	陈良	大楼	丹平	计桥	孔荡	两合	南湾	戚桥	邵湛	双桥	新涂	郑朱
建筑面积（m^2）	120	120	200	96	120	50	83	120	120	120	200	120	120	120	108	120

资料来源：编委团队调查统计

（四）道路交通规划

1. 村庄道路

村内道路形成主要道路、次要道路、入户道路的三级道路体系，分别服务于安置点、居住组团、居民住宅，满足居民出行和生产的需求。主路宽度控制在 4～6 米，次路宽度控制在 3.5～4.0 米，巷道控制在 2～2.5 米。建筑退让应满足管道铺设、绿化及日照间距等要求。道路组织方式与断面宽度要结合机动车的不同停车方式合理确定。村内不设置外环路。村庄主要道路材质宜采用混凝土或柏油，次要道路和入户道路路面可根据实际采用乡土化、生态化的铺设材料。

构建完整的道路交通体系，依托现有的交通网络，注重节点之间的互联，对入口、停车场等交通设施加以合理规划，希冀发挥交通高效聚散的功能，带动村落未来的发展。如计桥双桥村强化对外交通，主要对外通道为过境的 348 省道，加强村内道路与对外交通道路的联系，增加出入口。同时，完善道路等级，可强化村庄间交通和村庄内部居民点间交通，升级主要居民点间道路为主要道路，提升横向路网通行度。提升道路宽度可根据等级调整对道路进行拓宽，主要道路拓宽至 6 米，次要道路拓宽至 4 米。

2. 停车设施

村庄内部停车布置宜采用“大集中、小分散”的模式，在公共设施周边布置集中停车场。组团内部采用沿路布置的模式，以组团为单位，分散布置小规模的公共停车场地。特殊时段（如节假日）可考虑路内占道停车的方式，解决临时停车需求。规划发展村庄可结合公共服务中心、村庄入口空间，设置集中停车场至少一处。有特殊功能（如旅游）的村庄停车场地布置应考虑停车安全和减少对村民的干扰。遗址公园每处至少设置 2 处集中停车场。

（五）绿化景观形态塑造

灾后重建不是单方面地达到工程建设的目的，它是在社会、经济、环境等因素良性互动中逐步地恢复和发展。如果一味地追求经济效益或工程目标，忽略了是否适应当地社会和生态环境，就有可能会引来新的灾难。既要考虑当地的环境空间，也要考虑当地村民的生活和就业，最后达到生产、生活、生态的有机良性循环，有效地改善当地村民的人居环境。如计桥村和双桥村的绿色景观生态规划。在绿化配植方面，尽量选择本土适生品种，并可结合村民生产生活，将果树树种、蔬菜，纳入绿色范围，宅旁、庭院用于蔬菜种植，既经济，也符合村民的需求。

（六）基础设施规划

基础设施规划应当以基于安全理念的可持续发展为目标。灾后面临几个步骤：救灾—安置—重建。灾后重建需要解决两个核心问题：一是应急安置，主要解决灾后应急性基本生活保障，即住的问题；二是安全性。在不可预测的情况下，人类如何改进自己的人居环境呢？“安全”应是广义的，包括由防龙卷风灾害引申至其他灾害如防洪、防火、防地质灾害的安全理念等，还包括生态安全、民生和谐等。在“安全”意识的指导下，将文化、社会、节能配合起来长远发展。多数村庄的基础设施规划都已经注意到以上因素，如《阜宁县16个集中安置点防洪排涝规划》《江苏省村庄规划导则》《建筑设计防火规范》等准则和标准，对防洪、防火以及绿色环保等做出了具体规划。以计桥村和双桥村(计桥双桥安置点)的基础设施规划为例：

1. 竖向规划

规划范围内地势起伏变化较小，现状地面高程2.4～3.0米(黄海高程，下同)。防洪要求依据《阜宁县16个集中安置点防洪排涝规划》，规划范围内室内高程不低于3.2米，室外高程不低于3.0米。规划范围内历史最高水位为2.6米，本次规划考虑了一定的安全超高，决定规划主要道路控制点高程在3.1米～3.5米。为便于场地排水，规划场地标高高于道路标高15～20厘米进行设计。本次规划中，道路交叉口高程与地块平均标高，仅作为安置点建设的参考值，准确的数值必须根据道路及安置点的施工图确定。

2. 给水工程

给水水源规划采用区域供水，引自阜宁县区域供水管网。水量预测根据全天24小时供水，供水保证率100%，日变化系数1.4，人均用水指标取150 L/(cap·d)，公共建筑用水指标取5 L/(m^2·d)，预测总用水量495 m^3/d 。管网规划沿村庄西侧对外道路新建DN100(公称直径100毫米)给水干管，同时沿村庄主要道路敷设DN50给水支管。管材应选用PE管。给水主干管道兼具消防功能，沿主干管道布置消火栓，间距不大于120米。水压根据《江苏省村庄规划导则》，给水管网的供水压力宜满足建筑室内末端供水龙头不低于1.5米的水压。

3. 排水工程

排水工程规划采用雨污分流制。规划雨水通过植草沟或雨水盖板渠就近自排至水体。规划区雨水量按盐城市暴雨强度公式计算，其中管渠设计重现期2～3年，地面汇水时间5分钟。管渠规划结合绿化道路修建植草沟，旱季景观为下沉式绿地，涝季自然形成沟渠，流速缓慢，形成自然下渗。规划结合其余道路建设修建$B\times H=0.5$米×0.6米排水盖板沟，断面采用矩形，排水纵坡不小于0.3%。

同时还可以考虑海绵建设规划，结合活动广场、村民服务中心等场所设置透水铺装。房屋雨落管断接至植草沟，实现雨水径流的源头削减和污染控制，雨水经透水铺装、植草沟后，通过排水盲管、溢流接入雨水盖板渠。减少河道硬质护岸，采用生态型复合断面。

村内生活污水主要来自厕所冲洗水、厨房洗涤水、洗衣机排水、淋浴排水及其他排水等，综合污水排放系数取0.8，经计算，总污水量约为280 m^3/d。

规划新建污水处理设施2座，污水处理工艺采用生物生态组合处理，其中双桥安置点污水处理设施145 t/d，计桥污水处理设施135 t/d，尾水达到排放标准方可排放至周边水系。规划在村庄主路上布置污水干管，管径d200～d300，每户预留污水检查井。污水管道采用高密度聚乙烯双壁波纹排水管，橡胶圈柔性接口。此种管材耐腐蚀、造价低，施工技术成熟。为方便用户接管，并减少与其他管线交叉，管道起埋深为0.7米。

4. 电力电信工程

规划区电源由镇区110 kV变电站提供用电。规划用电标准为每户8 kW，公建规划用电标准按40 W/m^2，同时系数取0.6，规划区用电负荷约4960 kW。10 kV变电所规划新建四座箱式，主变容量均为1250 kVA，主供安置点用电。规划新建380 V/220 V电力线路，采用埋地敷设。管道位于路东、路南。电力电缆埋地穿管可采用PVC管，其优点为质轻、投资少、施工方便。

电话指标1门/户，预计村内总电话容量为1000门。按放线比1∶1.3，则线路容量为1300门，有线电视端口1000个。规划结合村民服务中心内建筑设置通信交换间1处，作为全村的电话、有线电视、网络数据等通信服务中心。规划结合村民服务中心设置邮政服务网点，为周边居民服务。通信线路如电话线路、有线电视线路、网络线路等，各通信商采用共建共享原则，所有通信线路采用埋地敷设，引入安置点主干通信线路孔数6孔，其余道路2～4孔。地埋通信电缆统一穿UPVC

埋地式通信电缆保护管敷设，埋设深度大于 0.7 米。通信线路采用埋地沿路敷设时，原则布置在道路的西侧和北侧。保证管位与其他管线不冲突。

主次路灯统一独臂式路灯，规划主次路新建独立式路灯 109 盏，主次路路灯服务半径 25 米左右，路灯光源采用 85W 节能灯具。景观灯在广场、活动中心设置景观灯，景观灯形式应与环境与风貌相协调。

5. 能源工程

推广太阳能热水系统，鼓励村民使用太阳能热水器。在气源规划方面，近期气源为液化石油气，远期气源为天然气。燃气负荷预测规划人均用气指标取 80 立方米每年，不可预见用气量按照总用气量的 30%计，月、日不均匀系数分别取 1.1 和 1.2，时不均匀系数取 2.5。预测年用气量约 3.12×10^{6} m^3，高峰小时流量约为 117.5 m^3/h。燃气管网规划村内采用低压供气，村内设置 1 处燃气中低压调压柜；燃气低压管道主管径 DN75；宅前道路布置燃气接户管，管径 DN32～DN50，并预留各栋建筑的引入管接口。燃气管原则上敷设在道路西(或北)侧的人行道下，根据用户分布预留过路管。

6. 环卫工程

垃圾产生量按照每人每天 1.0 kg 计，则垃圾产生量约为 3.2 t/d。规划区垃圾经垃圾收集点统一收集后，统一送往东沟镇垃圾转运站，最终送往阜宁县垃圾处理场集中处理。规划按服务半径 70 米在村内设置分类垃圾箱，规划垃圾共设置 30 处垃圾箱。公共厕所服务半径按照 300 米选取，规划设置公共厕所 4 处，其中独立设置 2 座，结合村民服务中心设置 2 座。规划无害化卫生厕所覆盖率 100%，普及水冲式公厕。

(七) 综合防灾工程规划

1. 消防

规划区消防主要依托镇区消防站。规划结合村民服务中心建设简易消防室，同时自建义务消防队。消防水源采用管网与天然水体相结合的方法。规定消防车通道的净宽度和净高均不应小于 4.0 米，消防通道间距不应小于 160 米。消防通信与镇区消防站、119 报警网与各重点单位形成三级网覆盖，同时与供水、供电、供气、救护、交通、环保等部门设立专线通信联络。消防栓根据消防给水管道与生活、生产给水管道共用，采用低压给水系统。消火栓结合道路上给水管道同步建设，消火栓间距不超过 120 米。建筑物按照《建筑设计防火规范》(GB50016 - 2014)的要求进行设计。

2. 防洪

防洪排涝标准依据《阜宁县16个集中安置点防洪排涝规划》，规划范围防洪标准按照50年一遇、排涝标准按照20年一遇设防。防洪水位依据《阜宁县16个集中安置点防洪排涝规划》，规划范围防洪水位以历史最高水位2.6米为依据。地面高程依据《阜宁县16个集中安置点防洪排涝规划》，规划范围室内高程不低于3.2米，室外高程不低于3.0米。规划范围位于三乡支渠以南、潮沟河以北，属圩外建设。为保障汛期排涝，规划设置两座闸站，其中双桥安置点西北侧规划水系入三乡支渠1座，计桥安置点规划水系入潮沟河1座。规划对安置点周边河道进行清淤疏浚，保持河道的畅通，同时沿安置点主要道路修建排水盖板沟与植草沟，提高排涝能力。

3. 地震与防风

规划依托抗震防风救灾指挥中心统一指挥，在接到灾害预警时，向规划范围发布命令，统一指挥人员疏散和重要物资的转移。建筑按照《建筑抗震设计规范》(GB50011－2010)中的7度标准设防，生命线工程及重大工程加1度设防。选择防震型输配电及通信设备，确保震时供电与通信畅通；建立粮食系统抗震救灾组织，增强抗震减灾能力。疏散场所规划以就近疏散为主要原则，规划在绿地等空旷场地设置临时紧急疏散场所，并以主要道路作为防灾疏散通道。尽量利用绿地、学校、停车场等设置避震疏散场地。主要疏散道路宽度不低于8米。

根据龙卷风特性，加强住宅建筑顶梁及圈梁的加固设计，防治强风袭击；加强屋盖—墙体—基础的整体性连接，加深基础的埋深，并选择合理体型，缩小建筑长宽比和高宽比，使建筑外墙的风荷载不致差别过大。并常将卫生间与楼梯间布置在农居比较中间的位置，可形成一个小的筒体结构，以加强房屋空间刚度。对于屋顶考虑使用整体性现浇屋面，强化连接和刚度。屋顶设计为坡屋顶时，坡度应控制在20%～30%，同时使两侧山墙高出屋面，形成硬山顶屋面，这可减弱屋面与山墙处的气流。对屋檐设计还可使檐沟外抬高以减弱檐口处的风吸力。同时，针对灾害特性，农居建筑还应严格按抗灾防灾标准进行设计建造，并对学校等公共建筑提高抗灾标准，以应对灾害。

三、村庄重建规划再思索

（一）村庄重建规划影响因素

灾后乡村地区的建设任务纷繁复杂，总体来说受到灾后恢复重建和城乡统筹两大背景的双重影响。一方面，重大自然灾害造成农房、乡村基础设施和公共设施的严重破坏，摧毁了农民赖以生存的家园，灾后重建须尽快恢复生产生活，这一要求的重要性毋庸置疑。另一方面，广大乡村地区的发展是中国全面建设小康社会、实现现代化的关键问题。灾后的村庄既面临着解决基本灾民生产生活需要等最直接、最现实的问题，也面临着统筹城乡发展，加快社会主义新农村建设，推进工业化、城镇化和农业现代化等长远任务。同时，值得注意的是，中国乡村多是以血缘关系为核心纽带，各有其传统与独特性。因此，乡村灾后重建不可避免地受到多方面影响，具体可分为有形和无形两种形态文化因素。

1. 有形文化

历史遗存等人文景观，大多具有田园山水生态、宗族文化等自然人文交汇融合的文化意境，极具保护意义和传承价值。这些人文景观在灾难发生和灾后重建过程中极易受损或被人为破坏，而一旦被破坏则千百年来形成的历史文化积淀再难恢复。乡村灾后重建首先应在尊重历史和文化的基础上，严格保护人文景观，在技术条件和时机成熟时予以修缮；其次在保护的基础上适度结合旅游开发，使之成为促进乡村发展的积极因素。在灾后重建以及城镇化进程中，更应当避免村庄布局和建筑风格趋同，杜绝“军营式”平面布局和火柴盒式的建筑形态。

2. 无形文化

血缘关系和邻里关系是村民在灾后重建过程中最基本的依靠。灾后村民大多面临着资金匮乏、劳动力不足、技术缺失等一系列问题。邻里之间的互助合作有效缓解了诸多难题，帮助许多灾民渡过难关，灾后重建得以顺利进行。乡村灾后重建中对农村居民点的调整应以邻里为单位进行调整，维系邻里关系纽带；同时，构建社区邻里互助服务平台，在社区层面推广互助合作机制，并为社会组织的参与提供平台。

目前对村庄重建的规划主要存在的问题是：缺少建筑技艺的融会以及对传统空间模式的继承发展。村庄的留存都有其历史文化和经济背景，而今天，当时代的要求对既有村庄模式提出挑战时，我们不能因为它不适应现代的生活，就对其全盘地丢弃。传统的生活空间本质上没有绝对的好坏，只是当其与现代生活方式交接时，产生了不适应性，而这种不适应性对空间的发展提出了新要求。村庄模式是人们生活长期适应的结果，它就像基因一样，从古至今表现形态不会完全一样，但会有其本质核心一直延续下来，有其自身特有的脉络，这就是地方性。我们要抽取这些根植于生活的传统基因，再根据现代生活需求，改良优化村庄空间，将传统空间合理的部分保留，不合理的部分改进，这不是对传统民居空间的背弃，而是一种“基因继承”。站在发展的高度，吸收传统空间中的优秀成分，继承传统居住方式、生活习惯，运用现代规划设计学方法，实现适应新时代的重建。

（二）村庄重建规划构思理念与依据

根据马斯洛金字塔，人满足了基本生理需求和安全感后，对归属感和爱的要求增加，而稳定的社区生活无疑是建立良好归属感的手段之一。基于以上理论，目前的村庄安置点规划的构思主要考虑“融入”的观念，包括联系区位条件、生态、特色产业、邻里等方面的内容。如陈良村安置点其规划构思直接以“融入”为主题，包括融入城镇、融入景观、融入邻里。融入城镇是指其临近陈良镇区，有较好的区位条件；融入景观是指建设亲水公共场所，因其三面临水，有较好的景观基底，做到亲水场所与居民休闲活动有机融合；融入邻里即在满足安置户数的条件下，创造宜居组团院落，使居民融入邻里促进交往。

再如计桥村和双桥村，其计桥双桥安置点规划构思是“让新村在田园中生长”，包括化整为零、组团成串、融田入村三个方面。化整为零是指村庄规模较大，在兼顾集约建设的前提下，将安置户划分为若干零散单元，合理控制每个单元的建设规模，其本质仍是融入当地的区位情况；组团成串是指充分利用道路、水系及农田，形成自然有机的组团布局形态，其规划构思的来源是联系当地交通情况；融田入村的核心是保持村庄乡土特色。

村庄空间组织安排的主要依据有两个：一是总体资源的特点，可以分为自然生态资源、历史文化资源两个部分；二是按照交通环线和生态廊道进行安排。坚持把群众工作贯穿于灾后重建的始终，灾后重建成效由群众说了算。规划设计充分听取灾民意见，围绕建设“安置幸福区、新农村示范点、抗灾教育基地和对外开放窗口”，形成布局科学、户型合理、群众满意的规划方案。陈洋、伍份安置点结合城镇规划要求，以多层建筑为主。新宏、旭日安置点结合村庄农业发展需要，以低层联拼住宅为主。

1. 自然资源和历史文化资源

村庄空间组织安排多数是以自然资源特点为主要依据来实施的。如大楼村，其空间布局是“阡陌农田、自然散布”，将农田引入村庄内部，构成村落、水系以及农田交融的规划布局，形成“田在村中、田绕村边”的景象；采用灵活自然的规划布局，以田与水为界限，形成多个自然村落组团，保证一个自然村安置于一个或多个相邻组团内。

孔荡村是以历史文化资源安排空间组织和规划布局的典型代表。孔荡村是孔子第 61 代后人迁居于此形成，目前已到第 73 代，目前全村 80％以上的人姓孔，未来可以打造成为以孔子文化为背景的特色村落。节日庆典、聚会宴请、文体活动、休闲游憩等活动成为该村规划设计的重点。

2. 交通环线和生态廊道

比较典型的是计桥双桥村安置点。其空间组织采用的是“一环两带，多廊多片”的规划结构。“一环”即利用环状主要道路体系，串联各个居住片区，确定整体空间框架。“两带”即依托现状水系，在内部形成两条水绿生态景观带，串联整个村庄。“多廊”即以自然农田与水绿生态景观为依托，将绿色生态田园景观引入村庄内部。“多片”即以现状水系、道路以及绿色生态廊道为分界线，形成居住片区及公共服务片区。

第四节　五个村庄重建规划实录

一、重建规划设计

（一）立新村

1. 重建愿景

打造最美宜居之所，共享和谐共荣之乡。

2. 重建理念

基于项目基地生态敏感性要素，强调生态基础设施对土地利用的限制，通过不同规模生态廊道层次化、网格化，构成生态网络。以可持续发展为目的，以分散的集中模式实现空间聚落与田园环境之间的和谐共处，体现生活与环境舒适性之间的平衡。注重发展低碳经济，强调资源的循环利用，在不断的经济循环中实现最合理的利用，从而使经济活动对自然环境的影响减少到尽可能小的程度。强调在聚落各个组团的组织和建构上注重各种功能活动的多元化均衡混合。见图3－4－1。

3. 重建特色

立新村深入挖掘地缘内涵，保护周边生态环境，设计中充分结合农田、绿化、水体等自然要素，体现人与自然和谐共生的画面。顺应现状要素，结合自然村落生长和发展规律，通过有机生长来达到村庄与环境的融合，在街巷空间和建筑尺度的处理上遵循传统特色，建筑使用当地建筑材料和传统色彩，恢复民居聚落的传统风

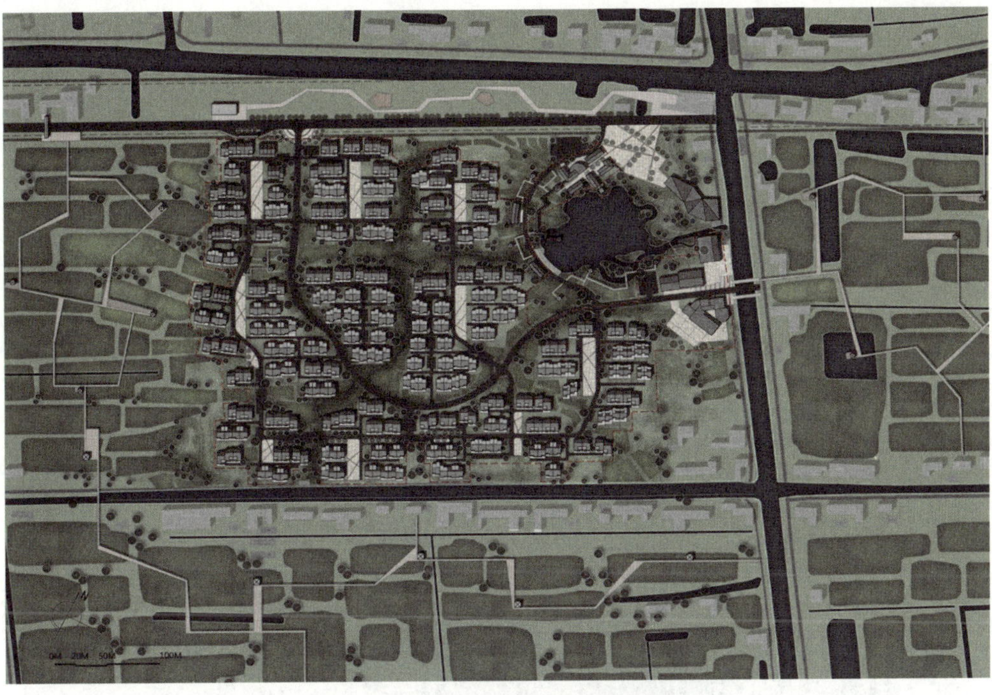

图 3-4-1　立新村规划平面图

资料来源：上海市城市规划设计研究院，《盐城市阜宁县立新村灾后重建村庄建设规划》，2016 年 9 月

图 3-4-2　立新村规划效果图

资料来源：上海市城市规划设计研究院，《盐城市阜宁县立新村灾后重建村庄建设规划》，2016 年 9 月

貌，见图 3－4－2。规划还对村落非物质文化进行系统的挖掘、整理，并予以系统展示，策划旅游项目。规划优化村落的用地布局，健全综合服务与旅游服务功能。此外，规划充分重视道路交通、给水、排水、电力、电信等基础设施建设，只有高标准、高起点的基础设施建设才能提高村庄品质。

（二）孔荡村

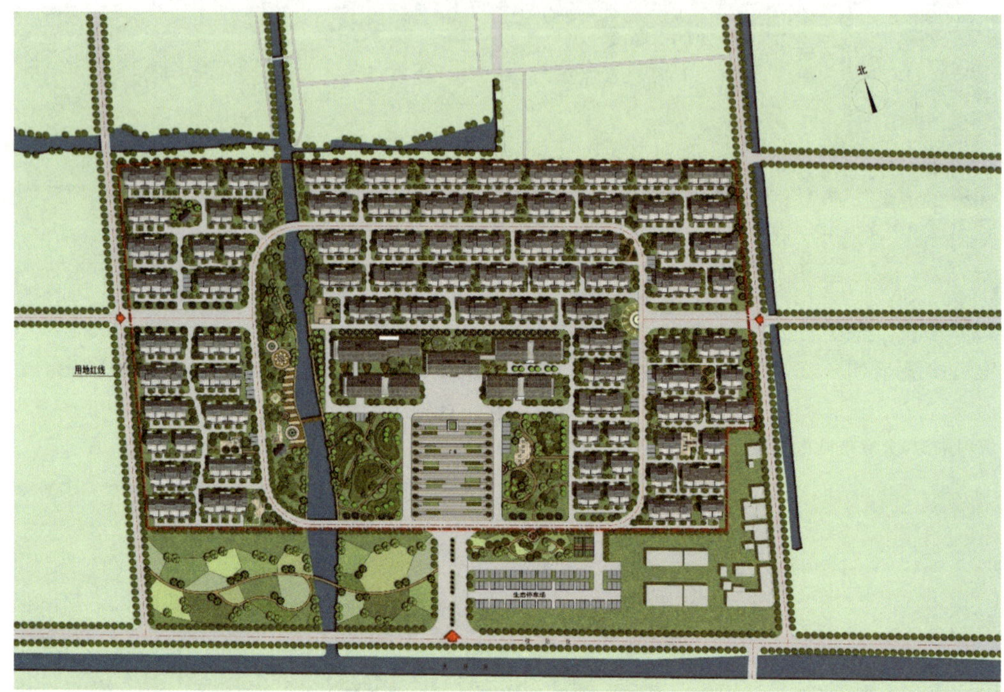

图 3－4－3　孔荡村规划平面图

资料来源：台湾慈济慈善事业基金会，《盐城市阜宁县孔荡村灾后重建村庄建设规划》，2016 年

1. 规划目标

打造具备特色农业种植，兼有旅游体验功能的生态型村庄，凸显孔子文化特色，重点依托孔氏宗祠，打造以孔子文化为背景的特色村落。

2. 理念更新

通过打造承载各类村庄公共活动的空间场所如村口、明堂、宗祠、村民公共活动室、健身场所等，实现村庄文化复兴。因此，孔荡村以乡村旅游体验带，串联老村水塘区、农业体验区、河道景观带、孔子文化园等旅游资源，形成村民公共休闲空间体系，串联新老村居民点和文化活动区；构建“户—邻里—村”的公共空间及绿化层级体系；营造由孔氏宗祠、民俗文化广场构成的孔子文化园，形成文化展示窗口和文化旅游景点；种植农业景观田，打造村庄沿路景观，在提升村庄形象的同时也丰富了村庄旅游资源。

图 3-4-4　孔荡村规划效果图

资料来源：台湾慈济慈善事业基金会，《盐城市阜宁县孔荡村灾后重建村庄建设规划》，2016 年

3. 文化重塑

孔荡村村庄规划(图 3-4-3)的文化特色主要体现在几个方面：① 空间布局上规整中正，条理清晰，暗含了儒家思想的中正平和；② 圆方相称的建筑形态，彰显了包罗万象、和谐统一的中庸思想；③ 矗立着孔子雕像的公共空间，时刻提醒着孔姓后代谨记“仁者爱人”的思想精髓。规划占地约 152 亩，规划总建筑面积约 31118 平方米，安置总户数 282 户，布置了 81 栋两层楼房。其中 50 平方米住宅 20 户，90 平方米住宅 162 户，120 平方米住宅 100 户。每户村民拥有独家小院，庭院深 4 米。公共建筑有一栋两层的祠堂，与村民服务中心合用，建筑面积 818 平方米。三个班规模的幼儿园，为一层建筑，建筑面积约 1342 平方米。此外，还规划了商业服务、卫生室、环保教育站等一层建筑。

原有的一条小河，经过改造后保留，穿过整个村庄，沿河两岸设置休闲游园。村口规划为广场，占地面积 13455 平方米，合 20 亩地有余。广场两边设计了绿化景观，布置健身器材。村中规划为环形路网，路网东西两侧设计道路与外围道路联通，作为村民下地耕作的出入口。南侧主入口道路与硕陆线相连，通达四面八方。村中环形主路网与河流将整个村庄自然分成五个组团，拟名为爱礼园、爱义园、爱仁园、爱智园、爱信园。村口广场拟名为大爱广场。

孔荡村一栋栋两层小楼，整齐布置。每栋小楼前后都有进退，高低错落，简洁朴素，变化灵活。像无数中国古村落，看似随意、闲散布置，却又似乎遵循着一种无形的规则。小河蜿蜒穿过整个村庄，增加了空间的灵动气息，既保留了村庄的逐水而居，逐水而植的传统氛围，又为后期的植物养护节约费用，礼、义、仁、智、信五个建筑组团，三面合围，形成了村口的"大爱广场"。广场向南面开放，中轴线上布置两层孔家祠堂，堂内供奉"大成至圣先师"孔子的塑像。祠堂是村里最高的建筑，是祠堂门前广场最深远的部分，昭示着孔子的道德和思想。祠堂与幼儿园相邻而建，孩子与孔圣人隔墙相望，传统与未来、继承与发展、严肃与活泼、平静与喧闹，在这里得到共存。整体效果见图 3-4-4。

（三）计桥双桥村

1. 重建愿景

生态双桥，渔家计桥。让新村在田园中生长，构建田园乡村。

2. 重建理念

化整为零：村庄规模较大，在兼顾集约建设的前提下，将安置户划分为若干零散单元，合理控制每个单元的建设规模，一般每个单元在 50 户左右。

组团成串：充分利用道路、水系及农田，形成自然有机的组团布局形态。同时利用主干道路系统将各个组团串联起来，全村适当组合集中，又各自相对独立。

融田入村：各组团间留有一定的空间距离，作为老百姓的自留地。因时因地种植，形成"小菜园"、"小果园"等系列微田园景观，保持村庄乡土特色。

3. 重建特色

计桥双桥村地处东沟镇北部，距离阜宁县城直线距离约 12.6 千米。为了让新村在田园中生长，规划（图 3-4-5）设计形成了"一环两带、多廊多片"的布局结构。该村运用简化的建筑元素，力图打造新中式风格，形成宁静祥和的苏北新农村氛围。绿化景观优先选择可较快生长、根系发达、可防风固沙以及耐盐碱性较强的乡土植物；多乔木，多地被，少灌木；结合村民生产生活，将果树树种、蔬菜，纳入绿化选种范围；宅旁、庭院可种植菜地；选择易于管理养护，乡土经济树种。规划整体效果见图 3-4-6。

图 3-4-5 计桥双桥村规划平面图

资料来源：江苏省城镇与乡村规划设计院，《硕集社区计桥双桥村庄建设规划》，2016 年 9 月

图 3-4-6 计桥双桥村规划效果

资料来源：江苏省城镇与乡村规划设计院，《硕集社区计桥双桥村庄建设规划》，2016 年 9 月

（四）丹平村

1. 重建愿景

新生：让新村在田园中生长，构建田园乡村。

2. 重建理念

尊重自然：尊重基地原有自然基底，保留原有水系。

尊重传统：尊重农户生活生产习惯，务实规划村庄。

水路相应：顺应基地内主要水系的肌理，规划新建村庄主要道路，水路相互呼应，形成整个方案的框架结构。

组团共生：强调组团化布局，规划将村庄划分为大小不等的组团，组团之间和外围通过绿廊形成绿色背景，并有机渗透融合进组团空间和各个院落。

绿网相连：以基地水系为依托营造绿色景观，并通过各组团间绿地向组团内渗透，绿网相接，提升村庄空间环境品质。

图 3－4－7　丹平村规划平面图

资料来源：江苏省城市规划设计研究院，《盐城市“6·23”龙卷风冰雹特别重大灾害灾后重建乡村修建性规划设计 陈良镇丹平村》，2016 年 9 月

3. 重建特色

丹平村规划方案（图 3－4－7）以公共服务为核心，结合村庄主要出入口设置，以东西向“滨水活力轴”，即依托贯穿基地的东西向主水系，打造滨水活力轴线，将居民的公共活动向此引导。以水系、绿带和村庄内部主次道路为界，形成若干居住

组团和公共设施组团。在主入口处结合自然水系，适当放大水面，设计入口景观湖，在河的北侧布置村庄主要公共设施，进行重点设计，共同营造村庄的主要景观核心。以规划范围内的主要水系为基础，沿河打造东西向主要休闲景观绿带。在建筑组团间形成若干绿轴，将外围农田景观引入村庄，可作为纯步行通道，将组团居民向沿河休闲带引导。在村庄的主要出入口位置和沿河重要节点，形成村庄的主要景观节点；在每个组团内部，形成组团景观节点。

“特色乡愁，故村新颜。”丹平村充分利用场地原有自然水系，打造以滨水空间和“桥”为特色的景观体系，重现传统滨水村落的宜居氛围。将外围生产性景观通过绿廊引入村庄，以果树、蔬菜等生产性植物为景观特色，打造观花、观果的特色休闲村落，形成村绿相融的景象。

丹平村拓展北侧主入口河道线型，形成宽敞大气的入口氛围，景观矮墙标识与远处景观亭及其倒影共同构成丹平村独具代表性的入口形象。入口标志、水体及景观亭完美融合，共组入口形象。乌桕、垂柳、水杉等乡土树种结合水生植物合理配置，突出丹平村生态、先进的建村理念。位于村庄西侧，临水设计景观游步道和休憩节点，打造特色休闲廊道。将两条绿色廊道的交汇处，设计成集休闲、运动、观景为一体的滨水节点，以景观木拱桥联系被河道割裂的各个场地，形成有机整体，详见图 3-4-8。

图 3-4-8　丹平村安置点规划效果

资料来源：江苏省城市规划设计研究院，《盐城市“6·23”龙卷风冰雹特别重大灾害灾后重建乡村修建性规划设计 陈良镇丹平村》，2016 年 9 月

（五）新涂村

1. 重建愿景

临水而居：安置点交通便捷、地势平坦、水系众多，利于集中安置，为村庄的发展和特色塑造奠定重要基础。

鸡犬相闻：还原乡村安详平静的生活场景，保持邻里之间关系的亲密和谐。

2. 重建理念

借景自然：对现状周边河塘水系进行整理贯通，并灵活借用到规划布局中，成为村庄重要特色要素，形成连续的公共活动场所。同时，通过绿化空间的预留，将外围生态农田肌理引入村庄内部，成为再塑乡土生活场景的重要空间手法。

和而不同："大整体、微组团"，注重村庄的整体性，相对集中布置公共设施和主要景观节点，通过水绿系统串联各组团。结合地形划分成不同大小形态的微组团，营造各组团的微特征，鼓励不同户型混合而居。

3. 重建特色

新涂安置点位于陈良镇区西侧约 2 千米；规划范围东接江苏 231 省道，西临胜利河，南至规划的幸福大道，北侧则分别以陈家舍两条水系为界；总规划范围约 21.22 公顷。"双十街河定框架，水绿双环串组团。"新涂村规划以村庄中央南北向绿化和水系空间划分成东、西两个大组团，各形成一条南北向的主要街道，中部以一条东西向街道相串联，形成"双十字"为主要街道的框架。主要街道以现状十字形水系为基础，结合道路和绿化空间，形成水—绿—街相互呼应的街道空间景观，以"双十街河"确定整体空间框架。规划充分利用村庄内部和周边丰富的自然水系，以水为脉，以绿化景观和自然农田为辅，围绕居住组团形成相互交错的两条生态水绿环。规划将主要公共设施、商业设施等集合在南侧幸福大道村口布置，形成集中一站式的村庄公共服务场所，构成村庄最具活力的区域，能较好地展示新涂村康居示范村的良好形象。依托十字街河及水绿环串联四处公共活动节点，形成相连的公共活动空间，其中两处以运动健身为主，两处以休闲游憩为主。规划在东、西两大组团的基础上，进一步划分形成多个微组团居住空间，并设置组团中心，详见图 3-4-9。

新涂村尊重基地内外原有水系结构，将外围农田自然景观引入村庄内部，并结合农田自然景观塑造滨水绿化空间，河道以自然亲水驳岸为主。连通 231 省道西侧两个水塘，形成村庄特色的水体景观空间，同时可种植荷花、养鱼等，产生经济效益。通过以"双环"加"十字"为主的水绿结构，塑造绿水环绕、水街并行的苏北水乡

图 3-4-9　新涂村规划平面图

资料来源：江苏省城市规划设计研究院，《盐城市"6·23"龙卷风冰雹特别重大灾害灾后重建乡村修建性规划设计 陈良镇丹平村》，2016 年 9 月

特色景观风貌。多条水绿廊道空间将居住空间自然划分成多个组团空间，每个组团均被水绿环绕，同时内部均设置有组团景观节点。农田自然景观的渗透，绿化景观的塑造，居住空间与生态环境自然融合，形成了"会呼吸"的生态居住组团。详见图 3-4-10。

图 3-4-10　新涂村安置点规划效果

资料来源：江苏省城市规划设计研究院，《盐城市"6·23"龙卷风冰雹特别重大灾害灾后重建乡村修建性规划设计 陈良镇新涂村》，2016 年 9 月

二、重建成果纪实

（一）立新村

村口景观

民居风貌

村庄整体风貌

公共空间景观

公共建筑风貌

图 3-4-11　立新村灾后重建实录

资料来源(部分由编委团队拍摄)：韩震霞，《喜看广厦千万间 笑住美好新家园》，中国江苏网，2017 年 6 月 21 日；《空中看新家——航拍盐城阜宁、射阳灾后重建》，盐城文明网，2018 年 3 月 23 日

（二）孔荡村

村口景观

民居风貌

村庄整体风貌

公共空间景观

公共建筑风貌

图 3 - 4 - 12　孔荡村灾后重建实录

资料来源(部分由编委团队拍摄)：韩震霞，《喜看广厦千万间 笑住美好新家园》，中国江苏网，2017 年 6 月 21 日；《空中看新家——航拍盐城阜宁、射阳灾后重建》，盐城文明网，2018 年 3 月 23 日

（三）计桥双桥村

村口景观

民居风貌

村庄整体风貌

公共空间景观

公共建筑风貌

图 3-4-13　计桥双桥村灾后重建实录

资料来源(部分由编委团队拍摄)：韩震霞,《喜看广厦千万间 笑住美好新家园》,中国江苏网,2017 年 6 月 21 日;《空中看新家——航拍盐城阜宁、射阳灾后重建》,盐城文明网,2018 年 3 月 23 日

（四）丹平村

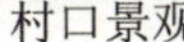

村口景观

民居风貌

村庄整体风貌

公共空间景观

公共建筑风貌

图 3-4-14　丹平村灾后重建实录

资料来源(部分由编委团队拍摄):韩震霞,《喜看广厦千万间 笑住美好新家园》,中国江苏网,2017 年 6 月 21 日;《空中看新家——航拍盐城阜宁、射阳灾后重建》,盐城文明网,2018 年 3 月 23 日

（五）新涂村

村口景观

民居风貌

村庄整体风貌

公共空间景观

公共建筑风貌

图 3－4－15　新涂村灾后重建实录

资料来源(部分由编委团队拍摄):韩震霞,《喜看广厦千万间 笑住美好新家园》,中国江苏网,2017 年 6 月 21 日;《空中看新家——航拍盐城阜宁、射阳灾后重建》,盐城文明网,2018 年 3 月 23 日

（六）其他

陈洋新村

郑朱新村

陈良新村

南湾新村

成俊新村

旭日新村

重建安置点的幼儿园

重建安置点的健身广场

图 3-4-16　其他地区灾后重建实录

资料来源(部分由编委团队拍摄):韩震霞,《喜看广厦千万间 笑住美好新家园》,中国江苏网,2017 年 6 月 21 日;《空中看新家——航拍盐城阜宁、射阳灾后重建》,盐城文明网,2018 年 3 月 23 日

村庄公共空间景观（一）

村庄公共空间景观（二）

阜宁县阿斯特协鑫光电无菌化厂房

阜宁县金沙湖景区

盐城抗击6·23特大龙卷风纪念馆外景

盐城抗击6·23特大龙卷风纪念馆内景

图 3-4-16　其他地区灾后重建实录(续)

资料来源(部分由编委团队拍摄):韩震霞,《喜看广厦千万间 笑住美好新家园》,中国江苏网,2017 年 6 月 21 日;《空中看新家——航拍盐城阜宁、射阳灾后重建》,盐城文明网,2018 年 3 月 23 日

第四章　盐城灾后重建之建筑设计

"6·23"特大龙卷风冰雹灾害已过去三年，在50余千米长的龙卷风影响地带沿线，曾遭受创伤的土地上，现已呈现出灾后重建的勃勃生机和全新面貌。受灾地区在灾后重建过程中，结合苏北当地建筑材料、建筑艺术文化，提炼苏北民居元素，秉承"传统元素为基底、现代元素作点缀"的设计手法，通过对元素的选取与运用，建筑组合关系处理、色彩搭配、空间形态的精心设计，形成融合"北方之雄，南方之秀"，具有乡土气息，体现里下河平原地区建筑风貌特色的当代建筑风貌。灾后重建建筑体现当地的乡土气息和生活气息，体现当地传统特色，更在特色乡土民居的探索上，直面人居环境的变化，生态、文化、技术的变化，做到坚持乡土建筑可持续发展。

第一节　灾后重建建筑概况

在灾后重建项目中，对被毁建筑的重建、受损建筑的修复、存留建筑的改善与提升是一项综合性、多方位的工作，应以灾后重建相关政策法规为指导，以上位规划中对建筑部分的整体规划、构思、定位为基础，以建筑实际使用功能的合理性为设计出发点，以乡村地域性特征为单体造型及细部设计依据，立足灾后乡村现状，做出实用、方便、美观、绿色、可操作性高的建筑设计。

一、灾后重建的主要建筑类型

根据本次灾后重建工作的实际情况，并结合《盐城市乡村基本设施配套标准》，本章将灾后重建工作中建筑设计针对的主要类型分为下述三种展开讨论：

居住建筑：包括村民自住住宅、老年公寓等，这是本次灾后重建项目中数量最大，也是最重要的一部分内容。

一般公共建筑:这部分主要是为满足乡村在公共服务等方面的要求而建设的建筑,包括两类,即具有公益性公共服务设施,如村民(社区)服务中心、幼儿园、公共活动中心等,以及经营性的公共服务设施,如农贸市场、便民超市等。

特殊公共建筑:主要指文化纪念建筑,包括灾后教育科普遗址纪念场所等。

针对不同类型的建筑,设计的侧重点也有所不同。居住建筑方面,对内应强调居住空间的舒适性,实现各房间的自然采光和良好通风。对外应注意其与建筑造型、立面设计间的关系,避免出现重美观而轻实用的现象,注重重建修复后居住建筑群落风貌的整体和谐统一。一般公共建筑方面,应在造型上适当突出该类型建筑外向性、服务性特征,结合建筑本身所处位置,室内外重要节点、空间,注重造型上的标志性表达。特殊公共建筑(文化纪念建筑)方面,应注重纪念内涵意义的适度表达,建筑设计力求兼顾纪念性、展示性、教育性、寓意性。

二、建筑设计原则

(一)功能优先,布局合理

以满足村民实际使用需求及建筑功能、建筑内部交通流线需求为首要因素,各类建筑均应使平面布局与建筑形态相互适应,面积分配合理,尺度模数适宜,功能布局紧凑,流线清晰方便。注重各类型建筑自身特点,优化设计目标,恰当地确定建筑面积,提供合理的功能布局。

(二)尊重习俗,和睦邻里

设计应当致力于探求将建筑的时代性与村民的生活相结合的设计理念,关注地域性与场所精神。为满足本地居民的日常生活习惯,居住建筑细化设计,通过设立种植空间、餐厨结合等体现农村生活气息。还通过将传统民居的空间组合模式运用于住宅组群的设计中,实现了庭院从户内的私家空间向邻里的公共空间的转化,以组团院落还原乡缘民情。

(三)传承历史,融合自然

延续受灾地区村落既有空间形态特征,通过建筑布局的变化,塑造生动自然的空间群落形态。根据建筑类型的不同,设计各有特色的围合空间,注重各局部空间与村落公共集会空间、景观空间的相互串联和渗透融合,强调对村落原生形态的修复和乡村生活氛围的渲染。通过对风灾后留存可用的构件的利用,保留了一份独特的记忆,成为新、旧精神的物质载体,将过往与现在融合于重建建筑中。

（四）节约集约，适度超前

在重建过程中，为了节约能源，建筑设计需要综合考虑利用材料本身来达到节能的目的，这就需要以科技创新为依托，积极实践各种创新技术。一方面推广使用清洁可再生能源，提高成本低、效果好、可操作性强、普适性的能源设备的利用率，注重绿色措施在建筑重建和改造中的运用，提高建筑保温性能，降低能源消耗，减少浪费和污染；另一方面就地取材，注重灾后可用材料回收再利用，延续乡村既有氛围的同时有效降低改造成本、节约改造时间。见图 4－1－1。

（五）以人为本，美丽宜居

灾后重建要考虑以受灾村民为主体，提升村民生活品质，赋予建筑人性温情，打造大气优美的居住空间、实用高效的公共服务，让在重建体系中生活的村民能发自内心感到愉悦和满足。

图 4－1－1　灾后废弃建材的利用

资料来源：江苏省城市规划设计研究院(江苏省城市交通规划研究中心)，《盐城市“6・23”龙卷风冰雹特别重大灾害陈良镇新涂村灾后重建乡村修建性详细规划设计》(以下简称《陈良镇陈良村灾后重建修规》)，2016 年 8 月

三、建筑设计的特色构思

通过寻求地方乃至区域建筑的特色进行类设计，在延续中再现建筑的地域传统，在创新中寻求建筑的个性表达。在具体的建筑设计中，研究当地建筑的空间布局、风貌特征、环境意识、场所精神与社会适应等，提炼设计的源泉，从形似到神似、从局部到整体，继承和发扬优秀地域建筑文化。

（一）空间布局

盐城传统农村居民点主要受到地形地貌条件的制约，大部分地区由于地势低洼，人们一方面筑圩种稻，一方面便将平整洼地时挖出的土堆成高地并在其上建房，使得村庄多呈条状分布，而在湖荡地区，村庄多呈团聚状。在受灾地区的传统民居基本上都是低层独户住宅，通过主房，厢房（一般用作厨房）以及家庭生产用房，形成半限定性的庭院（当地称为打场，具有晾晒作物之用）。这种庭院同其他地区典型的合院不同，围合性较弱，但又具有空间归属限定的作用。我国传统村落一般是以血缘为纽带的，因此，在村落建筑组织上，会形成以公共建筑为核心的布局方式。本次重建过程中，根据上位规划要求，以村民生产生活需求和发展要求配置公共服务建筑。结合基本公共服务设施的性质和功能特点，在布局形式上，以集中布局为主，位置一般在重建村落出入口或者中心。

（二）风貌特征

无论建筑设计的具体目标是什么，都始终在寻求文化记忆中的空间形式及其生活体验。具有地域特色的建筑布局，空间形式上的象征与隐喻，是建筑要素的有机构成。

当地建筑设计在尊重苏北传统民居风貌的基础上（图 4－1－2），提炼地方元素并融入其中，打造整体统一特色，最终形成融合“北方之雄，南方之秀”的里下河平原地区建筑风貌。提炼苏北民居 8 种元素——小飞檐、小青瓦、硬山顶、雕花门、通风口、方格窗、清水墙、门枕石，秉承“传统元素为基底、现代元素作点缀”的设计手法，通过对 8 种元素的选取与运用，以及建筑组合关系处理、色彩搭配、空间形态的精心设计，形成各具特色而又统一协调的苏北民居特色风貌。

色彩是建筑中的一个重要组成因子，传统建筑色彩同样也是中国传统建筑中一个不可或缺的部分。在漫长的历史发展中，传统建筑色彩形成了独具特色的东方色彩体系。在设计中，对盐城传统民居中所常用的青石砖结合粉墙这一当前流行的中式符号，运用现代手法进行拼贴，实现文化的传承和交融。建筑外墙粉刷白色或米黄色涂料，屋顶采用瓦屋面形式，墙裙用面砖进行饰面，门窗采用仿木塑钢窗，院墙通过砖砌实体或木栅栏进行围合。

（三）环境意识

无论设计从何处入手对传统民居进行提炼与再现，都必须以时代进步与社会需求为前提，所有这些都注定了设计的核心是可持续发展的建筑观。此次设计根据盐城的气候特征，通过优化维护结构保温构造、可再生能源的利用等实现对环境的尊重和责任感。

（四）场所精神

此次设计理念致力于探求将建筑的时代性与地域性相结合，这与当代现代主

图 4-1-2　盐城中部地区特色建筑语言汇总

资料来源:江苏省城镇与乡村规划设计院,《盐城市乡村基本设施配套图册》,2017 年 8 月

义所关注的地域性与场所精神等基本相通。对此,灾后重建设计通过微田园概念的引入,将农田风光引入集中的社区,村庄边界做模糊化处理;通过运用乡土材料对村口进行标志鲜明的设计,赋予重建社区积极的场所内涵。

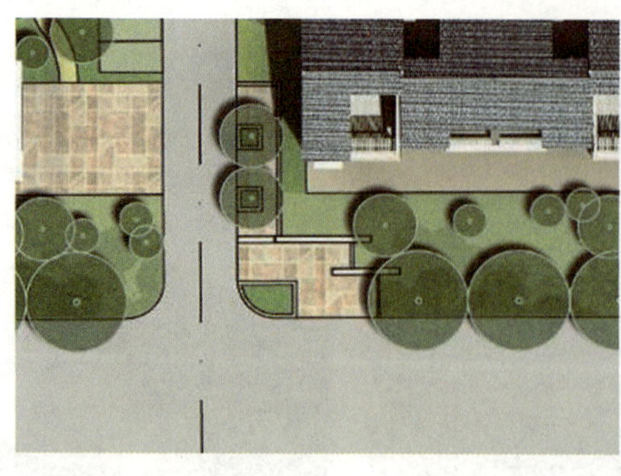

图 4-1-3　陈良安置点村口设计

资料来源：江苏省城市规划设计研究院（江苏省城市交通规划研究中心），《陈良镇陈良村灾后重建修规》，2016 年 8 月

第二节　村庄居住建筑设计

一、指导思想

（一）合理化功能空间，提升居住环境质量

由于过去传统的生产方式的影响，农村的居住形态极其复杂。随着农村的发展、剩余劳动力的转移，苏北广大农民能够更多地接触现代科学技术，从而在观念上有了很大变化。在具体实施过程中、居住生活中排除那些影响居住环境质量的功能空间，将田园风光引入新建住区。

（二）充分体现以受灾地区村民为主体的设计思想

一切从村民生活舒适和生产需要出发，提倡参与精神，住宅的设计只有建立在对当地村镇经济发展、居住水平、生产要求、民情风俗等开展实态调查和对发展趋势进行研究的基础上，才能充分保证家居文明的实现。因此，在设计之初，只有熟悉和理解群众需求，以尊重民情风俗为基础，才能做出符合群众喜爱的设计。在设计中也留有较大的灵活性，以便群众参与。

（三）弘扬地方建筑文化，保持地方特色

对本地建筑文化进行探讨，运用合理的科学技术，从住宅的平面布局、空间利用和组织，结构构造、材料运用及造型艺术等各方面汲取精华，在继承中创新，在创新中保持地方文化特色。

（四）加强结构构造设计，提高抗灾防灾能力

努力改进和突破地方传统落后的建造技术，在设计中依照国家标准进行结构设计，加强建筑各组成部分的构造联系，在提高建筑抗风能力的同时，也使建筑本身具有较强的抗灾防灾性能。

二、设计标准和依据

根据《江苏省土地管理条例》第三十四条，“农村村民一户在农村只能拥有一处宅基地，其中房屋占地面积不得超过宅基地面积的百分之七十”；宅基地面积执行标准为“城市郊区和人均耕地在十五分之一公顷以下的县，每户宅基地不得超过一百三十五平方米；人均耕地在十五分之一公顷以上的县，每户宅基地不得超过二百平方米”。在该条例的最后也指出：“农村村民建住宅应当符合乡（镇）土地利用总体规划、城市总体规划和村庄、集镇规划，鼓励建造公寓式住宅，并尽量使用原有的宅基地和村内空闲地。”

农村住宅的结构体系一般采用小框架结构，有条件地区可采用工业化生产建造农村住宅，推荐采用模块化的装配式结构形式。抗震设防烈度为 6 度，设计基本地震加速度值为 0.05 g，设计地震分组为第三组，抗震设防类别为丙类（标准设防类）。虽然重建建筑往往楼层不高多为两层，但由于本地河塘较多，为避免地基隐患，建议在设计前进行地质勘探。基础须坐落在老土层上。基本风压按 50 年重现期的风压值。地面粗糙度类别为 A 类。

三、设计原则与理念

科学重建与新农村建设工作相结合，保障安全与新技术运用相结合，尊重民意和规范示范相结合，物质空间重建与精神创伤恢复相结合，地方文化和特色塑造相结合。

以农民意愿延续乡村生活，以组团院落还原乡缘民情，以房绿融合建设美好村庄。

四、建筑设计

（一）建筑布局

盐城地区的住宅一般沿河流、道路等布置，整体呈现以线形关系为主。每户居

民占有独立的宅基地，相互间不能有权益的侵犯。几户家庭通过自组织协调形成组团，组团再组合形成村落。在重建过程中，对传统的布局方式进行改良，减少对土地资源的浪费。自然散布村庄采用灵活自然的规划布局，以田与水为界限，形成多个自然村落组团，保证一个自然村安置于一个或多个相邻组团内。将农田引入村庄内部，形成村落、水系以及农田交融的规划布局，形成“田在村中、田绕村边”的景象。

在单体平面布局中，除满足住宅的一般功能要求外，当地设计还对如何使空间设置与村民生活方式相结合做了思考。餐厅、起居一体化大空间，符合村民生活习惯；每种户型在底层均设老人卧室，符合盐城当地留守老人现状；争取更多的南向卧室，改善居住质量；设置存储可变空间，满足不同家庭需求；户型平面功能合理分区，动静分离，布局紧凑，建筑利用率高。

（二）户型推敲

通过户型的合理组织，实现动静分离、食寝分离、干湿分离、净污分离，以不同的组合形式提供多元化生活模式的需求。在住宅建筑功能组织上，当地将主要的功能用房如起居室、卧室、厨房、卫生间等按照300的模数进行设计，模块化的功能单元通过不同的组合形成两开间的建筑布局，适应不同类型的宅基地，使得各个面积段户型的建筑布局都具有很强的基地适应性。在模块组合设计时尽量尊重并延续原先的生活方式，并对其加以优化。在建筑主要部分设计起居室（堂屋），户门朝南；设计面积较大且方正的厨房，内部可以作为简单的用餐空间；屋顶采用坡屋面，形成阁楼层作为储藏空间；宅前屋后设置小菜园，可种植瓜果蔬菜供自家食用；90 m^2 及以上的户型，每家每户均设置综合库房，并在设计中做好了水电预留，后续可以根据百姓需求，改造成其他功能房间。

住宅面积：通过入户调研和村民会议等形式，方案最后设计形成六种面积户型，基本满足不同年龄及家庭结构村民的使用需求，分为 30 m^2（老年公寓，详见图 4-2-1）、70 m^2（二层）、90 m^2（二层）、100 m^2（二层）、120 m^2（二层）和 140 m^2（二层）这六种类型。

户型设计：30 m^2 户型包含一室一厨一卫，主要满足独居老人和五保户；70 m^2 户型包含两室一厅一厨一卫，客厅（堂屋）、厨房、卫生间在一层，卧室在二层；90 m^2 户型包含三室一厅一厨一卫一库（储藏室/车库），其中二层两间卧室；100 m^2 户型包含三室一厅一厨一卫一库（储藏室/车库），二层两间卧室；120 m^2 户型包含四室一厅一厨一卫一库(储藏室/车库),二层三间卧室;140 m^2 户型包含四室一厅一厨两卫一库(储藏室/车库),二层三间卧室、一间卫生间,二层自带晒台。三室以上户型,底层均配备老人及行动不方便人员卧室。详见图 4-2-2 和图 4-2-3。

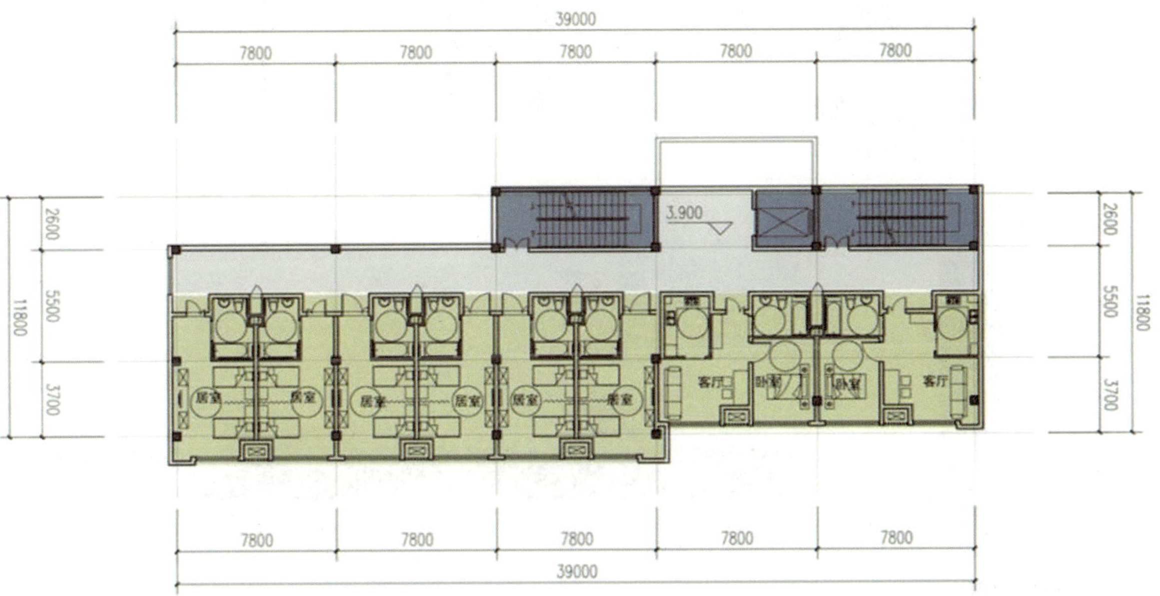

图 4-2-1　新沟镇大楼村老年公寓设计

资料来源:江苏省城镇与乡村规划设计院、江苏省建筑设计研究院有限公司,《盐城市"6·23"龙卷风冰雹特别重大灾害重建新沟镇大楼村村庄建设规划》(以下简称《新沟镇大楼村村庄建设规划》),2016 年 9 月

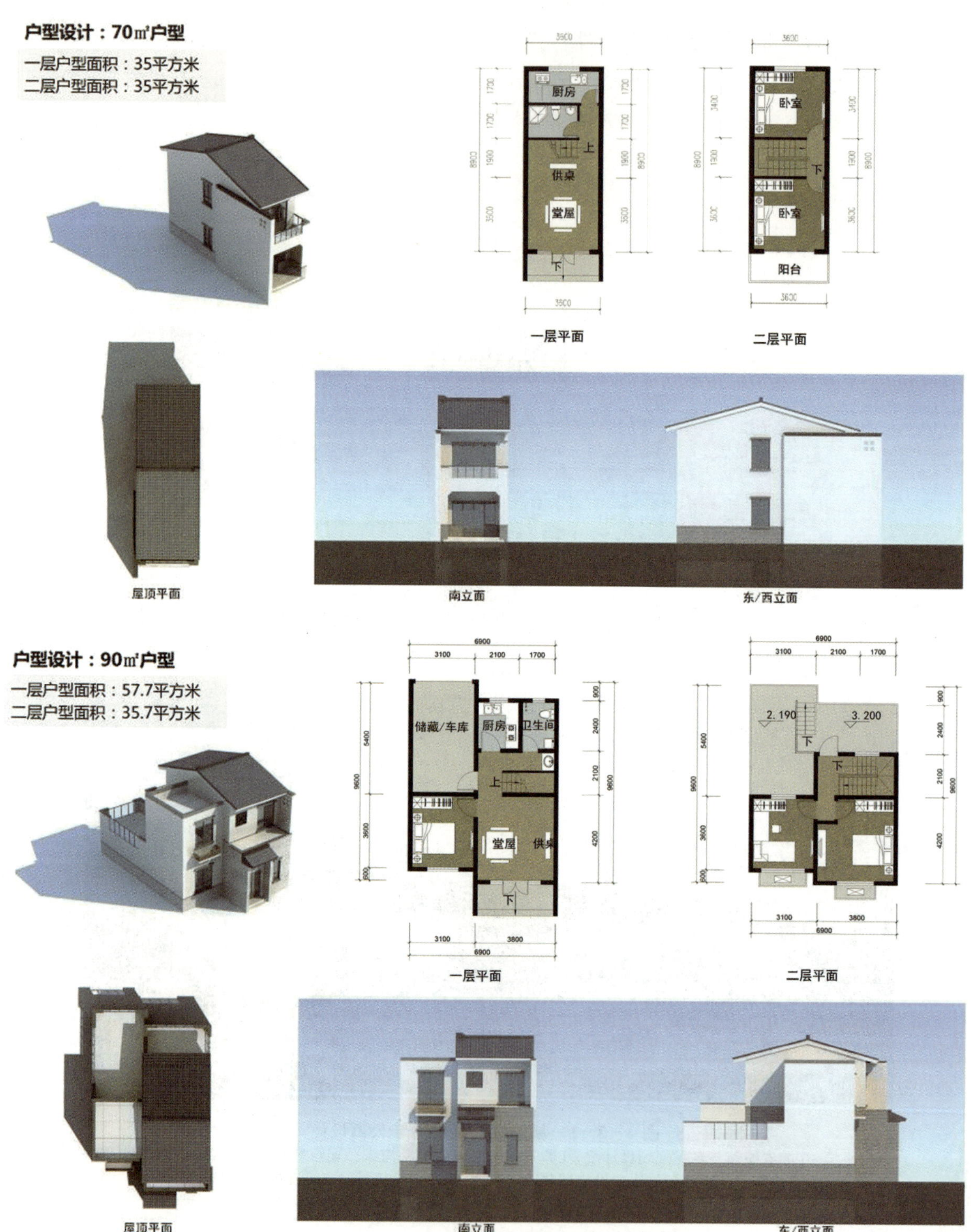

图 4-2-2　新沟镇大楼村安置点户型设计

户型设计：100㎡户型

一层户型面积：65.1平方米
二层户型面积：35.6平方米

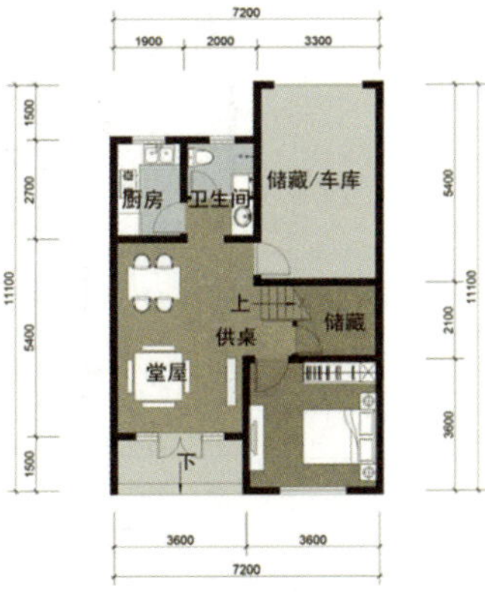

一层平面 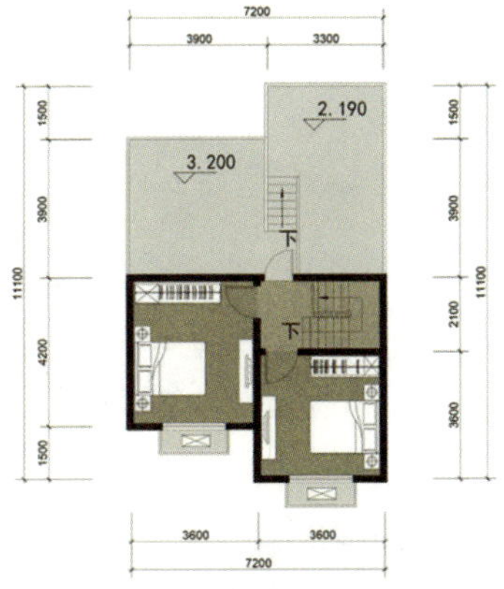　二层平面

屋顶平面 　南立面　东/西立面

户型设计：120㎡户型

一层户型面积：70.3平方米
二层户型面积：52.5平方米

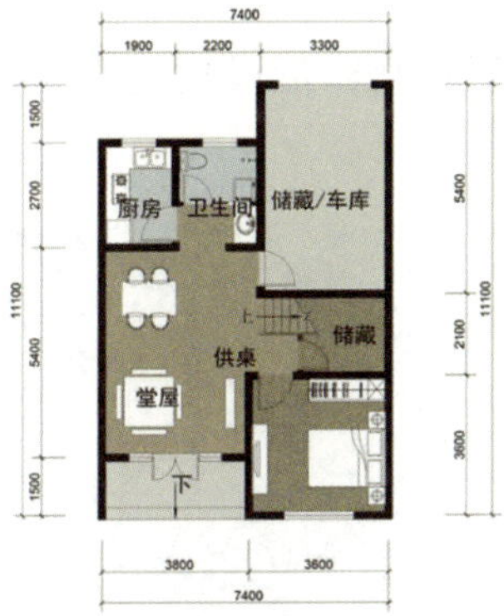

一层平面 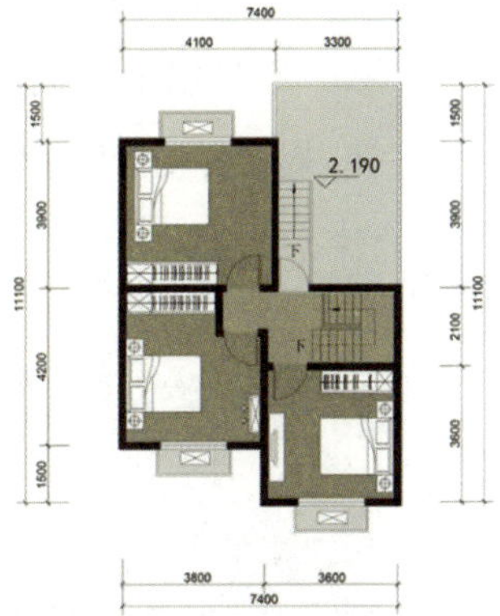　二层平面

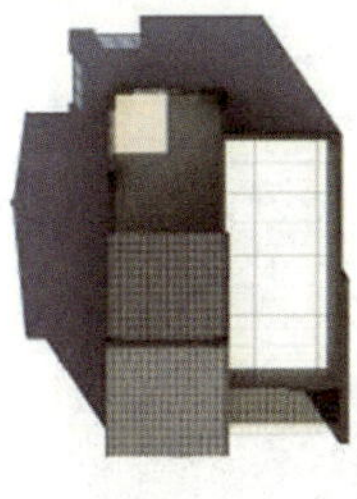

屋顶平面 　南立面　东/西立面

图 4－2－2　新沟镇大楼村安置点户型设计（续）

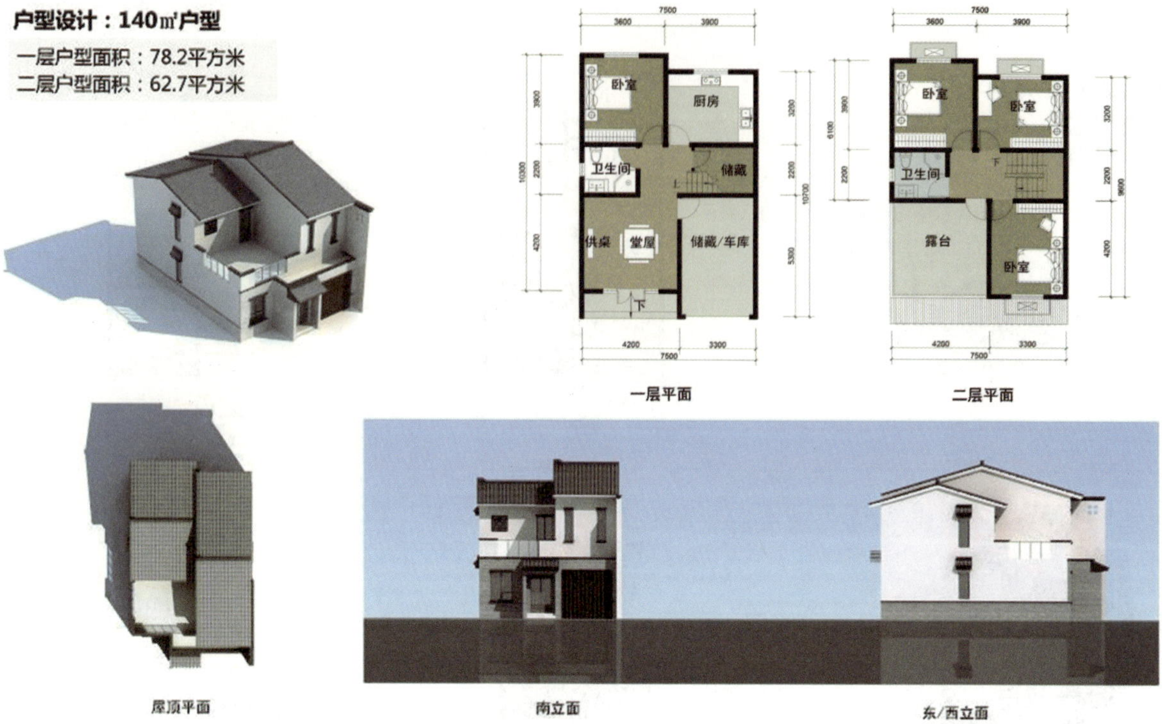

户型设计：140㎡户型

一层户型面积：78.2平方米

二层户型面积：62.7平方米

卧室 厨房 卫生间 储藏 供桌 堂屋 储藏/车库

一层平面

卧室 卧室 卫生间 露台 卧室

二层平面

屋顶平面　南立面　东/西立面

图 4-2-2　新沟镇大楼村安置点户型设计(续)

资料来源：江苏省城镇与乡村规划设计院、江苏省建筑设计研究院有限公司，《新沟镇大楼村村庄建设规划》，2016 年 9 月

通过以上不同面积户型进行组合，形成建筑群体，既节约用地，又加强单体连接，提高了建筑整体的强度。

新涂村

资料来源：江苏省城市规划设计研究院(江苏省城市交通规划研究中心)，《陈良镇新涂村灾后重建修规》，2016 年 8 月

图 4-2-3　部分安置点住宅设计效果图

南湾村

资料来源：江苏省城市规划设计研究院(江苏省城市交通规划研究中心)，《盐城市"6·23"龙卷风冰雹特别重大灾害灾后重建新沟镇南湾村村庄建设规划》(以下简称《新沟镇南湾村村庄建设规划》)，2016 年 8 月

陈良村

资料来源：江苏省城市规划设计研究院(江苏省城市交通规划研究中心)，《陈良镇陈良村灾后重建修规》，2016 年 8 月

图 4-2-3 部分安置点住宅设计效果图(续)

旭日小区

资料来源：无锡轻工设计研究院，《射阳县海河镇旭日安置小区规划设计方案》，2016 年 8 月

图 4-2-3　部分安置点住宅设计效果图（续）

（三）建筑造型及文化传承

本次住宅设计考虑了农村的传统风俗。如尊重有机交融的邻里空间，满足人们的交往需求，强调互动性和强化邻里人情味的空间设计；注重人与大自然的亲切交流，利用宅前屋后的空间，使老百姓亲近自然；关注风水观念与家庭结构对传统农村住房的影响，比如住宅的主入口一定要朝南，沿轴线布置主要用房，次要用房布置于两侧，家庭核心成员居住在正房，非核心成员居住在厢房；等等。

整体风格上，设计仍然保留着盐城传统建筑的神韵和精髓。空间结构上有意遵循了传统住宅的布局格式，延续了盐城传统住宅一贯采用的青瓦坡屋顶，但不循章守旧，建筑组合多样而统一，能自成特色。

建筑细节上，延续长期以来形成并被普遍接受的盐城地方建筑特色，如小飞檐、白墙、青瓦、硬山墙等。采用砖、瓦、木作为建筑主要材料，灰白色调粉刷或面砖饰面，局部采用木色作为点缀。将建筑构件进行多样化设计，对于围墙、窗户、栏杆、檐口做法等提供多种样式，可以让住户在建造时自主选择，增强住户的建造参与性。同时，可以回收、二次利用被风灾刮下来的砖、瓦、树，做到就地取材。最终形成统一之中又有变化的、各具特色的建筑风貌。

另外，通过设置片墙，一方面，增加建筑的空间层次，另一方面，片墙成为室内外的缓冲空间，种上植物，可以有效缓解室外气候对建筑内部的不利影响。

（四）适老化设计的考量

根据我国 2000 年以来的全国人口普查结果，农村老龄化程度明显高于城镇地区。通过调研可以发现农村家庭仍然以 4 人以上的大家庭为主；3 人以下的小家庭以失独老人为主；大部分家庭存在青壮年劳力进城务工的情况，留守老人和儿童的现象很常见。因此，本次灾后重建设计住宅时，提出应考虑适老化设计，大户型应考虑两代人居住的需求。

此次设计在一层设置老人卧室，而且老人卧室、卫生间、起居室、厨房和院子均能满足无障碍设计的要求，给老人营造一条绿色安全的通道。并且在室外设置休息处，方便老人进出休息，老人也可在此与邻居聊天等。针对孤寡老人，设计了集中的老年公寓，每户 30 平方米，一室一厅一卫一厨，满足老年人基本生活需要。考虑到老人可能行动不便，重建设计让老年公寓的布点靠近村落公共建筑区，同时在老年公寓设计中，从老人的角度出发，很多地方做了细心的设计，提出了能使这类人群生活更为方便和安全的细部设计方案，主要为了使老年人的行动无障碍化。细节都是生活中不可或缺的点，这些细节的加建也是老年人生活安全和品质的保障。细部设计中包含的内容主要有台阶、楼梯、厕所各类构造的无障碍设计等等。

（五）结构形式的选择

目前农村大部分自建房采用砖混结构、预制空心楼板，基本无保温隔热措施，房屋抗灾性能较差。在此次龙卷风灾害中，这种自建房损坏严重。因此，本次设计采用更为成熟实用的小框架结构，结构平面形式简单、规则，刚度和承载力分布均匀。上下层柱网布置一致，无转换，整体性好。柱网布置符合住宅平面特点，柱距合理，整体抗灾性能好，同时也便于施工。除主体结构外，维护结构皆采用轻质材料，减轻建筑自重，增强抗灾性能。

（六）节能技术的融入

灾后重建建筑，融入了建筑节能技术，优先选用当地乡土材料，突出绿色、节能、生态，通过自然通风采光、太阳能利用、墙体屋面保温措施以及轻钢木结构装配建造等方式，合理降低建设和运行维护成本，见图 4－2－4。

屋面与外墙采用挤塑聚苯板外保温。热水系统采用太阳能集热系统。在住宅建设阶段即一体化安装，既节省空间又美观节能，可有效地减少住户自行安装带来的杂乱，显著地提高利用效率，见图 4－2－5。

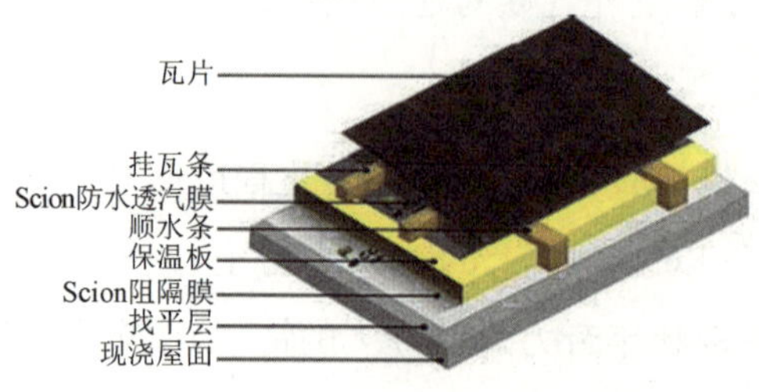

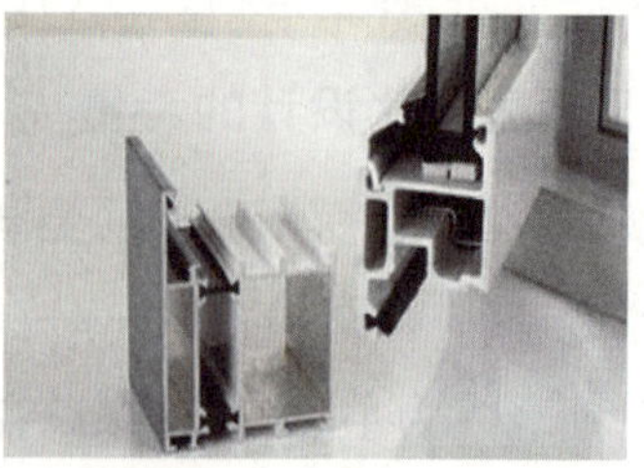

图 4－2－4　维护结构保温节能设计

资料来源：江苏省城市规划设计研究院、江苏省城市交通规划研究中心，《陈良镇陈良村灾后重建修规》，2016 年 8 月

图 4－2－5　太阳能在住宅中的利用

资料来源：上海市城市规划设计研究院，《盐城市阜宁县北陈村灾后重建村庄建设规划》，2016 年 8 月

设计中采用雨水回收系统，少量投资即可最大限度地回收屋面及场地雨水，实现雨水的直接或间接利用。将屋面雨水通过檐沟收集，地面水通过明沟或局部地漏收集后，简单过滤，存入地下雨水收集罐，通过水泵供应，用于浇花、冲厕等。在雨水不能满足使用需求的情况下再开启自来水系统进行补充，能最大限度地节约水资源，节省开支。

在住宅设计中，本着充分尊重地方群众的需求，贴合村民的生活习惯的原则，进行布局。尊重当地文化，延续、提炼当地特色。最终，让设计的住宅能够整体提升老百姓的生活质量，形成宁静祥和的苏北新农村氛围。

第二节　乡村公共服务中心建筑设计

乡村公共服务中心建筑设计，应与村庄实际发展水平和实际需求相适应，建设规模适度，避免“大而无当、空而无用”。充分考虑公共服务设施配置的均衡性和经济适用性，实现服务方式因地制宜、服务设施集约建设、服务运行正常有效。

一、设计依据

根据《江苏省规划布点村庄基本公共服务设施规划建设标准研究》以及《盐城市乡村基本设施配套标准》，本次灾后重建村庄规划中对各公共服务设施按社区规模和功能进行配置，原则上集成到村庄（乡村）服务中心。村庄（乡村）服务中心建筑，其功能组成由规划发展村（布点村）结合自身实际与村民需求，配套必需服务内容，可设生活服务店、物流收发点、金融服务点、农资服务点等。

二、设计理念

（一）多种功能复合

乡村公共服务中心往往包含村委会等党群服务中心、游客服务中心、便民服务中心、图书室、老年活动室、文化娱乐室、卫生室、计生室等，是多种功能复合的建筑类型。其使用人群既包含村民，也包含游客；既服务儿童，又服务老人。因此，如何协调不同功能与场地的关系，如何处理不同功能间的关系，都成为关键问题。

（二）地方建筑传统的公建表达

鉴于乡村建设大都以传承当地建筑传统为原则，乡村公共设施建设必然要和整体风貌一致，因此在建筑设计中，如何将盐城传统建筑的神韵延伸到公共建筑中，也是需要重点考虑的。

（三）建筑做法的乡土化

新建公共服务设施应体现乡土特色，与周围环境协调共生，造型简洁大方、实用，有条件的情况下积极使用新材料、新技术，不可盲目“贪大求洋”。

旧有乡村建筑或多或少存在屋面渗漏、结构不稳固等技术问题，而现代建造技术中的成熟做法可以有效解决这些遗留问题。然而乡村建设与城市建设又不同，存在着建设自发性和本土工匠技术的局限性，所以，将现代构建技术乡土化，提升乡村建设管理水平，对全面提高建筑质量有重大意义。

三、设计手法

新中式是目前国内城市公共建筑常采用的风格，是成功的实践。所谓新中式之新，是相对传统中式建筑而言的。相对成熟的新中式风格在具体呈现手法上，多以南北各自的特色建筑构件作为符号，空间层面更侧重运用中国传统景观手法。

实际设计中，常加入木质构件作为传统建筑符号，与公共建筑中大玻璃窗等现代建筑要素的融合，起到柔化对比的作用。新中式风格某种意义上走的是程式化手法的乡土主义路线。将这一风格直接运用于乡村服务中心建筑设计，不失为一种有效方法，如南湾村、孔荡村、计桥双桥村、大楼村、新涂村、郑朱村、戚桥村、邵湛村、立新村的公共建筑(图 4-3-1，图 4-3-2)。

图 4-3-1　孔荡村村民服务中心

资料来源：浙江省城乡规划设计研究院，《盐城市阜宁县孔荡村"6·23"龙卷风冰雹特别重大灾害灾后重建规划》，2018 年 9 月

图 4-3-2　计桥双桥村村民服务中心

资料来源：江苏省城镇与乡村规划设计院、江苏省建筑设计研究院有限公司，《盐城市"6·23"龙卷风冰雹特别重大灾害灾后重建硕集社区计桥双桥村村庄建设规划》，2016 年 9 月

四、建筑设计

（一）功能布局

此次灾后重建的村庄服务中心，根据功能的复杂性，大致有三种布局方式：单层串联布局，多层“L”形半围合布局，多层串联布局。

单层串联布局。五种功能区均开设直接对外的出入口。适用于功能较少、面积较小的村庄服务中心，如东崔村（图 4－3－3）、南湾村（图 4－3－4）。

图 4－3－3　东崔村村民服务中心

资料来源：江苏省城镇与乡村规划设计院、江苏省建筑设计研究院有限公司，《盐城市“6·23”龙卷风冰雹特别重大灾害灾后重建东沟镇东崔村村庄建设规划》，2016 年 9 月

图 4－3－4　南湾村村民服务中心

资料来源：江苏省城镇与乡村规划设计院、江苏省建筑设计研究院有限公司，《新沟镇南湾村村庄建设规划》，2016 年 8 月

多层"L"形半围合布局。以围合成的广场作为各个分散功能区出入口的公共区域,并成为村庄中重要的开放场地。适用于功能需求较多、用地相对狭小的村庄服务中心,如蔡河村、两合村、孔荡村、计桥双桥村、大楼村、陈良村、新涂村、郑朱村(图 4-3-5)、成俊村(图 4-3-6)。

图 4-3-5　新涂村村民服务中心

资料来源:江苏省城市规划设计研究院(江苏省城市交通规划研究中心),《陈良镇新涂村灾后重建修规》,2016 年 8 月

图 4-3-6　成俊村村民服务中心

资料来源:江苏省城市规划设计研究院(江苏省城市交通规划研究中心),《盐城市"6·23"龙卷风冰雹特别重大灾害陈良镇成俊村灾后重建乡村修建性详细规划设计》(以下简称《陈良镇成俊村灾后重建修规》),2016 年 9 月

多层串联布局。运用走廊串联各个功能，依据不同功能的公共性大小按层分配面积，并且适当以架空连廊连接独立的单体。适用于功能需求较多、而用地相对充足的场地，亦便于各个功能单独设置出入口，如北陈村、丹平村、戚桥村、邵湛村、立新村(图 4-3-7)。

图 4-3-7　立新村村民服务中心

资料来源：上海市城市规划设计研究院，《盐城市阜宁县立新村灾后重建村庄建设规划》，2016 年 8 月

（二）建筑特色

1. 传统元素重新组合

对传统元素，不应仅作为符号化的元素在建筑上简单组合，而应该运用现代主义的方法加以提炼。其基本设计方法是考察当地建筑文化组成，关注符合地方居民生活习惯的空间布局，以及当地建筑形态、形式、构件，在此基础上，运用重现、隐喻、对比等现代建筑设计方法创造性地再现上述元素。

盐城当地建筑风貌兼具南北方的某些特征，历史上南方的粉墙是富庶的象征，而不粉刷的墙体又具有独特的历史韵味，所以灰砖墙与粉墙组合使用是可以体现其建筑文化上的融合性的。木质表皮实际上在传统中国古民居中表达了一种内向的气质，如北方民居室内分隔、皖南民居内天井四周、云南一颗印住宅外中庭四周等。所以，运用木质表皮装饰一部分内向、内凹的空间，既区分了立面层次，又与古民居之空间结构暗合。此次乡村公建设计中就使用了以上方法，如东崔村、蔡河村、北陈村、两合村、陈良村、成俊村、丹平村、立新村的公共服务中心建筑。

2. 传统元素演变简化

从传统建筑到现代建筑，是现代生活方式形成、家庭构成转变带来的必然趋势，如何传承传统，需要合理的方式方法。从最初的现场调研，到上述的实践中，我们发现，如屋脊、花窗等细部，各地区别很大，即便是相隔百公里，都有显著的变化，而空间组合、立面构成则与气候、区域文化、经济条件相关，呈大区域分布。因此，在实践过程中，对点状传统元素(各类细部、小木作)可以相对直接地加以运用，而对片状传统元素(空间构成、立面形制)就需要在更大范围的调研、提炼之后，结合具体现代建筑需求加以运用。

第四节　乡村幼儿园建筑设计

阜宁灾后重建幼儿园的设计，主要面对的问题是如何用有限的资源为孩子们创造有活力的成长空间。立足“乡村”这一主题，重建设计通过孩子们的需求与创造不断为当地幼儿园注入新的生命力；从实践中不断摸索，勾勒出理想乡村幼儿园的轮廓。在灾后重建幼儿园的设计上，团队秉持的原则是以幼儿为本、因地制宜。从建筑平面、立面造型及建筑材料的选用上都需考虑各个方面的制约因素，紧扣“乡村”这一主题，避免一味追求城市化、“高大上”的设计手法，真正将设计落到实处。

一、指导思想

(一) 强调环境设计

幼儿园建筑的使用对象是幼儿，其设计一切要为幼儿教育，为幼儿的健康成长这个总目标服务。教育要寓于良好的环境之中，幼儿园建筑的环境设计更应予以重视，在设计一开始就应把它看成幼儿园本身的一个重要组成部分，使建筑物与室外环境有机地结合起来。要注重对庭院绿化、户外活动场地的设计，把幼儿园作为一个适合幼儿游憩的儿童乐园来设计。

(二) 强调儿童化

创作儿童文学要有“童心”，设计幼儿园也应要有“童心”。“儿童化”就是要使幼儿园建筑适合幼儿的心理，适合幼儿的使用，为幼儿所接受。设计中需要做到注意幼儿的尺度，在环境设计、室内外装饰、建筑小品等设计中，要多采用一些儿童能接受的较为具体的艺术形象。

（三）注重乡村特色

在乡村幼儿园的建设中体现本土特色，不仅使本土文化得到传承，本土化的元素的运用也使幼儿园更具亲和力，让孩子有“家”的感觉，使幼儿能够更快融入这样的一个“大家庭”。

二、设计原则

（一）安全原则

由于幼儿缺乏安全常识，自我保护能力差，因此，安全就成了幼儿园园舍建筑必须首要考虑的原则。首先，园舍建筑必须牢固安全，使用的各种建材也必须经久耐用，以达到防风、防震、防火、防水的功能。其次，除用地指标低的村庄因用地面积缺乏而建筑楼房外，应以建筑平房为原则。再次，各种建筑物的墙壁、地面、楼梯、台阶、门窗及其他设备均应达到安全标准，防止对幼儿造成意外伤害。

（二）适应需要的原则

幼儿园的建筑设计应符合幼儿身心发展特点和教育管理的需要。就符合幼儿身心发展特点而言，幼儿园各种建筑物尤其是幼儿生活用房、围墙、大门造型应别致多样，富于童话色彩和儿童情趣，比较容易让幼儿喜欢。此外，还要根据教育管理要求，结合办园条件，设计布置各种房舍，做到朝向适宜，功能区分合理，方便管理。

（三）经济原则

经济原则不仅体现在节省，更在于以最少量的建筑材料，力求最高效的发挥，更在于建筑设计切实符合教育和儿童的需要，使各种建筑物得以充分利用并有发展可能。总之，经济原则要体现在建筑和运用两方面，特别是在我国不少乡村经济发展水平不高的条件下，遵循经济原则显得尤为重要。

（四）卫生原则

幼儿园的卫生条件，直接关系幼儿的身心健康。因此，园舍建筑设计中，必须注意采光、通风、防暑、取暖、排水以及各种清洁卫生条件，尤其是厨房、卫生间及水沟更需要符合卫生要求。

（五）美观原则

园舍建筑是否安全、实用、卫生固然重要，然而，建筑能否给人以亲切、愉快、美的感觉，也是不容忽视的。环境艺术化是教育的手段，美观大方的园舍建筑对幼儿美感的培养也有潜移默化的作用。因此，幼儿园的建筑设计中，总体布局要适当考虑对称、协调的关系，同时每座建筑物应依其用途而有不同的造型表现。幼儿用房造型应力求别致、多样，办公用房则表现朴实大方，做到整体与布局和谐，内容与形式的统一。园舍建筑的色彩及室外的绿化也都应遵循美的原则。

（六）舒适原则

幼儿园的建筑应为成长中的幼儿提供一个舒适的生活和学习环境，对幼儿的身心发展产生积极的影响。因此，幼儿园的园舍建筑要给予幼儿温度的舒适，为此应考虑幼儿用房的朝向、通风设备、遮阳设备、采暖及防暑设施，使室内温度不致过高或过低；要给予幼儿视觉的舒适，应注意照明采光适当和装饰色彩的协调，光线不能过强或过暗，装饰颜色不应过于鲜艳刺激，也不应单调、晦暗；要给予幼儿听觉的舒适，应注意隔音设备，以减少噪声；要给予幼儿空间的舒适，应注意幼儿用房室内高度及室内外活动场所、休息场所的面积。

三、设计依据

乡村幼儿园宜按照行政村或自然村设置，办园规模根据服务人口数量确定，每园不宜少于 3 个班。《江苏省农村合格幼儿园办学条件基本要求（试行）》中也对江苏农村（乡村）幼儿园的人均占地面积、园舍建筑面积、功能教室等提出了具体的面积指标。阜宁当地根据规范及江苏省农村办学条件，要求结合当地实际需求，规定了幼儿园的建设规模——即新型农村社区（美丽乡村型）为 1000～1800 平方米，新型农村社区（康居村庄型）为 800～1200 平方米。

四、建筑设计

（一）建设选址

灾后重建的 16 个村庄中，重建规划包含幼儿园建筑设计的有成俊村、丹平村等 11 个村庄。安置户数较少的村庄如北陈村、郑朱村将幼儿园设置在村庄主要出入口处。安置户数较多的村庄如计桥双桥村、新涂村等则将幼儿园设置在村庄中部，靠近内部道路的位置，主要考虑幼儿步行距离不宜过远，影响其服务半径。同时各村庄幼儿园的选址遵循几个原则：靠近村庄主要道路，交通方便；与村民服务中心、村民广场等其他公共空间联系紧密并相对独立；毗邻文化园、水景游园，可获得良好的景观与日照。现将各村庄幼儿园建设选址归纳如下表 4－4－1：

表 4-4-1　各村庄幼儿园建设情况一览表

村庄名称	安置户数（户）	总建筑面积（万 m^2）	幼儿园规模（班）	幼儿园选址
计桥双桥村	1032	11.14	6 班	村中部位置，村内主要道路南侧
北陈村	93	1.19	3 班	村口位置，村内主要道路南侧
成俊村	248	2.89	3 班	沿外围道路，靠近村庄主出入口
大楼村	563	5.99	3 班	沿外围道路，水景北侧
丹平村	544	5.89	3 班	入口景观湖旁
新涂村	656	7.71	6 班	村中部位置，主要道路交叉口处
孔荡村	325	3.89	3 班	靠近外围道路，毗邻水景文化园
立新村	368	4.32	3 班	主要出入口旁，与特色游园一路相隔
戚桥村	368	3.89	3 班	村口位置，与村口广场、公共服务点相连
邵湛村	364	3.80	3 班	村中主要道路南侧，沿湖布置
郑朱村	184	1.97	3 班	村口位置，村口广场南侧

资料来源：各村灾后重建规划文件调研汇总统计

（二）功能布局设计

幼儿园建筑设计分为三部分：幼儿生活用房、幼儿供应用房、幼儿服务用房。功能齐全、分区明确，方能适应儿童的健康发展。对此，盐城受灾地区幼儿园平面功能由活动用房、服务用房及附属用房三部分组成。平面布局根据基地地形可归为以下几类：

"回"字形布局，如大楼村、计桥双桥村等地幼儿园。此类布局紧凑，南面为幼儿活动用房，北面为办公室等服务用房，围合的庭院创造更多样化的幼儿室外活动空间。

"L"形布局，如戚桥村、郑朱村等地幼儿园。此类布局将服务附属用房独立成区，形成半围合的空间，南向主要功能房间可获得良好的日照与通风。

"一"字形布局，如成俊村、丹平村等地幼儿园，适合规划建设用地较为狭长的情况。此类布局建筑形体舒展，通过活动单元的错落排布，打破呆板的空间布局。

（三）造型设计

建筑造型多采用简洁活泼的现代风格，通过体块的穿插、错落，形成明快、鲜明的建筑主题，具有较强的识别性。成俊村幼儿园造型化整为零，四个体块灵动活泼，搭配灰墙、白墙和木饰面，与周围新中式风格建筑相互呼应。窗户局部以彩色俄罗斯方块元素点缀，为幼儿营造了亲切、活泼的教学娱乐环境（图 4-4-1）。丹平村幼儿园立面造型使用色块与白墙穿插的手法，不规则的、色彩变化的立面遮阳板突出了建筑特点，增强了立体感及视觉冲击力，圆形的开窗丰富了建筑立面，活泼生动(图 4-4-2)。

图 4-4-1　成俊村幼儿园设计

资料来源：江苏省城市规划设计研究院(江苏省城市交通规划研究中心)，《陈良镇成俊村灾后重建修规》，2016 年 9 月

图 4-4-2　丹平村幼儿园设计

资料来源：江苏省城市规划设计研究院(江苏省城市交通规划研究中心)，《陈良镇丹平村灾后重建修规》，2016 年 9 月

戚桥村与邵湛村幼儿园通过幼儿活动单元的平面布置及立面色彩上的变化，使建筑造型具有一定的韵律，幼儿也可通过色彩快速识记自己的活动室、寝室(戚桥村实例见图 4-4-3)。孔荡村幼儿园连廊光影的设计营造出有趣的空间，增强了空间趣味性。内庭院、入口雨棚的变化等手法也丰富了建筑造型，为幼儿带来一

定的感官刺激(图 4－4－4)。

图 4－4－3　戚桥村幼儿园立面设计

资料来源:浙江省城乡规划设计研究院,《盐城市阜宁县戚桥村“6・23”龙卷风冰雹特别重大灾害灾后重建规划》,2018 年 9 月

图 4－4－4　孔荡村幼儿园设计

资料来源:浙江省城乡规划设计研究院,《盐城市阜宁县孔荡村“6・23”龙卷风冰雹特别重大灾害灾后重建规划》,2018 年 9 月

出于造价考虑,幼儿园多以粉刷墙面为主,局部采用木质格栅点缀,有效控制了建造成本。色块颜色的选用,主要是在村庄其他建筑的原色基础上进行饱和度的增加,形成明快、鲜明的建筑主题风格,具有较强的识别性。

(四) 室内设计

幼儿园室内设计除了满足幼儿教育和活动需求外,还需要考虑幼儿的心理需求和审美情趣,创造出安全卫生、丰富多彩、具有童心童趣的空间。在立新幼儿园室内设计中,色彩选用黄、绿、蓝等轻快、活泼的颜色,造型设计中融入弧线,材质上采用木纹理材质等形成富有趣味的空间变化，处处体现着对儿童的细致关爱，如图4-4-5。

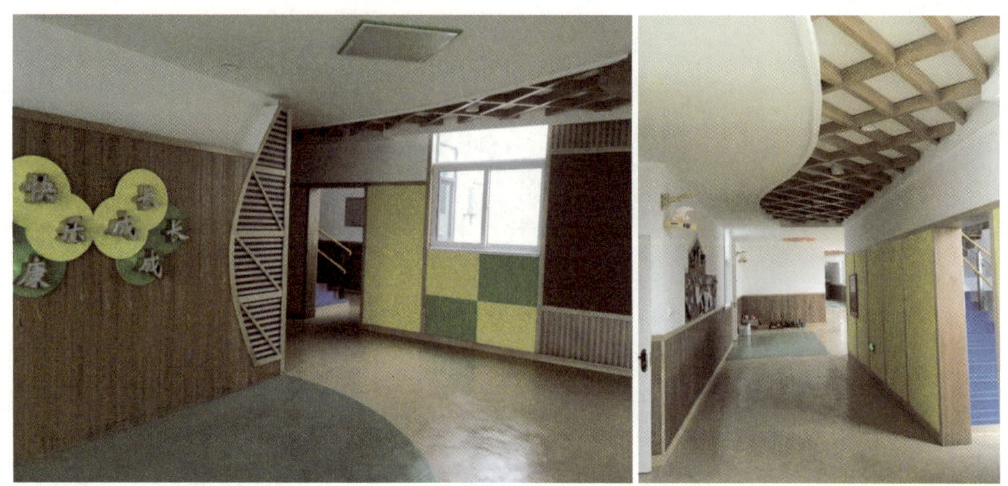

图4-4-5　立新村幼儿园室内设计

资料来源：上海市城市规划设计研究院，《盐城市阜宁县立新村灾后重建村庄建设规划》，2016年8月

（五）室外环境设计

不同于城市的用地紧张，乡村幼儿园可以留有更多的室外活动场地，有助于幼儿贴近自然、亲近自然。场地布置可结合乡村特点，除了滑梯等幼儿园“必备配置”外，也可设沙坑、小型植物园、浅水池等释放孩子天性的设施，培养幼儿动手、观察的能力，这也是城市幼儿园所缺失的部分。向自然提问，从自然中寻找材料，具有野趣的幼儿园，培养的孩子也是有生气、有创造力的。立新村幼儿园在外部环境设计中将芦苇沿着南侧围墙大量种植，体现了苇荡地区的自然特色，如图4-4-6。

图4-4-6　立新村幼儿园室外活动场地

资料来源：上海市城市规划设计研究院，《盐城市阜宁县立新村灾后重建村庄建设规划》，2016年8月

第五节　灾后纪念性建筑设计

一、指导思想

（一）突出地方特色以及抗灾的纪念意义

纪念馆设计，纪念性是首要的，以启示后人，充盈心灵，另外也要注意设计的开放性、可达性和易识别性。设计应当汲取当地元素，使设计更加具有人文意义和纪念意义。

（二）控制规模，考虑远期建设

由于纪念馆所在地为受灾地区，民生、产业、经济均不同程度受损，亟待得到相应的人力财力补充，经济能力有限，而需投资的方向众多更为关键。故受灾年代较近的纪念性建筑的建设规模受到较大限制，不应刻意追求“高端”、追求“政绩工程”。将好钢用在刀刃上，体现纪念意义的同时，尽可能地限制建设规模。考虑到纪念功能和效果提升的因素，宜充分预留未来扩建的空间。

二、设计理念

作为在灾害遗址中建设的纪念性建筑，极具社会意义，是人们情感寄托所在，也是社会活动的载体，引导群众情感，以培育社会价值观。因此不同于其他建筑类型，它是将客观事件载入人类精神空间，又将这些情感思想物化的体现。对设计主题的把握，应强调两个方面：一方面把灾害真实、震撼、无情的画面留存下来；另一方面缅怀生命，展现人民团结抗灾的过程。通过展示告诉人们：龙卷风可以重创我们的家园，但不能摧毁我们的意志。

三、设计原则

保障安全。结合该开放空间，构建疏散场所，加强建筑设计，确保建筑安全。

强化特色。发掘并运用地域特色元素，彰显地域文化特色。

留存记忆。通过对灾后遗迹的保留，留存记忆。

四、设计手法

（一）空间氛围营造

纪念性建筑由于其精神寄托属性，空间氛围的设计与营造对于加强参观者的代入感、增强感染力具有极为重要的意义。纪念性建筑通常通过空间尺度大小的序列变化，光线明暗、冷暖的交替变化，自然光与灯光、阴影构成的图案虚实变化，声音的远近高低变化，室内材质、颜色的组合，形成对参观者各种感官的刺激，完成对灾难现场和过程以及众志成城团结抗灾的场景重构，使之产生身临其境之感，同时通过观感的震撼，展现生命的珍贵、抗灾的众志成城和灾后重建的美好展望，触发参观者精神世界的变化。

（二）展示流线

由于纪念性建筑通过一定的“叙事”手法，向参观者讲述一个故事，故其展线，即参观流线的规划设计，是建筑设计成败的主要因素。与小说、电影等文学艺术作品类似，可以运用直叙、倒叙、插叙、蒙太奇等手法穿插其间，通过叙述顺序及场景变化的编排，为参观者铺开一条进入事件—观察事件—思考事件—展望的线索，并在这条线索中各环节埋下伏笔，通过低缓到高亢的节奏韵律变化，使得参观者的观感因节奏性的跌宕起伏而震撼，促进精神世界的升华，达到纪念建筑的设计意图。

（三）视觉设计手法

纪念性建筑的性质决定了其具有一定的地标性，而使得其与一般建筑在视觉上有显著的区别。通常其形体独特，在体量、造型上有别于周围的建筑。通过不同的形体表达，给人们带来不同的情感触动。通过造型、材质等建筑语言，叙述设计者所想传达给参观者的信息。而内部空间设计手法，则同样通过节奏性的空间关系转换变化、材料与光等视觉环境因素的运用，使人在精神世界产生共鸣。

五、他山之石——国内灾后重建纪念性建筑设计实例

（一）5·12汶川特大地震纪念馆

5·12汶川特大地震纪念馆由地震纪念馆（室内场馆）和老县城地震遗址（室外场馆）两部分组成。地震纪念馆分主馆和副馆。主馆陈展主题为“山川永纪”，真实记录了5·12汶川特大地震灾难、抗震救灾、灾后重建的历程。副馆为地震科普体验馆，以“感受地震、传播知识、关爱生命”为主题，集地震知识普及与互动体验于

一体。

设计采用“非建筑”的策略，通过不太容易被人感知的对空间的刻画，在山脚下“雕刻”出引导人活动的空间轨迹，营造出与环境浑然一体的大地景观，实现了一次人与大自然的审慎对话。这种特殊的建筑形象塑造试图表达对大自然的敬畏，并传递与之和谐共处的信息，同时通过一种无声的方式展现纪念性建筑应有的纪念性特征，作为对在地震中逝去的生命的永恒祭奠，如图 4－5－1。

资料来源：四川省人民政府，《5・12 汶川特大地震纪念馆开馆》，四川日报，2013 年 5 月 10 日，http://www.sc.gov.cn/10462/10464/10797/2013/5/10/10261700.shtml

图 4－5－1　5・12 汶川特大地震纪念馆

资料来源：《5・12 抗震救灾纪念馆》，搜狗百科，https://baike.sogou.com/h69143926.htm

（二）玉树地震遗址纪念馆

玉树地震遗址纪念馆基地位于结古镇的南入口——格萨尔王宾馆遗址旁边，方案以保留的格萨尔王宾馆遗址为展示主体，纪念馆主体隐于地下。新旧建筑"一隐一显"，通过控制地面体量，尽可能突出遗址本身的视觉震撼力和纪念意义。地面建筑体量控制得极为节制和纯粹，简洁到极致的外部体形，诠释了人工环境与自然的关系，如图 4－5－2。纪念馆巧妙运用"裂痕"造型元素便于地下空间的采光，建立起遗址与地下展厅的视觉联系。极简的直线形纪念长墙以青色毛石制成，直指结古寺，不仅隐含着内在精神寓意，同时可作为遗址的背景。沿着墙体设计的 85 个转经筒，成为人们进出玉树及转经路线的重要组成部分，如图 4－5－3。

图 4－5－2　玉树地震遗址纪念馆

资料来源：孟建民建筑研究所，《玉树地震遗址纪念馆》，在库言库，http://www.ikuku.cn/post/188104

图 4－5－3　玉树地震遗址纪念馆藏族设计元素

资料来源：孟建民建筑研究所，《玉树地震遗址纪念馆》，在库言库，http://www.ikuku.cn/post/188104）

设计以纯粹的“方”与“圆”为基本原型，采取地域建筑设计策略，通过材料、色彩、光等基本建筑要素的运用，表达藏地建筑特色。内部空间采用暖色毛石、素混凝土、藏红色钢板等现代材料营造内敛而庄重的空间氛围。当人们通过线性空间序列缓缓进入中央的祈福之庭，内聚的圆形空间和环绕的壁龛矩阵唤起内心的精神共鸣，传达出人与自然和谐共生的生命哲学，如图 4－5－4。

图 4－5－4　玉树地震遗址纪念馆内部空间

资料来源：孟建民建筑研究所，《玉树地震遗址纪念馆》，在库言库，http://www.ikuku.cn/post/188104）

六、盐城抗击“6・23”龙卷风灾害纪念建筑设计

（一）建设选址

灾后重建纪念性建筑选址通常位于受灾地区城市或者村镇居民点的公共活动广场内，与广场景观构成一系列灾后重建纪念性主题公园。盐城“6・23”龙卷风灾害纪念建筑按照上述方式进行选址建设：一是盐城抗击 6・23 特大龙卷风纪念馆，位于阜宁县城苏州路西侧，如图 4－5－5；另一处为阜宁立新村风灾遗址，位于受灾较为严重的阜宁县立新村东北侧。考虑建筑设计的完整性，本节对盐城抗击 6・23 特大龙卷风纪念馆进行说明。

（二）功能流线

盐城抗击 6・23 特大龙卷风纪念馆，通过大量的资料、实物、照片、视频等，还

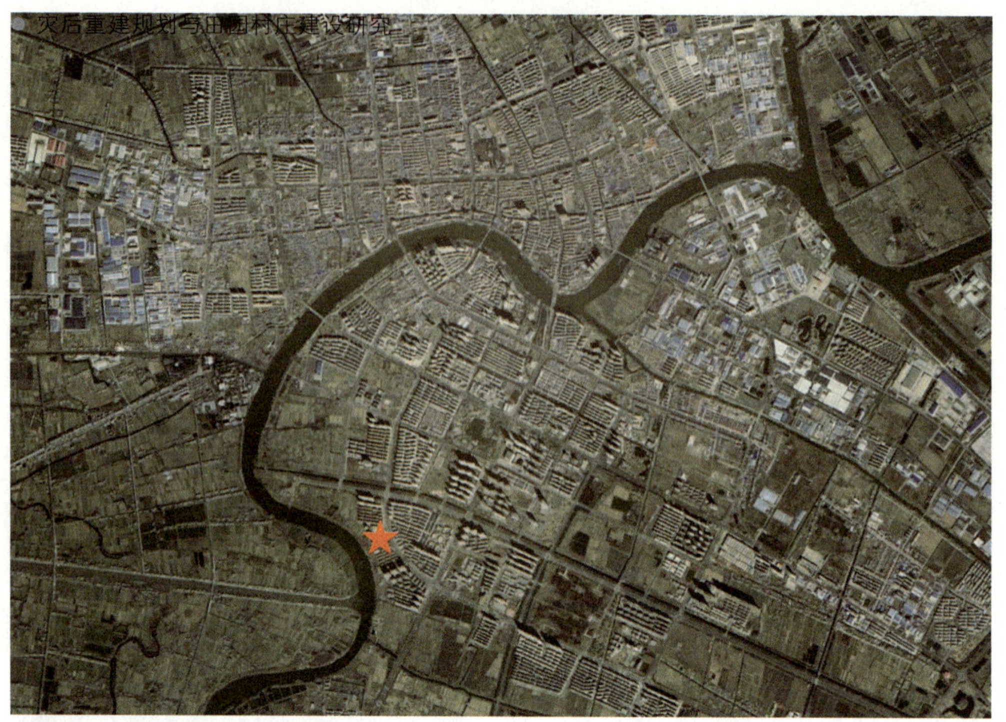

图 4-5-5　盐城抗击 6·23 特大龙卷风纪念馆位置

资料来源：卫星图截图，编委团队自绘

图 4-5-6　盐城抗击 6·23 特大龙卷风纪念馆入口

资料来源：编委团队拍摄

原灾难现场、政府组织力量救援以及群众互助自救的情景。该纪念馆以社会教育功能为主，展示弘扬当地面对困难始终屹立不倒的抗灾救灾精神，展示“天灾无情人有情”的社会大爱，展示社会主义制度的巨大优越性，展示党组织和广大党员的战斗力、影响力、凝聚力、向心力，在全社会凝聚起推动改革发展的强大合力。

纪念馆结合地形，平面形状为直角梯形，在靠近苏州路一侧设置主入口，入口广场上通过一组受到龙卷风灾害袭击后变形的钢柱雕塑，点明设计主旨，如图 4-5-6。

建筑功能包括展览、科普以及后勤服务等方面。展览部分为主，位于建筑东侧靠近广场，以入口门厅—序厅—第一展厅—第二展厅—第三展厅—第四展厅—尾厅的顺序组织参观流线。展览部分结束后，可以进入科普厅参观，也可以进入入口门厅离开，如图 4-5-7。纪念馆亦作为青少年科普教育基地，体现其社会价值。设置青少年龙卷风科普教育展厅，采取多媒体、模型等表达方式，进行龙卷风基本成因详解、模拟龙卷风的形成、多维度体验式感受不同等级龙卷风和安全防风避难教育。

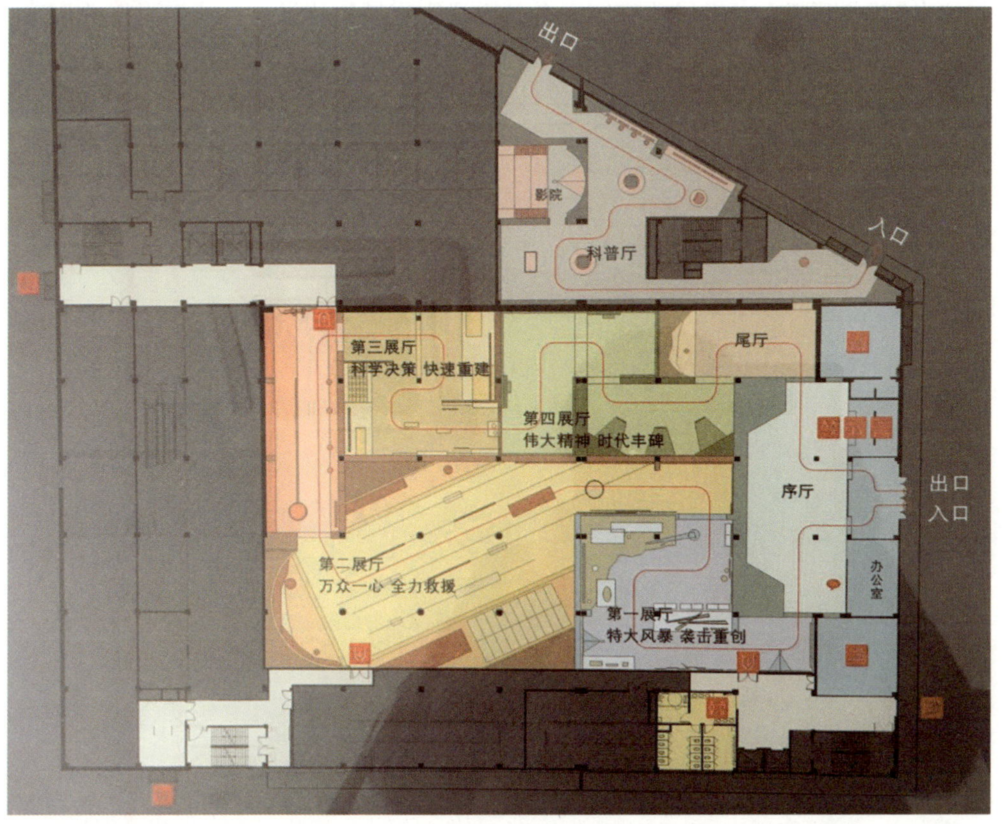

图 4-5-7　盐城抗击 6·23 特大龙卷风纪念馆一层平面功能及流线

资料来源：编委团队拍摄

（三）建筑造型

盐城抗击 6・23 特大龙卷风纪念馆通过厚重的造型形体设计体现了纪念建筑的庄重，立面上割裂的表皮设计，体现龙卷风灾害为当地人民生活带来的痛苦，加上入口前的雕塑，对参观者产生强烈的视觉冲击力，唤起人们内心对遇难者的沉痛悼念，对生命价值的缅怀，和对现实美好生活的向往。

乡村的建设是一个长久的发展过程，灾后重建客观上存在时间紧迫的压力，设计结果和现实实践的差异不可避免，部分项目并没有按照设计进行施工，而是选择已经建成的样板进行复制，这种现象在一般公共建筑如幼儿园、村庄服务中心的实施中比较普遍，没有实现多样化的建设意图。

总体上，此次的灾后重建项目，以灾后重建为契机，立足盐城灾后乡村现状，将适宜的建造模式、建造技术、施工材料引进建设当中，将现代与传统相结合，提高了居住水平，改善了村民的居住环境和生活品质；将符合现代乡村建设的指标建设融入整体设计中，进行重新整合，提升了公共配套设施的服务效果，推动了乡村建设；将抗击“6・23”特大龙卷风冰雹灾害及其后众志成城的建设这一特定事件的痕迹，通过纪念馆建筑形象的塑造以及内部空间的整合加以表达，这些都对盐城乃至更广泛区域未来乡村建设提供了新的途径和方法，具有指导和借鉴意义。

第五章　盐城灾后重建效果评价研究

在自然灾害频繁的袭扰下，对灾后重建工作的合理性和科学性评价已成为世界各国共同研究和探索的课题。科学合理的重建效果评价是重建工作检验的关键一环，对提高规划效用、改进建设效能，具有重要的理论意义和实践价值。本章在灾后重建效果评价理论和方法基础上，建立了针对盐城“6・23”龙卷风灾害灾后重建效果评价的指标体系，并搜集数据进行实证研究，目的是对灾后重建现状进行诊断性评价，对未来的乡村建设工作提出导向性建议。

第一节　灾后重建效果评价理论概述

一、灾后重建效果评价的内涵

灾后重建是为引导受灾区域从无序状态转变到有序状态，恢复正常生产、生活秩序和自主发展能力而进行的工作，不仅涉及各种工程类项目的物质规划，还要考虑社会功能、经济系统、生产生活、文化心理等方面的引导和恢复，是一项艰巨复杂的系统性工作。

灾后重建效果评价是指在重建规划进入实施阶段后，经过一段时间的实际运营和发展的考验，对重建工作从立项规划编制、实施组织直至运营进行全面评价、分析和总结，并对重建工作优劣及其内在原因进行分析和反馈，从而为不断提高规划编制、决策、实施的水平以及管理的力度，合理利用建设资金，提高投资效益，制定相关政策等提供科学依据。灾后重建效果评价不仅要考察灾后重建工作本身的科学性和合理性，还要考量实际发展与重建预期目标之间的偏差，主要目的是分析实际建设状态和规划产生偏差的原因，提出解决路径，对规划与实施效果进行及时、必要的修正。

灾害的特点和灾后重建工作的内容决定了灾后重建效果评价具有较大的复杂性，主要表现在三个方面：① 部分灾后重建效果评价指标量化难度较高，如创新性、环境承载力等；② 评价体系间缺少统一的衡量标准或存在不同的量纲，难以比较；③ 部分指标间会存在矛盾性，如舒适便利的居住环境与土地集约化利用、建设投资之间就存在一定程度的冲突。这些增加了评价工作的难度，然而只要紧紧围绕灾后村庄重建的根本目标，即重建灾民生计体系、恢复灾区自主发展能力，还是可以顺利进行灾后重建效果评价，提出持续改进的措施的。

二、灾后重建效果评价研究意义

（一）确保灾后重建目标的实现

盐城“6・23”龙卷风灾害灾后重建效果评价不仅可以增强重建项目规划人员、建设人员以及管理人员的责任感，而且具有一定的检验、反省和监督作用，督促他们努力做好“6・23”龙卷风灾害灾后重建项目，在一定程度上保证灾后建设目标的实现。

（二）提高灾后重建决策科学化水平

盐城灾后重建任务紧急且繁重，通过对灾后重建项目进行效果评价，可以将评价结果反馈到后续建设项目和其他重建项目中，为“美丽乡村”、“康居工程”提供经验支撑和科学依据。

（三）提高后续灾后重建项目的管理水平

盐城灾后已实施重建项目的经验总结，能够指导未来“美丽乡村”、“康居工程”项目的投资与管理，有利于最大限度地提高灾后重建项目的回报，提高管理水平。

（四）为政府和其他机构的财务优化提供依据

盐城灾后重建所需的资金不仅有来自政府的财政拨款，还包括银行、保险等金融机构的信贷资金、资本市场融资、国外优惠紧急贷款资金等。开展灾后重建效果评价，有利于及时发现专项资金使用过程中存在的问题，对政府投资项目或贷款项目的成败进行分析研究，以降低政府和其他机构的投资和运营风险。

三、灾后重建效果评价的主要内容

灾后重建效果评价的合理性很大程度上取决于评价内容是否全面、层次是否清晰，因此理清灾后重建内容是评价工作的基础和前提。国内外关于灾后重建的工作实践为盐城“6・23”龙卷风灾害灾后重建理清主要内容，开展评价工作提供了参考。

1995 年日本阪神大地震灾后重建规划要点，如表 5－1－1 指出，首要考虑的是尽快恢复重建住宅，让百姓有安居之所，然后通过制定各种经济复兴实施方针振兴灾区产业。在整个重建过程中，始终贯彻“生态先行”的原则。

表 5－1－1　日本阪神大地震灾后重建规划要点

基本理念	构建人与自然、人与人、人与社会和谐的“共生社会”
基本目标	建设 21 世纪的福利城市；建设向世界开放、充满文化气息的社会；建设既有产业高度化、新型产业茁壮成长的社会；建设抗灾能力强、能够安心生活的城市；形成多核网络型都市圈。
主要课题	居民主体的城市建设；人与自然共生的环境创造；通过放松管制促进民间活力参与重建；寻求国内外对重建的广泛参与和支援；推进行政与财政的改善；中央对地方的支援；复兴事业的管理。
紧急应对事项	对灾民生活的支援；废墟和瓦砾的处理；公路与港口的修复；社会福利设施和文教设施的修复重建。
实施进程	规划前 5 年目标中对灾民生活的支援、废墟和瓦砾的处理、公路与港口的修复等需要紧急应对的重建事项作为“复兴特别事业”，中央政府给予特别的政策支持；在此基础上，受灾最重的冰库县政府又制订了灾民住房、公路、铁路和港湾等基础设施建设的重建计划。

资料来源：Chang S E.，“Urban Disaster Recovery：A Measurement Framework and Its Application to the 1995 Kobe Earthquake，”*Disasters*，2010 年第 2 期

2004 年印尼海啸灾害灾后恢复重建包括紧急救援阶段、恢复重建阶段和发展重建阶段，如图 5－1－1 所示。其中，解决灾民的居住、生计以及区域经济复苏是灾后重建初期的工作重点，此后逐步恢复对交通、产业、生活等设施的重建，同时为业主提供低额度贷款、公共设施和扶持政策，帮助其进行以旅游业和渔业为主的产业恢复。

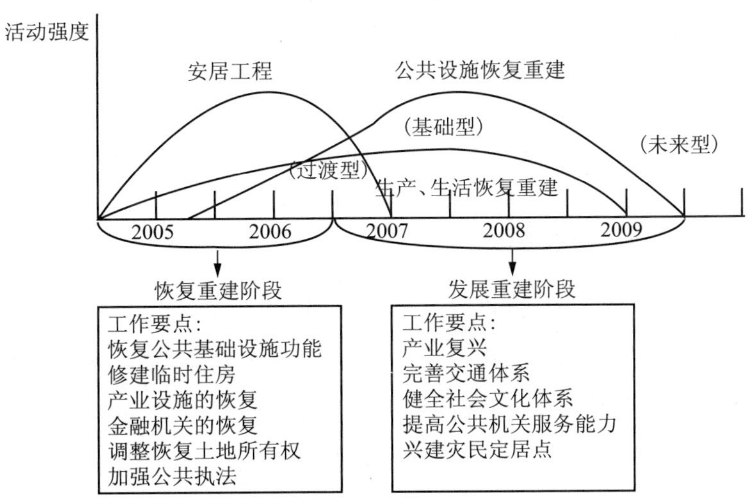

图 5－1－1　印尼海啸灾害灾后恢复重建工作阶段及内容

资料来源：杨月巧等，《地震灾后恢复重建的后评价框架体系研究》，《灾害学》，2014 第 1 期

2008年，针对中国“5·12”汶川地震的灾后重建工作，国务院公布实施了《汶川地震灾后恢复重建条例》，明确指出灾后重建内容包括空间布局、城乡住房等方面，如表5-1-2。

表5-1-2　汶川地震灾后重建工作要点

主要内容	工作重点	主要内容	工作重点
空间布局	重建分区、城乡布局、产业布局、人口安置、用地安排	规划实施	组织领导、规划管理、分类实施、物资保障、监督
城镇建设	市政公用设施、历史文化名镇名村	农村建设	农业生产、农业服务体系、农村基础设施
公共服务	教育科研、医疗卫生、文化体育、文化自然遗产、就业和社会保障、社会管理	政策措施	财政政策、税费政策、金融政策、土地政策、产业政策、对口支援、辅助政策、其他政策
产业重建	工业、旅游、商贸、金融、文化产业	生态环境	生态修复、环境整治、土地整理复垦
防灾减灾	灾害防治、减灾救灾	精神家园	人文关怀、民族精神
重建资金	资金需求和筹措、资金配置	城乡住房	农村居民住房、城镇居民住房
基础设施	交通、通信、能源、水利		

资料来源：中华人民共和国国务院，《汶川地震灾后恢复重建条例》，2008年6月8日

综合以上国内外灾后重建的工作要点可知，灾后重建工作的共同点是以灾区生活生产恢复和发展为目的，重建内容既包括有形的物质环境恢复，也包括无形的人文环境恢复，是一项复杂的包含多个工作系统的综合项目。从评价的具体内容看，直接投资建设效果评价有以住房、交通设施、公共服务设施以及基础设施建设为代表的物质环境重建效果，有以提高灾区居民收入、产业经济恢复以及企业发展为主的经济系统重建效果，还有以土地整理、环境整治、自然生态环境修复为主的生态系统恢复重建效果，等等。因此，灾后重建效果评价是一个多目标、多系统以及多主体参与的综合性工作，不只是对直接投资建设效果的评价，还包括对通过投资、建设、宣传、组织、管理等综合作用实现重建目标的效果评价。

四、灾后重建效果评价研究现状

灾后重建效果评价相关的研究多集中在经济、效率、社会、生态、工程等方面，所涉及的研究内容多偏于突出其中某一方面，较少有综合性评价体系的提出。早期研究比较偏重于费用—效益分析，后引入了社会生产效益、社会分配效益以及教育效果、就业效果等概念，产生了一系列新的评价方法，评价范围也由公共工程部

分发展到了其他经济部门。

经济方面的评价主要运用多部门投入产出方法、一般均衡分析法、各种统计模型、神经网络等等，评测灾害引起的经济损失，并在此基础上分析灾害对区域经济、国民经济系统的影响等等。这类评价有利于加深人们对自然灾害的认识和了解，但不能作为重建规划效果的评判依据，因为假如只有对在同一地域背景下的多次经济损失和效益评价结果进行对比观察，才能考量灾后重建规划的经济效果，这显然是不可行的。绩效方面的评价主要针对政府资金、行政、政策出台等政府行为，如王凤京和范嘉毅针对灾后重建中财政资金绩效管理提出了实施建议，还有学者依据资金时同价值和价值工程等理论，分析灾后重建项目中的资金利用状况，从而提高灾后重建工作的管理水平。

生态影响评价多建立在统计数据的生态损失研究基础上，总结归纳自然灾害生态影响的特点、类型等。沈茂英从汶川地震灾区生态环境保护的战略意义入手，提出灾区生态保护和恢复的五大关键区域，提出通过“引导人口合理分布、农村扶贫、建立生态补偿以及开发生态资源”四大措施来改善灾区生态环境。吴宁从动植物及其栖息地的影响、水文土壤性质的改变以及对环境的污染、对生物化学循环圈的破坏等方面对灾害的生态系统影响进行了统计和评价。肖磊和李仕明对汶川地震灾后生态重建区的生态承载力进行了评价。徐慧文认为应该兼顾社会、环境、自然之间的和谐，将这三类生态系统都囊括到灾后生态功能恢复效应评价之中。综合来看，学术界普遍认为重建项目的生态影响评价，包括生态系统服务功能、生态脆弱性、生态安全性以及生态质量等内容。

2004年，联合国人类居住中心[今联合国人类住区规划署(The United Nations Human Settlements Programme)]先后出版了《灾后项目评价指南》《灾后方案制订》，探讨灾后重建中面临的主要问题以及评价机制在重建规划过程中的重要性，并着重阐述了灾后重建评价的步骤及方法工具，从政策、工程建设以及具体实施等方面提出指标构建框架。灾害重建效果综合评价中，社会影响以及精神文化等方面的评价一般没有直接可取得的指标数据，评价方法体系也还不成熟，需要灾后重建完成后重新组织人力、物力、财力，进行覆盖面较广的深度社会调查。

中国对于灾后重建效果综合评价的研究长期以来往往是理论多于实证。汶川地震引发越来越多的学者和组织开始进行社会系统影响评价的理论探讨和实践研究。陈蓓蓓对汶川地震灾后重建的社会影响进行了评估。李小云和赵旭东分别从灾害发生带来的社会管理、社会事业、家庭经济、公共服务、性别结构、食品安全、社会心理以及安全体系等方面影响进行了评价方法和评价过程的研究。林万亿从性别、救援食物安全、公共服务系统等方面提出了对灾害所带来的社会影响的评价方法，以及相应的重建策略。这类研究是在灾后重建工作前进行的基于自然灾害本身社会影响的调研分析和评价预测，是为灾后重建工作提供策略依据的，并不涉及重建规划的评价。如曾倩从农户满意度的角度，对汶川地震灾后重建效果做了整体评价。韩伟调研发现，除了生活、住房、生产、心理、服务等五项基本需求外，灾区农民补助政策，教育、医疗、社会保障和商业金融等公共服务设施的损失量、需求量，以及使用情况等方面的评价，是灾后重建工作效果表征的重要方面。2009 年，国务院扶贫办灾后重建办公室与德国技术合作公司合作开展了"《汶川地震灾后恢复重建总体规划》实施社会影响"评价项目，公布了一系列从防灾救灾应急管理体制、灾害风险、资源供给渠道、重建合作关系以及文化可持续等方面的综合评价分析，这是目前国内对灾后重建效果评价较为详细全面的实证研究。

综合现有灾后重建规划的评价研究发现：① 国内专门针对灾后重建效果评价的研究相对较少，系统全面的综合性评价更加不足；② 评价内容方面，已有成果多偏重于经济效益、物质建设评价，对社会、精神、文化等的关注较少；③ 评价方法方面，灾后重建社会影响评价的研究自汶川地震后开始增多，但也多是基于社会调研的定性分析，评价方法较单一，限于提供社会评价的框架，而对现状资料的统计整理结果，很少有更深一层的信息、问题和机制的揭示。[①]

五、灾后重建效果评价方法

灾后村庄重建综合评价调研过程中研究者发现，有些统计数据没有覆盖至村庄这一层面，存在着信息不完备性及模糊性，因此，采用模糊综合评价模型进行"6・23"龙卷风灾害灾后重建效果评价是比较适宜的。对于指标权重的确定，采用层次分析法，将非定量元素转化为定量指标，具有较强的系统性和可靠性，但当采用专家咨询法进行主观赋值的时候，层次分析过程容易产生循环而不满足传递性的现象，导致标度把握不准并有可能丢失信息。而且，主观赋值的权数一旦确定，比较难以变动，不能适应评价考察对象灵活多变的需要。解决这一问题的有效途径是使用熵值法进行客观赋权，从而修正权数值，克服主观赋值的缺陷。

本章提出盐城"6・23"龙卷风灾害灾后重建效果评价的步骤、方法流程如图

① 上述研究文献来源具体见书末"参考文献"。

5－1－2：① 通过文献、理论研究及专家咨询、访谈，建立初始指标体系；② 指标甄别，在初始指标体系基础上，对评价指标进行筛选；③ 通过 KMO 和 Bartlett 球形检验法对原始数据进行信度和效度检验，确保数据分析的可靠性和适用性；④ 运用层次分析法和熵值法进行层级赋权，确定灾后重建效果评价指标体系；⑤ 对样本数据进行模糊分析，并进行灾后评价效果的验证；⑥ 评价结果分析。

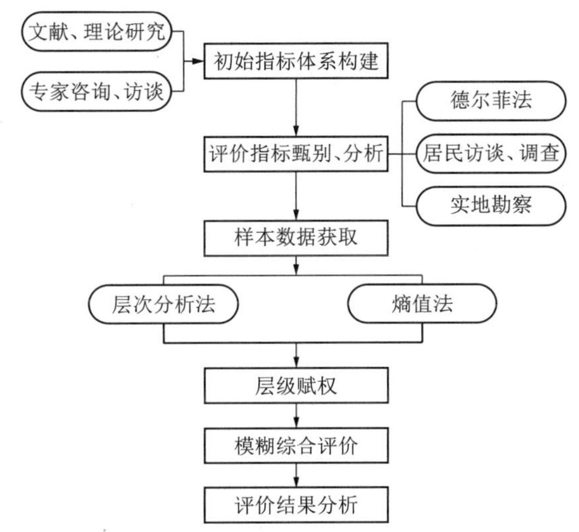

图 5－1－2　盐城“6・23”龙卷风灾害灾后重建效果评价过程

资料来源：编委团队自绘

盐城灾后重建效果的评价采用主客观相结合的方法确定评价指标的权重：层次分析法强调的是决策者经验对权重的决定性影响，熵值法强调的是各指标本身的客观差异对权重的决定性影响。主客观赋权法的互补，将会使灾后重建效果的评价指标和评价结果更加科学有效。

第二节　灾后重建效果评价指标体系构建

灾后重建效果评价指标合理，可在一定程度上确保重建效果评价工作的顺利执行。因此，盐城“6・23”龙卷风灾害灾后重建效果评价指标体系作为保障评价结果合理性和科学性的测量标尺，其构建需要经过严格科学的处理过程。

一、指标体系构建原则

（一）系统性与独立性相结合

灾后重建衡量指标的选取应该既符合评价的实际需要，全面地体现灾后重建过程中各个方面的情况，又要有一定的代表性，包含一些特殊因子。指标体系构建中应尽可能减少各指标间的关联度，在纵向上做到层次分明，在横向上做到类别清晰。

（二）可比性和普适性相结合

灾后重建效果的评价结果，可以通过与同类灾后重建项目进行横向对比，也可以对自身发展指标进行纵向比较，也就是要求指标体系应具有可比性和普适性。同时，由于只能选择少数指标来表达某一方面的问题，所选的指标必须具有较强的代表性，以便能较为全面地反映实际重建情况。

（三）科学性与可行性相结合

灾后重建效果的评价数据可以通过统计资料整理、抽样调查或典型调查获得，指标体系设计中应尽量采用现有的科学方法，同时还应该兼顾指标体系的实用性和可行性。

（四）具体指标体现以人为本

灾后重建的目标是提高受灾群众的生活满意度，这一目标的衡量标准除了反映物质生活水平的指标外，还应包括反映精神文化重建的指标，尤其是反映受灾群众需求的心理感受恢复指标以及对环境变化适应性指标。这就要求尽可能选择最能体现以人为本的具体指标。

二、初始评价指标选择

研究团队在国家关于农村全面建设小康社会指标、农户自主发展能力评价指标体系、《美丽乡村建设指南》，以及《江苏省美丽乡村建设示范指导标准》等政策标准基础上，结合“6・23”龙卷风灾害灾后重建实际情况和专家对评价因子的构建意见，补充灾后重建中关于防灾、心理重建等方面的指标，运用文献分析法、列表法、专家咨询法等将每个系统项进行概念分解，并通过管理层和受灾民众的问卷调查分析结果予以修正，初选得到包含物质环境、经济、社会、生态、精神文化、防灾六个重建子系统项，最终形成包含目标层、系统维度层（准则层）以及指标层的多层评价指标，如表5-2-1。

表 5－2－1　初选村庄灾后重建效果评价指标

目标	维度划分	一级指标	具体指标
村庄灾后重建效果评价	物质环境	配套设施完善程度	市政设施覆盖率、公共服务设施覆盖率、道路硬化率、环卫设施普及率
		住区环境质量	建筑密度、人均公共空间面积
		建筑工程质量水平	建筑工程质量、建造工艺创新性、建筑材料节能性
	经济系统	产业经济水平	农业劳动生产率、非农产业结构动态度
		家庭收入水平	年人均净收入、非农业收入比重
		家庭消费水平	人均消费、恩格尔系数
	社会系统	人口质量水平	平均受教育年限、老龄化程度
		公共服务水平	居住质量指数、服务设施便利程度
		社会保障水平	社会保险覆盖率、贫困人口低保率
		社会公平程度	基尼系数
	生态系统	自然环境恢复情况	自然环境修复度、自然环境承载力
		绿化环境建设情况	绿地率、人均公共绿地面积
		生态安全保障程度	污水处理率、固废收集率、清洁燃料使用率、饮水卫生合格率
	精神文化系统	文化建设程度	地域文化修复程度、文化活动覆盖率
		社会归属感	邻里关系满意度、村庄环境满意度
		社会认同感	救灾重建满意度、政府信任度、灾后政策知晓率、公共参与意愿、权益维护意识
		心理重建程度	信心恢复程度、情绪稳定程度
	防灾应急系统	应急能力	应急救援效率、应急系统完善情况、重建施工效率
		预防能力	选址安全性、工程结构安全性
		防灾意识	公众灾害意识、防灾宣传覆盖率

资料来源：自制（本节表格均为编委团队自制）

三、评价指标甄别

研究者收集盐城“6・23”龙卷风灾害灾后重建效果评价因子时，结合“指标集成调查”、专家访谈和问卷调查法等多种方法，能够最大限度地保证灾后重建评价因子的均衡性、全面性和科学性。

首先，在大量相关领域文献研究的基础上，分析相关领域评价指标集及研究理论，甄选出对盐城灾后重建具有指导和借鉴作用的关键问题，作为灾后重建评价指标建立的理论依据。

然后，充分了解灾后重建工作从规划设计、建设到投入使用的全过程，在初选指标基础上，设计访谈问卷，通过实地调研，掌握灾区村庄建设具体情况，走访受灾村民，了解村民生活现状，收集灾区群众对重建工作的满意程度、关注的焦点问题、需求特征等信息。将收集到的信息通过转换和整合，对初选的评价指标进行丰富、整合和完善。经过前期的整理和收集，汇总的指标仍然分类不够清晰，相互之间的关系不够明确且互有重叠、交叉，需要从专业的角度进一步分析整合。

最后，运用德尔菲法，通过多次专家咨询，综合各位专家意见对灾后重建效果评价指标进一步修改、调整，建立灾后重建效果的评价指标。实际操作中，邀请 10 名专业人员参与，包括城市规划方面的教授 2 名、博士 3 名，从业 10 年以上城市规划研究人员 5 名。

具体操作过程：① 将收集的各个因子分别写在单独的卡片上；② 开展头脑风暴，将专家根据经验提出重要但未标出的因子，分条记录在卡片上；③ 整理卡片，对于打乱了的卡片，按照专家建议分类整理，逐步整理出新的思路；④ 把同类卡片集中起来，并写出分类卡片。

指标甄别过程中，专家们提出下述意见(可对照上述表 5－2－1)。物质环境重建效果评价中，“配套设施完善程度”不宜设置为一级指标，应作为二级指标划分至“住宅环境质量”；“市政设施覆盖率”、“环卫设施普及率”和“公共服务设施覆盖率”等二级指标可以合并为“基础设施覆盖率”指标，以涵盖“配套设施完善”程度的评价内容；由于村民对建造工艺评判的局限性，考虑将“建造工艺创新性”指标删除。经济系统重建效果评价中，“家庭收入水平”和“家庭消费水平”可以合并为“家庭经济水平”综合评价。社会系统重建评价中，二级指标中的“基尼系数”过于宏观，村庄之间的差距并不明显，而且该指标虽然一定程度上能反映社会公平程度，但是并不足以涵盖其所用方面，加之“社会公平程度”作为一级指标主观性强，因此建议删除此一级指标和二级指标。生态系统重建效果评价中，二级指标“自然环境恢复情况”、“绿化环境建设情况”建议合并为“生态环境恢复程度”指标，而三级指标“自然环境修复度”可以综合体现在“绿地率”、“自然环境承载力”等已有指标中，因此建议删除；“污水处理率”和“固废收集率”都是衡量村民生活垃圾处理程度的，建议合并，改用“废污处理率”指标来衡量。精神文化系统重建效果评价中，“地域文化修复程度”在重建实地勘察中区别并不明显，建议删除而“文化设施使用率”指标可以直观衡量村庄文化活动恢复情况，建议添入；由于邻里关系是包含在村庄关系中的，因此，建议删除“邻里关系满意度”，直接只用“村庄环境满意度”来综合评价；“权益维护意识”指标单方面表现村庄村民的主观感受，为防评价有失偏颇，建议删除；而二级指标“社会归属感”和“社会认同感”均是衡量灾区村民对重建系统的精神感受，衡量的内容有重合之处，建议合并处理。防灾应急系统重建效果评价中，由于“重建施工效率”是在灾后重建过程中反映各类设施建造进度和工作效率的，建议划分到“物质环境重建系统”的“建筑工程质量”中。

运用德尔菲法，通过三轮专家意见收集，研究团队对于“6·23”龙卷风灾害灾后重建效果评价因子集的构建意见趋于一致，综合各个专家意见，最终形成了一个包含村庄灾后重建效果评价的目标层即“物质环境重建效果”、“经济系统重建效果”、“生态系统重建效果”、“社会系统重建效果”、“精神文化系统重建效果”、“防灾应急系统重建效果”等 6 个一级因子，15 个二级因子，以及 40 个三级指标的评价指标集合，如表 5－2－2 所示。

表 5－2－2　村庄灾后重建效果评价指标

目标层	一级准则层	二级准则层	指标层
村庄灾后重建效果评价	物质环境重建效果	居住环境质量	基础服务设施覆盖率、道路硬化率、建筑密度、人均公共空间面积
		建筑工程质量	建筑工程质量、施工效率、建筑材料节能性
	经济系统重建效果	产业经济恢复程度	农业劳动力比重、非农产业结构动态度
		家庭经济水平	年人均净收入、非农业收入比重、人均消费、恩格尔系数
	社会系统重建效果	人口质量水平	平均受教育年限、老龄化程度
		公共服务水平	居住质量指数、服务设施便利程度
		社会保障水平	社会保险覆盖率、贫困人口低保率
	生态系统重建效果	生态环境恢复程度	自然环境承载力、绿地率、人均公共绿地面积
		生态安全保障程度	废污处理率、清洁燃料使用率、饮水卫生合格率
	精神文化系统重建效果	文化建设程度	文化设施使用率、文化活动覆盖率
		社会认同感	村庄环境满意度、救灾重建满意度、政府信任度、灾后政策知晓率、公共参与意愿
		心理重建程度	信心恢复程度、情绪稳定程度
	防灾应急系统重建效果	应急能力	应急救援效率、应急系统完善情况
		预防能力	选址合理性、工程结构安全性
		防灾意识	公众灾害意识、防灾宣传覆盖率

四、指标编码与诠释

（一）物质环境重建效果

物质环境是指为了满足人们生存需求而人为构建的居住系统与生活支撑系

统，是灾后经济社会恢复的基本载体，包括住宅等各类建筑工程的建设情况和公共服务、道路、市政、环卫等各种公共配套设施的完善情况。建筑工程质量以《建筑工程施工质量评价标准》(GB/T 50375－2016)为依据，对重建工程的整体质量水平进行考量，包括基础服务设施覆盖率、道路硬化率、建筑密度以及人均公共空间面积等指标，如表 5－2－3 所示。

表 5－2－3　物质环境重建效果评价指标编码与含义

一级准则层	二级准则层	指标层	指标释义
物质环境重建效果 B_1	居住环境质量 C_1	基础服务设施覆盖率 D_1	市政、环卫等配套设施达到标准的比重
		道路硬化率 D_2	村庄道路硬化达到标准的比重
		建筑密度 D_3	单位用地面积上建造的住宅比例
		人均公共空间面积 D_4	每个村民所占用的公共空间
	建筑工程质量 C_2	建筑工程质量 D_5	建筑工程质量达标合格程度
		施工效率 D_6	建筑工程施工按期完成的百分率
		建筑材料节能性 D_7	建筑材料达到节能环保的比重

（二）经济系统重建效果

经济是一个地区发展的根本动力，灾后经济和产业的恢复和重建是受灾地区进入良性发展的关键环节。经济系统重建是一项比较复杂的长期系统性工作，主要通过产业经济恢复程度、家庭经济水平考量，如表 5－2－4 所示。

表 5－2－4　经济系统重建效果评价指标编码与含义

一级准则层	二级准则层	指标层	指标释义
经济系统重建效果 B_2	产业经济恢复程度 C_3	农业劳动力比重 D_8	农业劳动力占总人口的分量
		非农产业结构动态度 D_9	非农产业就业比重变化的速率
	家庭经济水平 C_4	年人均净收入 D_{10}	计划期内每个村民的净收入
		非农业收入比重 D_{11}	除第一产业之外的收入占总收入的比重
		人均消费 D_{12}	每个村民的平均消费支出
		恩格尔系数 D_{13}	食品日常消费支出在家庭总支出中的比重

（三）社会系统重建效果

“6·23”龙卷风灾害不仅给当地群众的生命、财产以及环境造成损害，还妨害社会的正常运转，甚至可能导致社会冲突、社会分化等不良社会后果。灾后重建不仅仅是恢复灾区人民正常生活的基础工作，更重要的是在灾后重建中推进社会的发展。社会稳定与发展情况主要通过人口发展情况、社会生活恢复情况以及社会保障水平等方面来衡量，进而整合纳入相应评价指标体系，如表 5－2－5 所示。

表 5－2－5　社会系统重建效果评价指标编码与含义

一级准则层	二级准则层	指标层	指标释义
社会系统重建效果 B_3	人口质量水平 C_5	平均受教育年限 D_{14}	村民平均受教育的程度
		老龄化程度 D_{15}	老龄人口占当地村民总人口比重
	公共服务水平 C_6	居住质量指数 C_{16}	村民居住环境质量水平
		服务设施便利程度 C_{17}	服务设施的辐射范围
	社会保障水平 C_7	社会保险覆盖率 C_{18}	村民享受社会保险的程度
		贫困人口低保率 C_{19}	贫困人口享受低保扶持的比重

（四）生态系统重建效果

生态系统主要指由各种自然要素形成的自然环境系统和人工要素塑造的居住绿化环境系统，是人类健康生存的基本载体。生态系统的重建和恢复是灾区经济社会良性发展的基本前提和必要条件。生态系统重建主要包括自然环境承载力、绿地率、人均公共绿地面积以及废污处理率等方面，如表 5－2－6 所示。

表 5－2－6　生态系统重建效果评价指标编码与含义

一级准则层	二级准则层	指标层	指标释义
生态系统重建效果 B_4	生态环境恢复程度 C_8	自然环境承载力 D_{20}	自然环境对灾后重建的承载程度
		绿地率 D_{21}	绿地在整个居住空间中的比例
		人均公共绿地面积 D_{22}	每个村民所占用的公共绿地大小
	生态安全保障程度 C_9	废污处理率 D_{23}	污水和固废处理比例
		清洁燃料使用率 D_{24}	清洁燃料在所有使用燃料中所占比例
		饮水卫生合格率 D_{25}	饮水卫生是否符合标准要求

（五）精神文化系统重建效果

灾后群众的精神文化重建十分重要却又往往容易受到忽视，包括心理重建、文化建设、对原址重建或异地搬迁等不同重建方式的意愿以及对新住区的满意度等内容。重建中应充分而辩证地考量地域文化特色的挖掘情况，以及灾区群众灾后重建工作的认同程度、对公共事务的责任感、对新建村庄的归属感和心理健康情况等，筛选调研结果纳入相应评价指标，如表 5 -2 - 7 所示。

表 5 - 2 - 7　精神文化系统重建效果评价指标编码与含义

一级准则层	二级准则层	指标层	指标释义
精神文化系统重建效果 B_5	文化建设程度 C_{10}	文化设施使用率 D_{26}	文化设施开放的时段和时间的长短
		文化活动覆盖率 D_{27}	文化活动区域占整个居住空间的比重
	社会认同感 C_{11}	村庄环境满意度 D_{28}	村民参与村庄管理、村庄活动的情况
		救灾重建满意度 D_{29}	村民对救灾重建工作的满意程度
		政府信任度 D_{30}	村民对政府在重建工作中的信任程度
		灾后政策知晓率 D_{31}	村民对重建政策的知晓程度
		公共参与意愿 D_{32}	村民对重建工作的参与程度
	心理重建程度 C_{12}	信心恢复程度 D_{33}	村民对灾后重建的信心恢复程度
		情绪稳定程度 D_{34}	村民在重建过程中的情绪稳定程度

（六）防灾应急系统重建效果

为了保证“6・23”龙卷风灾害受灾地区能够有效应对灾害的重复发生或类似灾害的发生，避免再次遭受惨重损失，防灾应急系统建设是受灾地区重建工作的一项重要内容。防灾应急系统重建主要从受损情况、重建效率、应急能力以及防灾意识等方面进行考量，归入相应准则和指标层，如表 5 - 2 - 8 所示。

表 5 - 2 - 8　防灾应急系统重建效果评价指标编码与含义

一级准则层	二级准则层	指标层	指标释义
防灾应急系统重建效果 B_6	应急能力 C_{13}	应急救援效率 D_{35}	及时应急救援的速度和效果
		应急系统完善情况 D_{36}	应急系统完善程度
	预防能力 C_{14}	选址合理性 D_{37}	选址合理的程度
		工程结构安全性 D_{38}	工程结构的安全程度
	防灾意识 C_{15}	公众灾害意识 D_{39}	公众对灾害的预防意识
		防灾宣传覆盖率 D_{40}	防灾宣传在村民中的覆盖程度

五、灾后重建评价指标体系结构

综合以上指标，“6・23”龙卷风灾害灾后重建评价指标构成如图 5 - 2 - 1 所示的指标层级结果图。指标层级分为四层，用A、B、C、D来表示，其中A层表示灾后重建工作效果评价指标体系的总目标；B层表示灾后重建效果评价体系的一级指标，即灾后重建效果评价指标体系涵盖的几个方面；C层代表灾后重建效果评价指标体系的二级指标，是对一级指标的进一步细化；D层为灾后重建效果评价指标体系中的最终指标，即D_1～D_{40}。由于篇幅关系，图5-2-1中省略D层具体指标。

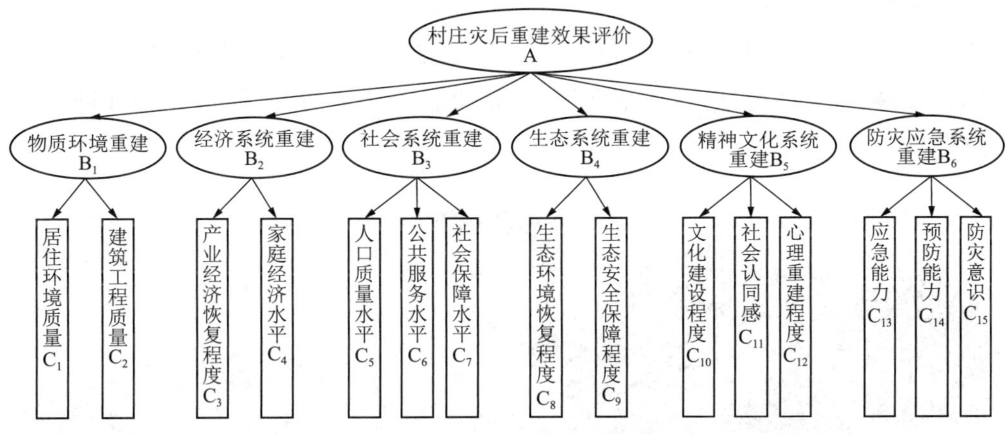

图5-2-1　“6·23”龙卷风灾后重建效果评价指标层级结构图

资料来源：编委团队自绘

第三节　灾后重建效果评价实证分析

本节在盐城“6·23”龙卷风灾害受灾地区范畴内，着重评价灾区重建的成果，进而判断重建区域生产、生活恢复情况以及持续发展态势。根据此次灾区重建区域的建设特点和进度，本节将选取重建后具有代表性的孔荡村(重建)、新立新村进行深入研究，同时为了突出灾后重建效果，还以非重建的孔荡村、立新村为样本，比较分析“6·23”龙卷风灾害灾后村庄建设的效果。

一、样本选取

(一) 样本1——阜宁县孔荡村(重建)

阜宁县孔荡村(重建)占地约152亩，规划总建筑面积约31118平方米，其中住宅面积27820平方米，公建面积3298平方米，安置总户数282户。经过改造后，一条小河穿过整个村庄，沿河两岸设置休闲游园，还规划了商业服务、卫生室、环保教育站等建筑，是由台湾慈济慈善事业基金会捐建，并设计了规划设计方案，是探索整合社会各界力量开展村庄重建新模式的新型试点。

孔荡村(重建)是灾后永久性安置房村庄项目,规划效果示意如图 5－3－1 所示:布局方整,中正平和,朴素自然,宣扬了儒家思想,规划礼、义、仁、智、信五个建筑组团,三面围合,形成了村口的大爱广场,广场向南面开放,中轴线上布置两层孔家祠堂,幼儿园与祠堂相邻而建。建筑采用了传统乡村风格:① 创造丰富的灰白空间,在空间上吸纳了更多的现代生活流线的创新之笔,如外庭院的设置,使传统乡村式建筑更自然、更现代、更具生命力;② 整体风格上,仍然保留着传统建筑粉墙黛瓦的神韵和精髓,但不循章守旧,建筑组合多样而统一,能自成乡村建筑的特色。

图 5－3－1　孔荡村(重建)整体规划与建筑规划图

资料来源:台湾慈济慈善事业基金会,《盐城市阜宁县孔荡村灾后重建村庄建设规划》,2016 年 9 月

(二) 样本 2——阜宁县立新村(重建)

吴滩街道的立新村毗邻阜宁县新城区,位于 S29 省道南侧,对外交通便利,区位优越,距新城中心 7.6 千米。在"6・23"龙卷风灾害中,立新村是受灾最为严重的一个村庄(特别严重受灾型),主要受灾区域位于村域北部沿河地区,受损数量多,面积大,也是重建工作量大的主要区域之一,即现在的新立新村,本章称为立新村(重建)。

立新村(重建)充分尊重村庄原来的自然布局,以自然地貌为底,人工空间与自然空间有机结合。立新村(重建)共安置灾民 343 户,村庄规划面积为 12.40 公顷。村口安置醒目的"新立新"标识。村庄结构可概括为"一心一廊三带":"一心"是农村社区中心,"一廊"是水源生态走廊,"三带"是指风灾遗址公园、三处线性居民带,如图5－3－2 所示。村庄重建中,强化绿化建设,优化绿化结构,注重水环境整治,增强生态自我平衡与修复能力,保障区域整体生态安全。较高等级的公共服务设施服务范围以步行 10～15 分钟的范围为标准，主要就近依托城镇配套，包括商业、文体、医疗和教育等服务。

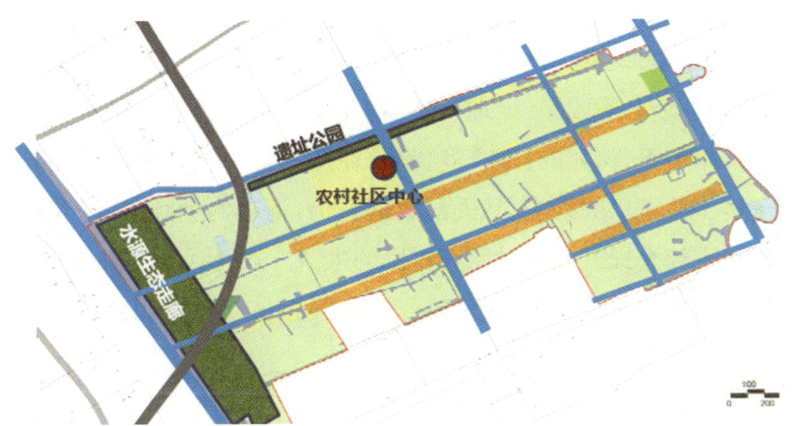

图 5-3-2　立新村(重建)规划图

资料来源：上海市城市规划设计研究局，《盐城阜宁县立新村灾后重建村庄建设规划》，2016 年 9 月

立新村(重建)规划定位为在废墟上站立重生的新农村，重点在"新"字上做文章——"新空间、新社区、新业态"："新空间"体现在利用废墟开辟遗址公园，成为具有标志性意义的新空间；"新社区"体现在为村民建设舒适的住房、优质的环境、完善的各类配套设施，安居乐业的家园；"新业态"体现在借助高水平的重建，发展特色产业，成为阜宁的品牌村，打响提升农民收入水平的攻坚战。该村的产业规划发挥农业的优势，将农业价值加以延伸，将农业与旅游相结合，从而形成农游合一的叠加效应，丰富了农业的内涵，拓展了农业的效益，也突出了乡村旅游的特色，并将农业的生态效益和社会效益转化为符合市场规律的经济效益。

（三）样本 3——阜宁县孔荡村(非重建)

孔荡村(非重建)位于阜宁县板湖镇东部，距离镇区约 3 千米，对外交通较为便利。孔荡村(非重建)由受灾程度较轻的 133 户村民组成，占地约 2200 亩，目前的经济发展主要依托农业，已经开始向高效特色农业转型，大力发展高效农业、绿色有机无公害农业、特色水产养殖等具有较高技术含量和附加值的农业来提升农村的经济发展水平。2017 年，村民人均纯收入 1.8 万元。

由于受灾较轻，该村的规划布局顺应村庄自然环境条件，仍按照以往民居建筑风格，最大限度地利用和传承原有村庄的空间形态和肌理，以原有道路和建筑空间为基底，通过对现状主要道路的线型拓宽和改造，构建村庄空间结构的主体脉络和走向，以道路拓宽和空间延伸控制村庄建筑空间布局，规划和挖潜村庄局部空间，形成供村民聚集的公共活动空间和街头绿地。该村讲究因地制宜,注重对原有村庄空间的地域织补和空间更新,避免大拆大建,追求空间功能和形态上的协调统一。

孔荡村(非重建)统一建设了供水管网;设置了沿路垃圾箱、集中垃圾收集池等环卫设施,实现垃圾分类收集、处理;已对村庄主要道路进行了硬质化处理。在乡村振兴政策的指引下,该村的村庄环境整治在此次灾后重建中取得比较明显的成效,房屋出新,生活垃圾的处理、乱丢乱放的整治,河道沟塘疏浚,绿化美化和道路改造等方面均有较大提升。通过原有村民的生活方式、传统文化、自然环境和经济形式等深层次因素的共同作用,孔荡村(非重建)整体与自然相合,空间肌理完整,构成了令人满意的空间秩序。

(四) 样本4——阜宁县立新村(非重建)

阜宁县立新村在"6・23"龙卷风灾害中受灾程度相对较小的部分,涉及村民454户,灾后重建以群众自行修缮和整治提升为主。立新村该部分灾后重建中按原有镇村布局规划调整的分类要求建设,即根据发展条件和潜力,分为"重点村"、"特色村"、"一般村"进行分类规划发展。

立新村二组是重点村,作为城镇基础设施向乡村延伸、公共服务向乡村覆盖的中心节点,规划配置能够辐射一定范围乡村地区的、规模适度的功能性建筑和活动场地,培育建设"康居村庄"(星级康居乡村),引导建设"美丽乡村"。公共服务设施包括建设农村社区卫生服务站,文化活动室、广播电视室、农家书屋,室外体育健身场地等公共体育设施,以及居家养老服务站等。允许重点村拓展用地边界,有序引导外围部分零散居民点的集聚、宅基地流转。对于村庄内部建筑密度较低的区域,鼓励插建和内部挖掘。

其他六组是一般村,严格控制村庄的各类建设,除房屋修缮加固以外,原则上不得新建、翻建。位于城镇规划建设用地范围内,位于生态红线一级管控区内,位于铁路、高等级公路等交通廊道控制范围内、区域性基础设施环境安全防护距离以内的,原则上不予保留,结合城镇发展、基础设施建设等进行调整。

立新村(非重建)产业发展坚持"一村一品"的原则,在现状优势产业的基础上发展特色农业、都市农业,支持农业加工和流通产业发展,建立以都市农业为核心的农村特色产业体系。

(五) 样本对比分析

选取两组重建和非重建村庄——孔荡村(重建)和孔荡村(非重建)、立新村(重建）和立新村（非重建）为样本，首先，是因为它们分别代表了两种不同灾后村庄重建模式，是“6・23”龙卷风灾害灾后重建具有代表性的示范区。其次，是因为它们有不同的突出特征，可以进行重建前后的对比分析，能够更大程度地检验评价指标体系的实用性，也能够更全面地反映灾后村庄重建的成果。最后，是因为每个样本都具有比较明显的区域划分，能够保证调查的针对性。具体见表 5-3-1。

表 5-3-1　灾后重建村庄样本选择与类型特征

样本	所属地		安置类型	管理模式
	村庄规模	重建方式		
孔荡村（重建）	一般规模	异地重建 慈济援建	以孔荡村受灾严重居民安置为主	组团
孔荡村（非重建）	较大规模	原址 自行修缮	以孔荡村受灾程度较轻居民安置为主	开放式
立新村（重建）	一般规模	异地重建 盐都援建	以立新村北部受灾居民安置为主	组团封闭
立新村（非重建）	较大规模	原址 自行修缮	以立新村受灾程度较轻居民安置为主	开放式

资料来源：自制（本节表格均为编委团队自制）

二、数据来源

合理科学的评价指标体系构建需要庞大的基础数据库作为支撑，不仅包括建筑、设施、资金、人员等便于记录和统计的数据，还包括理念、政策、创新、满意度等不易统计和量化的数据；不仅包括经济、社会、生态、防灾应急、物质环境以及精神文化等方面的具体数据，还包括灾后重建过程中各级政府出台的相关政策、文件以及执行情况等数据。

本次灾后重建效果评价采用多元主体参与的“数据集成调查”、“问卷调查”以及“政府意见调查”相结合的数据采集方法，这有助于提高数据获取效率，增强数据的真实性和可靠性。

1. 数据集成调查

原始数据的集成调查主要是研究人员通过文件搜集和实地考察完成的。文件搜集包括在重建过程中发布的政策性文件、规划文件、统计文件、会议记录文件、领导的会议讲稿、各种汇报资料、各种新闻信息以及各种阶段性工作的汇总资料等。实地考察主要包括空间要素构成的观察、村庄建设情况的观察、用地空间的测量、村庄建设效果的影像记录等信息和数据的搜集。

2. 问卷调查

问卷调查获得的数据主要是关于灾民主观认知方面的，因为对于灾后重建的居住环境质量、公共服务设施便利程度、灾后救援的及时性等，作为使用主体的灾民体会是最深刻的。本次问卷及访谈调查采样范围覆盖了阜宁县的4个受灾样本村庄，调查对象范围设定为18岁及以上常住居民，确保调查对象对当地灾后建设情况和发展情况有充分的感知和了解。

调查问卷题项根据所设定的指标体系进行设计，内容包括两部分：第一部分以客观选择题的形式对村民基本属性进行调查，包括地缘、收入、性别、年龄、学历、职业等选项；第二部分是以村民主体感知测量为主，以 Likert 量表5点方式呈现，让被访者根据自身感受逐项打分。为了使问卷中的各个问题含义清楚，措辞明确，研究员对问卷进行了预调查，对问卷进行测试，进而了解被调查者对问卷的意图是否明确，题项是否清楚。根据预调查的结果，对指标的表述做了进一步规范化，增加了指标解释的内容，并对调查问题的长短和形式进行了调整，得到最终的调查问卷。

为增强所获取数据科学性和合理性，正式调查问卷的数据搜集，首先要确定4个村庄的发放问卷数量，然后分配到所辖村庄，以保证样本空间分布比较均匀，能较好反映整体状况。调研共发放问卷400份，4个样本村庄分别发放100份，其中孔荡村（重建）回收的有效问卷93份，有效率为93%；孔荡村（非重建）回收的有效问卷86份，有效率为86%；立新村（重建）回收的有效问卷91份，有效率为91%；立新村（非重建）回收的有效问卷83份，有效率为83%。综合来看，有效样本数量符合研究要求。

3. 政府意见调查

政府既是灾后重建工作的组织者和指挥者，也是后续实施的管理者和监督者，对整个重建过程具备宏观而清晰的认识和理解。受时间、人力、物力等条件的限制，上述搜集的客观数据和主观数据难免会有偏差，政府意见的调查是必要而有效的核实和验证手段。此次调查运用德尔菲法，邀请了多位参与灾后重建工作的盐城市人大委员，盐城市规划局、盐城市城乡建设局等单位主要领导，进行了意见采集。

三、数据处理与检验

（一）样本数据处理

对来自统计文件中各种不同计量单位的原始数据，研究人员需要进行无量纲处理。如人均收入、人均支出等集成数据，通过使用SPSS统计软件的Factor过程，对4个样本的原始数据进行标准化处理。

关于分类处理来自问卷调查的数据，答卷者基本信息按照表5-3-2所示的编码方式输入统计分析软件；以Likert量表5点方式呈现的题项答案，按照答卷者回答的1～5等级输入统计分析软件；以百分率回答的题项答案，按照100%为5，80%为4，……20%为1，如表5-3-2，输入统计分析软件，从而建立评价样本数据库。

表5-3-2　问卷调查数据编码

测量题项	编码规则	测量题项	编码规则
性别	1＝“男” 2＝“女”	家庭结构	1＝“三口之家” 2＝“两口之家” 3＝“两代同住” 4＝“三代同住”
职业	1＝“农民” 2＝“企业工人” 3＝“匠人” 4＝“养殖户” 5＝“做生意” 6＝“在校学生” 7＝“其他”	教育程度	1＝“本科及以上” 2＝“大专” 3＝“高中” 4＝“中专” 5＝“初中” 6＝“小学”
年龄	1＝“18岁以下” 2＝“18～30” 3＝“31～40” 4＝“41～50” 5＝“51～60” 6＝“61～70” 7＝“70以上”	家庭收入主要来源	1＝“耕种” 2＝“养殖” 3＝“果园” 4＝“打工” 5＝“做生意” 6＝“退休金、社保” 7＝“其他”

非农产业结构动态度D_9是衡量产业结构合理的重要指标，表示一定时间范围内研究区域的非农产业就业比重变化的速率，其表达式为

$$\frac{S_{t2i}-S_{t1i}}{t_2-t_1}$$

其中式中i代表第二、第三产业，式中t_1、t_2分别为研究基期和研究末期，本文中研究基期指2016年，研究末期指2017年；S_{t2i}、S_{t1i}分别为第二、第三产业就业劳动力人数占就业总人数的百分比。

（二）样本数据信效度检验

1. 信度检验

只有真实可靠的数据才能对研究有价值。调查问卷当中涉及一些抽象变量，比如村庄环境满意度、政府信任度、公共参与意愿等，因此，对回收来的数据进行信度分析是必不可少的。信度是指测验或量表工具所测得结果的稳定性及一致性，量表的信度越大，表示其测量标准误差越小。对于量表的信度分析主要包括内在信度和外在信度两种分析方法。外在的信度分析主要是针对不同时间的相同对象的重复测量，是对同一对象能否提供真实数据的一种检验，而内在的信度分析则是对一组问项是不是对同一特征的描述的一种检验，即是否具有内在的一致性。根据样本数据的来源途径，本研究不存在重复测量，因此采用内部一致性的检验方法，以学术界比较标准的 Cronbach's Alpha 系数作为信度测量依据，利用 SPSS 软件对量表整体信度进行计算，结果如表 5-3-3 所示。

表 5-3-3　总量表的信度分析结果

可靠性统计量	
Cronbach's Alpha	项数
0.983	34

吴明隆对不同学者观点的总结归纳后，认为当总量表的 Cronbach'Alpha 系数大于 0.8 时，是一份较好的量表，当在 0.7～0.8 时是可接受的。本研究显示总量表的 Cronbach'Alpha 系数为 0.983，说明本研究所使用数据具有较好的信度。

2. 效度检测

效度（Validity）是指测量题项能够测到想要测试的（使用者所设计）心理或行为特质的程度。KMO（Kaiser-Meyer-Olkin measure of sampling adequacy，适切性量数）是常用来检验效度的指标之一。KMO 值介于 0 至 1 之间，其值越大，则表示其越适合进行因素分析。同时本文采用 Bartlett 球形检验进行辅助检测。

本研究运用 SPSS 统计并且抽样适度测定值 KMO 为 0.634，表示可以使用因子分析，如表 5-3-4 所示。而 Bartlett 球形度检验的 Sig.＝0.000，小于 0.01，拒绝原假设说明各变量之间存在着显著相关性，适宜进行因子分析。

表 5-3-4　KMO 和 Bartlett 检验

取样足够度的 Kaiser-Meyer-Olkin 度量		0.634
Bartlett 检验	近似卡方	139.789
	自由度	28
	Sig.	0.000

四、灾后村庄重建效果评价实证研究

（一）评价指标权重确定

本节构建的评价指标之间具有明确的层级关系和逻辑关系，因此，选取层次分析法（AHP）和熵值法进行指标权重的确定。

1. *层次分析法确定指标权重*

由于本研究的特征，每个样本权重设定步骤相同，但权重值不同，本节以居住环境质量指标层的 4 个指标为例，对指标权重计算进行简要阐述。

（1）指标重要度赋值

居住环境质量 C_1 与指标层 D_1、D_2、D_3、D_4 有联系，4 个指标因素的重要程度赋值按照 1～9 标度，如表 5-3-5 所示，进行两两比较、判断，构成判断矩阵 A_0，如表 5-3-6 所示。

表 5-3-5　层次分析法的 1～9 级标度方法

评价量值	评价尺度	含义
1	同等重要	第 i 个因素与第 j 个因素相同重要
3	稍重要	第 i 个因素比第 j 个因素稍重要一些
5	颇重要	两者相比强烈倾向第 i 个因素
7	很重要	两者相比非常强烈倾向第 i 个因素
9	绝对重要	两者相比绝对倾向第 i 个因素
2、4、6、8	两相邻因素尺度的中间值	两者需要折中时

表 5-3-6　判断矩阵 A_0

A_0	D_1	D_2	D_3	D_4
D_1	1	1/3	2	1/4
D_2	3	1	2	1/2
D_3	1/2	1/2	1	1/3
D_4	4	2	3	1

(2) 求解权重和最大特征根

将以上判断矩阵输入 Yaahp7.5 软件中,运用幂的方法进行运算,得到主特征向量 $W_A=\{0.1437, 0.2760, 0.1185, 0.4618\}$。

计算 $\lambda=\sum_{i=1}^{n}\frac{(AW)_i}{nW_i}$ $(n=4)$ 作为最大特征根 λ_{max} 的近似值,得 $\lambda_{max}=4.1575$。

(3) 一致性检验

为检验判断矩阵的一致性,需计算判断矩阵的一致性指标。

$$C.I.=\frac{\lambda_{max}-n}{n-1}=\frac{4.1575-4}{4-1}=0.0525$$

当 $\lambda_{max}=n$,$C.I.=0$,成对比较矩阵 A 具有完全一致性,$C.I.$ 值越大,不一致程度越大,当 $C.I.\leqslant 0.1$,判断矩阵的一致性可接受,否则重新进行两两比较判断。为了确定不一致的程度,学者萨蒂(Thomas L. Saaty)定义了一个一致性比值 $C.R.$:

$$C.R.=\frac{C.I.}{R.I.}$$

其中,随机一致性指数 $R.I.$ 和判断矩阵的阶数有关,一般情况下,矩阵阶数越大,则出现一致性随机偏离的可能性也越大,其对应关系如表 5-3-7。

表 5-3-7 随机一致性指标 *RI* 的数值

n	1	2	3	4	5	6	7	8	9
$R.I.$	0	0	0.58	0.9	1.12	1.24	1.32	1.41	1.45

判断矩阵的平均随机一致性指标 $R.I.=0.9$,则 $C.R.=0.0583$,可以认为居住环境质量指标的判断矩阵有满意的一致性,不需要进行调整;否则需要调整判断矩阵,获得满意的一致性。

与上述计算步骤相同,分别计算因素集的权重,则运用层次分析法得出的分级指标体系 W,如表 5-3-8 所示。

表 5-3-8 基于 AHP 的灾后重建效果评价指标权重表

方案层 A	一级准则层 B	二级准则层 C	指标层 D
"6·23"龙卷风灾害灾后重建效果评价	物质环境重建效果(0.4291)	居住环境质量(0.5244)	基础服务设施覆盖率(0.1437) 道路硬化率(0.2760) 建筑密度(0.1185) 人均公共空间面积(0.4618)
		建筑工程质量(0.4756)	建筑工程质量(0.3092) 施工效率(0.5826) 建筑材料节能性(0.1082)

续　表

方案层 A	一级准则层 B	二级准则层 C	指标层 D
"6·23"龙卷风灾害灾后重建效果评价	经济系统重建效果(0.1355)	产业经济恢复程度(0.1129)	农业劳动力比重(0.6667) 非农产业结构动态度(0.3333)
		家庭经济水平(0.8871)	年人均净收入(0.3914) 非农业收入比重(0.2763) 人均消费(0.1951) 恩格尔系数(0.1372)
	社会系统重建效果(0.0648)	人口质量水平(0.1977)	平均受教育年限(0.75) 老龄化程度(0.25)
		公共服务水平(0.4477)	居住质量指数(0.3333) 服务设施便利程度(0.6667)
		社会保障水平(0.3546)	社会保险覆盖率(0.582) 贫困人口低保率(0.418)
	生态系统重建效果(0.2625)	生态环境恢复程度(0.3333)	自然环境承载力(0.2971) 绿地率(0.5403) 人均公共绿地面积(0.1626)
		生态安全保障程度(0.6667)	废污处理率(0.1133) 清洁燃料使用率(0.4811) 饮水卫生合格率(0.4056)
	精神文化系统重建效果(0.0316)	文化建设程度(0.1638)	文化设施使用率(0.5409) 文化活动覆盖率(0.4591)
		社会认同感(0.5390)	村庄环境满意度(0.4491) 救灾重建满意度(0.1590) 政府信任度(0.1172) 灾后政策知晓率(0.2030) 公共参与意愿(0.0717)
		心理重建程度(0.2973)	信心恢复程度(0.4665) 情绪稳定程度(0.5335)
	防灾应急系统重建效果(0.0765)	应急能力(0.3092)	应急救援效率(0.4732) 应急系统完善情况(0.5268)
		预防能力(0.5813)	选址合理性(0.6667) 工程结构安全性(0.3333)
		防灾意识(0.1095)	公众灾害意识(0.7500) 防灾宣传覆盖率(0.2500)

2. 熵值法确定信息效用值

通过计算指标的信息熵 e_j，利用熵值估算各指标的权重，其本质是利用该指标信息的效用价值来衡量。信息效用价值取决于该指标的信息熵与 1 之间的差值，即 $d_j=1-e_j$。d_j 直接影响权重的大小，其值越大，对评价的重要性就越大，权重也就越大。由于篇幅所限，此处以一级准则层 B、二级准则层 C 为例说明信息效用值的确定。

（1）评价指标的数据处理

本节的 4 个样本对象可以视为 4 个方案，即 $m=4$，将此 4 个方案的准则层和指标层进行数据整理后，如表 5－3－9、表 5－3－10 所示。

表 5－3－9　一级准则层指标打分表

	指标 B_1	指标 B_2	指标 B_3	指标 B_4	指标 B_5	指标 B_6
孔荡村（重建）	5	4	5	4	4	4
孔荡村（非重建）	3	3	2	4	2	3
立新村（重建）	5	4	3	3	5	4
立新村（非重建）	2	3	5	4	2	3

表 5－3－10　对应二级准则层指标打分表

B_1 对应二级准则层指标打分表

	C_1	C_2
孔荡村（重建）	5	5
孔荡村（非重建）	3	3
立新村（重建）	4	4
立新村（非重建）	2	3

B_2 对应二级准则层指标打分表

	C_3	C_4
孔荡村（重建）	4	3
孔荡村（非重建）	3	4
立新村（重建）	3	3
立新村（非重建）	4	2

B_3 对应二级准则层指标打分表

	C_5	C_6	C_7
孔荡村（重建）	3	5	5
孔荡村（非重建）	4	2	5
立新村（重建）	3	4	5
立新村（非重建）	4	3	5

B_4 对应二级准则层指标打分表

	C_8	C_9
孔荡村（重建）	5	5
孔荡村（非重建）	4	4
立新村（重建）	4	5
立新村（非重建）	4	4

B_5 对应二级准则层指标打分表

	C_{10}	C_{11}	C_{12}
孔荡村（重建）	5	4	4
孔荡村（非重建）	3	3	3
立新村（重建）	4	4	4
立新村（非重建）	3	2	3

B_6 对应二级准则层指标打分表

	C_{13}	C_{14}	C_{15}
孔荡村（重建）	4	5	5
孔荡村（非重建）	3	4	3
立新村（重建）	4	5	4
立新村（非重建）	2	3	4

（2）计算指标值的比重

逐一计算每个指标下第 $i(i=1,2,3,4)$ 样本的指标值比重 $P_{ij}(j=1,2,3,\cdots$

15)，由此建立数据的比重矩阵 $P^{(l)}=(P_{ij})_{m\times n}$。

$$P^{(1)}=\begin{pmatrix}0.3333 & 0.2857 & 0.3333 & 0.2667 & 0.3077 & 0.2857\\ 0.2000 & 0.2143 & 0.1334 & 0.2667 & 0.1538 & 0.2143\\ 0.3333 & 0.2857 & 0.2000 & 0.2000 & 0.3846 & 0.2857\\ 0.1334 & 0.2143 & 0.3333 & 0.2667 & 0.1538 & 0.2143\end{pmatrix}$$

$$P^{(2)}=\begin{pmatrix}0.3571 & 0.3333\\ 0.2143 & 0.2000\\ 0.2857 & 0.2667\\ 0.1429 & 0.2000\end{pmatrix}\qquad P^{(3)}=\begin{pmatrix}0.2857 & 0.2500\\ 0.2143 & 0.3333\\ 0.2143 & 0.2500\\ 0.2857 & 0.1667\end{pmatrix}$$

$$P^{(4)}=\begin{pmatrix}0.2143 & 0.3571 & 0.2500\\ 0.2857 & 0.1429 & 0.2500\\ 0.2143 & 0.2857 & 0.2500\\ 0.2857 & 0.2143 & 0.2500\end{pmatrix}\qquad P^{(5)}=\begin{pmatrix}0.2941 & 0.2778\\ 0.2353 & 0.2222\\ 0.2353 & 0.2778\\ 0.2353 & 0.2222\end{pmatrix}$$

$$P^{(6)}=\begin{pmatrix}0.3333 & 0.3077 & 0.2857\\ 0.2 & 0.2308 & 0.2143\\ 0.2667 & 0.3077 & 0.2857\\ 0.2 & 0.1538 & 0.2143\end{pmatrix}\qquad P^{(7)}=\begin{pmatrix}0.3077 & 0.2941 & 0.3125\\ 0.2308 & 0.2353 & 0.1875\\ 0.3077 & 0.2941 & 0.2500\\ 0.1538 & 0.1765 & 0.2500\end{pmatrix}$$

(3) 计算指标的熵值

根据公式 $e_j=-k\sum_{i=1}^{m}P_{ij}\ln P_{ij}$（其中 $m=4,k=1/\ln m$），对 $P^{(l)}$ 分别计算出各自指标值对应的熵值为：

$e_j^{(1)}=(0.9544 \quad 0.9926 \quad 0.9544 \quad 0.9950 \quad 0.9421 \quad 0.9926)$

$e_j^{(2)}=(0.9621 \quad 0.9828)$

$e_j^{(3)}=(0.9926 \quad 0.9796)$

$e_j^{(4)}=(0.9926 \quad 0.9621 \quad 1)$

$e_j^{(5)}=(0.9964 \quad 0.9955)$

$e_j^{(6)}=(0.9828 \quad 0.9750 \quad 0.9926)$

$e_j^{(7)}=(0.9750 \quad 0.9857 \quad 0.9886)$

(4) 计算指标的信息效用值

针对指标的熵值，根据 $d_j=1-e_j$ 分别计算出各自指标值对应的信息效用值为：

$d_j^{(1)}=(0.0457\quad 0.0074\quad 0.0457\quad 0.0050\quad 0.0579\quad 0.0074)$

$d_j^{(2)}=(0.0379\quad 0.0172)$

$d_j^{(3)}=(0.0074\quad 0.0204)$

$d_j^{(4)}=(0.0074\quad 0.0379\quad 0.0000)$

$d_j^{(5)}=(0.0036\quad 0.0045)$

$d_j^{(6)}=(0.0172\quad 0.0250\quad 0.0074)$

$d_j^{(7)}=(0.0250\quad 0.0143\quad 0.0114)$

3. 组合赋权

"6・23"龙卷风灾害灾后重建效果评价指标的权重由层次分析法和熵值法确定，根据 $W^{(l)}=W^{(l)}*d_j^{(l)}$ 得到：

$W_j^{(1)}=(0.0704\quad 0.0036\quad 0.0106\quad 0.0047\quad 0.0066\quad 0.0020)$

$W_j^{(2)}=(0.0714\quad 0.0294)$

$W_j^{(3)}=(0.0030\quad 0.0651)$

$W_j^{(4)}=(0.0052\quad 0.0610\quad 0.0000)$

$W_j^{(5)}=(0.0043\quad 0.0107)$

$W_j^{(6)}=(0.0101\quad 0.0484\quad 0.0079)$

$W_j^{(7)}=(0.0278\quad 0.0299\quad 0.0045)$

因此，运用层次分析法和熵值法组合确定的"6・23"龙卷风灾害灾后重建效果评价指标权重表，如表 5-3-11 所示。

表 5-3-11 "6・23"龙卷风灾害灾后重建效果评价指标权重表

方案层 A	一级准则层 B	二级准则层 C	指标层 D
"6・23"龙卷风灾害灾后重建效果评价	物质环境重建效果(0.0704)	居住环境质量(0.0714)	基础服务设施覆盖率(0.0016) 道路硬化率(0.0044) 建筑密度(0.0097) 人均公共空间面积(0.0123)
		建筑工程质量(0.0294)	建筑工程质量(0.0253) 施工效率(0.0106) 建筑材料节能性(0.0097)
	经济系统重建效果(0.0036)	产业经济恢复程度(0.0030)	农业劳动力比重(0.0490) 非农产业结构动态度(0.0245)
		家庭经济水平(0.0651)	年人均净收入(0.0104) 非农业收入比重(0.0061) 人均消费(0.0000) 恩格尔系数(0.0072)

续 表

方案层 A	一级准则层 B	二级准则层 C	指标层 D
"6·23"龙卷风灾害灾后重建效果评价	社会系统重建效果(0.0106)	人口质量水平(0.0052)	平均受教育年限(0.0392) 老龄化程度(0.0131)
		公共服务水平(0.0610)	居住质量指数(0.0172) 服务设施便利程度(0.0344)
		社会保障水平(0.0000)	社会保险覆盖率(0.000) 贫困人口低保率(0.000)
	生态系统重建效果(0.0047)	生态环境恢复程度(0.0043)	自然环境承载力(0.0048) 绿地率(0.0087) 人均公共绿地面积(0.0067)
		生态安全保障程度(0.0107)	废污处理率(0.0018) 清洁燃料使用率(0.0077) 饮水卫生合格率(0.000)
	精神文化系统重建效果(0.0066)	文化建设程度(0.0101)	文化设施使用率(0.0279) 文化活动覆盖率(0.0074)
		社会认同感(0.0484)	村庄环境满意度(0.0119) 救灾重建满意度(0.0143) 政府信任度(0.0031) 灾后政策知晓率(0.0033) 公共参与意愿(0.0000)
		心理重建程度(0.0079)	信心恢复程度(0.0075) 情绪稳定程度(0.0060)
	防灾应急系统重建效果(0.0020)	应急能力(0.0278)	应急救援效率(0.0244) 应急系统完善情况(0.0000)
		预防能力(0.0299)	选址合理性(0.0546) 工程结构安全性(0.0547)
		防灾意识(0.0299)	公众灾害意识(0.0000) 防灾宣传覆盖率(0.0040)

（二）灾后重建效果综合评价

1. 定量评价标准

在对灾后重建样本进行综合量化评价之前，首先需要确定其评价定量标准，如表 5-3-12 所示，以便对最终评判结果进行评定。

表 5-3-12 灾后重建效果评价标准

评价值	评价语	分级
$a \geqslant 4.5$	很好	M_1
$3.5 \leqslant a < 4.5$	较好	M_2
$2.5 \leqslant a < 3.5$	一般	M_3

续 表

评价值	评价语	分级
$1.5 \leqslant a < 2.5$	较差	M_4
$a < 1.5$	很差	M_5

2. 灾后重建效果综合评价计算

通过模糊综合评判法，结合样本数据库和指标权重对评价目标进行定量综合评判。

(1) 建立 6 个因素集。依据灾后重建效果评价指标体系，对于总目标 A，可分为 6 个一级准则 B_i，即：

$U=\{U_1,U_2,U_3,U_4,U_5,U_6\}$

每个因素集对应一个模糊子集，即一级准则层 B 包括 m 个二级准则，$j=1, 2,\cdots,m$。

$U_1=\{C_1,C_2\}$　$U_2=\{C_3,C_4\}$　$U_3=\{C_5,C_6,C_7\}$　$U_4=\{C_8,C_9\}$　$U_5=\{C_{11},C_{12}\}$　$U_6=\{C_{13},C_{14},C_{15}\}$。

(2) 建立权重集。权重数据来源见评价指标体系计算结果表 5-3-8。

(3) 建立评价集。根据灾后重建效果评价决策的实际需要，结合考虑模糊综合评价关于评语等级的相关研究成果，本文将评语等级标准分为 5 个等级，分别为Ⅰ级(很差)、Ⅱ级(较差)、Ⅲ级(一般)、Ⅳ级(较好)、Ⅴ级(很好)，即 $V=\{V_1,V_2,V_3,V_4,V_5\}$={很差,较差,一般,较好,很好}。

(4) 确定隶属度，构造评定矩阵。根据对各因素的评价情况，统计第 j 种评语在评价总体 V 中所占的地位，即为隶属度向量，再将问卷结果输入 SPSS 中，构造单因素评定矩阵 R。

(5) 计算各单因素评价向量。

(6) 由单因素评价向量集构建总目标模糊综合评价矩阵，并计算总目标的综合评价向量。

(7) 模糊综合评价结果。模糊综合评价结果是由因素或目标向量乘以评价集，从而得出各项综合评价等级。

按照上述模糊综合评价法，分别对样本进行单因素和总目标综合评判，参照表评定标准，对得分进行等级评定，结果统计如表 5-3-13 所示。

表 5-3-13　灾后重建效果综合评价结果

	孔荡村(重建)		孔荡村(非重建)		立新村(重建)		立新村(非重建)	
	分值	等级	分值	等级	分值	等级	分值	等级
物质环境重建效果评价 V_{B_1}	4.4152	较好	2.3273	较差	4.1498	较好	2.8044	一般
经济系统重建效果评价 V_{B_2}	3.8838	较好	3.0584	一般	3.2193	一般	3.1406	一般
社会系统重建效果评价 V_{B_3}	3.0368	一般	3.8383	较好	3.0592	一般	3.4519	一般
生态系统重建效果评价 V_{B_4}	3.8921	较好	3.1054	一般	3.6253	较好	3.0182	一般
精神文化系统重建效果评价 V_{B_5}	3.6489	较好	3.0550	一般	3.4380	一般	3.3771	一般
防灾应急系统重建效果评价 V_{B_6}	4.8192	很好	2.2173	较差	4.1924	较好	3.3102	一般
村庄灾后重建效果评价 V_A	3. 6274	较好	3.0463	一般	3.5167	较好	3.2264	一般

五、灾后重建效果评价结果分析

表 5-3-13 所示的一级指标和总目标综合评定结果，从一定程度上反映了灾后重建工作效果整体上的满意程度，给灾后重建工作提供了方向性指导。

（一）样本分类对比分析

将样本分为重建和非重建两组，对比分析可以发现：重建的孔荡村和立新村在物质环境、生态系统、防灾应急系统重建方面的效果评价均明显高于非重建的孔荡村和立新村；而重建的孔荡村和立新村经济系统、精神文化系统重建效果评价略高于非重建的孔荡村和立新村，社会系统方面评价略低于后者。

这是因为灾后重建的 2 个样本村庄地处同一县城，设施建设配套情况非常接近，物质环境、经济系统、生态系统、防灾应急系统可比度较高。同时，这与评价主体的普遍价值观有关，由于村民来源不同，非重建村庄受访者对物质“硬件”的满意度普遍相对下降，而由于邻里关系、产业经济变动不大，心理受创伤程度小，使得非重建村庄受访者对社会系统重建的评价略高于重建后的村庄。这也体现了产业发展、社会文化等“软件”建设对灾后建设的重要作用，因此需要针对不同受灾村庄村民的需求特征，制订不同侧重点的建设模式。

（二）评价因素分析与重建工作建议

虽然重建和非重建样本村庄的建设效果差异明显，但是分别从灾后重建效果评价的6个一级评价指标和综合评价结果来看，会发现灾后重建效果评价的共性。通过对各个评价因素的分析，为下一步的灾后重建恢复工作提出指导性建议。

1. 创新灾后重建村庄管理模式

"6·23"龙卷风灾害灾后重建集合了全国之力，得到国家、省级和市级政府的关注和众多行业的支持，灾后硬件建设得到了全面提升。从表5-3-13可以看出，孔荡村（重建）和立新村（重建）充分的资金保障和规划、建筑、管理等高效的工作，使得物质环境重建效果评价较高，防灾应急系统重建效果评价也更高。而孔荡村（非重建）和立新村（非重建）的物质环境重建效果评价则一般，防灾应急系统重建效果评价高，主要原因是原有的自行修缮虽然有一定的资金补助，但毕竟有限，使得村庄建设仍然沿用了原有的布局和设计，建筑以修修补补为主，虽然加强了防灾应急系统的建设，物质环境比灾害前有所改善，但是与重建村庄对比之后，村民还是感觉一般或较差。

灾区重建工作需要避免面子工程的出现或硬件建设单方面的超前发展，应将后期资源多用于设施的运营、管理和公共服务建设，通过探索灾后重建村庄的物业管理模式，规范物业管理。物业管理模式方面，可以委托具有资质证书，社会化、专业化服务的物业公司处理，或者采用村庄委员会兼管物业的方式，但都应通过参观学习、专业培训提高管理者的专业技能，以奖励制度带动管理者的积极性，改善服务质量。物业管理机构要加强物业管理条例、注意事项的学习，明确管理责任，在保证正常物业功能的情况下，做到物业管理与行政管理的相辅相成，在学习中探索重建村庄的管理新模式，走出灾区特色管理之路。只有加强村庄管理部门与城市管理部门的协调合作，才可以延长设施使用年限及确保功能正常发挥，实现村庄全方位管理，构建安全、舒适、方便的生活环境。在村庄的后期完善和管理中，统一重建和非重建村庄的管理机制和公共服务，能够显著提高村民对物质环境的满意程度。

2. 注重产业规划与市场规律的协同作用

"6·23"龙卷风灾害之前，样本所处阜宁地区以农业、乡村旅游业为主要产业，辅之以工业；灾害造成耕地受损，生态脆弱，使得农业缩水，工业受限，乡村旅游业也受到极大冲击。灾后重建工作启动后，样本所处地区进行了产业模式调整，如今正处于产业恢复和转型期。从表5-3-13可以看出，孔荡村（重建）和立新村（重建)的经济系统重建效果评价更高,孔荡村(非重建)和立新村(非重建)的经济系统重建效果评价一般,不过4个样本村庄差距不大。因为,孔荡村(重建)和立新村(重建)产业经济系统的效益已初步显现出来,而孔荡村(非重建)和立新村(非重建)的产业经济系统具备旧有产业发展依托,仍保持正常运营,对效益提升不大。

因此,建议在灾后重建地区的产业发展中,村庄产业规划应尊重市场规律,利用市场这只"无形的手"对产业进行高效率的配置,而村庄产业规划应充分发挥其公共政策的作用,对产业发展进行引导和调控。

3. 注重村庄人文环境

从表5-3-13可以看出,4个样本村庄关于精神文化系统重建效果的评价除孔荡村(重建)较好外,其他均一般;而对于社会系统重建的评价,孔荡村(非重建)和立新村(非重建)高于孔荡村(重建)和立新村(重建)。究其主要原因,在于村庄人文环境建设效果受到村民的重视。在灾后重建中,文化设施使用率的评价更是所有评价中最低的,这也是造成灾区文化发展"硬伤"的原因之一。而灾害使得孔荡村(重建)和立新村(重建)重新构筑了邻里关系,村民短时间内很难恢复到原有和谐稳定的邻里关系状态,使得他们在社会系统重建效果方面的评价一般。而龙卷风灾害后,孔荡村(重建)注重打造孔子儒家文化为主的文化氛围,使得村庄形成良好的文化传承氛围,也使得其精神文化系统重建效果评价明显高于其他3个样本。因此,建议通过营造重建村庄良好的村庄氛围、关注村民精神文化生活,增强村民对村庄的认同、依恋,推动村民形成归属感。

营造村庄良好的邻里氛围,可以从以下方面改进:

(1) 完善村庄管理部门沟通机制,实现有效互动。沟通机制的建设和完善关系到村民多重需要的满足,而且在灾区处于恢复和发展中,村民沟通机制的完善性和有效性,其重要性更加凸显。健全的沟通机制应具有全面、及时、准确、双向、互动的特点。为了实现这一目标,应在村庄建设实践的基础上,探索出一套相关的制度和措施,如村委会向村民代表大会报告制度、村民代表建议提案制度、村务公开制度等,有效避免管理部门与村民之间的矛盾,坚实群众基础。

(2) 提高村民的参与意识,不断拓宽村民参与渠道。村民参与村庄公共事务是实现村庄民主和自治的基本条件,不仅可以促进村庄建设,而且可以增强村民的认同感。通过制定政策、改善制度来提高村民的参与机会与参与率,如村民代表建议提案制度、村民评议制度等;也可通过村庄组织建设,拓宽村民参与村庄事务的渠道,维护村民利益,如业主委员会、妇女协会等。

关注村民精神文化生活，应从以下方面改进：

(1) 大力培育村民的社区意识、道德意识、法制意识，形成健康的心态和良好的行为习惯，进而形成村庄良好的社会风气和精神风貌。同时，要通过村庄文化建设，将村民紧密联系在一起，使他们增强对村庄的亲切感、归属感。

(2) 保护地方特色文化，以地方文化为基础，融合外来文化和地方文化，形成自身文化特色。实物形态方面融合地方文化元素，突出村庄特色，避免"千村一面"，具体落实到村庄空间布局和建筑的造型、风格、色彩，以及细部装饰。对长期以来村民在人与人之间、人与自然之间的交往互动中逐渐形成的思维方式、情感方式与审美习惯等方面的文化特色，要注意尊重和传承。

(3) 丰富村庄文化活动。群众文化活动，已成为村庄文化建设的重要载体。规划中应注重文化、休闲娱乐设施的配置和完善，如村文化馆、活动中心等活动设施，广场、公园等活动场地。鼓励艺术团体等村庄业余组织的发展，加强文化宣传制度的建设，促进村庄活动开展。开展内容丰富、形式多样的文化活动，特别是节庆活动，推动村庄文化工作发展和成熟，尽可能地满足受灾地区群众对文化生活日益增长的需要，吸引广大群众参加丰富多彩的文化娱乐活动。

(4) 实现村庄文化与产业发展相结合。将文化活动与经贸活动、科技活动、旅游活动等有机结合起来，既可促进地方经济发展，还可带动文化传播和发展，提高村民文化品位。灾后重建村庄以现代高效农业为重点发展产业的，可以发展文化旅游业，促进饮食、服装、休闲、艺术品等产业与文化结合发展，也可结合经济建设活动，开展村民喜闻乐见的各种娱乐活动，既可产生良好的社会效益和经济效益，也是促进灾区旅游产业发展的有效途径。

4. 提高村庄环境品质

从表 5-3-13 还可以看出，对于生态系统重建效果的评价，孔荡村(重建)和立新村(重建)高于孔荡村(非重建)和立新村(非重建)。孔荡村(重建)由于先进的规划设计理念，使得村庄生态环境品质很高，而其他三个村庄的生态环境质量也在此次重建规划中受到了关注，得到了提升。

为了建造生态宜居的村庄，需要持续提高村庄环境品质：

(1) 在空间上，对外，可通过实行村庄组合，加大村庄规模，对组合村庄实行封闭管理；对内，改善内部步行通道、交流空间等，促进内部交流，加强公园、广场、绿地等活动空间建设，促进村民交流沟通。

(2) 环境设施建设上，确保无障碍设施通道的建设和维护，关怀弱势群体及老年人；完善公共厕所、垃圾桶等设施配置，促进村民形成良好的生活习惯，也可提高村民生活便利度；注重路灯、标识牌等设施的配套、维护，提高生活的舒适性。

（3）为了保证灾区可持续发展，需划定生态保护区域，设定产业发展的环境保护标准，推动产业的升级，根据灾区环境承载力，合理规划产业规模。总之，要改进、完善设施建设，更要从细节体现人文关怀，不断提高村庄的环境品质。

综合以上分析可以发现，“6・23”龙卷风灾害灾后重建工作已经卓有成效，产业经济系统已经逐步进入正轨，而灾后的人文环境、生态环境、文化环境等方面的建设是一项持续性的工作，仍有较大提升空间，应该进一步以灾后重建工作的完善为契机，掀开田园村庄建设的新篇章。

下　篇

他山之石，可以攻玉：田园村庄规划建设的经验启示

第六章 “田园村庄”视野下的主体转型与空间重构

自20世纪90年代以来，盐城村庄建设在不断的自我认识和提升中，取得了显著的成绩，也产生了不少负面效应，许多曾经镌刻着历史沉淀纹理的原生田园风貌面临地域文化失语、生态环境退化、空间形态无根等一系列问题。究其根本，在于过于注重产生“短期效果”的形式化建设，偏离了循序渐进的规律主线。快速城镇化与逐步深化的体制改革大潮，席卷着每个村庄进入一个以“转型”为主要特征的新时期，经济、体制、物质、文化、团体、家庭以及个体等不同社会层面都在发生着巨大转变，空间演化也随之变得急促而剧烈，呈现出加速转型的普遍趋势。对于盐城村庄发展来说，这是一个处于十字路口的关键时刻，也是一个在不断“试错—纠正—总结—提升”过程中寻求路径的探索阶段。“田园村庄”不仅仅是作为一个概念被提出，更是一个以主体发展及其与空间关系研究为基点，以保护“田园”特质为原则，以实现村庄主体及其空间的全面协同为目标的村庄发展理念。“田园村庄”理念为盐城村庄发展提供了一个理想态目标，也为其实践过程提供了明确的逻辑主线。田园村庄建设的主导因素在于理念的转变和技术水平的提高，而这两大因素归根结底都要汇聚到“人作为主体”的这个焦点问题上。在大量的田野调查和分析过程中，特别是在灾后重建实践中，我们越来越意识到，田园村庄建设不能仅停留在经济与技术提升层面，更多地应该追溯到主体特征及其与空间关系的协同上，这与当前实施的新型城镇化的核心思想是不谋而合的。因此，本章以“田园村庄”理念为指向，梳理国内外相关研究脉络，从基本立场、态度和方法上寻求村庄研究的增长点，以盐城地区的四个村庄为案例，以“主体”生存系统中各个要素变化及其空间变迁过程为基点，揭示村庄发展中的主要问题及其根本原因。

第一节 理论:“田园村庄”、“主体转型”与“空间重构”

一、关键词的解读与诠释

（一）“村庄”与“田园村庄”

在西方国家,“rural(乡村)”并不是一个得到明确界定的清晰概念,更多的是泛指一种区别于城市聚落的空间类型和社会形态。相对于乡村概念的泛化和符号化,村庄是一个更强调实质性具体内容的、更能阐释中国发展经验的空间概念。20世纪90年代出台的《村庄和集镇规划建设管理条例》对村庄的定义为“农村村民居住和从事各种生产的聚居点”,认为行政领域的行政村和基层村(图6-1-1),以及与地域概念相关的自然村和中心村等都是村庄的不同形式。社会学领域强调村庄是“具有血缘、地缘等关系、相似文化意识形态以及相一致的利益需求等特征的生活共同体”;地理学领域更注重村庄“密度低、规模小、强度低的,与城镇风貌完全不同的空间特质”。总的来说,村庄是一种与城镇相异的聚落形式,是一定地理环境下形成的以非城镇人口生活和聚居形成的初级聚落单元的总称,是在行政管理、经济安排、社会生活、身份确认、文化认同等功能上发挥重要作用的实体单元。

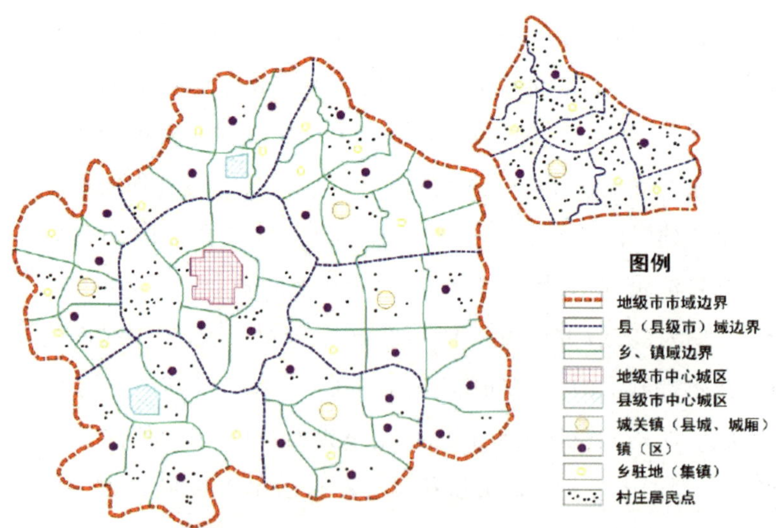

图6-1-1 我国行政市、县、镇、村关系示意图

资料来源:编委团队自绘

“田园村庄”的提出，不单是一个概念的产生，更多的是一种理念的倡导，是一种揭示、顺应村庄发展内在机制的外在理想化呈现。“田园”并不是传统意义上的农作生活，而是一种回归自然的发展态度，蕴含着人与人、人与社会以及人与自然的全面和谐。“田园村庄”理念下的“村庄”不仅是一个实体单元，在内涵上更是呈现了与居于其中的“人”相关的一切要素；不仅包含着村庄聚落所处的自然地理、气候资源等要素形成的生态空间和人们世代积累与营建的建筑、道路、设施以及农田等物质空间，同时也包含着随年代演进逐渐形成的社会、经济、文化以及与精神相关要素形成的社会空间。物质空间以显性特征体现着村庄地区的风貌特色，承载着村民赖以生存的环境系统，在不断累积和沉淀中呈现出不同的地域特色和时代特征。社会空间所表现的是村民主体在对物质空间进行改造和适应的过程中逐步形成的隐性特征，在更大程度上体现着“人”的主体性和能动性，对村庄空间发展起到了隐性的制约或推动作用。从国家提出的“三农”问题到确立“二十字方针”，都表达了一个观点，那就是村庄建设绝不只是单方面的物质环境改善，更是一个生产、生活、生态、社会以及文化等系统全面协同和优化的过程。因此，这个过程不能仅停留在建筑、设施等物质要素的完善上，更应重视主体素质、关系、观念等非物质要素的提升。两者互通融合的交汇点恰恰就在于“人”主体性的发挥。这就要求立足村民属性、需求、感知、行为等主体因素进行分析，从而在推动物质空间优化的同时，引导和促进社会空间内涵的丰富和品质的提高，将无形的社会秩序、社会文化、社会观念等通过有形的物质要求加以表达，由表及里地反映村庄空间的完整概念。

（二）“主体”与“主体转型”

“主体”原指事物的主要部分。哲学范畴里的“主体”是相对“客体”而言的，马克思认为“主体”不是某种单纯要素的简单概念，而是包含着多种要素及矛盾关系的复杂概念。城乡规划学视域下的“主体”概念是以人类自身认识为基本出发点的，认为人类以外的其他一切事物都是客体。在持续性的各种空间活动中，不同主体的人把自身力量对象化在活动结果上，并通过地理空间的变化表现出来。人作为空间改造和使用的能动性主体，根据社会结构组成，可以分为三个层次：① 个人主体，即置身于社会关系中的每位个体都是具有相对独立的思想、诉求、动机以及行为等主体特征，在空间改造系统中具有自我感知、自主表达、彰显个性以及建立关系等主体能力；② 群体主体，即在复杂的空间关系中，一定范围内、一定数量的个体会因为共同利益或共同需要而集合成一个群体，按照某种特定的规则、方式或途径进行集体性空间改造活动，以实现他们的共同目标，从而构成群体主体；③ 人类主体，即随着全面和自由发展程度的不断加深，以及使人类分裂和对抗的社会根源的逐渐消除，人类必将由对物的依赖关系转变为“自由人的综合体”，这个时候，空间改造的主体就会变成了真正意义上的人类主体。

从某种意义上说，“主体”并不是一个实体性概念，而是强调与客体关系中的主观能动作用。村庄实际上就是一个由村民的各种行为与目的赋予了丰富含义和内容的空间“客体”，是基于“主体”不同需求而形成的各种功能空间的组合。村民作为主体，强调的是其在与村庄空间关系中处于一种能动性地位，在空间改造中发挥能动作用，并能够与环境发生积极主动关系。从村庄空间形成到后续发展的漫长过程中，在这里世代繁衍生息的村民各种基于生存需要的日常行为和建设活动都在空间演变中得以体现，并以风俗、习惯、思想、观念等不同形式的集体意识塑造、更新和延续着社会空间特征，反映了人与自然以及人与社会之间的价值关系。村民在改造村庄空间的活动中，把自己的需求、意愿以及目的变为现实，并在大脑中对客观世界及其改变过程形成意象，发生经验、思想、知识等方面的改变。当这种改变以一种形态向另一种形态跃迁的形式表现出来的时候，就是“主体转型”。“主体转型”强调主体性质的根本性变化，不仅指作为村庄空间的使用者和行为者的村民在思想理念、文化意识以及生活生产方式等方面的根本性变化，还包括村民所处的社会关系，即一定地域范围内村民群体及其社会关系的综合体的全面变化。

（三）空间与空间重构

《辞海》解释“空间”，指出空间在哲学上与“时间”一起构成运动着的物质存在的两种基本形式。这是一个非常泛化的概念解释，在不同领域视野下又会被赋予不同的具体内涵。村庄空间可以从两个层面来观察和界定：一个是从宏观层面观察整体地域反映出来的空间状态，一个是从微观层面观察各种构筑物围合和占领的空间状态。空间不会独立于时间而存在，它像时间一样具有客观性，表征了事物发展的横向，而且随着时间的纵向推进而不断发生变化，即所谓的“空间演变”。空间重构实际上是一种空间演变形式，它是一种空间形态向另一种空间形态的转变，强调空间性质的重大变化。因此，空间重构可以理解为特定条件累积作用下，空间各要素及其表现出来的结构形态、相互关系以及作用方式的横向瓦解和重新建构的持续性过程。“重构”与“转型”一样，强调空间结构和事实的质变，而非量变。这个过程不仅是物质空间的根本性转变，也包括社会空间要素的全面重组，其中各种变迁的过程是因果相关的。也就是说，空间重构与主体转型之间是存在某种关联的，主体转型与其空间环境的适应程度决定了两者的发展关系。“转型”是主动求新求变过程，“重构”是全面重新建构的过程。对空间和主体分别进行静态研究，无法找到两者互动的内在机制。只有运用动态思维，从时间演变过程的观察中才能揭示出村庄空间发展的规律主线。

二、基础理论

（一）主体发展研究的理论基础——人类主位论

人类学的主位理论来自语言学转向，要求在对具体文化现象进行调查分析过程中，从内部发现文化自身特有的概念和特征，并通过对这些概念和特征的认知，了解文化现象的整体形象，即“从内部看文化”，避免研究过程与结果在有意识或无意识间“游离式”地感知，即避免研究对象的自我意识中掺杂了“他者”文化意识的影响和替代，以保证研究的真实性和纯粹性。由此可见，主位论的研究旨在避免研究者从主观认识臆测所研究的文化事物，是一种要深入文化情境之中，从当地人的视角观察文化现象，通过听取提供情况的被调研人所反映的当地人对事物的认识和观点，去进行思路整理和分析的研究方法。这就要求研究者首先要对研究对象有深入的了解，熟悉他们的知识体系、分类系统，明了他们的话语含义、符号及意义，通过长期的深入参与观察，以便能够做到像本地人那样去思考和行动，以本地人的思维方式去理解其文化本质。人类主位研究方式充分体现了科学研究中的人文精神，要求研究者对许多自我固有的观念进行必要的反思，提倡研究者与被研究者有着共同的生活体验，享有共同的文化，从最朴素的起点出发，进行最接近被研究者的调查研究，对其情绪经历进行细致入微的体验，获得情感上的共鸣，从中挖掘出“局外人”不能够轻易获得的重要信息，以“揭示更多异民族调查者难以发现和领悟的文化现象及其内涵”。这种体验式的良性互动，有助于研究者作为“局内人”在建构理论时，更好地将自己置于被研究者的处境，注意在尊重对方意见的基础上对研究对象意愿的充分表达，“并以此为原则来指导他们的探索”，保持为学的高度自觉，保证研究结果的真实性和科学性。在进行主位研究的过程中，要注意避免研究对象意义的流失或隐退，即研究者弱化了和被研究者间必要的距离感，使其对被研究者日常生活中流露出来的本来具有的隐含意义失去敏感。

（二）主体意识研究的理论基础——公共领域论

“公共领域”是尤尔根·哈贝马斯开创的关于民主社会的概念，特指国家和社会中存在的建立在自由发表意见和相互平等对话的基础上的公共空间领域，是“政治权利之外，作为民主政治基本条件的公民自由讨论公共事务，参与政治的活动空间”。在这个公共领域中，有着平等意识和理性批判精神的理性公民作为群体组成而存在，在不屈从于强制力量的情况下处理普遍利益问题，可以自由地集合和组合，可以通过广播和电视等媒介自由地对一般公共问题进行公开讨论以相互理解，从而使参与其中的人成为追求平等、独立和自由意识的主体。所形成的公共意见由于具有一定合理性、公共性和影响性，而为国家权力机构所正视，并能够在国家层面的决策中发挥作用。公共领域实践在个体层面，通过对公共事务的参与、协商和沟通，培育了社会成员的公共精神和公共理性，触发公民意识的觉醒；在社会层面，可以形成国家统治与公众社会关系的沟通平台，弥合分歧，缓解冲突，带动整个国家形成和谐的、良性发展的秩序。公共领域理论为正在探索和转型中的中国村庄社会向良性方向发展提供了一个全新的理论愿景。

（三）主体与空间关系研究的理论基础——社会空间统一体论

社会空间统一体论主要从物质空间和社会空间的相互关系中理解空间结构，提出人们为了满足自身需要和价值表达，创造和改变着他们所处空间的同时，也被他们所生活和工作的空间以不同的形式影响和支配着，这个双向连续的互动系统被称为“社会空间统一体”。社会空间统一体论对空间的研究脱离了传统机械的“物质空间”框架，回归到形象具体的“社会空间”体系内，从微观层面透视各种空间形式中“人”的行为活动。基于这一理论，“空间系统”是由“人”创造并生产出来的，居于其中的“人”又受系统环境影响，在动态发展中，“人”与空间的经济、社会、生态以及文化等环境因素形成一个动态的互动格局。在这个格局中，社会关系通过空间表现出来，受空间限制，并受空间布局影响。空间也许并不是影响社会相互关系的主导因素，但是对社会关系网络形成、社会互动交往、各种行为活动以及婚姻家庭的构建都具有重要意义。在市场经济框架下，空间已然成为主体巩固利益、调配资源的重要手段，是区域发展绕不开的关键因素。卡斯特斯认为“空间的转变必须被作为社会结构转变的说明，即社会结构的基本过程是怎样通过空间的形式表达和说明。必须运用空间结构这个术语来描述社会结构空间化表达的这种特定方式”。基于此，列斐伏尔提出“空间生产”理论，即社会空间是一种社会过程的物质产物，是主导生产关系再生产的场所，资本占据具体的、被生产的空间，将其分解为不同功能用地，再同化为抽象的商品。索亚认为社会空间统一体具有统一性和矛盾性的综合特征，社会与空间之间存在着辩证统一的交互作用和依存关系，空间组织不是独立的自组织和自演化的纯粹空间，也不是源于社会生产关系的直观表达，而是两者在互动作用中的共同产物。

（四）空间系统演进机制研究的理论基础——协同论

在村庄空间的不断演进过程中，村民主体及其活动始终置身于一种复杂的系统环境之中，受系统内外因素的共同影响。尽管空间系统的复杂性越来越强，主体自身也在不断变化中，但其空间塑造行为总是在地域条件设定下沿着某种相对稳固的轨迹向前发展，个中机制可以尝试通过协同论加以理解和揭示。协同论由德国物理学家哈肯创立，是解释系统保持自组织动力的重要方法论。协同论认为自组织演化动力来自系统内部的两种相互作用：竞争与协同。竞争导致系统非平衡，进而触发实现系统演进的动力机制，推动其不断发展。协同是在系统非平衡状态下，内部要素中的某些演化趋向一致，形成相互协作态势，导致系统某机能持续放大，形成占据优势地位的序参量（系统演化中反应新结构形成及其有序程度的参量）从而支配整体的演化进程。在系统发展演化过程之中，竞争和协同相互作用，二者此消彼长，推动系统沿着“稳定—失稳—稳定”的轨迹循环往复地变化，最终达到秩序平衡状态。作为可以较为普遍适用的、揭示世界万物运作状况的规律的基本理论，协同论已经成为一种全新的认识事物和解析规律的手段，同时也为村庄空间发展研究提供了新的视野和方向。在这一理论指导下，村庄空间规划将不仅仅是经验和知识的主观创造，而是可以被视为有一定逻辑与结构可遵循的思维生成，详见图 6-1-2。

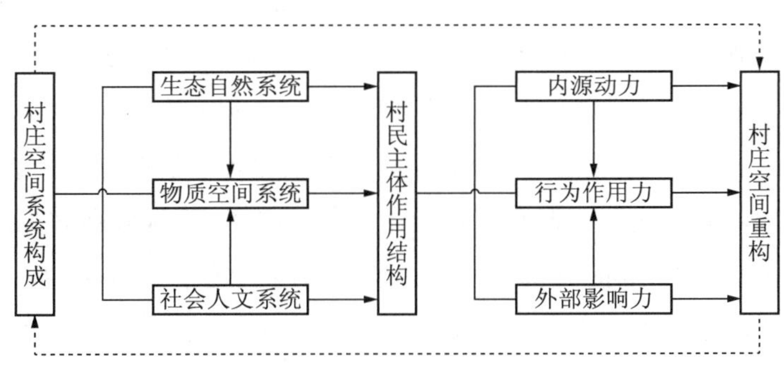

图 6-1-2 村民主体作用结构

资料来源：编委团队自绘

三、相关研究进展

现代化发展逻辑下村庄的未来趋势一直是国内外各个领域学者的关注对象，相关推论和预想也是层出不穷、千态百样。有曰“分散论”的，认为社会结构垂直分化将取代水平整合，高科技的机械化大大降低了农业经济对劳动力的依赖，基于市场经济规则的社会关系也将会瓦解传统的乡村社会共同体，导致原有乡村聚落解体，变成以生产空间为依托、居住更加分散的农庄模式。也有人认为，就目前科学技术水平和经济社会背景而言，要将中国占半数以上的乡村人口彻底转为城镇人口，将村庄彻底消灭显然是不可能的。实际上，现代村庄更多的是一种不同于城镇的生活方式和社会形态的表征，会作为一部分想远离城镇的人赖以生存的空间承载继续存在下去。不论村庄未来发展偏向于证实哪个论点，其存在形态和功能角色无疑都在发生着巨大变迁，传统构架下的聚落正在被新型村庄替代，国内外相关研究也日趋火热。

西方相关研究更多地偏重于“rural”（乡村）的概念，强调乡村空间具有与城市截然不同的社会体系、社会关系、社会结构、生活方式以及文化意识体系。二战后，西方国家在政治体制、经济形式、社会结构、生活方式以及人与人之间互动形式等方面都发生了根本性的变革，引发一批具有敏锐观察能力的学者对这个新时期的乡村空间及其经济社会发展特征进行总结和分析，他们发现一些村庄普遍面临着空间衰败、人口外移、贫穷、教育水平低下、公共设施供应不足等发展困境，另一些地域却承接“逆城市化”导致的由市中心外迁的富裕阶层和中产阶层，空间焕发了新的活力。面对这些极具差异性的发展状态，人们开始重新思考现代化进程中乡村的功能定位、社会形态以及空间状态，关于乡村空间重构的研究也开始从“人”的主体视角进行观察。随着经济社会工业化、城市化以及理性化程度的提高，农业逐步成为一个工业化、扩张化、生产最大化的产业，出现了“生产主义”乡村。20 世纪 90 年代以来，有学者认为生产主义的逻辑和行为不仅导致“产品过剩”，引发农业经济危机，而且造成了严重的环境破坏，乡村生态优势不复存在，由此引发人口外流、经济衰退、环境恶化等一系列不良后果，并提出了乡村（农业）“后生产主义转型”。一些“转型”运动的前沿研究者们开始纷纷投入关于乡村转型内涵、特征、机制以及路径的探索之中。有从产业经济角度进行研究的，认为乡村农业去中心化趋势是必然的，在乡村空间纳入商贸、旅游、休闲以及生态产业等多元功能是其未来发展的必然途径；也有从经济社会变迁角度进行深层探析的，认为乡村功能主要体现在高品质的食物生产、优越的生活空间、广阔的田野空间以及生态环境保护等方面，并提出了环境主义、新乡村需求以及农业政策的去规制化、自由贸易等一系列理论观点。为了有效满足社会发展新需求，乡村再人口化、人口凝聚力提升、阶层过滤以及社会结构复杂化等课题成为学者们关注的焦点。为了表达某一观点，乡村研究中出现了大量的抽象化概念，如工业企业乡村、城市化乡村、符号乡村、中产阶级乡村、消费乡村、殖民乡村等，被统称为“后生产主义乡村”。这是表征乡村消费、生态、旅游休闲等新功能和新定位的新概念。纵观西方学术界围绕“转型”主线的乡村发展研究，关注点不仅在于地理空间的变化，更多的是在于经济社会要素的重大重组。对内在机制的研究主要从体制、经济以及社会三个维度进行揭示，普遍强调用更加整合的、全面的和空间的多元化因素予以诠释。在这个分析框架下，“人”的主体地位是毋庸置疑的，不同发展模式实际上代表着人们的生产方式、生活形态、社会关系以及文化意识等方面的差异，是围绕主体生存系统的各种要素重组而形成的整体性效果。

西方国家对大规模城市化发展的反思及对乡村内涵的重新界定，为中国村庄发展路径的选择提供了借鉴。经过漫长的量变累积和体制、经济等外部条件不断的发酵催化，中国村庄空间重构已然启动，相关研究也从宏观的表象分析逐步转向微观层面的深层机制分析，并且越来越关注以主体转型为基点的空间互动研究。很多学者都认为，中国发展的根本问题就在于乡村与城市发展的脱节，应该将现代经济、社会因素植入村庄空间之中，构筑一个全新的空间重构形态。随着空间研究的“社会转向”开启，很多研究是基于经济、社会和聚落三大空间结构框架进行的。很多学者都对改革开放后村庄空间的剧烈变化做了深入探究，认为这是村庄空间重构发生的起点。一时之间，学者们纷纷从不同角度对村庄空间加以解剖分析。有的从经济机制入手，探索市场化给村庄演变带来的影响，认为应该扶持和引导村庄进入市场化体系之内，成为能够立足一方的发展实体；也有学者从村民的意识形态入手，解析村庄变迁的主要特征及其根本原因，认为村民自主意识与空间营建是相互作用的，应该加强村民的主体意识，培育新型村民，建立新型机制，处理好政府与基层村民的相互关系；有的结合地域特征研究了不同类型地区的聚落形态、类型的演变和突变过程，从生态、经济、体制等因素入手解析原因。随着研究视角越来越微观，对村庄空间过程、关系、结构、形态以及差异性等方面的研究也越来越多地与村民主体类型分化、日常行为、利益博弈以及社会关系等因素结合起来，对生活空间、生产空间、娱乐休闲空间等不同功能空间的重构进行了细致的观察和分析。

国内外相关理论的研究为田园村庄理念作为村庄空间思考方向提供了依据。但已有经验的回顾只能提供一种认识问题、解决问题的思路，并非解决问题的具体方法。在对田园村庄建设研究过程中，还需要在梳理现有理论、实践经验基础上，发掘问题，揭示机制，并提出与地域发展相适应的发展路径。

第二节　观察:四个案例村庄的田野调查研究

为了剖析村庄主体转型与空间重构特点,项目团队对盐城不同县市地区的四个村庄进行田野调查,在取得第一手资料基础上进行研究分析。在研究对象的选择上考虑了地域和类型的差异,四个村庄分别是东台市的甘港村、大丰区的恒北村、盐都区的仰徐村、阜宁县的孔荡村。针对每个村庄各自的特点,对其"空间—社会"的互动过程用一组关键词来概括,分别是"变革、联动、借势、触发"。尽管这四个案例无法涵盖整个村庄地区的发展情况,但都是空间重构比较显著,社会转型程度较为剧烈的典型案例,基本上能够代表不同发展阶段的村庄"主体—空间"转型特征,展现其发展形态的时空缩影。

一、空间重构中的"变革"效应——甘港村空间重构研究

(一) 基本概况

甘港村,地处长三角北翼的东台市五烈镇东部,位于东台、兴化、大丰三地交界处,北靠串场河,与兴化市、大丰区相邻,东与东台市经济开发区毗邻。204 国道、333 省道穿村而过,详见图 6-2-1。东西长约 2800 米,南北长约 4200 米,村部距镇区 2 千米,距东台市区 8 千米。全村区域面积 1007.97 公顷,人口 5765 人,1918 户,25 个村民小组,另外还包括甘港集中居住(中心村安置点)和臧冯村拆迁安置点的两个居住点。

(二) 空间重构中的"变革"

1. 旧住区向新住区的迁跃

从甘港村空间肌理上看,该村明显分为新旧两个区域,见图 6-2-2。村庄居住最初是在域内的河流水系两岸呈条状延伸,自然村点布局分散而随意,是自组织作用下的空间结果。随着 204 国道等交通线路的修建,村庄居住空间开始向交通沿线拓展,并形成条块状形态。从空间布局现状来看,南北纵向的甘港大道和东西横向的甘港路十字相交,形成空间的主要骨架,甘港大道的西侧是老居住区(旧住宅区),全部是年代较为久远的平房建筑,内部道路曲折萦回,空间尺度很小。而甘港大道东侧的新建住区(新住宅区),紧邻对外交通动脉 204 国道,交通区位优良,空间布局整齐,建筑密度相对较高,道路平直,建筑方正统一,都是两层的新式住

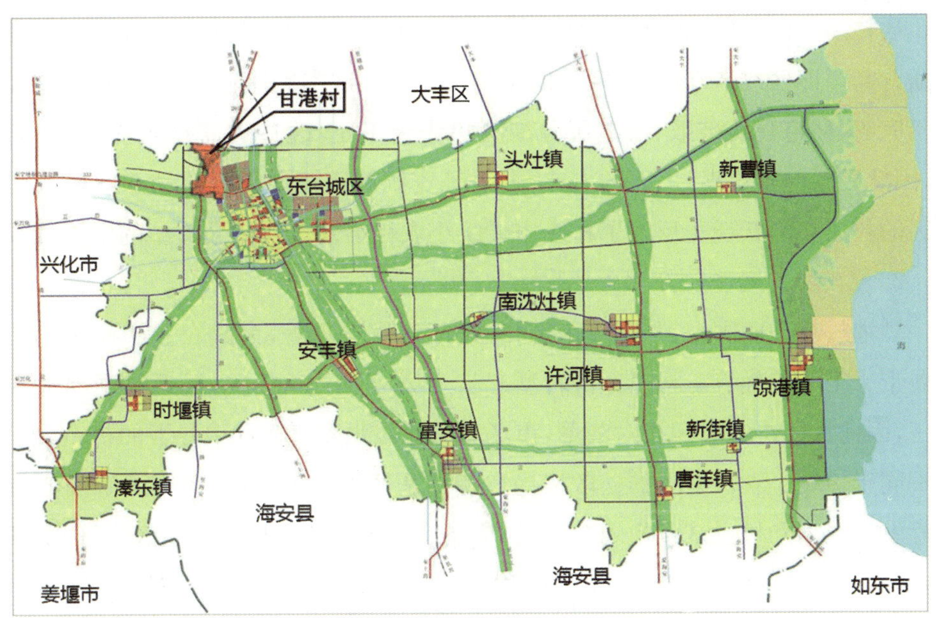

图 6-2-1 甘港村区位图

资料来源:江苏省城市规划设计研究院,《东台市特色田园乡村建设试点规划》,2018 年 3 月

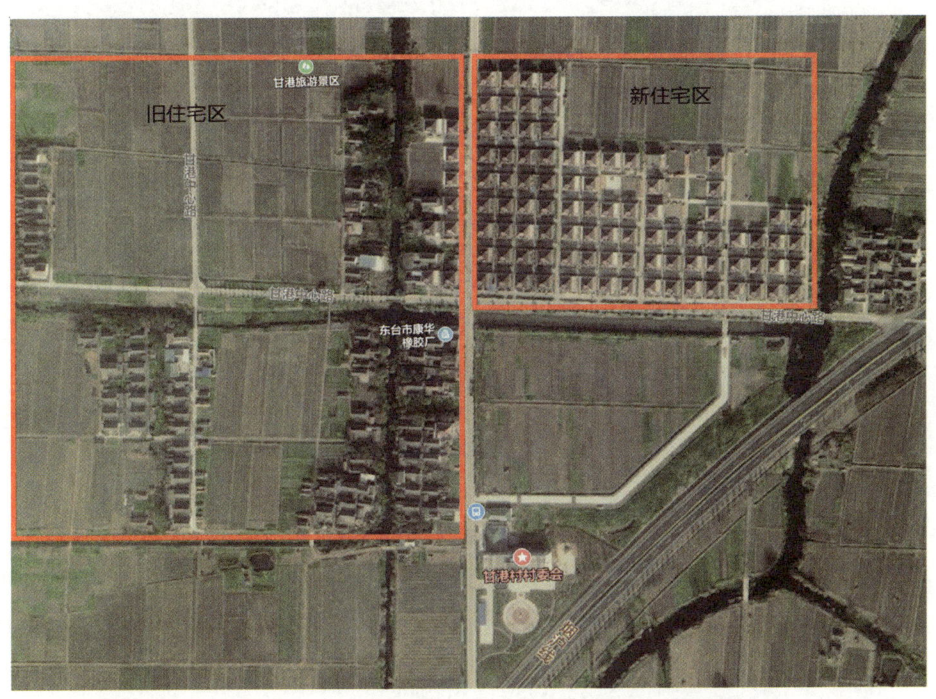

图 6-2-2 甘港村旧住宅区与新住宅区空间肌理

来源:卫星图截图,编委团队自绘

宅。居住新区的居民已占全村人口的 60%以上，旧区逐渐趋于衰败，房屋空置率逐渐升高。旧区改造涉及大量拆迁、整改，工作量、成本等比较大，而且存在基础设施不完善、住宅建筑破败、公共服务缺乏等先天不足，改造后需投入资金大、见效慢，因此更新基本停滞，旧区的人口、资金等资源都逐步向新区流动。旧村点向新住区的村庄空间跃迁正反映了村庄由传统小农社会向现代社会转型的发展背景。

2. 空间功能的多元分化

甘港村靠 204 国道，与东台市区相联，区位优势显著，为其农业产业化启动和发展带来很大的优势。村庄经济转型起步于 20 世纪 90 年代，远远早于周边其他村庄，因此村民小农意识相对淡薄，市场意识比较强烈。由此引导下的村庄空间布局不同于传统小农社会下的松散格局。特别是经过 2010 年前后组织编制的村域统筹发展规划和村庄试点规划工作，村庄空间发展充分利用了交通区位、资源禀赋的差异，形成分区明确、功能清晰、有组织有序列的空间格局，详见图 6-2-3。

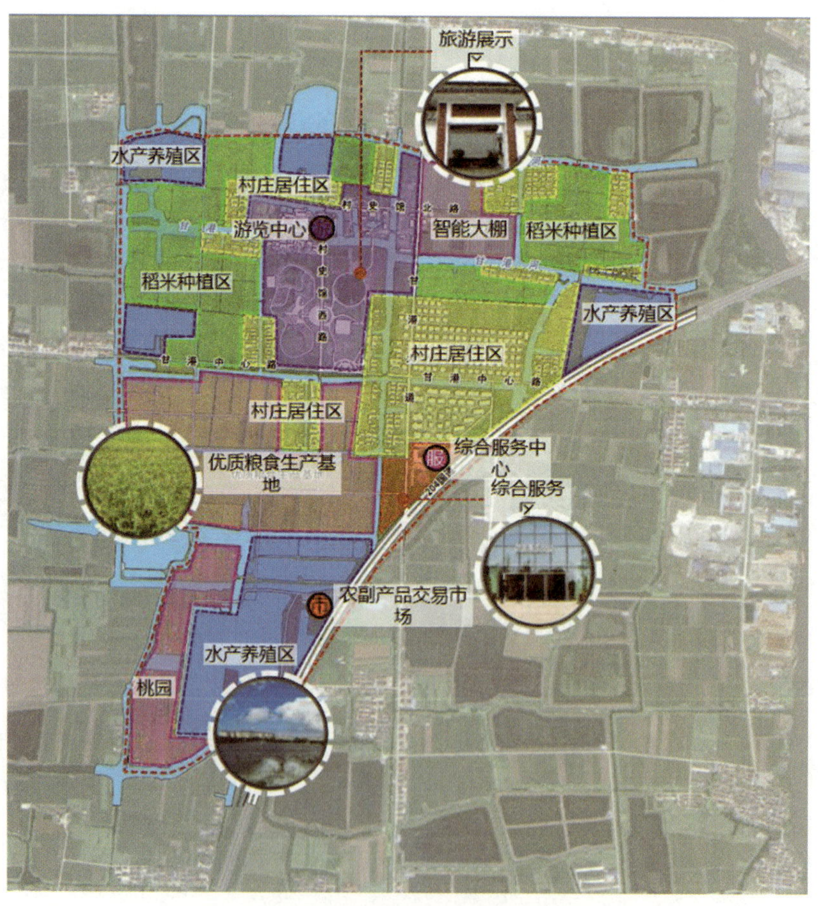

图 6-2-3 甘港村空间功能布局示意图

资料来源：江苏省城市规划设计研究院，《东台市特色田园乡村建设试点规划》，2018 年 3 月

3. 核心与周边空间互动态势初现

约翰·弗里德曼基于经济非均衡性提出了“核心—边缘理论”，认为经济在某地得到发展，形成发动型工业，则此地会产生强大的辐射力，带动周边地区共同发展。在核心区形成之后，核心区发挥其扩散效应，革新由核心区传播到边缘，核心与边缘间的交易、咨询、知识等交流增加，促进边缘发展。甘港村最初的启动空间依托村庄休闲旅游业起步，并逐渐发展成一个近郊生态宜居、文旅结合的休闲特色田园村庄。随着空间凝聚力的逐步提高，外部人才、资金、信息等资源不断地流入，核心区的辐射能力逐步扩展，受影响的周边空间规模也在逐步增大。甘港村最初发展空间占地面积仅有520公顷，随着村庄产业规模的不断扩大，空间外延力度越来越大，发展后的村域总面积为1008公顷，详见图6-2-4。这在一定程度上表现了核心与边缘空间的相互作用态势。

（三）主体转型

1. 人才凝聚力的提升

甘港村的起步是村庄的一种自组织行为，初期发展没有上层支撑和投入，也没有外部资金的大量注入，是村民在村委会领导下自发实现的社会和空间重构。在村庄发展过程中，人才的价值体现得淋漓尽致。村庄的领头人刘怀仁于1993年接手了甘港村村委书记一职，大刀阔斧地进行全面改革，带领村庄步入良性发展轨道。在村庄发展中，人口数量逐年增加，增加的人口主要来自周边村庄地区的剩余劳动力。20世纪末以来，村庄从经济开始步入正轨发展到今天，人口数量增长了4000多人。相比当下大多数村庄“空心化”日益严峻的局面，这个增长幅度足以说明它是具有一定的人口凝聚力的。甘港村在产业上主要发展生态旅游业，还发展了特种农用车辆、农业机械经营等产业，也给村民提供了大量的就业机会。而各个产业的掌舵者多半是常年在外闯荡，眼界比较开阔，并有一定经济资本的人，如在外经过商、跑过运输的人。他们是村里的“精英”，是推动村庄前进的领路人。

2. 村民生活形态的改变

随着村庄经济社会开始进入加速发展阶段，各项配套设施和公共服务功能逐步完善，经济水平大幅提高，村庄的村民不再是面朝黄土背朝天的苦力劳作者，他们充分利用了村庄发展平台，结合自身的优势，有的开始经营零售商业，有的利用老手艺开起了特色商铺，有的经营农家乐，有的在旅游区、产业区工作。

“村里没有兴办旅游业时，我靠开拖拉机赚点钱，经常要卸、搬砖头，时间

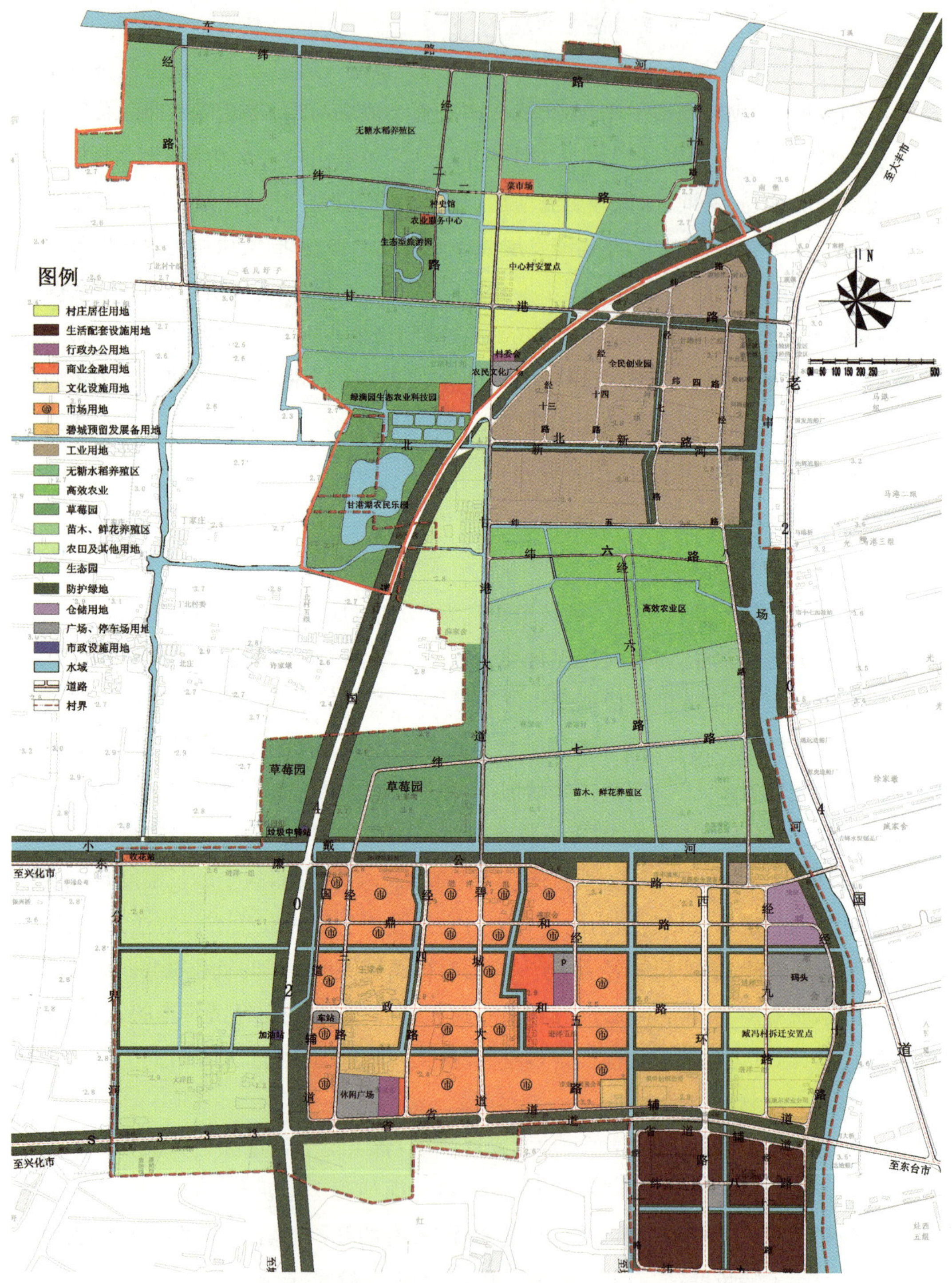

图 6-2-4　甘港村村域范围变化

资料来源：江苏省城市规划设计研究院，《东台市特色田园乡村建设试点规划》，2018 年 3 月

不由自己做主，妻子的吃喝拉撒都离不开我，所以离家近的工作，对我来说很重要。现在我骑电瓶车从店里回家，只要3分钟，每隔20分钟就能往家赶一次，扶她起身上个厕所。”村民杨红余说，只要天气好，每天都有十多辆从上海、南京、杭州等地来旅游的大巴车停在店门口，节假日里，生意更好。“每个月靠卖土特产，收入能有三四千元，村民们靠卖自家的农产品，多的每月收入不止五千元，少的也有千把元。”

“现在，不只是我，做布鞋的，做竹篓的，做竹筒的……不少村民就凭着这一技之长，吸引游客们掏腰包购买，还有的开起了工艺品厂，订单不断。”村民邹玉兴继承了祖传的酿酒手艺，以前在村里，街坊邻居都来买他的酒。现在借助村庄产业化的东风，他的酿酒技术开始走出盐城，有外省商人想聘他去当酿酒师，年薪10万。但他表示：“不想去，在老家生活挺好，钱也没少挣。”

村民们脱离了传统的农业生产模式，用自己勤劳的双手开创了一个新的生活局面。虽然有些人的服务和工作技能水平还比较低，同城市居民相比还很初级，但毕竟是一个良好的开端，村民主体转型与空间重构形成了一种良性循环。

3. 社会服务水平的提高

近年来，甘港村先后投入6300万元，新建水泥路面25千米、桥梁67座，全村每个居民点都通上了水泥硬质路。建成全市一流的村级党群综合服务中心，配套建设了省级示范乡村卫生站、警务室、农家书屋和农民文化广场等。投入150万元建成收贮场地25亩，配套秸秆收贮机械设施等，年秸秆收储量可达2万吨，有效解决了秸秆焚烧难题。投入30万元，新建一座污水处理设施，配套排水管道1.5千米。新建的社区综合服务中心以为民便民为宗旨，建有村级矛盾调处中心、社会保障服务中心、卫生服务站、污水处理站、农资供应和农家书屋等公共服务设施，全村实现新农保、新农合及老年人免费体检“三个全覆盖”，矛盾调处、小病医治和养老服务“三个不出村”，安全供水、公交客运和垃圾处理“三个一体化”。

4. 内外文化意识的冲突与适应

从整个盐城地区来看，甘港村在发展村庄产业经济方面是走在前列的。产业结构优化为地区发展带来的巨大推力和诸多商机，吸引了地方政府、经济实体、村民等纷纷介入，主动参与其中，进一步加速了甘港村的社会转型和产业优化。对外开放程度的加深带动了地域文化的变更，外来思想意识和文化形态与本土要素经过了较为明显的从冲突到适应的转变过程。

（四）经济发展

甘港村的产业化经济发展水平较高，迅速由一个分散欠债的贫困村发展成为经济社会初具规模的现代化新型村庄。作为盐城市城乡统筹发展试点村，村民们在村委会的领导下，先行先试，大胆探索产业形态(图 6－2－5)。村庄旅游区以中国·东台村史馆和百果园、百坊园、甘港村百草园为主体，集中展示村庄民俗风情和田园风光，其中，中国·东台村史馆作为江苏基层党建创新成果之一，入选党的十八大“科学发展·成就辉煌”大型图片展。农用汽车交易市场依托交通区位优势，以经营特种农用车辆、农业机械为主，兼营工程车辆及汽车配件、汽车维修，建设专业为农服务、门类齐全的农用汽车交易市场。另外，绿满园、金穗麦业、甘港“玉缘”米厂等 3 家企业建成盐城市农业产业化龙头企业，绿满园鸡蛋、甘港大米获

图 6－2－5　甘港村产业形态示意图

资料来源：江苏省城市规划设计研究院，《东台市特色田园乡村建设试点规划》，2018 年 3 月

得有机食品称号。为了给产业发展提供充足的发展空间，村庄先后建成串场河沿河经济带、东廉公路沿线工业区、333 省道沿线工业区这 3 个工业集中带，全村大小企业 100 多家，纺织、麦芽、机械等企业也形成气候。旅游业打响了甘港村的名声，更带动了村域经济的整体发展，全村三大产业总产值突破 16 亿元，税收将超过 5000 万元，人均纯收入超 25000 元，建成国家级文明村、国家级生态村和国家 3A 级旅游景区。

甘港村正在经历一场翻天覆地的大变革，这一过程体现在小农社会向商业社会的演变，市场化程度的加深，市场观念的逐步增强，传统空间被功能多样、分区明确的新空间格局代替等方面。甘港村的发展是走在盐城地区前列的，产业结构已经实现由第一产业向第二、第三产业转型。调研分析发现，甘港村当前所经历的主体转型与空间重构处于一种相互整合、相互促进的螺旋上升发展态势。多元化产业经济刺激了空间的迅速调整，空间重构又引发了主体及其社会的深刻转型，两者在“冲突—调整—适应—协调”的循环往复过程中，相互调校对方的发展轨迹，强烈地体现出一种整合协同的良好发展态势。

二、空间重构中的“联动”效应——恒北村空间重构研究

（一）基本概况

恒北村属大中镇，地处大丰城区南侧，距大丰城区南部 3.7 千米，有 2 个入口，西侧有县道大沈公路，北侧有城区南延的主干道东宁路和春柳路。从大丰城区到恒北村只需 10 分钟左右，同时恒北村也在盐城的一小时经济圈以内，详见图 6-2-6。全村共有村民小组 11 个，农户 1330 户，总人口 3529 人，总用地面积 474.9 公顷。2017 年，全村总收入 15689 万元，同比增加 8%，实现农民人均纯收入 28266 元，同比增加 10%。恒北村曾先后获得国家级生态村、全国文明村、全国一村一品示范村、全国十佳小康村、中国慢生活休闲体验村、全国生态文化村、全国休闲农业与乡村旅游示范点、农业部美丽乡村、江苏省新农村建设先进村、江苏省最美乡村、江苏省文明村等荣誉称号。

（二）空间重构中的“联动”效应

恒北村正在经历一场由小农生产向现代化产业经济的深刻转型，这在地理空间上具有非常显著的表现。恒北村所处之地原是盐蒿点点、沉寂萧条的黄海滩涂，后有荷兰水利专家来设立了区、框、排、条四级排灌水系，充分利用雨水淋浇使土壤

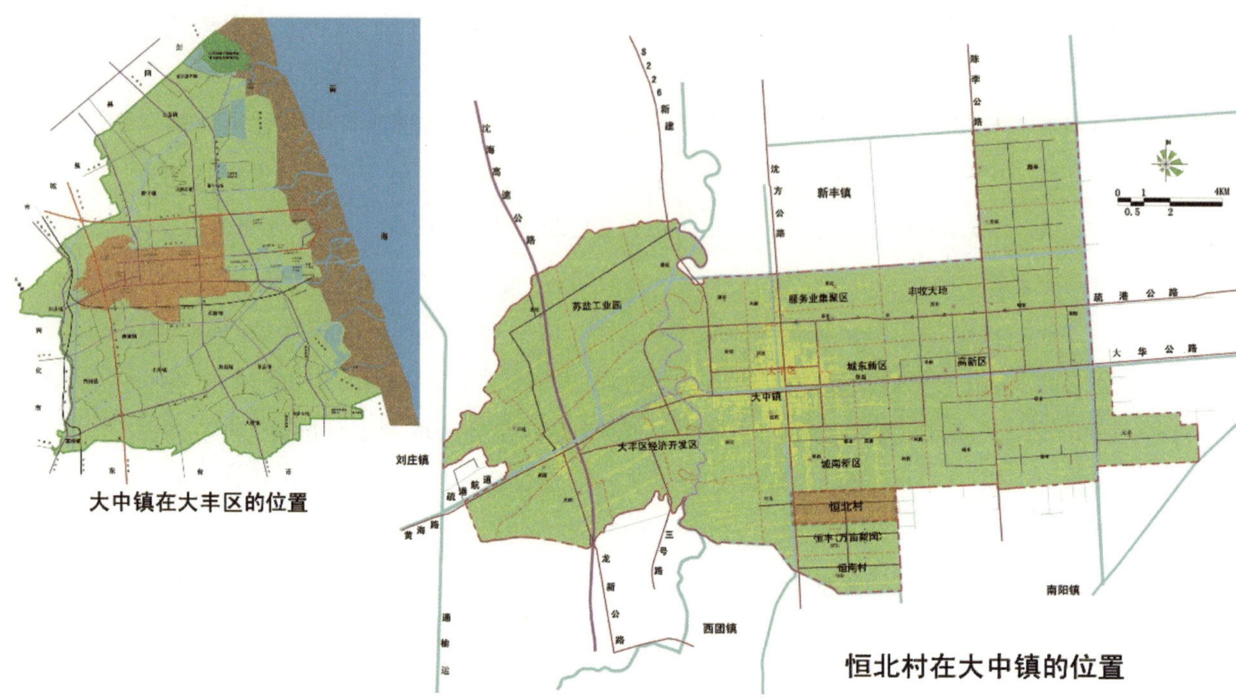

图 6-2-6　恒北村区位图

资料来源:盐城市大丰区城乡规划市政设计院,《盐城市大丰区大中镇恒北村村庄规划》,2016 年

脱盐,整治了这片曾因水患灾害而荒凉的盐碱地,当地重获新生,焕发生机,变成现在具有平直相交水网相割的棋盘式格局。恒北村村域形态非常规整,呈东西长、南北纵深较短的长方形,村域四周都是以自然水域作为边界,域内水网平直,空间肌理非常清晰。恒北村于 2016 年编制了村庄建设规划,对村域空间进行了全面梳理。这是一个历史悠久的老村庄,回顾其空间重构的历史,在 2010 年前,村庄空间变迁一直比较缓慢,从图 6-2-7 也可以看出,2009 年恒北村村庄空间布局还是传统的沿水系布展的分散式布局。2010 年以来镇区的空间重构过程就处于活跃的变迁状态中,无论是空间结构还是空间功能都与原来的有所不同。2014 年卫星图中可以看出,新住区建设已经初具规模,是整齐划一的行列式布局,这与其他地区村庄新区建设如出一辙。在向集中住宅发展的过程中,新区建设用地首先占据的是村域北部居中的没有住宅的耕地,这可能与有意规划有着莫大关系。从 2017 年卫星图上可以看出,新住区随着旅游休闲产业的逐步展开,对建设空间的需求越来越大,老住区拆迁工作也开始陆续展开。新型产业空间在新住区周边展开,形成了与传统空间差异巨大的空间形态。为了提高用地效率,新住区密度较高,住宅以两层楼为主,建筑风貌整齐划一,主干路宽度较大,路两侧也出现了零售、餐饮等服

图 6-2-7 恒北村空间变化

资料来源：卫星图截图，编委团队自绘

务为主的店铺，这些沿街的店铺虽然都以个体经营的模式出现，但众多的商铺聚合到一起，也形成了一定的规模。村委会为了发展旅游休闲产业，鼓励村里有能力的人迁居至新住区居住，并鼓励一些头脑比较灵活的村民创业，比如做手工业、生活服务、运输、商贸等行业从业者。与北部的发展工业的泰丰村不同，恒北村发展依托自己的特色品牌——早酥梨，构建了以农业为基础的休闲旅游产业体系。虽然是起步不久，但是从空间布局来看，新产业框架体系基本成型，围绕人居建设、城乡统筹、公共服务、产业发展，推动实施了面积达 8.8 平方千米的新社区建设，围绕

“梨园风光、生态宜居、乡村旅游”定位，全力打造“一心、二轴、三片区”（恒北新村为核心，恒北大道、中心路两主轴，东部生态果林区、中部人居生活区、西部休闲旅游三片区）的总体空间布局，见图 6－2－8。

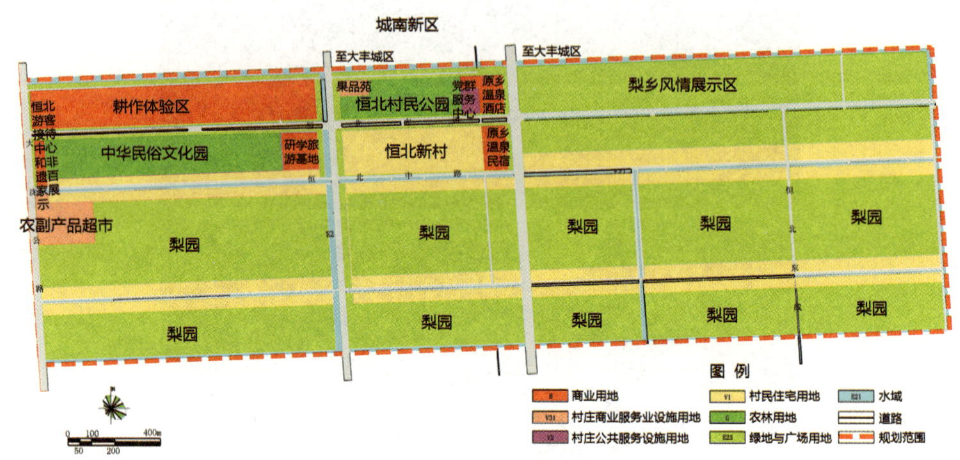

图 6－2－8　恒北村空间布局图

资料来源：盐城市大丰区城乡规划市政设计院，《盐城市大丰区大中镇恒北村村庄规划》，2016 年

与其他大多数普通村庄不同，恒北村人口外流现象并不是十分严重，外出打工人口仅占总人口的 20%左右。究其原因，主要得益于村庄早期发展起来的早酥梨果业经济和村庄北部相邻的泰丰村产业区的建立，两者为村庄剩余劳动力提供了充足的就业岗位。伴随着小农社会向现代社会的转型，恒北村与周边村庄之间的关系由传统的松散联系转变为联合互动关系，呈现出明显的“联动”效应。在不重视产业发展的传统农业社会中，各村落发展的资源禀赋主要来自农田及林地，完全是靠天吃饭，对外界的资本技术和信息毫不理会，更不会关注周边村庄的发展和联系。随着封闭的小农经济逐步解体，市场经济的冲击，外来的信息、资金、技术的流入，村庄获得了很好的发展资源。“走出去”和“引进来”的思想深入人心，与周边村庄的联合发展也势在必行了。虽然村委会之间的合作项目并不是很多，但是村庄之间的经济联系已然形成，村里在泰丰村内产业区打工的人数占到 32%，大多数家庭中有劳动力在产业区里工作，这为村民就业和家庭收入带来了很大的改善。反过来看，在当前村镇用工难的现状下，产业区经济发展也是离不开村庄劳动力输送的，这种互补式的联动促进了两个村庄的共同发展。

（三）主体转型

1. 社会结构复杂化

由于靠近镇区，恒北村居民生活形态已经与城镇居民比较相近了。这首先表现在家庭结构特征上。原来以父母与两对及以上已婚子女共同居住，或兄弟姐妹婚后不分家构成的联合家庭，这两种为主的结构模式已经消失了，父母与一对已婚子女共同居住的情况也比较少了，大概占比仅有 28%，绝大多数家庭都是父母与未婚子女共同生活的独立家庭，这与城镇家庭结构特征很相似。恒北村“家庭小型化”趋势与征地后的住房安置模式密切相关，多数家庭在征地后按户口分到了两套房子。于是，年长的父母便与子女分开居住，另外，依靠征地政策和集体经济支撑，老年人年收入较为可观，能够担负起自己的生活开支。其次，村庄居民在社会交往方面也发生了很大的变化，过去以“血缘”关系和“近邻”关系相维系的社会共同体式被逐渐打破，亲友和邻里之间的交往逐渐淡化，人们的交往与联系开始像城镇居民一样，向业缘为主的相处模式转化。另外，一些传统的比较烦琐的节日仪式也都尽量简化了，结婚、出生、过生日等人生大事需要举办的仪式活动也基本安排在饭店里进行。

老村民们关于村庄过去生活与现代生活对比的描述就很鲜活地反映了村庄社会生活的变化：

“我儿子家住得离我家不远，他和媳妇在工厂，比较忙，我给他们带孩子，他们过来吃饭……原来住在一块，后来拆迁我家就多要了一套，分开住了啊，这样矛盾少啊，住得宽敞。”

“现在跟以前不一样了啊。以前谁家有个事情，大家都会来帮忙，场面可热闹啦，都请有威望的长辈主持，大家心也齐，计较不是很多。现在不一样啦，都忙着挣钱啦，不忙的时候都在家看电视、玩手机、上网、带孩子，来往少了……现在谁家都不愿意麻烦自己做仪式了，结婚、生孩都是在饭店里请客的，就是（也就）丧葬还是在家门口弄个场子，请亲戚朋友来的。”

2. 就业形式多样化

恒北村村民的就业渠道是多元化的，具有悠久历史的早酥梨产业为每个家庭带来了比较丰厚的农业收入，亩均产出为每年 5000 元到 6000 元，村庄户均 7 亩，年收入能够在 3.5 万元以上。为了促进果业经济的良性发展，提高其技术含量，村委着意建立了 6 个果品生产技术服务小组，每个小组有 10～20 人。这些技术小组负责学习研究国内外的先进种植技术，并将其引入村里来，通过技术指导、技术培训等方式提高果农的种植技术和果品质量。同时，负责调查水果市场，观察市场动向，为稳定果业收入、开拓果品市场提供借鉴。尽管当前的技术小组规模都不是很大，但这开启了村庄农业的良性发展方向。一个注重产品品质和市场方向的经济体，未来总是会有很好的发展前景的。村庄经营果园的大多是四五十岁的中老年人，年轻一代大多到附近的工厂工作，过着有规律的通勤生活。随着村庄休闲旅游业的慢慢发展，一部分人身着统一制服，经过严格的就业培训，转变成为新产业专职的服务人员。村里还有近百位拥有各种传统技能的匠人，有瓦工、水电工、木工等，他们都在附近城镇或者村庄做散工，年收入也非常可观。也有一部分人开展各种形式创业的，有沿街开店铺的，有经营零售、特产、网吧、游戏厅等各种生活服务业态的；有进行土地承包，经营规模农业的；也有承包场地进行旅游服务的……就业形式的多元化带动了家庭收入的提高，这也是恒北村人口流出数量较小的根本原因。

3. 生活方式的“城镇化”

家庭消费结构可以体现居民生活状态。从表 6－2－1 可以看出，村庄进入转型期后，村民们生活水平提高的同时，消费水平和消费结构也发生了巨大的变化。从表 6－2－1 还可以看出，人均生活性消费性支出在 15000～18000 元的最多，占比达到 74.3％。2017 年，大丰区统计公报公布的城镇居民人均生活消费性支出是 19711 元，村庄人均生活消费性支出是 14119 元。恒北村的消费水平介于两者之间，并且接近城镇居民消费水平。从消费结构来看，基本生活必需品消费比重占 45.4％，服装及交通通信等消费比重占 17.8％，文化娱乐教育消费比重占13.7％。从数据对比中可以看出，恒北村基本生活必需品消费比重低于传统村庄，文化娱乐子女教育消费比重相对较高，与大丰城镇居民同类消费比重 14.8％比较接近。从访谈中可以探知，家庭子女教育消费比重较高，这虽然有教育成本提高的原因，但也从某一方面说明村民们对子女的教育也是越来越重视了。像城里孩子一样，村里好多家庭的儿童在镇上上美术、音乐等兴趣辅导班，年均支出基本在 3000 元以上。这是村庄转型之前不多见的现象。在家庭耐用品消费方面，恒北村消费水平已经基本与城镇相近了，手机、电视、电脑、洗衣机、冰箱、空调等现代生活用品家家基本齐全，而且有些家庭还是智能的，作为象征现代水平的私家车，在村庄里也颇为常见，很多住宅设有停车库，主路两侧也有公共停车场。

表 6-2-1 恒北村人均消费统计表

消费水平	12000 元及以下	12000～15000 元	15000～18000 元	18000～21000 元	21000 元及以上
比重	4.3%	14.4%	74.3%	5.8%	1.2%
生活消费结构	基本生活必需品消费	服装、交通通信消费	文化娱乐教育消费	医疗保健消费	其他消费
比重	45.4%	17.8%	13.7%	14.4%	8.7%

资料来源：盐城市大丰区城乡规划市政设计院，《盐城市大丰区大中镇恒北村村庄规划》，2016 年

（四）经济发展

恒北村临近城镇，悠久的产业发展历史为其早酥梨农业发展带来了很多优势。这里以盛产早酥梨闻名，是全国最大的早酥梨商品生产基地之一，有着 40 多年的早酥梨种植历史。后来，村里成立了“麋鹿”牌早酥梨的专业合作社，通过合作社辐射带动全大丰区种植面积将近 2500 公顷，形成了地方特色产业。2016 年，恒北村耕地面积尚有 277 公顷，其中已成龄的早酥梨果林用地面积就达 253 公顷，占耕地面积的 91.3%。随着大丰区和大中镇的发展与辐射，特别是交通条件的改善，恒北村的区位优势逐渐显现，促进了传统农业向现代产业体系的转型。

作为特色果业供应基地和新兴的旅游休闲地，恒北村的农业产业结构调整是比较成功的，借助自身的规模化的果林资源、规整通畅的水系网络等优势，初步形成了以梨文化旅游为主导的休闲、度假、体验旅游纵深层次，同时突出农业生态观光经济的综合效应，正在形成集居住、生产、生活、休闲娱乐为一体的乡村旅游综合体。目前，恒北村已经打造成型的旅游项目主要包括：中华农耕民俗文化园，占地约 17 公顷，是以张謇开垦文化、农耕文化、移民文化等相融合为核心的文旅产业项目；非遗百家展示园，占地 4 公顷，以非物质文化遗产为支撑，凸显地区民族文化印记和发展脉络，意在借助景区人气提高“非遗百家”的知名度和美誉度，延伸持久化艺术品和市场的影响力；梨园风光主题公园，占地 7.5 公顷，是一所集健身养生、娱乐休闲、盏茶餐饮、游览观光等功能为一体的绿化公园；梨乡风情展示区，占地 28.5 公顷，在现有梨园进行全新旅游游览线路规划基础上，打造小规模的动态观赏旅游景点。2016 年，在各个方面的共同努力下，村庄更是吸引了外商投入重资，建成了集温泉酒店、民宿、农耕体验、户外拓展、休闲餐饮为一体的恒北原乡温泉旅游度假村，为恒北村经济腾飞注入了新的活力。

从以上分析可以看出，恒北村当前所经历的社会转型与空间重构不是孤立的现象，这两者正处于一种相互影响、相互促进的良好态势。通过与周边空间的联动

发展，村庄市场化程度日益提高，促进了空间的良性发展。恒北村的产业空间重构与振兴吸引了更多的周边城镇游客来此消费，不仅进一步促进了村庄产业发展，也加速了村庄小农社会向现代社会的转型。总体而言，恒北村空间重构上体现出一种整合态势，社会转型的过程渗透到了空间重构的许多方面，空间重构的过程也牵涉社会转型的诸多方面，两者相互调校对方的发展轨迹，相互促进，共同发展。

三、主体与空间互动中的“借势”效应——仰徐村空间重构研究

（一）基本概况

仰徐村属盐城市盐都区潘黄街道仰徐片区，位于中心市区近郊，距离市中心仅20分钟车程，临潘黄交通枢纽，是由南进入盐城市的必经之地，区位优势十分显著，见图6-2-9。从21世纪初期开始，仰徐村经历了两次大的行政区划调整，分别与南部的新民村和西部的新英村部分地区合并，形成了村域总面积达到9.87平方千米的“大仰徐”，户籍人口达6484人(2016年)。村庄先后荣获“全国文明村”、“江苏省法治示范村”、“江苏省生态村”等称号，以及入围2017年名村影响力排行榜(300佳)的荣誉，现为江苏省四星级乡村旅游点(图6-2-10)。在社会转型与空间重构的互动发展中，仰徐村充分利用自身的区位优势，借助外来资源带动两者逐步向良性互动方向发展。就社会转型而言，由于离中心城区仅有20分钟路程，受其影响比较大，人员、信息、资金等社会要素的互动也比较频繁。在空间重构方面，借助区位优势，以规模农业、旅游休闲、商业服务以及生产仓储等为依托的产业空间发展已经初具规模，生活空间也在逐步由分散走向整合，社会转型对空间重构的影响非常显著。从目前情况来看，村庄空间(包括自然村点整合、新旧住区关系、环境意向变迁等)经过近20年的变革，效果非常显著。随着社会转型的进一步深化，村庄空间重构的变化在未来将会更加明显，故村庄主体转型与空间重构的互动可概括为“借势”效应。

（二）空间重构中的“借势”

仰徐村的空间重构过程可以分为三个阶段:启动阶段、提升阶段和全面重构阶段。由于位于中心市区近郊，仰徐村早在21世纪初就开始有规划地步入了现代化转型阶段。启动阶段，仰徐村仅是一个拥有300多户的小村落，经济上还是主要依靠家庭经营的传统农业，当时村里有一家打捞企业，再加上上级政府的财政支持，使得空间重构启动有了资金支撑。村委会以每户1万元的补贴推动了居住空间的

图 6-2-9 仰徐村区位及其村域空间布局图

资料来源：江苏省城市规划设计研究院(江苏省城市交通规划研究中心)，《盐城市高新区潘黄街道仰徐田园乡村建设规划》，2018 年 3 月

图 6-2-10　仰徐村现状局部景观

资料来源：江苏省城市规划设计研究院江苏省城市交通规划研究中心，《盐城市高新区潘黄街道仰徐田园乡村建设规划》，2018 年 3 月

第一次整合。2000 年，在打通主要交通动脉——荣泰路的基础上，在路东南打造了一期新住区，原来的 7 个自然组被合并为 2 个。村庄经济发展势头较为明显，成为中心村，并于 2001 年 3 月，将村庄南部的新民村并入其中，形成一个拥有近 5000 人的大村落。2007 年，村庄对荣泰路加以拓宽和延伸，使之贯穿了整个村域，并与盐徐高速等对外交通干道相连接。这个时期，居住新区进入了二期建设和迁并阶段。虽然没有了拆迁补贴，但是二期住房条件要好于一期，基础设施配套也比较完善，而且沿荣泰路两侧开始出现各种产业、商业和服务业门面，服务功能大大提升。中心城区响应产业转型需要，进行了“退二进三”变革，开始将一些传统产业迁离。仰徐村借助近郊优势，承接了陆续从城区搬迁出来的各种企业，并以此为契机，通过招商引资，引入了各种资源形成化工园、机电工业园等集中产业区。2010 年以来，随着社会主义新农村建设方针政策的进一步实施，村庄借助政策优势，进一步推动了空间

重构过程，进入提升阶段。2013 年，政府根据村庄的发展需要，又将西部新英村的 9 个自然村组并入仰徐村，形成了目前的大仰徐。与此同时，居住新区建设进入了三期工程阶段，对原仰徐村的自然村组的 300 多户居民进行了全面拆迁合并，基本实现了集中居住。新的居住区在村域北部居中的位置，居荣泰路对外出入口处，依托福元路和荣泰路形成的十字交通骨架，构成南北纵深较长的长方形空间形态。空间东部入口处以仰徐村的行政服务中心为起点，主区内道路平直，村居以两到三层的低层建筑为主，多呈行列式布局。由新住区沿荣泰路向西，是工业集中区，两个区域之间规划布置了占地 150 亩的公共绿地空间——农民休闲广场。

在整个空间重构过程中，借助外部动力优势激发的社会转型是仰徐村空间重构的主要推动力，而其中影响最大的就是村庄聚落外部因素，主要包括优越的对外交通条件和盐城中心市区的带动和影响。仰徐村在行政上隶属于潘黄镇，随着潘黄镇向中心市区并入，村庄空间上主要受到的盐城市区的辐射影响也更加显著。除此之外，与盐城市市区(亭湖区)便捷的交通导致村庄与外界物流、信息流通的加速，促进了当地经济的发展，所以仰徐村的空间开放度与其他村庄相比是处于较高水平的。就仰徐村的产业发展而言，其也不是从内部产生主要动力来源的，而是在外部动力强劲带动下发展起来的，而这一外部动力就是仰徐村作为盐城市西南“门户”的地理区位优势。同时，仰徐村地处城市“近郊”的特点为其农业发展带来了很多优势。作为盐城市的重要蔬菜及“鲜、活、特”农产品供应基地，仰徐村的农业产业结构调整效果非常显著，已经开始由家庭农业向规模农业，由传统农业向现代农业转变。除此之外，在仰徐村 1 小时距离圈范围内，分布有大马沟生态公园、伍佑高效农业示范园、杨侍农业生态园、盐龙湖水利风景区、盐城(便仓)枯枝牡丹园、盐城欢乐王国、郝氏故居、大纵湖旅游度假区、三官村等旅游休闲产业区，对仰徐村旅游休闲产业发展产生了一定的联动作用，见图 6－2－11。

从仰徐村的空间结构来看，该地核心区域由工业聚集区、旅游产业区以及新建住区三部分构成。在核心区周边，沿水系和交通网络散布着自然村点形成的传统村庄空间。核心区设施相对完善，空间质量较高，与周边的老村点形成鲜明的对比。由于核心区的配套设施并没有延伸到老村点，现代村庄与传统村庄在空间上是割裂的，见图 6－2－12。2017 年，在地方政府的组织下，仰徐村制订了田园乡村建设规划，该规划着力打造一个以“江苏省特色田园乡村综合体示范点、盐城市现代农业生态旅游示范区、盐城市近郊休闲旅游目的地”为定位的特色田园乡村综合体，见图 6－2－13。从仰徐村发展现状来看，这个定位是比较高的，未来还有很长

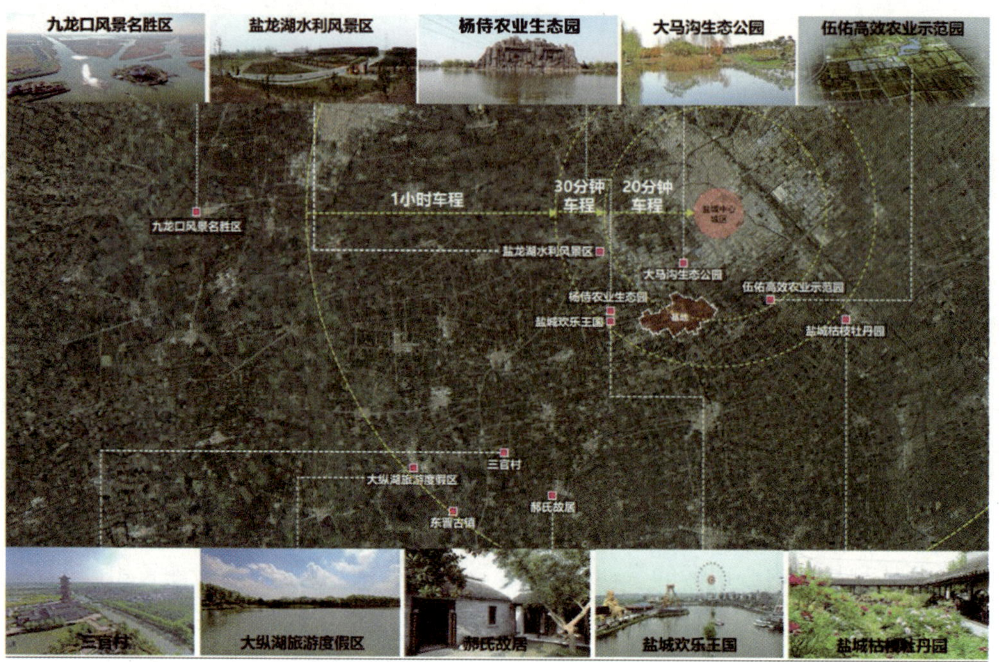

图 6－2－11　仰徐村区位优势分析图

资料来源：江苏省城市规划设计研究院（江苏省城市交通规划研究中心），《盐城市高新区潘黄街道仰徐田园乡村建设规划》，2018 年 3 月

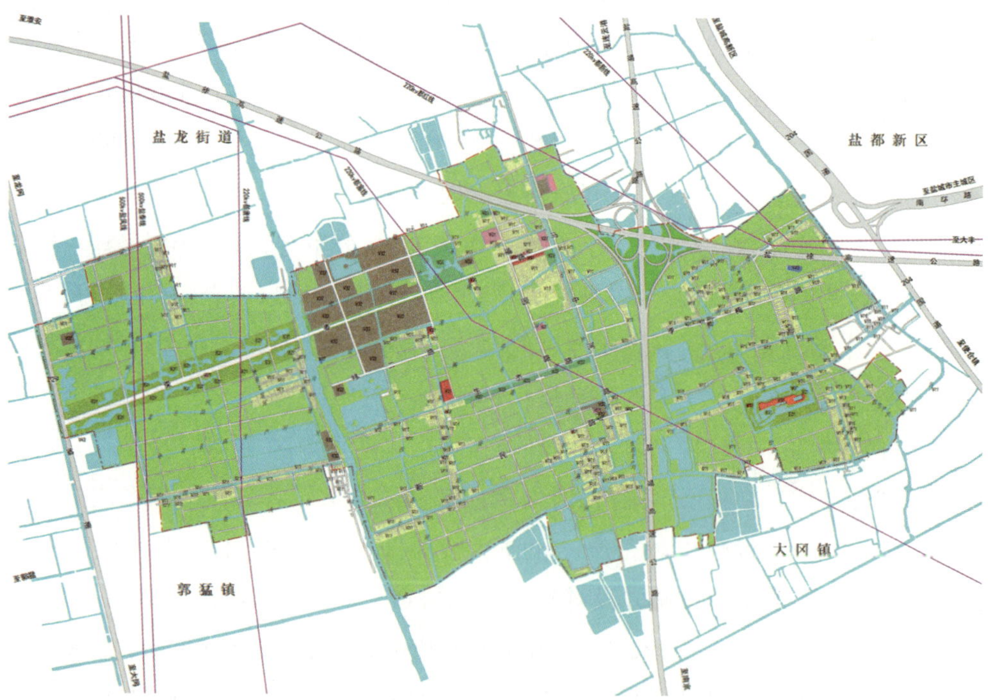

图 6－2－12　仰徐村空间现状图

资料来源：江苏省城市规划设计研究院（江苏省城市交通规划研究中心），《盐城市高新区潘黄街道仰徐田园乡村建设规划》，2018 年 3 月

图 6-2-13　仰徐村建筑风貌

资料来源：江苏省城市规划设计研究院（江苏省城市交通规划研究中心），《盐城市高新区潘黄街道仰徐田园乡村建设规划》，2018 年 3 月

一段路要走，但是在外部“借势”的“他组织”推动力和内部“自组织”原动力的双重作用下，传统空间必然会向新型空间结构转变，构成一个分区清晰、功能明确、设施完善、建筑风貌清新、居住品质优良的全新格局（图 6-2-14）。

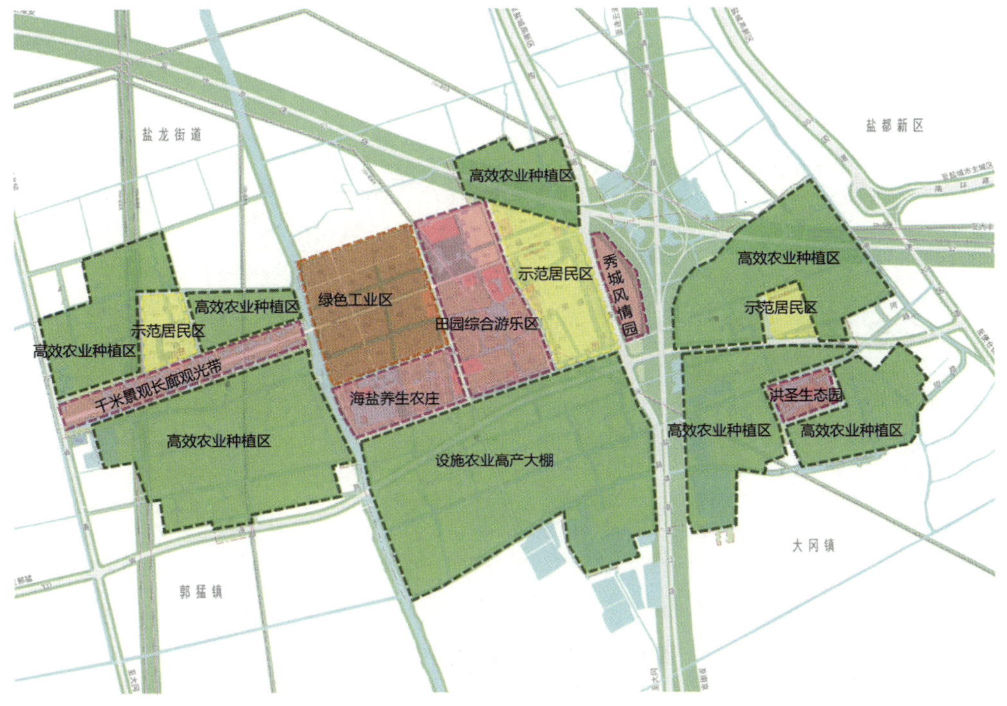

图 6-2-14　仰徐村空间规划图

资料来源：江苏省城市规划设计研究院（江苏省城市交通规划研究中心），《盐城市高新区潘黄街道仰徐田园乡村建设规划》，2018 年 3 月

（三）主体转型

1. 主体类型的多样化

从2016年统计数据来看，仰徐村共1852户，户籍人口6484人，常住人口共6996人，其中仰徐自然村户籍人口与常住人口相差不大，分别为1315人和1389人，新英自然村户籍人口与常住人口分别为1833人和1922人，新民自然村的户籍人口与常住人口相差较大，常住人口3685人，要比户籍人口多351人，说明村庄外来人口比较多，详见图6-2-15。究其原因，新民村离村庄工业集中区不远，而且有较大的农业空间，吸引了很多外村人来此经营现代农业。价格低廉的老住区房和大量的就业岗位、创业机会吸引了周边村庄人口在此居住。从主体类型来看，仰徐村的类型结构要比其他普通村庄复杂得多。从户籍结构上可以分为户籍人口和非户籍人口；从职业结构上可以分为传统农业耕作者、现代农业运营者、工业制造者以及第三产业服务者等；从经济条件上可以分为低收入家庭、中收入家庭和高收入家庭；从地缘关系上也可分为原仰徐村居民、原新民村居民和原新英村居民……主体类型多元化和社会结构复杂化，表明村庄空间发展在向一个更高级的系统跨越，随着村庄经济能力的逐步提高，村庄社会结构将更加复杂。

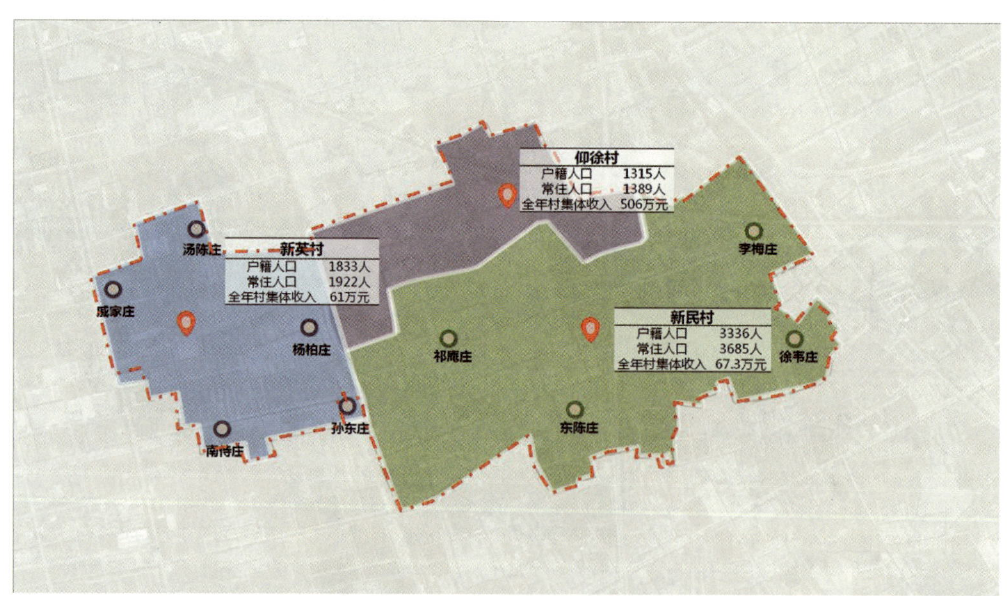

图6-2-15 仰徐村人口分布图

资料来源：江苏省城市规划设计研究院（江苏省城市交通规划研究中心），《盐城市高新区潘黄街道仰徐田园乡村建设规划》，2018年3月

2. 生活形态的城镇化

受到城市发展和村庄建设的双重影响，仰徐村村民职业分化体现出一定的过渡性特点，原来以传统农业为主的职业结构转变成兼有城乡经济结构、城乡建设设施和城乡生活方式并存互动的格局，职业结构方面详见表 6－2－2。四通八达的内外交通给仰徐村的要素流动提供了支撑，也为村民打开了对外交流的通道。传统的村庄生活形态随之被打破，卖店、菜市场、饭店等服务行业场所规模也由小到大，迅速扩张，不断适应与满足居民生活的需求，商业设施、服务设施以及绿地空间等集聚自发形成内容丰富的公共空间，并反作用于主体生活，强化了主体生活形态的改变，如图 6－2－16。

表 6－2－2　仰徐村民的从业结构

人口类型	农业者	非农业者	兼营农业者	外出打工者	总人数①
户籍人口(人)	713	2140	1297	2983	6484
百分比(%)	11	33	20	46	100
非户籍人口(人)	53	964	66	—	1320
百分比(%)	4	73	5	—	100

资料来源：江苏省城市规划设计研究院(江苏省城市交通规划研究中心)，《盐城市高新区潘黄街道仰徐田园乡村建设规划》，2018 年 3 月

“这边生活比以前方便多了，沿大街(荣泰路)有各种小商店，卖什么的都有，修个电动车啦，要在外面请个客啦，剃个头什么的，都不用跑远了，在大街上都有啊……(做)菜也方便，以前是自己在屋前屋后种，都够吃，现在是到小菜场去买就行，什么菜都有，在村东的大桥下有卖的，过五天还有集市，可以买些其他日用的东西……大件的可以到北边马沟镇，就是高新区那边买，再大点的都到市区去买啦。外出方便呢！……我平时上班啊，就是西边的工厂那边，每天跟城里人儿一样，早晨 7 点走，中午回来吃饭休息一下，下午再去，晚上 5 点多就回来了。……空闲时间啊，打打牌，看看电视，会会朋友什么的，邻居间也交往，但没有以前那么亲啦……”一位住在新住区的原仰徐居民详细介绍了自己的新生活状态。

① 此处总人数包含全村，非左列四项合计。

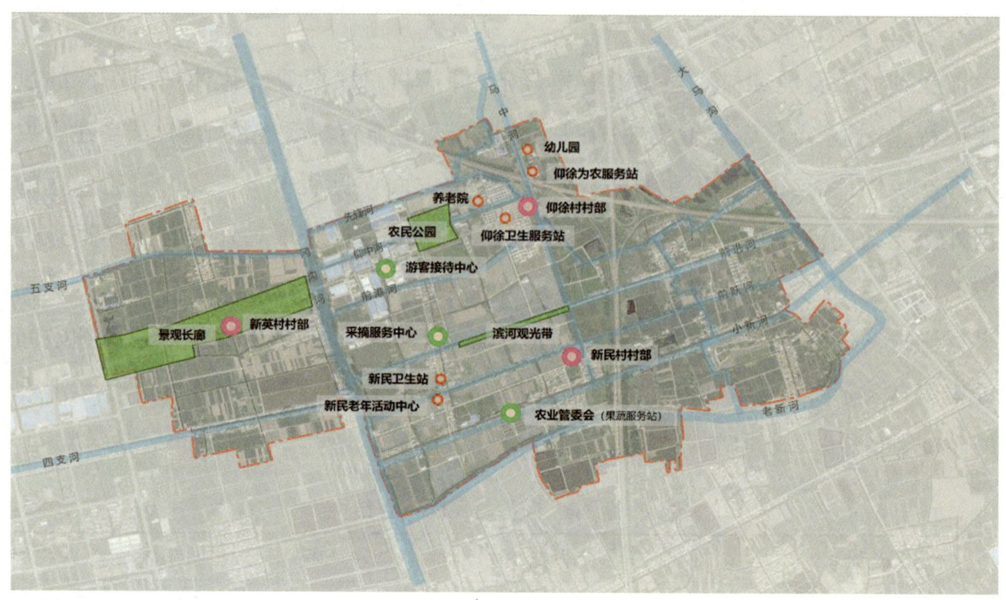

图 6-2-16　仰徐村公共服务设施分布

资料来源：江苏省城市规划设计研究院（江苏省城市交通规划研究中心），《盐城市高新区潘黄街道仰徐田园乡村建设规划》，2018 年 3 月

3. 文化意识的内外交流

曾经的村民过着自给自足的原生田园生活，广阔的田野绘就生活空间的底色，炊烟袅袅是日常生活的常见景象，封闭的慢生活是体验与自然对话最直接的形态。原生的小农社会形态生成了较为亲密的社会关系，邻里之间的互动互助是非常频繁的，传统的风俗习惯保留得比较完整，当哪家有婚丧嫁娶等大型仪式活动的时候，邻里亲友都会前去帮忙。随着经济社会发展和对外交通越来越便利，在城镇化、市场化等现代化浪潮的共同冲击下，仰徐村被放入了与城镇相交的二元空间参照系当中，随着城镇扩张速度的加快，村庄静止的一面逐渐被流动的一面打破，人口流动、资金流动、商品流动以及其他资源的流动，体现了城乡间关系的密切化，也催化了社会意识与文化形态发生改变。

"我家原来住在村东头，就是那条河的对岸，后来拆迁到了这里。原来就是三间平房，再加个简单的灶间和厕所，住的挤点。我们是 2013 年搬过来的，现在住的（房）是三层，（建筑面积）大概有 200 多平（方米）吧，有室内的厕所、厨房，卧室有三个，够我们老两口和儿子一家三口住的，还挺宽敞的。……我家经济不好，老头子得癌症了，做手术花了头十万，没入保险，这钱是二女婿出的，他在安徽那边开工厂。我儿子身体不好，只能在家打打零工，儿媳妇也没工作，家里主要收入就是靠那点农地租金和二女儿接济。现在就我自己在家看护老头儿，以前还有个邻居一起说说话，但大家都分开了，没迁到一起，也少有来往了，新邻居说不来，村里一起热闹的时候也少了，家里有事都到饭店办了……不过日子是越来越好了，现在住房比原来好多了，村里也会有时候举办一些文化活动，还有学城里人跳广场舞的，所以我也很知足啦。”一位住在居住新区的三期房中的六旬老太太家庭经济很紧张，但由于住进了新住区的“大房子”，生活态度很积极。

（四）经济发展

同大多数村庄一样，仰徐村以前的产业经济以家庭农业耕种为主，保留了传统的小农经济特征。随着盐城市区辐射能力的提高和辐射范围的不断扩大，仰徐村自发承接了来自市区的企业和工厂，并在此基础之上积极进行招商引资，开始自发的产业结构调整，目前村庄二、三产业发展逐步形成规模，由一个传统农业为主的小村庄转变为一个集现代农业、工业、以旅游休闲为主的第三产业为一体的综合发展型现代村庄，产业布局现状详见图 6－1－17。

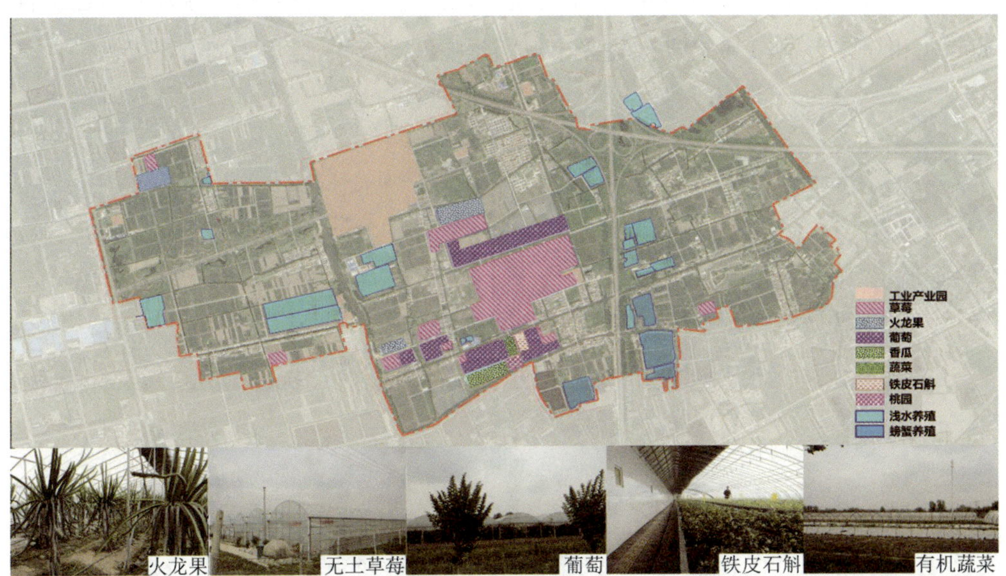

图 6－2－17　仰徐村产业类型与布局

资料来源：江苏省城市规划设计研究院（江苏省城市交通规划研究中心），《盐城市高新区潘黄街道仰徐田园乡村建设规划》，2018 年 3 月

现代农业方面，以特色农业为主，村庄推动的“五千工程”着力打造千亩草莓园、千亩景观园、千亩葡萄园、千亩蔬菜园、千亩良田，形成类型多样、品质较好的规模化

农业经济，主要以采摘体验、绿色产品出售以及规模批发等形式创收(表 6-2-3)。

表 6-2-3　仰徐村主要农业项目类型

项目	规模	品种	活动种类
葡萄采摘区 (千亩葡萄园)	1500 亩	美人指、夏黑、白罗莎里奥等	采摘体验
草莓采摘区 (千亩草莓园)	1760 亩	丰香、法兰蒂、红艳等	采摘体验
蔬菜采摘区 (千亩蔬菜园)	1280 亩	蔬菜	采摘体验 种植体验 科普实践

资料来源：江苏省城市规划设计研究院(江苏省城市交通规划研究中心)，《盐城市高新区潘黄街道仰徐田园乡村建设规划》，2018 年 3 月

工业经济方面，仰徐村的工业从无到有，不断发展，目前机械业、钢结构制造、橡塑制造、新能源科技、电器设备、汽配零件、家具制造、服饰等制造业发展都颇具规模，见图 6-2-17。由于规划意识形成较早，仰徐村的工业布局比较集中，减少了工业区基础设施投入，为长远的高效管理和集约化经营奠定了基础(图 6-2-18)。但总体而言，大多数企业尚存在规模小、技术含量低、附加值不足等问题，由于没有自己的优势产业和拳头产品，工业企业效益受市场的影响波动较大，竞争力尚有不足。

图 6-2-18　仰徐村工业企业

资料来源：江苏省城市规划设计研究院(江苏省城市交通规划研究中心)，《盐城市高新区潘黄街道仰徐田园乡村建设规划》，2018 年 3 月

第三产业发展方面，仰徐村以旅游休闲业为主，现已形成集养生、采摘、观光、餐饮、体验等功能为一体的生态旅游区，但由于缺乏统筹调控，在空间分布上比较分散且不成体系，这对村庄三产发展产生了一定的制约。其中海盐养生农庄占地230亩，以农业观光、科普教育等为主；洪圣农业生态园，占地410亩，以休闲垂钓、特禽养殖等为主；秀城风情园，占地500亩，以青少年野营、水上游玩、游客垂钓为主；农家乐6处，以餐饮为主；见表6-2-4。具体来看，各个项目基本上各具特点，在功能定位上注意了错位发展，这说明村庄在引入资金进行三产开发的时候注意避免恶性竞争。2017年组织编制的新一轮村庄规划对产业进行了整体梳理和调整，旨在促进三产的深度融合和有机联系，形成产业结构优化的村庄经济系统。

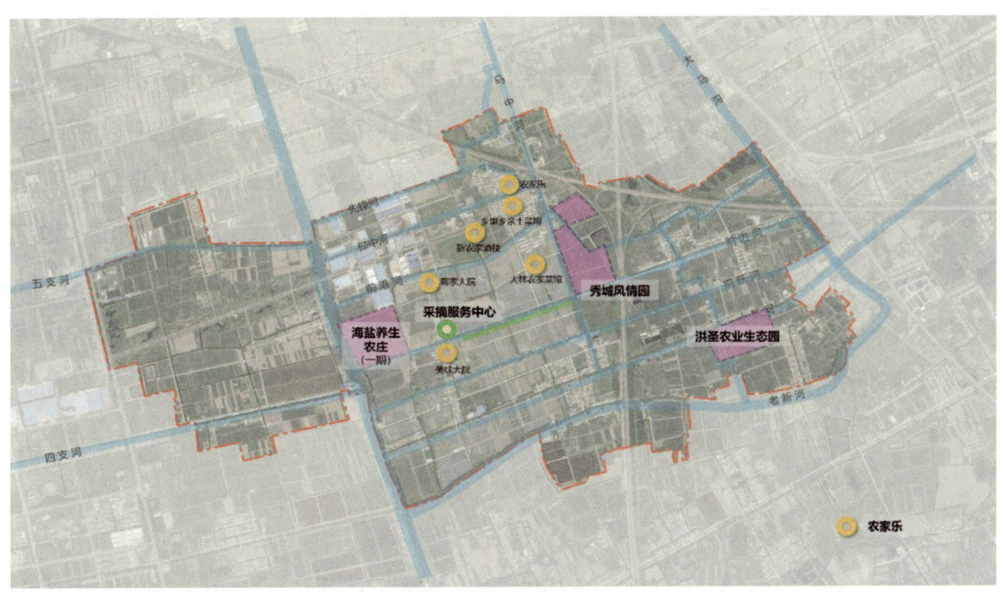

图6-2-19 仰徐村第三产业分布

资料来源：江苏省城市规划设计研究院(江苏省城市交通规划研究中心)，《盐城市高新区潘黄街道仰徐田园乡村建设规划》，2018年3月

表6-2-4 仰徐村第三产业主要项目

项目	规模	内容
海盐养生农庄	230亩	农业观光、科普教育、文化休闲、康体养生、商务会议
洪圣农业生态园	410亩	休闲垂钓、特禽养殖、生态餐厅、农家菜体验烹饪
秀城风情园	500亩	青少年野营、水上游玩、游客垂钓
农家乐	6处	餐饮

资料来源：江苏省城市规划设计研究院(江苏省城市交通规划研究中心)，《盐城市高新区潘黄街道仰徐田园乡村建设规划》，2018年3月

四、主体与空间互动中的“突变”效应——孔荡村空间重构研究

不同于上述案例，作为受灾地区的孔荡村的空间重构过程要来得突然而激烈得多。在灾后重建工作推动下，孔荡村不是以一种渐进的、积累的方式来实现空间变革，而是在原有聚居空间完全损毁的情况下，择址新建而形成，并借此契机实现主体、社会、经济、空间的全面变革。从表面上看，这具有一定的特殊性，是一种偶然现象；不过从深层次分析，尽管其他很多村庄地区没有遇到灾害侵扰，但在激烈的社会转型背景下，随着外部条件的剧烈变化（经济条件、社会条件、交通条件、体制条件等），这种空间重构方式又具有一定的普遍性和典型性。

（一）基本概况

孔荡村所在的板湖镇隶属于阜宁县，位于江苏盐阜平原北部，里下河、沿海、徐淮三大农业区交汇处，南与建湖县毗邻，北与滨海县接壤，东与射阳县相连，西与淮安市、涟水县隔黄河古道相望，西南与淮安市淮安区交界。板湖镇位于阜宁县西南方向，西邻苏北灌溉总渠与芦蒲镇隔河相对，东有东沟镇，南接古河、益林镇；北与陈集镇相连，下辖 17 个行政村，1 个居委会，147 个自然村，总人口 4.5 万人。硕陆线从村庄南部东西向通过，对外交通较为便利（图 6－2－20）。自然条件上，孔荡村属黄淮平原，海拔较低，多在 2 米左右，自然河道与人工河网交错密集，整体地势

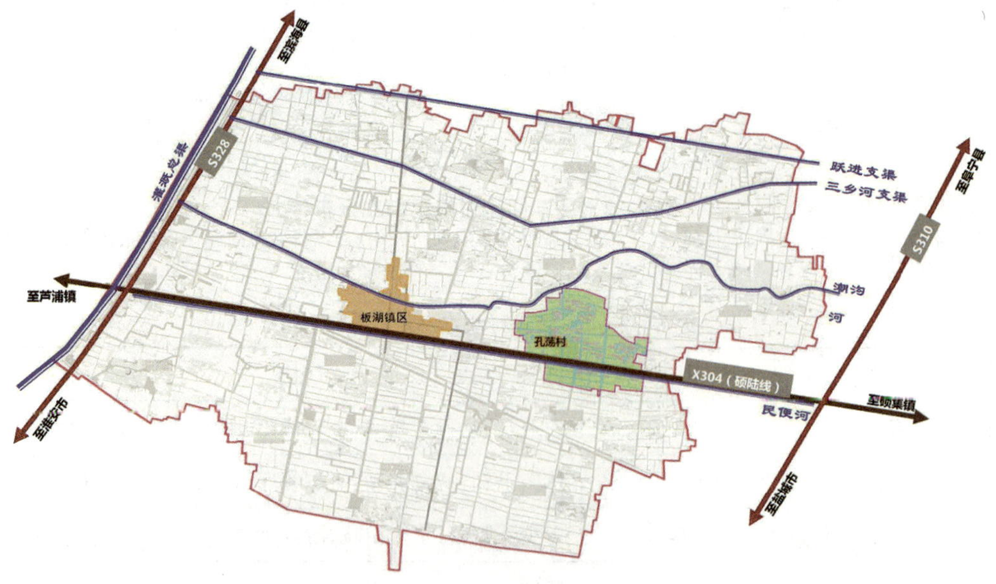

图 6－2－20　孔荡村区位图

资料来源：台湾慈济慈善事业基金会，《盐城市阜宁县孔荡村灾后重建村庄建设规划》，2016 年

平坦、河网纵横；属亚热带向暖温带过渡性气候，四季分明，雨水充沛，雨热同季，日光充足，气候温和。社会状况上，孔荡村全村共 445 户，1597 人(2016 年)；村庄人口老龄化现象突出，村民教育程度相对较低；村庄建设用地约 139.2 亩，人均建设用地 58.11 平方米。经济条件上，孔荡村原主要产业为蔬菜瓜果种植、生态猪和螃蟹养殖，已形成千头三元母猪繁殖区。农民年人均纯收入 12076 元，村民收入以外出务工和农业种植为主。文化条件上，孔荡村是孔子第 61 代后人迁居于此形成，目前已到第 73 代，全村约 80%以上的人姓孔，未来可以打造成以孔子文化为背景的特色村落。村庄规划前的空间景观详见图 6-2-21。

图 6-2-21 孔荡村重建规划前的空间景观照片

图 6-2-21　孔荡村重建规划前的空间景观照片(续)

资料来源:浙江省城乡设计规划研究院,《盐城市阜宁县孔荡村“6.23”龙卷风冰雹特别重大灾害灾后重建规划》,2016 年

(二) 空间重构中的“突变”

孔荡村建设空间原是在整个村域内分散布局成几个自然村点,包括东圩、金王、东舍、后圩、西圩等 5 个自然村。早期自然村点多沿自然河流或者湖泊岸线呈条状延展,随着人口的增多和交通便利程度的提高,各个自然村点空间慢慢依水域、道路等沿线逐步拓展成条块状。“6·23”龙卷风灾害发生后,政府启动了灾后村庄紧急规划,在综合考虑了自然条件、经济情况、社会情况以及空间条件等一系列因素后,决定择址另建新的聚居区(见图 6-2-22 b),将此次灾害损毁的区域(见图 6-2-22 a)进行土地整理和还耕,激发村庄空间发生“突变”,主要表现在四个方面:

1. 空间形态变化

原来传统的依水和依路分散布局的条块状突变为在交通发展轴线交汇处集中布局的团块状形态。

2. 空间边界变化

原来传统的自然村点多是自组织作用下的自发蔓延,与生产空间并没有明显的界限,呈现出一种相互交错的模糊状态;而经过规划的聚居区空间依托河流、道路等轴线,与生产空间之间形成明显的分界线。

3. 空间内部变化

空间内部的变化是最大的。首先表现在建筑密度和布局上。传统村庄内部的建筑由于是村民根据各自利益需要自主营建形成的,密度分布非常不均衡,有的地方密度很小,空地较多,有的地方密度很高,建筑紧挨着建筑,没有必要的间距;经

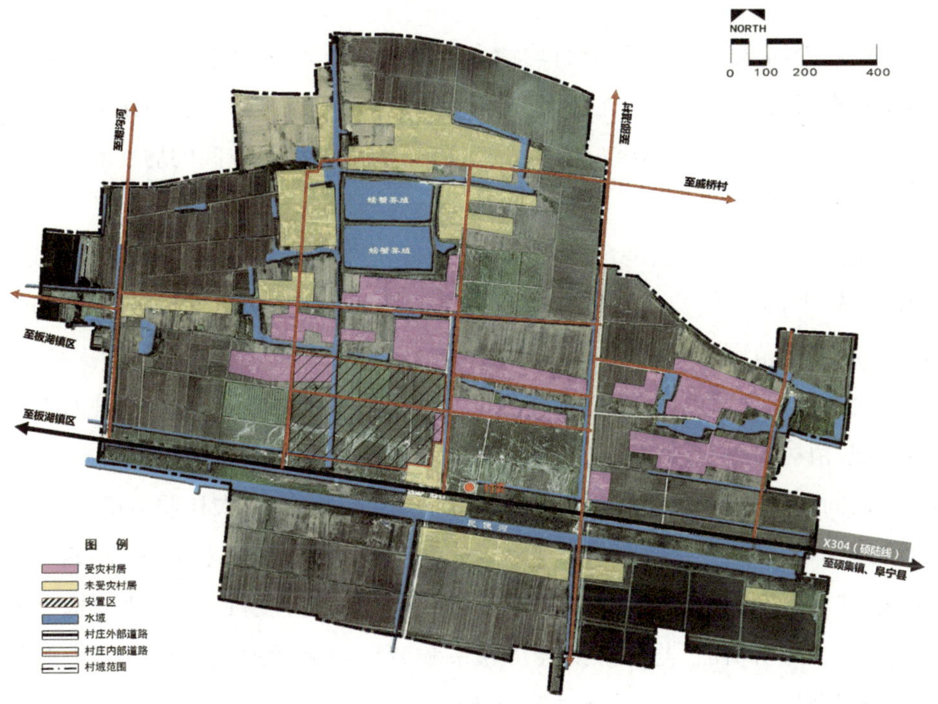

a 规划前的村庄空间布局

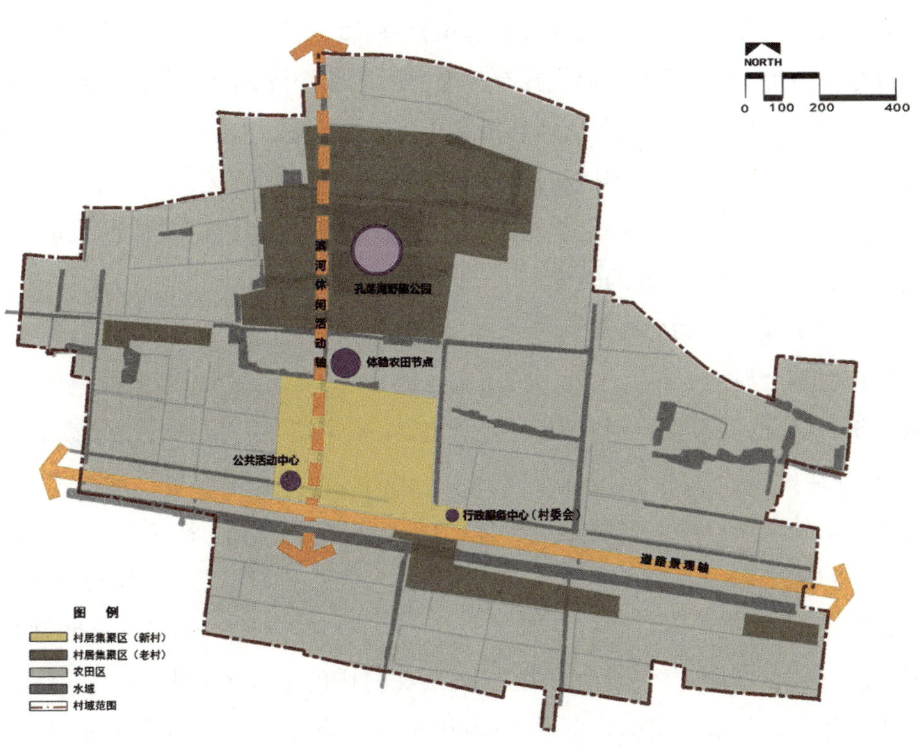

b 规划后的村庄空间布局

图 6－2－22 孔荡村空间重构中的“突变”

资料来源：台湾慈济慈善事业基金会，《盐城市阜宁县孔荡村灾后重建村庄建设规划》，2016 年

过规划的新聚居区，建筑密度分布均衡合理。其次表现在功能结构上。传统村庄虽然也具有日常生活配套功能，但是并不完善，位置较偏，便利性差；规划的新聚居区，形成了系统的功能分区和完善的配套设施，大大提高了空间的居住品质。

4. 空间关系变化

传统村庄基本特征就是自给自足的小农经济，大多数村民紧紧依附于土地，与外界联系较少，只有赶集或婚嫁丧娶等大的仪式活动时才会走出村子，到周边镇村活动，平时活动范围基本上是在村里。随着经济社会现代化程度的逐步提高，村庄的对外交通有了很大的改善，城镇化推动着大量人口外出务工，现代村庄社会形态逐步显现，留居在村里的村民外出的频率有所提高。村庄间基本上自给自足、互不影响的局面逐步被打破，但产业结构基本上还保持着原有的农林业格局，各村之间没太大差异，除了与镇区有部分商贸往来外，彼此间由于产业趋同化、缺乏产业链的衔接，基本上呈现各自孤立发展的状况。重建后的村庄，由于产业结构有所调整，就业岗位有所增加，与外界的经济联系和劳动力流动逐渐由单向变为双向流动，部分资金、人员、信息以及技术等资源开始由外向内流动。

（三）主体转型

孔荡村作为发展中地区的普通村庄，虽然在 40 余年改革开放的带动下，经济社会发生了改变，但是并没有形成具有凝聚力的产业经济，不可避免地遭遇了劳动力外流、聚居区趋于“空心化”、居住环境恶化等诸多问题。此次灾后重建在短短一年时间内，将被风灾损毁的零散村点空间整合到经过科学选址的集中居住空间之内，不仅极大地提升了村庄住区空间的质量水平，也触发了村庄主体在数量结构、思想理念、风俗习惯等方面的转变。

1. 人口数量与结构的转变

孔荡村是个典型的脱胎于我国传统农业的村庄聚落，经济发展程度偏低，与外界的经济、文化的联系也相当有限。村庄姓氏结构保留了一定的传统宗族影响的痕迹，村庄居民以孔姓为主，占总人口的 80%以上，外姓人口比重仅占不到 20%，说明历史上外来人口流入程度是比较低的。从户籍人口统计来看，2015 年，孔荡村户籍人口为 1780 人，但是常住人口统计的总人数只有 954 人。从统计数据对比中可以看出，即使不考虑户口迁出的大学生，村庄人口流失问题仍然是非常严重的，而且流失人口以中青年劳动力为主，留居在村庄的常住人口基本上是 45 岁以上的中老年人。从从业结构来看，村庄现状人口可分为三类：一类是普通的农户，靠个体种植或养殖为生；一类在村里或附近村庄靠帮工为生，会耕种自留地供自家日常食用;第三类以进城镇打工为生,从业类型多样,组成也相当复杂,有做小买卖,有在工厂工作的,也有做建筑工人或装修工人的,还有一些人从事餐饮住宿等服务行业等,他们有的常年在外,基本不回村,有的农闲时到城镇找事做,农忙时回村做农活。这是盐城等发展中地区村庄面临的普遍现象,也是城镇化过程中村庄发展的一个必经阶段。重建前后的人口在数量上有所增加,大概增加了230多常住人口,其中包括很多户口已外迁的居民为了争取分房、水电费减免等福利,要求回迁的。人口结构上也有所变化,具有较强劳动能力的60岁以下人口比例增加了1.3%。虽然这个变化是比较细微的,但是对于一个人口不到2000的普通村庄聚居区来说,这点变化也是极其不容易的,人口回流说明村庄因为物质空间条件的改善而具备了一定的凝聚力,这是一个难得的转机,也是一个崭新探索的开始。

2. 社会关系的转变

传统村庄社会互动主要凭借血缘、邻里等关系来维系,其中,亲戚关系为基础的家族拓展形式偏多,孔荡村亦是如此,村中孔姓人口居多数,同姓家庭之间都是或多或少沾亲带故的。这种关系结构是建立在一种“差序”格局之上的,即犹如石头丢在水面上激起的一圈圈推出去的波纹,波及范围是联系发生的范围。而随着村庄对外开放程度的大大提高,业缘(经济)关系在社会交往中发挥着越来越重要的作用,不同角色的人之间通过分工合作(雇佣关系、同事关系等)的方式展开社会互动,形成了有机共同体。这种新的关系结构打破了传统的“差序”格局,形成了一种多维度的网状社会关系,即以每个成员为节点,成员可能会与其他任何成员产生互动关系,而不只是发生在亲戚邻里之间。

3. 生产生活方式的转变

传统村庄的大多数居民过着自由闲散的小农生活,而重建后,随着产业类型的转变和经济水平的提高,居民生产和生活方式普遍发生了一定的改变。原来个体耕种模式下的劳作方式是随意而散漫的,没有强制性的时间限制,其生产生活的节奏主要受季节和天气条件影响。“日出而作,日落而息”是村民们传统而惯常的生活形态,在自家的土地上劳动,村民不会有迟到或早退的时间概念,劳动或闲暇中的时间也不用精确到时刻,只有抽象的早、中、晚三个时间段,时间管理上的模糊性与传统的粗放式的农业生产方式相对应。但集体经营的规模化农业、农产品加工、冷藏等产业发展需要有统一的时间规定,并且有较高的效率要求,这就决定了被雇佣的村民不可能再像过去那样散漫自由,而要慢慢适应一种较快节奏的生活生产方式,见表6-2-5。

表 6-2-5　传统小农生活与现代生活形态区别

时间性	传统小农生活	现代生活
工作周期	农忙与农闲	上班与下班(淡季与旺季)
时效性	较弱	很强
产品周期	月/季	时
节假日影响	弱	强
活动可预见性	强	弱

资料来源:编委团队自绘

4. 文化回归与社会意识提升

由于重建时间较短,空间的重构给村庄带来的社会经济影响表现得并不十分显著,但是在调研过程中发现,其对村庄居民的文化思想、价值理念乃至行为习惯的影响是十分显著的。孔荡村的孔姓村民是孔子后代,村支书孔庆勉是孔子第73代孙,也正因为此,台湾慈济慈善事业基金会在此次灾后重建中,出资对孔荡村重建住区从设计、建设、装修到安置入住加以全面的支持和组织。重建的空间布局处处渗透着儒家文化思想,比如整体空间布局中正平和,见图6-2-23。建筑前后进退,高低错落,着意塑造一种类似传统村落的看似随意却又内存规则的空间格局;小河蜿蜒而过,象征逐水而居、逐水而植的传统;打造的礼、义、仁、智、信五建筑组团围合成中心广场,中轴线上布置孔氏宗祠;幼儿园与祠堂相邻,象征未来对传统的继承与发扬……文化回归不仅体现在物质空间上,在村民的思想意识中也种下了种子。

"在村庄重建过程中对我们的影响也挺大的,台湾人每天午饭后都会给提供水果,一开始大家吃完果核果皮什么的都随手扔地上了,人家(台湾人)也不说什么,就是一个一个再捡起来,第一天这样,第二天还这样,等三天、四天、五天……我们也就不好意思了,然后都自觉地把垃圾扔进垃圾桶啦。"一位参与建设的本地村民说起这段过往时依然很是振奋。

"这次重建对我们村干部的影响也蛮大,以前也总想为大家做点事情,但只是想,没有心境实施,现在想了就去做了,所以我们开始搞合作社,搞特色农业生产基地,搞冷冻仓储……这些第一年都给村里创收很多啊……村里现在的风气明显要好于过去了,人们的思想觉悟有所提高啊,比如以前要进行个什么活动都没人参加的,现在只要一动员,大家都还是挺积极的……这次我组织合作社，要土地流转，以前这项那是非常困难，这次却比较顺利，就是有一家比较不配合，但是经过我八次上门，最后也是自己主动找我同意签合同啦!”重建安置完成后，村支书孔庆勉带领着全村老少自主进行产业结构调整，不仅给村里的中老年劳动力提供了就业机会，也大大带动了村庄集体经济发展。

图 6-2-23 孔荡村新社区空间形态效果

资料来源:台湾慈济慈善事业基金会,《盐城市阜宁县孔荡村灾后重建村庄建设规划》,2016年

（四）经济发展

与周边村庄相比，孔荡村虽然基本还是以农业生产为主，但已经开始进入产业结构调整阶段，由农业为主的传统生产方式转向规模农业和非农业生产共同发展的局面正在形成，从事第二产业的人口比重逐步上升。2016 年 9 月，孔荡村成立了经济合作社，规模农业和食品冷藏工业从无到有，不断发展，目前已初显成效。其中，规模农业以经营大棚果蔬为主，面积共 860 亩，第二产业以农产品冷藏加工为主。这两项产业年盈利额已经达到了 42 万元(2017 年)，不仅为村庄集体经济带来了活力，也给村庄闲散的劳动力提供了就业机会，大大增加了村民的经济收入。当然这些产业在发展中仍存在规模小、技术含量低、附加值低的问题，产业效益受市场影响的波动还比较大。但是，随着村庄空间良性重构的实现，产业经济发展随之开始步入优化阶段，而且这是在村庄领头人(村委会干部等)带领下的自主行为，并没有来自上层的支持和帮助。这是村庄自主成长的典型范例，也是空间重

构带来的社会推动效应的典型案例。孔荡村目前还是一个以第一产业为主的、乡土色彩颇为浓厚的、正在面临全面转型的普通村庄，这种类型的村庄所处状况在广大发展中地区是很具有代表性的，由于一切转型都还处于初始探索的阶段，未来发展前景具有较大不确定性，但是与周边普通村庄对比来看，孔荡村的发展优势是显而易见的。

第三节　解析：盐城村庄空间重构特征总结

一、村庄空间重构的总体态势

盐城自古以来以农业立本，内陆地区是以种植为主的耕种农业，沿海地区是以制盐为主的盐农经济。在跨度长达数千年的历史中，不发达的生产力背景催生出了以劳苦大众为主体的小农经济社会，具有小农耕作、自给自足和以血缘地缘关系为纽带的中国村庄的普遍性特征，也具有农作半径更小、居住更加分散、逐水而居等地域性特征。村庄空间规模、村居建筑之间相隔的距离都要受到传统耕作方式影响。在这些条件约束下，人们聚居的程度不会很高，聚居空间的规模也不可能无限扩张，大部分是沿着河流等水域呈“两层皮”式的零散布局，构成一种比较独特的因水网形成的网状的“大分散、小聚居”的整体格局。由于传统乡村都具有自给自足的经济特征，市场交换行为比较少，商业、服务业等发展空间规模比例都是比较小的，而是以居住和生产空间为主。村庄之间的农业产业和耕作方式都是相近的，市场化程度也比较低，很少存在相互合作和竞争，除了个体和家庭间因为婚嫁形成亲友关系外，基本上是没有其他联系和互动的。也就是说，村庄之间不仅在空间上是分散独立的，经济社会联系上也是彼此割裂、互不影响的。所以，传统村庄整体上体现为一种“同质同构”的空间特征。这一特征无论是从微观层面还是宏观层面看都是存在的。

进入21世纪后，中国对乡村建设的关注度越来越高，村庄经济社会由传统小农式形态向现代化形态转化的速度也越来越快。盐城地区由于位于经济起步相对较晚的苏北地区，村庄发展相较于经济发达的苏南地区，空间重构进展相对缓慢。但经济社会发展方面因为受长三角经济发达城市影响，早先一步发生了比较显著的变化。首先是人口的流动加速，往返于发达城市和落后乡村的打工者们，促进了村庄与城市的信息、资金等资源的交流，打破了传统村庄空间的封闭性，经济社会随之发生变化。交通联系频繁化、农业经济产业化、村庄社会复杂化、村民生活方式现代化等一系列发展变化，在各个村庄陆续发生。不同资源优势与区位优势造就了不同的空间重构路径，形成多元化的发展模式。村庄空间重构呈现出一个“同质同构”向“异质异构”转变的总体态势。

二、村庄空间营建中的阵痛与茫然

村庄空间的塑造与营建是一个围绕“主体”展开的关于经济、社会、文化、民生以及建设等方面的综合性工程，其根本目的是通过综合协调，推动人文世界更加美好，而不能仅停留在通过对建筑、设施等物质要素的摆置实现物质世界的秩序化和美观。但是，在实际发展中，各个地方的村庄更新往往就是带来物质空间的增长和扩张，没有实现社会空间的良好与优化：把大量时间精力花在了表面功夫上，将“并村、圈地、拆房、建房”当成村庄更新的全部内容的地方很多；盲目搬抄城镇建设模式，大搞形象工程的案例很多；为了短期见效，树立样板，搞模板复制式的“工业化”批量建设的行为很多；以对口援助名义，在村庄显眼地段建设图书馆、养老院等“丰碑式”工程的事件也很多……有限的外力资源脱离了内部实际发展需求时，不仅不会成为村庄空间优化的助力，也许反而沦落为加剧空间恶化的负面力量。究其根本，在于目标的制定没有从主体视角出发，完全脱离甚至是背离了主体立场，具体可以总结为如下三点：建设目标与主体需求相脱离；规划建设目的与服务对象相错位；规划建设过程中与主体沟通的失效。村庄空间承载的不是可以任人摆布的静态物质系统，而是具有能动性、有思想有感情的动态社会系统，这个系统是复杂多变的，传统的局限于客观物质世界布置的规划模式是无法摸到其中关键脉搏的。随着城乡之间资源、资金、人口、信息等要素流动的加快，两者之间的分工界限变得日益模糊。城乡之间的互动更为频繁而广泛，村庄空间开放程度在不断加深，村民居民的主体意识必然也会随之增强。村庄空间的重构只有紧紧围绕“主体”这条主线，才不会偏离正常轨道。

三、村庄空间营建的价值观反思

（一）城乡关系的反思——“等同”还是“等值”

城镇化是经济社会发展的必然过程，大量的城市正创造着一种全新的文化和社会形态。但是，它并不是一个完全理想的社会空间形态，也存在着很多短时间内还无法解决的深层问题。从某种意义上说，城市并不一定是比乡村更高级的人类生存空间。但是在实际的村庄建设中，崇尚和模仿城镇建设的行为随处可见。笔者认为，这是基于“村庄落后，城市先进，村庄应该被城市所代替”的“城乡等同”思想的外在显现。实际上，“乡”的落后并不是乡村生活形态的落后，而是外部条件和干涉造成的落后。这个世界因为不同而精彩，现代人也需要有不同的居住空间形式的选择，不同思想的人会有不同的居住偏好，田园还是城镇，这应该是两种截然不同的生活状态。村庄只有保持自己的“村”的个性，才能成为与城并存的不同的空间形式。德国很早之前就提出了“城乡等值化”，即“乡”保持与“城”完全不同的社会形态和生活生产方式，但所含的价值和所处地位是等同的，村民在工作条件、就业机会、收入水平、人居环境、福利待遇等方面与城市居民是不应该有差别的。显然，“城乡等同”是不可行的，但如何做到“城乡等值”？这还需要更深层次的思考和探索。

（二）城镇化关注点的反思——“人口”还是“土地”

中国城镇化发展速度是惊人的，但是所产生的副作用也是令人担忧的。当城镇化的关注点从“人口”的身上转移到“土地”上的时候，就会造成空间无度扩张、资源严重浪费、利益寻租滋生、矛盾冲突频发等一系列不良后果。为了保护耕地而出台的“增减挂钩”土地政策，在理性状态下能够促进村庄剩余建设用地流转，保护耕地，但在土地利益追逐下，当这个政策被用到极致的时候，往往会造成新建村庄用地严重挤压，高密度、兵营式行列布局的新村庄聚落也就大批量出现了，空间单一均质化生产导致村庄聚落特色的消逝。城镇化的关注点显然应该在“人口”上，而不是“土地”上。如何促进“人口”的城镇化，实现与“土地”的协同发展，这是摆在盐城乃至全国人民面前亟待解决的重要问题。

（三）聚落属性的反思——“社会”还是“居住”

传统村庄聚落是一个相对封闭的社会系统，是一个相对独立的社会单元，承载着生产、生活、生态等各种功能。而现代村庄聚落发展面临着比较复杂的局面，工业抽离导致的产业经济弱化和空间边缘化，人口外流导致的村庄“空心化”，经济压力催生的农业生产萎缩、产品质量低、环境恶化等问题，都加剧了村庄的衰败和没落。在外部高强度的干预下，很多现代村庄被建成单纯用于居住的边缘性社区，“乡村社区化”盲目套用城市社区建设模式，导致了所谓的“城乡等同化”。这显然不是村庄发展的正常轨道。乡村振兴战略的目标也告诉我们，村庄聚落应该是一个在社会、经济、生态和景观上都具有独立性的社会空间，不仅具有居住功能，还要具有经济功能、生态功能、文化功能等。如何突破当前困境，实现村庄经济社会的全面振兴，是当前村庄建设绕不开的核心问题。

四、反思之后的理念指向

要解答上述的问题，首先要更新思想，树立和坚定正确的理念方向。

（一）村庄是主体身心的家园

将村庄视为一种有机的生命体，还是一个实现意愿的机械工具？决策者的理念思路和建设态度，决定了一个村庄或者一片村庄及其居住人口未来的发展命运。村庄空间的形成是自然、历史等特定要素累积有机作用下的结果，承载着地域的场所精神和文化意义，物质形态的固化应该是基于意识形态的水到渠成，而非刻意排布。很多城镇版复制、符号化嫁接的建设方法极其容易生产出批量化、标准化的聚落空间，即便在这个过程中注意了对传统的继承和发扬，但是大规模和形式化的批量仿制往往还是导致最终结果背离最初的目的。这些行为本质上都是对地域符号的消费，而不是尊重；仅仅是外部意志的体现，而不是对“家园”的构建。地域文化通过象征方式表达，但不应该是外部给予，而是内部的自发继承与发扬，是主体情感与需求的外显过程，这种象征应该建立在主体生活的印记上。应将视野突破形象化表面工程，注重村民生活紧密联系的产业、经济、生态等要素及其关系梳理，由经济社会提升带动空间优化，是将村庄建成美好家园的有效思路。

（二）营建是主体权益的体现

村庄空间营建过程中，一些要素被模式化和固定化，构成了所谓的“传统”，它尝尝会被用“乡土的”、“历史的”、“文化的”等词语来表征。于是，这些词汇便常常会用在村庄规划设计之中。在村庄聚落地域文化特征逐渐消逝的时代，规划建设者们想尽一切办法挖掘历史根源，揭示文化内涵，并以此作为规划设施的创作依据。这种行为，出发点有一定合理性，但是，如果这种行为转变成为一种为了“传统”而“传统”的行为，那村庄空间营建只是一种单个人或者几个人情怀表达的作品，而非给“人”生活的空间，就会偏离其营建的初衷。因为“传统”总是根植于文化之中的，只有透彻理解了地域的历史与文化，才能知道村庄空间发展的正常轨道。村庄营建的根本在于主体权益的表达，只有紧扣主体“需要”这一主题，才不会把作品做得偏题。不可否认，当前中国村庄的居民整体文化水平、意识水平以及素养水平决定了其没有办法完全有效地表达自己的需求，争取自己的权益。而且，在营建过程中，土生土长的村庄居民与外来的专业规划建设者往往会有很大的分歧，前者对于空间的回应以生活便利舒适为要，在建造中表现出很大的随意性，后者却是非常注重深入推敲而确定的整体效果。这就需要决策者和规划建设者们放下身段，从自身所掌握的权力以及专业优势出发，主动弱化这种分歧和差异，从一种自省和辩证的角度思考主观理想与现实生活之间的取舍，以得到一个比较平衡的营建效果。

（三）村庄营建的关键是主体意识觉醒

村庄空间演进过程中，村民一直作为主体角色而存在，在其中发挥着重要作用，他们是空间的使用者和建造者，也是社会生活的规范者和管理者。现代村庄营建中，往往缺失了主体意志的表达。这其中很大一部分原因就是主体意识的薄弱。所谓主体意识，是主体对自身定位、能力以及价值观的自觉性。村民在村庄营建中依赖和听从外部指导，即使有机会表达自己的意愿和需求的时候，也往往是消极应对，仿佛事不关己，这是中国村庄的普遍现象。营建实践中，有很多尝试者想通过提高村民参与程度，缓解这一问题。但是实际效果却并不尽如人意，中国城乡规划的公众参与问题在20世纪90年代就已经开始被提出、研究，并加以实践了，那么多年过去了，仍然还是停留在公示与知情层面。所以，仅仅强化公众参与程度，是无法从根本上获得突破的。另外，还有很多决策者和规划建设者认为，当代村民以私利为目的、毫无章法的自主建造或者改造，一定程度上破坏了传统乡村的风貌价值，会将村庄空间引入一个更加杂乱无序的境地，因此强制统一规划设计，冠以“传统”风格。笔者认为，这是一种主观猜测，是对当代村民行为的排斥和人为制造“历史”、创造“传统”式的怀念，是将“彼时”的已经成为客体资源的时空切片截取下来，贴上“传统”标签，拼接到“此时”的时空发展中，这本身就已经是一种背离主体发展规律的形式主义了。要避免这种误区，没有捷径，只能回归到“主体”上来，从激发主体意识开始，将村民的主体地位由内而外地确立起来，即他们知晓自己的权益范围，知晓自己的责任范围，也知晓自己想要什么，不应该要让什么。这肯定是一个长期提升过程，不可能一蹴而就，但这是一个必经过程，也只有这样，才能真正实现村庄空间的个性延续。

第七章　国外不同地域环境下的村庄发展研究

第一节　美国乡村[①]：现代化大规模农业经济

美国是美洲国土第二大的国家，如果只计陆地面积，美国排名世界第三，仅次于俄罗斯、中国，在加拿大之前。截至2017年1月，美国人口达3.24亿，为世界上人口第三大国，人口高度城镇化，目前美国总体平均城市化率已在83%以上。美国的城市化发展始于19世纪初，在不到50年的时间里，美国从一个农业化的国家变成了城市化的国家，20世纪20年代城市人口开始超过乡村人口。但是，城市化的发展并没有使乡村衰落下去，而是在工业化和农业现代化的同时，实现了乡村地区的飞速发展。美国拥有丰富的自然资源，全国大部分地区降雨充沛，且拥有丰富的淡水资源，耕地、草原、森林资源也十分充足，地势平坦，平原面积占国土面积55%以上（图7-1-1）。概括来说，美国属于典型的人少地多劳动力短缺型国家，这一背景使得美国广泛使用农业机械来提高农业生产率和农产品总产量。

2010年美国粮食产量约占世界总产量的16.5%，2011年农产品出口总额为1374亿美元，2011年农业产值约占国内生产总值的1.2%。农、林、渔等部门就业人数约占总就业人口的0.7%。从发展模式来看，美国乡村发展现代化过程中走的是以高新技术、高素质农民、高效的市场发展为支撑的农业规模经济路线。高新技术的应用为美国农业带来了世界领先水平的农业现代化和农业生产率，高素质农民增加了农业农村发展的活力，而健全的农业一体化体系则保证了美国乡村城市

① 本章"乡村"和"农村"概念基本上通用，不做严格意义上的区分，具体表述、运用根据全章框架、资料和语境而定。

化、城乡一体化的顺利进行。

图 7-1-1 美国乡村风貌

资料来源："hgh2004"，《美国农民的幸福生活》，360 个人图书馆，2010 年 6 月 3 日，http://www.360doc.com/content/10/0603/15/924893_31068738.shtml

一、美国乡村发展历程

以工业革命为转折点，美国在此之前是一个农业主导型国家，工业革命之后，美国的乡村建设开始进入高速发展时期，20 世纪 20 年代美国的城市人口首次超过农村人口，美国乡村发展进入一个新的阶段。美国乡村现代化的过程与工业化、农业现代化、交通运输革命这三个因素密切相关，结合这三个方面的发展过程，我们可以将美国乡村发展划分为以下几个阶段：

（一）初始阶段（19 世纪 80 年代前）

19 世纪初期，美国城市数量少、规模小，城市人口比例很低，绝大多数人口居住在乡村地域，乡村人口比重高达 94%。此时农业占据产业结构的主导地位，主要借助马车、风力等传统动力和运输手段。对外运输的兴起为海岸城市的发展提供了基础，但陆路交通方式和道路建设的滞后使得美国内陆广大地域的发展十分缓慢。到19世纪中期，欧洲先进技术和设备的广泛引进大大加快了工业革命的步伐，尤其是蒸汽机时代的来临，使交通运输发生了质的飞跃。蒸汽机动船与铁路分别从海上和陆上运输改变了原有的城市空间体系，中西部地区与东部地区的联系大大加强，在中西部地区产生了大批贸易服务中心城市。乡村人口开始向城镇集中，到19世纪70年代，城镇人口占总人口的比重从约8%增加到23%左右。

（二）加速阶段（19世纪80年代—20世纪20年代）

19世纪80年代以后，一方面，交通发展推动城镇向外扩张，城市在水平结构上出现街区分化和圈层式、扇形式格局，原先邻近城市的一小部分乡村地域转化为城市地域，建设了许多新的住宅小区；另一方面，连接全国各个城镇的铁路网也在这个时期建立起来，西部地区开始的矿产资源开发促使一些资源丰富的乡村地域成为新的城市中心。交通的便利和市场的扩大推动农业向商品化生产转型，农业生产率得到提高。美国人口在这一时期迅速向城市集中，到20世纪20年代，城市人口比重达到51.2%，首次超过乡村人口比重。

（三）郊区化雏形阶段（20世纪20年代—20世纪50年代）

第二次世界大战后，遍布全国的高速公路网使得汽车和石油业的迅速发展，汽车逐步取代火车在运输中的地位。这一时期中心城市规模进一步扩大，单个城市的向心集聚趋势达到顶点。小汽车的普及和中心城市恶化的生活环境迫使人口开始大规模向郊区扩散，郊区住宅涌现，乡村地域进入城市人口的郊区化时代。到20世纪50年代，产业结构中第一产业的产值比重进一步压缩，非农劳动力占87%左右，产业结构重心向工业和服务业转型。

（四）城乡一体化阶段（20世纪50年代以后）

20世纪50年代以后，信息技术时代到来，交通网络化和交流信息化使得分散式办公成为可能。第三产业成为城市主导产业，制造工业走向衰落，产业活动及就业活动的郊区化导致经济活动与人口由城市中心向外围、由城市地域向乡村地域迁移和扩散。到20世纪70年代早期，城市人口增长放慢，有些城市的人口甚至突然下降。与此同时，许多小城镇和乡村地区的人口出现几十年来的首次增长，人口迁移发生逆转，这种逆城市化现象极大地推动了乡村地域的发展。乡村的发展速度超过了城市。乡村地域的景观、生活方式、产业结构很快发生变化，制造业和服务业成为地方经济的支柱产业，乡村和城市的交流增多，城乡经济差异逐步缩小，一体化发展趋势十分明显（图7-1-2）。

图 7-1-2　美国乡村田地景观

资料来源：百家号/图报，《实拍：最真实的美国农村》，百度网，http://baijiahao.baidu.com/s?id=1603974263642376570&wfr=spider&for=pc

二、美国乡村发展特点

纵观美国的乡村发展过程及所采用的做法，其农村发展的特点主要有：

（一）重视农业生产的基础作用

美国的城镇化发展始终以农业发展为基础，无论是在粮食生产、劳动力转化，还是原始资本的积累上，美国作为世界农产品出口大国的地位始终没有动摇。在工业化和城镇化过程中，大多数的国家均不可避免地出现了农业生产衰退、乡村地域萎缩的现象。但美国农业较快的发展速度为城镇化解决了粮食这一重大问题，农业生产率的提高和农业资本积累也为城市化提供了人力和资金来源。自 19 世纪 60 年代以来，尽管美国人口总量不断增长，乡村人口不断向城市人口转化，美国的人均粮食产量始终保持增长趋势。在生产方式转变方面，19 世纪 60 年代美国乡村实现了以畜力为动力的半机械化，20 世纪 20 年代全面使用机械代替畜力，20 世纪 50 年代后农业实现了高度机械化。

（二）工业化过程中以工促农，农工协调发展

纺织工业是工业化初始阶段的支柱产业，经过几十年的发展，到 19 世纪 60 年

代时，棉毛、纺织、面粉、肉食罐头等行业地位提升；到 19 世纪末，钢铁业、肉类罐头业、机器制造业、木材加工业等行业崭露头角。这一时期的典型特征是以美国广大农村地域的资源为基础的工业化，这种工业化特点使农业等基础产业和工业发展同时得以发展，农工协调促进城市化飞速发展(图 7 - 1 - 3)。

图 7 - 1 - 3　高度机械化的美国农场

资料来源：春沐源果蔬，《对比世界发达国家农业，中国农业差距到底在哪里》，搜狐网，http://www.sohu.com/a/192353312_99965757

（三）运用现代科学技术来改造传统农业

美国的传统农业也存在生产效率低、病虫害严重、抵抗天灾能力弱等问题。但随着 20 世纪以来生物技术在农村地区的推广应用，农村生产作物的质量和产量均得到大幅度提升，农业产业结构也发生了转变。统计资料显示，20 世纪 20 年代，美国在开发农业生物技术方面的投入年均增幅达 15.5%，美国政府为农业生物工程的专项拨款达 35 亿美元，推动现代农业已成为美国农业生产的最重要一环。

（四）以市场为导向，发展信息化农业

美国农业市场高度依赖准确、及时、权威的市场信息，其主要原因是美国农产品的商品率和出口率高，受到国内市场和国际市场的左右。在此情形下，美国政府通过农业部市场营销局与分布在各地的农产品市场报价员，提供农产品市场信息，帮助农民根据市场信息经营和管理农场。目前，美国农业的信息化程度高于工业，

美国农民拥有全国各地的政府农业中心、大学、科研院所和图书馆里的数据库权限，可借助电话、互联网等方式轻松获得关于产品价格波动、品种改良、新型农业机械、动植物病虫害防治等方面的最新数据。

（五）依靠经营规模化和组织形式多样化，推动农业产业结构升级

规模化经营是美国农业发展的整体趋势（图 7－1－4）。据统计，从 1935 年到 1989 年，美国家庭农场的数目减少了三分之二，农场平均用地却增长了 2 倍，规模以上的农场占全国农场数的 85％。农业规模化经营的同时，农业专业化分工的趋势十分明显，从农业中分化出来的第一产业服务业涉及农产品加工、生产、销售、研发、运输、服务等所有环节，为农业生产专业化提供全方位的服务。

图 7－1－4　规模化的美国农场

资料来源：春沐源果蔬，《对比世界发达国家农业，中国农业差距到底在哪里》，搜狐网，http://www.sohu.com/a/192353312_99965757

（六）颁布详尽的乡村产业政策，促进农业的发展

在近百年美国的农业法律变迁中，农业法的侧重点由早期的农业保护逐渐转向全面的农业支持，包括科技推广、食物安全、贸易促进、资源保护等等（表 7－1－1）。进入 20 世纪中后期，美国借助其强大的经济实力掀起了新一轮的农业保护主义浪潮，其目的是提高本国农产品的市场竞争力，实现农业生产的持续稳定发展。

表 7-1-1　美国历年农业政策及目标

年代	农业法律	目标
1933	农业调整法	解决生产过剩危机，提高农产品价格，增加农场主收入
1935	农业调整法(修正案)	促进出口和国内消费，鼓励使用剩余农产品
1938	农业调整法(修正案)	保护自然土壤资源，为洲际和对外贸易提供农产品
1941	斯蒂格尔修正案	支持第二次世界大战中需要的所有农产品生产
1948	农产品信贷公司特许法	稳定、支持和保护农产品价格和收入
1949	农业法	农产品价格支持
1954	农产品贸易发展和援助法	增加美国农产品在国外的消费，改善美国的对外关系
1956	农业法(修正案)	土壤银行计划和价格支持
1964	农业法(修正案)	鼓励消费更多的棉花，维持棉花和小麦生产者的收入
1965	食物和农业法	维持农业收入，促进外贸，为乡村提供更多经济机会
1970	农业法(修正案)	为生产者和消费者的利益建立完善的农产品计划
1973	农业和消费者保护法	保证消费者以合理的价格取得充足的食物供应
1977	食物和农业法	促进农民收入增加，推进农业研究和教育
1981	食物和农业法(修正案)	对 1977 年立法进行修正
1984	食物和保障法	实行灵活的农产品价格支持，降低政府在农业方面的开支
1990	食物、农业、资源保护和贸易法	削减联邦政府开支，维持农场主收入增长，加强环境保护
1996	联邦农业完善和改革法	减轻政府农业支持政策的财政预算压力，促进农产品出口
2002	农业安全与农村投资法案	增加对农业的拨款

资料来源：徐世平，《浅议美国的农业立法》，《人大研究》，2006 年第 6 期

三、典型案例——纳帕山谷

纳帕山谷(Napa Valley，或称纳帕谷)位于旧金山以北约 50 英里，是美国第一个世界级葡萄酒的产地(图 7-1-5 和图 7-1-6)。在一块 35 英里长、5 英里宽的狭长区域，除了酒庄和八个小村落，整条山谷内种满了葡萄。纳帕市始建于 19 世纪 30 年代，尽管面积只有法国著名的产酒地波尔多的 1/8，地处美国加州的纳帕谷却因享有丰富的日照资源，成为全世界著名的产酒区之一。这里生产着美国品质优异的葡萄酒，虽然纳帕葡萄酒的产量仅占整个加州葡萄酒产量的 4%，产值却占到约 30%，是“葡萄酒”新世界的典型代表。最值得探究的是，纳帕山谷以传

统葡萄种植业和酿酒业为发展基础，如今已发展成为一个综合性乡村休闲小镇集群，每年接待世界各地的游客达 500 万人次，旅游经济收益超过 6 亿美元，为当地直接创造 2 万多个工作机会。

图 7-1-5　纳帕山谷

资料来源：曾辉，《走进美国纳帕谷葡萄酒产区 纳帕谷产区指南》，葡萄酒网，https://www.putaojiu.com/wenhua/201808197804.html

（一）发展历程

纳帕谷是世界级的葡萄酒小镇，拥有近 190 年的葡萄酒产业发展历史，其发展历程大致可以分为三个阶段：

1. 同质化发展阶段

自 1838 年起，葡萄种植便成为当地产业发展的支柱。受当地温润的地中海气候和多样化的土壤影响，当地人充分依托自然优势，开垦葡萄种植园，开办酿酒厂，农业种植和酿酒加工成为这一时期纳帕谷的主导产业。但是，这一时期的葡萄种植和酿酒加工仅在规模上有所增长，产业类型单一，发展粗放无序，同质化发展严重等问题使得纳帕小镇的发展存在隐患。从 20 世纪初开始，纳帕谷自然发展状态下的农业经济先后遭受了虫害侵袭、禁酒令、经济大萧条、二战等困难和打击，部分酒厂倒闭，产业发展停滞甚至倒退。

2. 品牌树立阶段

二战胜利后的经济恢复期，在政府大力扶持、企业现代化改造的背景下，纳帕山谷的葡萄酒品质大幅提升，在当地出产的赤霞珠和霞多丽获得世界葡萄酒的品牌认证，纳帕谷红酒一跃成为全球顶级葡萄酒品牌。在品牌树立的背后，纳帕谷的龙头企业尤其注重科技应用和产学研合作，开展与加州大学戴维斯分校的长期合作，在葡萄种植和酿酒方面得到了前沿科学技术的助力。政府则在当地企业的倡议下颁布品牌认证的法律，实施 AVA（美国葡萄酒产地制度）以确保葡萄品牌的权威性和唯一性。

3. 产业整合阶段

20 世纪 80 年代开始，纳帕谷的产业走向多元化和一体化，一二三产业融合发展。在上一阶段中树立起的葡萄酒品牌产业吸引了来自世界各地的游客到访。游客们在品酒消费的同时，另一项重要活动是观光休闲旅游。在此情形下，以葡萄酒种植和酿酒构成的“特色产业引擎”带动第三产业的发展，逐步形成复合型产业架构，推动当地的经济发展走向新的高度。在此期间，为避免同质化竞争，政府及旅游管理部门根据各镇的发展现状和各自的资源禀赋，对纳帕谷各镇进行统一规划和差异化定位，形成多种产业组合类型的发展模式（表 7 - 1 - 2）。

表 7 - 1 - 2　纳帕谷小镇发展定位

小镇名称	资源	发展定位	特色
Calistoga	间歇性温泉	葡萄酒＋休闲养生	温泉疗养中心、泥巴浴、SPA、度假酒店、米其林餐厅、蒙特雷纳酒庄
St. Helena	酒庄、精品店、画廊	葡萄酒＋商业艺术	时装精品店、珠宝店、艺术画廊、圣海伦娜酒庄
Yountville	烹饪表演	葡萄酒＋高端服务	米其林三星餐厅、豪华度假村、酒店
Oakville	旗舰酒庄	葡萄酒	罗伯特·蒙达维酒庄
Rutherford	旗舰酒庄	葡萄酒	梅洛酒庄
Angwin	豪厄尔山、高等学府	葡萄酒＋教育	特色酒庄、购物中心、太平洋联合大学
Napa	酒庄、餐厅	葡萄酒＋商业	红酒产品、多家星级酒店
American Canyon	美国大峡谷	葡萄酒＋运动	葡萄酒、麦当娜酒庄、户外探险、自行车骑行、高尔夫、水疗中心

资料来源：朱哲，《全域旅游视角下农业型特色小镇案例研究——以美国纳帕谷为例》，《小城镇建设》，2018 年第 10 期

（二）特色与启示

纳帕谷通过对小镇资源特色的整合和挖掘，形成了全域功能完备、区域内外部差异化发展的世界级葡萄酒文化小镇。首先，以种植和酿酒产业本身为主导，致力于发展精致农业，注重科技的应用、品牌的保护和产品附加值的提升，后期逐渐形成了包括葡萄种植、加工、品尝、销售、游览、展会等功能的葡萄酒全产业链，成为世界顶级葡萄酒原产地的葡萄酒小镇集合，为之后旅游业的兴起和一二三产业融合

打下了坚实基础。其次，纳帕谷在发展中并未求大求全，而是通过打造复合型产业结构，深耕基础产业，形成差异化的特色产业发展格局。再次，纳帕山谷在发展农业旅游时，注重旅游与农业资源、农耕文化、自然资源的深度结合，旅游产业与基础产业的紧密关联。如利用独有的大峡谷、种植园等自然环境资源，发展观光旅游；根据以纳帕镇为核心、圣海伦娜镇为副中心的发展现状，构建功能小镇；挖掘温泉资源建设养生度假小镇；利用现有酒庄形成会展、教育、展览中心；等等。

四、经验与借鉴

美国是一个地大物博、人口密度相对较小的国家，其优裕的自然地理环境、适宜的气候、丰富的资源为发展农业规模经济提供了坚实的基础，但农业劳动力的短缺也限制了其精耕细作的农耕方式。在经历了农业化向工业化、城市化转型的漫长道路之后，农村地区获得了飞速发展，农业和工业相互协调、互相促进。其发展经验可为我国东部地势平坦、资源环境相对优越的地区发展农业规模经济提供以下借鉴：

（一）充分发挥政府的规划、引导、支持和服务作用

美国政府在引导和支持乡村发展方面发挥了重要作用，从政策制定、金融服务、法律支持到人才培养、基础设施建设等方面做了大量的工作。这些工作的重要意义在于乡村的发展不能完全依靠市场的机制，更多地需要行政力量的引导和促进，才能使得乡村地区的基础研究、人才培养、配套设施和宣传推广得以推进。因此各级政府在乡村发展过程中应充分发挥自己的作用，不断加强政府的支持、引导工作，向服务型政府转变。

（二）因地制宜推行区域化布局和专业化生产，促进组织形式多样化

美国幅员辽阔，人口稀少，人均耕地面积比中国高很多，因此其有足够的资源推行规模化生产。我国人均土地资源稀少，在城市化快速发展中资源的短缺问题更加突出，因此我们应坚持因地制宜的原则，推行区域化布局和专业化生产，在平原地区发展适度规模经营，在山区发挥各地区自然条件和经济特点的多样性，搞好农业产业结构的宏观调控，提高农业生产的综合效益。

（三）运用现代科学技术来改造传统农业

美国借助高新技术和高素质的农民解决了本国地多人少的问题，中国也需要运用现代科学技术，提高农业生产的现代化水平和生产率，培养新时代的高素质农民，建立农业产销一体化体系，改变以往劳动密集型农业生产方式，实现科技兴农。

第二节　德国乡村：以城带乡、城乡融合[①]

一、德国乡村发展概况

德国位于欧洲中部，北邻丹麦，西接荷兰、比利时、卢森堡和法国，南与瑞士和奥地利相连，东与捷克和波兰接壤，占有十分重要的欧洲中心地理位置。德国由16个联邦州组成，领土面积达到35.7万平方千米，人口约8267万人(2018年)，是欧洲人口最多的国家。德国地形多样，风景秀丽，山地和平原是两大主要地形，具有良好的经济基础和自然条件。德国城市和乡村整体呈均衡、协调发展，均有着优美的环境、便捷的交通、完善的基础设施。某种程度上，乡村自然健康的生活环境和景观使其相较城市更具吸引力(图7-2-1)。德国全国共有农业用地1800万公顷，占国土总面积的50%，农业产值的比重较低，乡村人口稀少。自工业化以来，

图7-2-1　德国农村建筑

资料来源：智慧工厂，《德国农村的真实面貌，简直是另一个世界》，搜狐网，https://www.sohu.com/a/164137517_177747

① 本节所研究的德国，涉及二战后东西两德分治时期时，研究主要聚焦于联邦德国(西德)。

德国农村的经济结构、劳动生产率、文化景观和区域差异等方面均发生了巨大变化，逐步建立起高效率的现代化农业体系、健全的土地开发利用和环境保护法规、完善的农业生产科研技术推广体系和发达的农产品营销网络。

二、德国乡村建设历程

德国乡村是在广阔地域上和漫长历史中有机演变的一种空间单元。德国乡村建设历程以二战为分界线，在战前和战后呈现出大为不同的发展特征。结合德国不同时期背景下乡村的发展特征，我们大体可以将德国乡村的建设划分四个阶段：

（一）传统乡村发展阶段

19 世纪 60 年代，德意志地区仍以农业为主。随着工业时代的来临，德国乡村以农业为主的状态受到冲击。煤矿和铁矿采掘业开始兴起，与之相关的新型工业如化工、纺织、机械、汽车等开始在农业地区出现。这一时期乡村地区的开发建设随意无序，缺乏法律指导。1936 年德国政府颁布了《帝国土地改革法》，该法律规范了乡村地区工业建设的行为，结束了德国乡村自发发展、自发建设的状态。

（二）传统乡村向现代乡村转变

二战后，大规模的城市重建使得城市重新成为经济和居住中心。但农村地区廉价的劳动力、便宜的地价和国家的财政补贴吸引了许多工厂在农村地区扎根，新一轮的农村改革便是在农村初步工业化的基础上进行的。工业化发展使传统村落得到改建和扩建，基础设施得到大规模建设，但乡村原有的风貌受到一定程度的破坏。1954 年联邦德国的《土地整理法》明确了乡村更新的基本原则，指出乡村更新应以提高乡村生活水平为目标，最大限度保护乡村传统风貌不受侵蚀。

（三）现代乡村向生态化乡村转变

20 世纪 70 年代初，城市过度工业化和无序建设使得大批城市居民被乡村地区优质的空气和宜居的环境吸引，给乡村地区带来了活力。在此情形下，德国乡村迎合人们的需求，开始走生态化乡村转型的道路。1976 年联邦德国政府重新修改《土地整理法》，强调以保留乡村原有形态和自然环境、聚落结构和建筑风格为基本条件的乡村规划与建设，这种做法保留了乡村韵味，重塑了乡村形象。

（四）可持续发展乡村的推进

20 世纪 90 年代之后，村庄更新与实践吸纳了可持续发展理念，开始更加注重乡村发展的长远利益和乡村地区的生态、文化、旅游休闲价值，将其地位提升到与经济开发价值同等重要的位置(图 7-2-2)。同时,联邦德国政府从宏观调控的角度要求乡村更新规划与欧洲区域整体发展相适应,构建乡村地区在区域内部的差异化功能和角色,并倡导公民积极参与乡村的可持续建设。

图 7-2-2　德国特色小镇风貌

资料来源:涂沅珊,《国王湖小镇》,太平洋摄影博客,http://dp.pconline.com.cn/dphoto/list_3393961.html

三、德国乡村发展特点

在城市化、工业化进程中,德国乡村通过财政支持、政策导向和制度约束,乡村经济稳步发展,乡村生产力水平大幅度提高,农业科技含量迅速增加,乡村生态环境越来越美。结合德国各个时期所采取的措施和发展战略来看,德国乡村发展的特点主要表现在以下几个方面:

(一)政策大力扶持农业发展

德国的农业高度发达,农业生产效率、农产品自给率、农业生产的组织化程度、农业科技含量均达到很高的水平。农村高度发展主要得益于政府多方面的政策扶持和财政补贴投入,这些措施激发了农民进行农业生产的热情,提高了农民收入,保障了农业农村的均衡发展。代表性的政策有:依据不同的对象对农民进行补贴的绿箱政策;对农业企业和项目的支持与补贴;在农业企业税收方面的优惠;等等。

（二）科学规划乡村空间环境，合理布局乡村基础设施

村庄更新是实现农村空间环境可持续发展的重要载体。在德国乡村社会转型的过程中，村庄逐渐更新并被纳入国家整体规划体系之中。在国家整体规划下，乡村地区产业结构的改善和村庄的城市化发展通过一系列相应的具体项目实施计划完成。这种自上而下、地方社区引导的规划体系，保护了乡村地区的自然环境、人文环境和文物古迹，保障了村庄作为居住和生活空间的可持续发展。此类区域规划和县域规划，使发端于德国的中心地理论被很好地应用到区域公共基础设施和市政设施的配置中来，乡村地区环境和生态建设得到切实保障和合理分配，实现了区域空间的均衡高效发展。

图 7－2－3　德国小镇建筑

资料来源：涂沅珊，《国王湖小镇》，太平洋摄影博客，http://dp.pconline.com.cn/dphoto/list_3393961.html

（三）健全的乡村规划法律体系

德国乡村规划法律法规在不同层级系统的衔接上取得了很大的成功，联邦政府、各州政府、地方政府分工协作，实现了规划内容和规划权利的有序分配（图 7－2－4）。联邦政府负责制定全国乡村更新的法律法规，形成全国性的引导作用。联邦各州制定州域规划法及其他法规，州内区域政府在州规划的基础上配合制定各个区域的细分法规，地方乡村政府在遵守和配合上级规划的同时，也享有制定符合本

地方的详细相关法规的权利。在德国村庄更新的过程中，1954 年颁布的《联邦土地整理法》是当时联邦德国乡村发展最重要的法律依据。其次为《联邦建筑法典》，该法典就城市规划在农村发展和改善农村基本生活条件方面的作用做出明确的阐述。除此之外，联邦国土规划法、州国土规划法和州发展规划通过区域规划对村庄更新起控制作用，还有其他专项法律从某一内容层面对村庄更新规划进行约束。

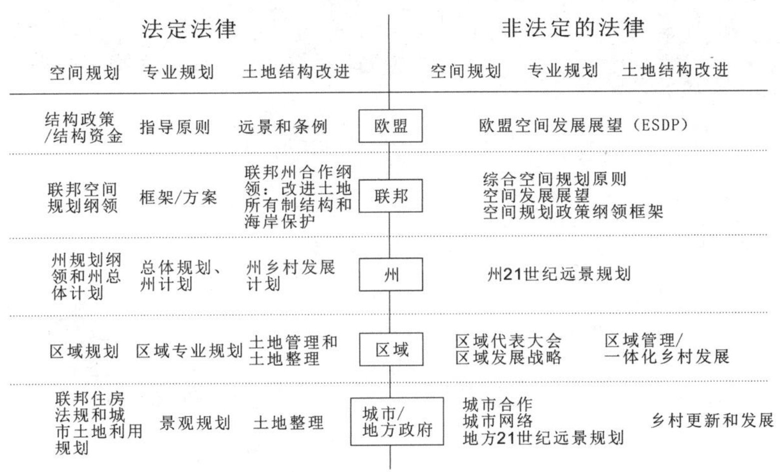

图 7-2-4　德国乡村发展的法律体系

资料来源：孟广文、Hans Gebhardt，《二战以来联邦德国乡村地区的发展与演变》，《地理学报》，2011 年第 12 期

（四）全民参与的新型乡村建设

村民的积极参与对新型乡村建设发挥着决定作用。《联邦建筑法典》规定公民在规划制定过程中有权参与整个过程、提出建议和利益要求。在法律的保障下，德国村民平等参与协商，缩短了政府、专业机构、专业协会和村民的距离，加强了沟通与交流，调动了村民参与村庄更新的积极性。

（五）重视乡村传统风貌和环境的保护

德国传统“田园牧歌”式的乡村风光作为“乡村景观化”的典范，受到了广大城市居民青睐，其农村住区在居住功能基础上的景观价值和游憩功能日益凸显。（图 7-2-5）。这一切得益于德国政府在村镇规划中严格落实《土地整理法》，因地制宜、适时适当划定自然保护区，充分听取当地居民意见，制定了严格的环境保护政策，乡村自然风光和村落风貌得到完美保护。在村落更新过程中，注重与自然环境的结合，注重延续和挖掘原有农村住区的布局肌理、历史特征，设计符合村民生活习惯和民俗特点的社区结构、道路系统及开敞空间系统。

图 7-2-5　德国"田园牧歌"式的乡村风光

资料来源：涂沅珊，《国王湖小镇》，太平洋摄影博客，http://dp.pconline.com.cn/dphoto/list_3393961.html

四、典型案例——"巴伐利亚经验"

作为欧洲乡村发展的范例，德国的乡村发展政策对欧洲乃至世界影响巨大。战后，乡村基础设施条件落后，产业结构薄弱，造成大量的人口离开农村涌入城市，乡村凋敝，城市则受到人口拥挤、环境恶化的挑战，城乡差距进一步拉大。为了解决这一严重问题，赛德尔基金会提出了"城乡等值化"理念，并在巴伐利亚州开始实施。巴伐利亚州是德国面积最大的州，面积 70548 平方千米，乡村面积广阔，人口总数当今居全德第二位。"城乡等值化"主要是通过土地整理、村庄革新等方式，使农村经济与城市经济得以平衡发展，减少乡村人口向大城市的涌入。经过几十年的实践，巴伐利亚州的乡村发展方式被总结为"巴伐利亚经验"，成为德国乡村发展的普遍模式。2010 年统计数据显示，当地城乡经济差距很小，基本实现了城乡居民生产、生活条件等值化的发展目标。

（一）发展历程

城乡等值化强调城乡间各要素的融合、贯通，试图通过科学、合理的规划将城乡差别转化为各自特色，形成城乡系统的高层次协调发展。巴伐利亚州将"城乡等值化发展”分解为促进社会公平、发展城乡经济、保护自然资源三大工作目标。围绕这三大目标，巴伐利亚州在不同时期进行了阶段性实践：

1. 1950—1975 年：基础发展阶段

20 世纪五六十年代土地综合整治的主要目标是提高农业单位面积产量和农业生产力，改善农民收入。二战后的联邦德国在粮食供应上极度匮乏，因此当时社会和经济发展的主要目标就是提高粮食产量，保障基本生存需求。基于这一目标，巴伐利亚开展了平整农地、修建农民住房等简单的土地整理措施。20 世纪 70 年代巴伐利亚州逐渐意识到基础设施建设的重要性，开始了对交通、通信等设施建设的投入。

2. 1976—1992 年：有序规划建设阶段

在战后盲目追求更多耕地面积和便利的耕作条件过程中，村庄生态环境和景观遭到了严重破坏。巴伐利亚州率先意识到乡村景观的重要性，先后出台了《环境保护法》《村庄改造条例》等法律条例，明确了村庄更新过程中景观生态环境和传统风貌保护的重要性。在法律资金的保障下，将景观规划引入乡村土地综合整治程序中，制定乡村土地整理中的环境承载力评价体系，挖掘乡村地域性资源优势，弥补战后重建对乡村环境景观造成的损失。这些措施保障了战后村庄发展的有序进行，优化和美化了乡村景观，改变了传统乡村环境侧重于生产的观念，构建了一个适于居住、就业、休闲、教育和生活的有序空间。

3. 1993—2004 年：公众参与决策阶段

巴伐利亚州的乡村综合发展中，尤为注重利益相关者的参与决策，认为村民应参与管理地方公共事务，对自己的社区负责。共同讨论规划、执行规划，能够增强村庄的集体意识，使村民获得对社区、家乡的认同。为此，巴伐利亚州政府对乡镇领导和村民代表进行了提高公众参与意识和能力的培训，使村民认知村庄改造目标、内容和意义。除此之外，自下而上的巴伐利亚州村庄更新规划实施流程，更是明确了公民参与讨论与决策的方式与途径（图 7 - 2 - 6）。事实上，村民的公众参与决策使得各方的意见得到了充分尊重，村庄的更新方案也更具有针对性，促进了农村地区发展的可持续性。

4. 2005 年至今：综合竞争力提升阶段

巴伐利亚州较低的人口自然增长率使农村地区面临严重的发展潜力不足问题，加之经济危机影响下个体经济受到严重冲击，乡村地区吸引力相对减弱。巴伐利亚州试图通过扩大土地综合整治项目区规模，跨村庄合作发展，以乡镇为单位制

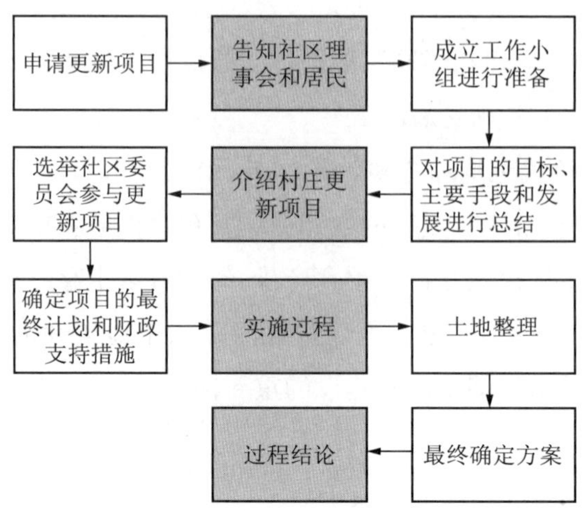

图 7－2－6　德国巴伐利亚村庄更新过程

资料来源：黄一如、陆娴颖，《德国农村更新中的村落风貌保护策略——以巴伐利亚州农村为例》，《建筑学报》，2011 年第 4 期

订差异化、特色化产业方向和土地利用规划，提高乡镇综合竞争力以促进区域经济发展。

（二）特色与启示

巴伐利亚州通过不同阶段的调整与发展，已经成功从农业州转型为工业州，成为世界领先的经济中心，被誉为“高科技的麦加”和“欧洲硅谷”。经过土地整理和村庄革新，巴伐利亚州的农业竞争力得到全面提升。其发展历程主要有三点启示。一是城乡等值化的发展原则实质上是乡村振兴发展理念的另一种表达。在城市掌握资源集散主动权，经济、人口要素不断向城市流入的背景下，德国巴伐利亚州正是通过城乡等值化发展的战略使乡村发展地位得到强调、乡村发展获得更加科学的指导。二是乡村地区发展的核心是经济、人口、资源、环境的协调发展，这也是村庄建设的最终目标。土地整理不仅是技术工程层面上的问题，还应承载着乡村社会、经济、生态层面的问题。三是通过充分调动民众参与，使民众公共责任意识得以增强，乡村社区的凝聚力普遍增强，越来越多的年轻人回到乡村，将近三分之二的中小企业扎根乡村，使乡村可持续发展成为可能。

五、经验与借鉴

由简陋破旧、生活贫困转变为有着优美的环境、便捷的交通、完善的基础设施的现代化村庄，德国乡村走过了一个长期的探索历程，其值得借鉴的经验主要有以下三点：

（一）通过合理的规划手段，实现区域和地方、城市和乡村的协调统一

德国在科学、权威的规划体系建设方面成效显著，通过自上而下、地方引导、城乡统筹的建设思路，建立灵活和高效的规划体系，弱化了城乡规划的计划色彩，引导了乡村与区域综合发展的统筹一致。当前我国规划种类繁多，各规划之间缺乏协调衔接，这种情形下可借鉴德国经验，自上而下建立各规划之间的衔接机制，作为乡村和区域共同发展的基础工作之一。

（二）通过法律法规的建设，保障乡村建设的科学有效

德国联邦土地整理法、联邦建筑法典、联邦国土规划法、州国土规划法和州发展规划法等不同等级、不同内容层面的法律法规对其村庄更新起了举足轻重的作用。除此之外，德国的自然保护、景观保护、林业、土地保护、大气保护、水保护、垃圾处理、遗产、文物保护等方面专项法律也从多个方面做了约束，保证了村庄规划的科学合理实施。

（三）通过乡村风貌的保护与更新，保持乡村特色和吸引力

德国的乡村地区具有非常独特的历史文化氛围。在 20 世纪五六十年代，德国也曾片面追求新村庄建设，而忽视村庄原有肌理、风貌和文化特色。但随着一系列保护性规划的实施，德国村庄开始注重历史脉络和旧有建筑的保护与更新，久而久之，其“田园牧歌”式的乡村风光使得乡村地区焕发活力，乡村自然风光和村落风貌得到完美保护。因此，中国的乡村振兴一定要注意处理好传统和现代，继承和创新的关系，保存村庄的本真性特色，推动“乡村景观化”发展。

第三节　荷兰乡村：集约化、专业化、合作化

一、荷兰乡村发展概况

荷兰位于西欧北部，东接德国，南邻比利时，西北濒临北海。荷兰国土面积狭小，仅 4.2 万平方千米，其中耕地面积仅占国土面积的 0.8%；荷兰人口约为 1627.3 万人，农业劳动力约占总就业人口的 3%，人口密度极高。总体上看，荷兰除了地理位置优越、气候条件较好、有较丰富的煤气和石油储量外，其他自然禀赋条件均较差。然而，荷兰人民却在“风车精神”的激励下顽强奋斗，以提高土地单位面积

产量和种植高附加值农产品为主要特色，经过几十年的努力探索，走出了一条特色农业、合作化生产及农产品深加工发展的道路(图 7－3－1)。

图 7－3－1　荷兰乡村景观

资料来源：曾朴研究，《航拍荷兰郁金香花田——俄罗斯照片集》，新浪博客，http://blog.sina.com.cn/s/blog_4d4d76c80102xmgz.html

二、荷兰乡村建设历程

荷兰的乡村地区被定义为最多有 3 万居民的包括村庄(villages)和小镇(small towns)在内的非城市区域(non-urban area)，这一标准比欧洲其他国家高出许多，侧面反映出荷兰人口高度密集的国情和乡村聚落实际状态。荷兰乡村地区的发展建设与农业生产的发展密不可分。19 世纪末开始，荷兰荒地全部转化为耕地或林地，农业用地占到荷兰国土的 64%，因此，农民生产方式的变革深刻地影响着荷兰的乡村景观。综合来看，荷兰的乡村发展历程可划分为三个阶段：

(一) 早期整治：土地整合

土地整合的理念早在 19 世纪末便由自由主义改革派提出，但受限于当时的条件和巨大利益分歧而未能走向实践。20 世纪以来，为了适应大规模的农业机械化生产，荷兰出台了一系列以土地整理、土地开发、自然保护、生态建设、水资源管理为主要内容的乡村土地整理法案。如 1924 年颁布的第一个《土地整理法》和 1938

年颁布了第二版的《土地整理法》。这两版土地整治法案都将农业利益置于首位，推进农业机械化，大大提高了农村地区农业生产效率，但由于其实施目标的单一性，传统的荷兰乡村景色在土地整理运动中受到破坏。

（二）转折时期：目标多元化

二战后，恢复经济是当时荷兰全国的首要任务，乡村地区的发展策略也以提高农业生产效率为主。这一时期土地整理速度大大加快，成为荷兰乡村地区变化最为剧烈的时期之一。但是，相对之前简单的土地整合与分配，这个时期的乡村重建不仅注重土地整理优化，还将农业、户外休闲、风景管理、公共住宅以及自然保护等多重目标纳入进来（图7－3－2）。代表性的法案包括复杂化的土地发展计划——《瓦赫伦岛土地整理法》，明确规定景观规划必须作为土地整理规划的一个组成部分的第三版《土地整理法》，这些法案的确立表明荷兰乡村建设进入转折时期，不再单方面追求促进农业发展，而是要趋向更多元化的发展目标。

图7－3－2　荷兰乡村整齐划一的土地

资料来源：曾朴研究，《航拍荷兰郁金香花田——俄罗斯照片集》，新浪博客，http://blog.sina.com.cn/s/blog_4d4d76c80102xmgz.html

（三）乡村发展新时期：综合规划与公众参与

高效率的土地整理从根本上改变了旧时代的小尺度乡村景观，使其转变成为现代的大尺度农业生产景观。到了20世纪70年代，人们对乡村休闲、自然保护、历史保护等价值认识得到提升(表 7－3－1)。代表性的节点是 1985 年《土地开发法》取代《土地整理法》成为乡村地区建设的根本依据。与原来的《土地整理法》相比,新法在拓展乡村发展目标、优化决策过程、完善管理体系等方面做出了改进。乡村建设的目标方面,实施调整农业结构、加强土地管理、推进乡村地区的经济多样性等措施。同时,乡村整治的任务也愈来愈全面和综合,除了户外娱乐、创建新自然区、历史村落的保护外,废弃物处理、生态环境保护、能源与景观保障等政策要求逐渐增多。另外,中央政府大大弱化乡村重建主导功能,地方社会团体联合会负责主持制定、设计并实施和管理所在地区的乡村发展规划项目。

表 7－3－1　荷兰土地整理法和土地开发法发展演变分期

法律名称	年份	意义	目的
土地整理法	1924	第一次在法律意义上明确了土地整理作为乡村规划的手段;改善农业的土地利用,促进农业的发展,使不同土地所有者的土地相对集中	提高农业生产效率,解决一战后粮食短缺的问题
	1938	提高土地整理项目的可操作性,简化土地整理项目的手续,政府给予项目财政补助;为减少经济危机造成的失业,大多数项目与失业补助项目联系在一起	推动农业发展,减少失业问题
	1954	土地整理成为乡村区域二战后重建中政府农业政策的基石,除了农业生产外,其他土地利用方式也得到考虑,法案允许预留出最多 5%的土地服务于农业生产之外的其他目的,如自然保护、休闲娱乐、村庄改造、景观改善等	促进农业、园艺、林业以及养殖业的生产力,解决二战后的粮食短缺问题
土地开发法	1985	农业在乡村支配性的地位被改变,其他方面的利益也得到同等地位的关注。根据项目区的不同特点和项目的主要目的,法案提供了多种可选的土地开发方式,并在安排户外休闲娱乐、自然保护区等用地方面提供了更大的可能性	淡化以提高农业生产为目的的土地开发,逐渐加强以综合土地利用为目的的乡村开发,应对二十世纪七八十年代出现的环境污染和自然景观保护问题
	2007	加强私人和政府在土地开发过程中的合作	解决私人和政府合作开发土地过程中涉及的成本和利益分配问题

资料来源:张驰、张京祥、陈眉舞,《荷兰乡村地区规划演变历程与启示》,《国际城市规划》,2016 年第 1 期

三、荷兰乡村发展特点

19 世纪以来,荷兰乡村经历了多个历史时期的阶段性演变,农业获得产业化、集约化、专业化发展,生产景观与传统文化、自然景观得到平衡发展,多功能乡村地

域发展目标得以实现。纵览荷兰乡村的发展，有五大特点：

（一）充分发挥农业比较优势，发展集约型农业

20世纪50年代以来，荷兰调整农业生产结构，大幅削减了缺乏比较优势的大田作物种植，转为牧草、花卉等作物，通过进口获取的方式弥补自身不足。荷兰境内充沛的降水、平坦的地势等自然条件十分有利于牧草、花卉等作物的生长，畜牧业、园艺业等欧洲市场需求旺盛的产业获得了长足发展。除了根据比较优势调整产业结构，荷兰农业的集约化程度和生产效率也在不断提高（图7-3-3）。计算机信息技术和生物技术等高新技术不断应用于农业产业领域，现代化的农业生产经营方式和高效、完整的产业链为荷兰农产品附加值的增加、农民收入水平的提高及农业国际竞争力的提升打下了坚实的基础。

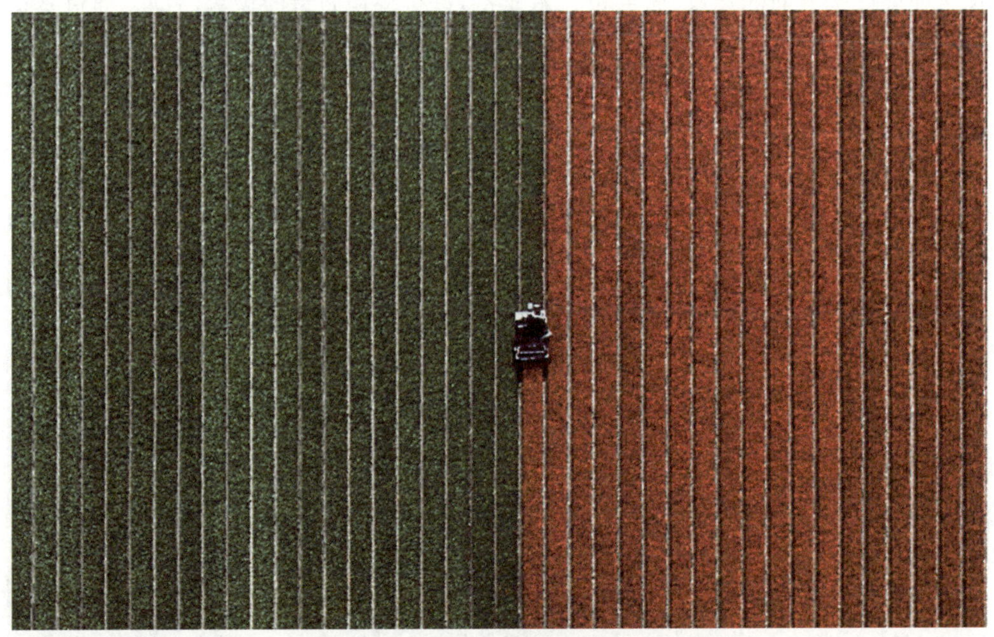

图7-3-3　高度机械化的荷兰花卉种植

资料来源：曾朴研究，《航拍荷兰郁金香花田——俄罗斯照片集》，新浪博客，http://blog.sina.com.cn/s/blog_4d4d76c80102xmgz.html

（二）自动自发，建立互惠共赢的农业合作模式

荷兰农业以家庭农场经营为主的特征十分明显，但个体农户的市场竞争力有限，抵御市场风险的能力十分不足。因此，荷兰农民按照民主自愿的原则建立起互惠共赢的农业合作组织。比如农业合作社通过发挥供销、信贷以及农产品加工方面的组织功能，深入产业链的各个环节，使产业整体的专业化程度和技术水平得以

提升;通过销售合作社,农户在大市场中协作起来,形成自己的市场势力,获得更多的话语权;通过信用合作社,农民办理农业信贷用于农场经营、从事农业机械等行业的金融交易;等等。这种自动自发的经济合作模式强有力地减少了同行业恶性竞争,增加了农民的集体竞争力,为农业的产业化、国际化发展提供了基础。

(三) 提倡农业环保,注重乡村环境保护

绿色发展是荷兰现代农业的重要理念。为保护农业农村环境,荷兰政府制定了一系列保障农业绿色生产的政策法规,包括控制农业化学投入品的使用、加强农家肥的无害化处理、减少有害气体的排放量。此外,国家的税收和财政政策融入环保机制,开征了"燃料税"和"过量施肥税",鼓励各类农业经营者发展绿色生产。另外,政府为改善乡村环境,支持农场主建立环境合作社。环境合作社为农场主提供农业环境保护方面的建议、研究及技术支持,进行环境政策游说等活动。通过其运作,改善了乡村环境,提高了农场主的收入,降低了政府环境政策的实施成本,同时也推动了相关环保知识与组织的发展。这一系列乡村环境保护政策和工作的推动,增强了乡村地区的经济活力,保障了农业农村的可持续发展(图 7-3-4)。

图 7-3-4 荷兰乡村环境

资料来源:曾朴研究,《航拍荷兰郁金香花田——俄罗斯照片集》,新浪博客,http://blog.sina.com.cn/s/blog_4d4d76c80102xmgz.html

（四）聚焦土地使用与土地权属变革探索

荷兰历来抱着严谨的土地使用态度，其层级明确、类型全面、流程严密的规划体系确保了土地利用的质量和绩效。同时，政府尊重土地的市场价值，通过公开透明的决策机制保证土地征用过程公平，尤其是予以土地所有者公平的征收补偿。土地征用方面政府优先，但并不排斥开发商、地主参与开发竞争，重视多方利益与协调谈判，保证土地的顺利开发。如同荷兰一样，“积极进取”的政府未必是坏事。与市场相比，政府可以有一定的优先权，但同时应鼓励和尊重多元主体之间的适当竞争，在保障农民关键利益、体现乡村土地真实价值的前提下，博弈、谈判并寻求共识。

（五）重视乡村景观整治

自19世纪末以来，荷兰开展了100多年的乡村景观整治，从早期的土地整合到二战后的农业主导规划，再到综合性、多目标的乡村景观规划，荷兰的乡村景观整治持续时间之长，对国土景观影响程度之大，在世界各国均为少见（表7-3-2）。荷兰乡村景观整治是伴随着农业现代化过程逐步推进的，不仅大大提高了农业生产效率，引导了农村地区的生产建设，也通过强调空间规划中的文化历史元素，提升了乡村景观的身份认同感。其漫长的土地整治历史为我们提供了宝贵的经验和借鉴，如多目标综合性的规划方式、注重保护具有历史和生态意义的乡村景观建设、土地使用与相关立法探索等方面。

表7-3-2　20世纪60年代以来荷兰国家空间规划政策对乡村的保护

名称	年份	涉及乡村保护的内容
第二次国家空间规划	1966	“集中式分散”发展策略，将新的城市发展集中布置在现状城市区域之外的众多增长点，保护“绿心”
第三次国家空间规划	1974	落实第二次国家空间规划内容
第四次国家空间规划	1990	加入国家生态网络，促进具有国家和国际意义的生态系统的可持续保护、恢复和发展
第五次国家空间规划	2000	“在必要的地方集中发展，在可能的地方分散发展”战略，制定了沿革的土地利用区划政策，保护自然环境、绿心和其他重要景观；引入“红线”，限制城市区域的扩展，围绕乡村地区制定“绿线”，绿线以内严格保护，禁止任何开发
新的国家空间战略	2004	培育乡村地区升级；保护和发展具有重要意义的国家和世界性的空间场所，为水体和自然的保护及利用提供空间

资料来源：张驰、张京祥、陈眉舞，《荷兰乡村地区规划演变历程与启示》，《国际城市规划》，2016年第1期

四、典型案例——菲仕兰乳业合作社(Friesland Campina)

荷兰作为农业合作组织的发祥地,其农合组织已有上百年的历史。荷兰的农业以家庭式农场经营为主,但由于的生产结构单元较小,个体农民的市场力量较弱,缺乏竞争能力,因此,他们自发地组织起农业合作社,既保存了其他一切农民习惯的独立经营功能,又形成了共同利益集体,表现出强大的生命力和竞争力。荷兰家庭农场的组织化经营主要表现为"合作社一体化产业链组织模式",这是荷兰农业和家庭农场快速发展、获得强大竞争力的重要组织基础。菲仕兰乳业合作社便是这种组织模式的现实代表。荷兰菲仕兰乳业公司是由菲仕兰乳业合作社全资控股的跨国乳品公司,其历史可以追溯到 1871 年。目前,该公司已拥有 1.9 万家社员奶牛养殖家庭农场,在 38 个国家设有乳制品工厂和分支机构,乳制品销往 100 多个国家。2012 年,该公司实现销售收入 103 亿欧元,营业利润 4.82 亿欧元,净利润 2.74 亿欧元,在全球乳制品行业中位列第五。

(一) 组织结构特征

菲仕兰乳业合作社是当前规模较大、效率较高和代表性显著的一体化产业链组织。在该产业链组织中,家庭农场、合作社和公司三者组成了以股权为纽带的产业链一体化利益共同体,形成相互支撑、相互制约、内部自律的"铁三角"关系(图 7-3-5)。下面就不同主体所扮演的角色及其分工进行详细说明。

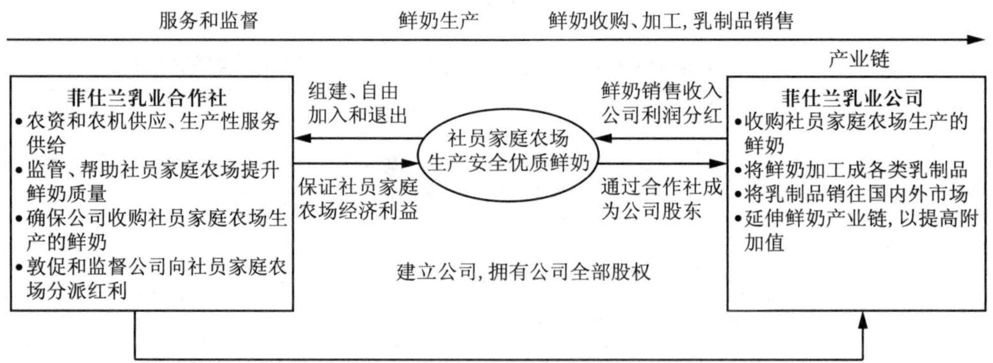

图 7-3-5 合作社一体化产业链组织模式

资料来源:肖卫东、杜志雄,《家庭农场发展的荷兰样本:经营特征与制度实践》,《中国农村经济》,2015 年第 2 期

1. 家庭农场

家庭农场是该组织模式的基础,是农业生产的基本单位。菲仕兰乳业合作社

由1.9万余家养殖奶牛的中等规模家庭农场组建，奶牛养殖家庭农场可以自由选择加入和退出合作社。这1.9万社员家庭农场的职责是管理好自己的牧场，为菲仕兰的工厂提供安全优质的鲜奶。中等规模的家庭农场联合为机械化、信息化、疫病防控、生态环境治理成本的分摊提供了优势，保证了奶源生产环节的质量和效率。

2. 合作社

合作社是该组织模式的核心和主导，是全力保障社员家庭农场经济利益的商业自治组织。菲仕兰乳业合作社是一个非营利性机构，其存在价值主要为优化资源配置，保障社员家庭农场的经济利益。其主要工作内容是为社员家庭农场提供各类农资、农机供应和生产性服务，监管、帮助社员家庭农场提升鲜奶质量，保障社员家庭农场生产的鲜奶的采购和价格，敦促和监督菲仕兰乳业公司向社员家庭农场分派绩效分红。

3. 公司

公司是该组织模式的市场端，负责收购、加工和销售家庭农场所生产的农产品，以提高农产品附加值。菲仕兰乳业公司的全部股权为菲仕兰乳业合作社社员家庭农场所有，社员家庭农场主选举组成的董事会负责经营管理该公司。社员家庭农场主代表委员会具有任免权。公司在保障收购的同时，还着重拓展国内外市场，延伸鲜奶产业链，以提高和实现鲜奶的附加值。

（二）特色与启示

菲仕兰乳业合作社这一运作模式既保留了传统的家庭农场个体，又保障了奶牛养殖家庭农场的经济利益最大化，形成了个体与公司一荣俱荣、一损俱损的利益共同体(图7-3-6)。这种农业合作社的模式使得专业农产品生产、扩大经营规模、集约化和生态化生产成为现实，创造了属于荷兰人的“农业奇迹”。其启示主要有两点。一是准确把握生产环境和条件现状，发展适度规模经营。并不是所有地方、所有农村都适合大规模生产，在我国不同地域环境背景下，应因地制宜地发展多种形式的适度规模经营。二是通过完善制度和社会化服务支撑农业合作一体化建设。知识水平受限和前瞻性缺失使得一些地区很难形成一定规模的合作组织，在此情形下，政府的制度保障和政策支持将为家庭农场的生产经营提供稳定的环境，强大的知识、科技支撑和有效的金融支持等将为农业合作提供坚实后盾。

图 7-3-6　荷兰家庭牧场

资料来源：21世纪经济报道，《"零距离"探访一个典型的荷兰家庭牧场》，东方财富网，http://finance.eastmoney.com/news/1351,20160830659726626.html

五、经验与借鉴

荷兰是一个国土高效利用、农业高度发达、城乡高度协调的国家，其乡村地区以奶粉、郁金香、风车等标志性符号享誉海外，是欧洲国家乡村发展的优秀案例。从人多地少的基本国情来看，荷兰与我国存在诸多相似之处，但其发展阶段和发展成果走在了我国乡村建设的前面，对于我们发展农业农村具有丰富的借鉴意义。

（一）把握自身优势与缺陷，合理构建优势产业结构

荷兰地形被河道分割得较为破碎，加之人多地少的基本国情，使得大规模机械化农业生产模式不可行，精明的荷兰人选择牧业、园艺业等与欧洲市场相互补充的农业产业进行生产，既是从自身的优势调整产业结构，也避开了先天的缺陷，确保了荷兰农业产业占有一席之地。除了根据比较优势调整产业结构，荷兰农业的集约化程度和生产效率提高，使得农产品附加值增加、农民收入水平提高及农业国际竞争力提升。鉴于当前中国部分地区乡村建设一哄而上、盲目模仿、缺乏方向的现状，这种因势利导、因地制宜的思维尤其值得我们学习和借鉴。要从乡村所处的环境、所处的发展阶段、所拥有的特色资源出发，制定产业结构优化政策，提升农村产业综合实力。

（二）聚焦乡村土地整理与开发，适时进行调整与变革

荷兰土地整理经历了以农业发展为目的向以生态环境为重点的发展的转变，并已经成为荷兰政府在乡村地区开发的重要工具。其不断变革的土地整治目标和手段引导了不同时期农村发展的方向；其层级明确、类型全面、流程严密的规划

体系则确保了土地利用的质量和绩效。我国的乡村建设应把目光放在土地整理与开发上，把土地整理作为农村地区综合发展的一种重要手段和途径。应建立健全相关的法律法规，为土地整理提供法律支撑，并进一步完善土地整理的组织机构，保证机制顺利运行，最终通过土地整理，实现社会主义新农村的可持续发展。

（三）发展合作经营，调动多方参与主体

荷兰的农业在管理上的成功经验，就是坚持家庭农场式经营长期不变，在此基础上，大力发展和完善农业合作社。合作社有单一功能的，也有多功能的，运作方式也不同。合作社为农民之间、农企之间的经济合作提供了机会，解决了小生产和大市场的矛盾，构建起产供销一条龙的经营体系，增强了农民的集体竞争力，为农业的产业化、国际化发展提供了基础。我们应走出让政府"唱独角戏"的固定思维模式，以发展农村合作经济组织为农村管理方式改革方向，构建农业农村生产发展的多元主体。

第四节　韩国乡村：政府主导、社会参与、村民自主

一、韩国乡村发展概况

韩国位于东亚朝鲜半岛南部，三面环海，西面濒临黄海，东南是朝鲜海峡，东边是日本海。韩国总面积约10万平方千米（占朝鲜半岛总面积的45%），总人口约5041.85万，农业资源禀赋非常稀缺，现有耕地面积1835600公顷（18.4%是农耕地），是世界人均耕地面积较少的国家之一。韩国农产品因此较多依赖国外进口，除了大米和薯类能基本自给外，其他粮食85%需要进口。韩国农业以小规模家庭经营为主，随着韩国经济的飞速发展，农业在韩国GDP的比重快速下降。

20世纪50年代韩国实施的农地改革政策以及20世纪70年代开始的"新村运动"是韩国实现经济快速增长的最主要原因，它们使韩国在很短的时间内就实现了农业现代化与农村城市化。"新村运动"的核心内容为支持农村的基础设施建设，政府投入资金，以财政支持建设农村，以减小城乡、工农和区域间的差距。政府主导、民众自主建设相结合，经过40多年的努力，实现了城乡经济协调发展，大大提高了城乡居民收入，改变了农村的物质条件和农民的精神面貌。"新村运动"的主要特点是通过政府主导推动全国农村（乡村）的现代化进程。

二、韩国乡村建设历程

二战后，韩国政府推行了一系列农业改革政策和措施，农地改革成为韩国社会改革中最为重要的部分。1950年韩国颁布的《土地改革法》将旧的租赁关系全部废除，面向农民开发耕种。限制自耕农的土地在3町以内(约45亩)，超过部分由政府收购再统一分配给缺少土地的农民，而农民可用现金和实物在五年内分期偿还。土地改革打破了原来固化的土地结构，自耕农的人数比重上升，农业生产的自主性提升，最重要的是保障了农民经济地位的平等权益。

朝鲜战争后，韩国在美国的援助下开始恢复经济。这一时期韩国经济仍然以传统农业为主，粮食产量提高对于稳定韩国经济非常重要。但受制于封建体制残余和农业物资供应不足，韩国农作物产量低下，农业发展缓慢，农村的生活环境严重落后。

20世纪60年代开始，韩国迅速推进工业化和城市化进程。以劳动密集型和出口导向型产业的经济发展战略获得巨大成功，韩国经济开始迅速发展，但此时乡村经济仍处于极端贫困和落后的状态，工农业发展严重失衡，城市与乡村、市民与村民的收入与生活环境差距进一步扩大，农民大量流入城市，农村社会问题突出。

20世纪70年代，韩国政府决定在全国开展以“勤勉、自助、协同”精神为主体的“新村运动”。韩国“新村运动”是政府乡村发展政策的一次大胆尝试。这一运动成为韩国农业和农村发展的强大动力，使韩国农村的经济、政治和精神领域都发生了重大变化。“新村运动”通过政府的导向和政策对农业实施一系列的开发项目，促进农业发展；通过引导村民自治、自助合作来建设农村，进而达到缩小城乡发展差距，消减贫富差距，消除社会矛盾的目的。

“新村运动”开展的过程可以分为五个阶段：

(1) 起始阶段(1970—1973年)：这一阶段以改善农民的居住条件为基本目标，在农村面貌、农村基础设施等方面采取了很多的措施和政策支持，引发了农民立足家乡、建设家乡的积极性。

(2) 拓展阶段(1974—1976年)：新村运动向全国范围推广，建设的重点内容也涉及居住环境和生活质量的改善、多种经营方式引入等。这一阶段农民收入开始大幅提高，村庄建设在广度和深度上都得到了长足进步。

(3) 深化阶段(1977—1979年)：这一时期的工作以鼓励发展畜牧业、农产品加工业和特产农业，推动乡村保险业发展为重点，在推动乡村产业多元化的同时，文化建设与发展开始提上日程。

(4) 农村组织自发建设阶段(1980—1988年):这一阶段以建立和完善全国性新村运动的民间组织,培养乡村自组织团体管理能力为主要目标。政府只是通过制订规划、协调服务,以及提供财政、物资、技术支持和服务等手段,使农民参与管理、建设、反馈的意识和能力得到大大提升,农民收入水平接近城市居民。

(5) 农民依法创新建设阶段(1988年以后):这一阶段以农民自组织建设和法制建设为主要任务。政府倡导全体公民自觉抵制各种社会不良现象,并致力于国民伦理道德建设、共同体意识教育和民主与法制教育,把农民培养成为新农村建设的主体。

三、韩国乡村发展特点

(一) 坚持政府引导,不断推进"新农村建设"进程

韩国"新村运动"过程中,政府主导的作用十分明显。政府不仅积极参与村庄发展政策的制定,而且直接发挥自己的推动作用,对"新农村建设"进行了大规模的投资。"新农村建设"的投资源于政府投资和乡村集资,政府投资比重各年度在20%～60%不等。为了提高农民收入,韩国"新村运动"采取了在全国范围内推广水稻新品种、通过财政补贴保护水稻新品种的价格、调整优化农业结构、扶持农村经济发展等多种措施。

此外,韩国政府还建立了高效统一的"新村运动"建设组织机构和管理制度。在中央成立"新农村运动中央协议会",地方各级政府按照中央模式,设立相应的地方协议会或推进委员会,形成一套自上而下的管理制度,保证了"新村运动"的扎实推进。

(二) 重视基础设施建设,改善乡村环境

农业基础设施建设是"新村运动"的重点内容,且在不同时期的建设重点也不断变化。乡村建设初期,主要集中发展农业灌溉、排水、耕地整理等农业生产设施方面。从20世纪70年代开始,基础设施建设转向修建乡村公路和桥梁、改善乡村的饮水设施、实现乡村电气化等方面,其目的是缩小并最终消除城乡差别。

(三) 促进农民增收,改善农民生活

韩国政府十分重视增加农民的收入(图7-4-1)。农业收入方面,政府主要采取对农产品进行价格补贴,逐年提高农产品收购价格等措施。非农业收入方面,

政府积极促进乡村工业化，对就地生产的乡村企业提供各种优惠政策，促进发展旅游业，开辟就业渠道；简化开办农工基地的手续，大力开发农工区域，为农民提供非农就业机会。这些政策措施有效地促进了农业、非农产业的收入，改善了农民的生活。

图 7－4－1　韩国农民田间劳作景象

资料来源：百家号/专注经典影视，《实拍韩国的农村真实生活：富裕程度很高》，百度网，https://baijiahao.baidu.com/s? id=1595722830343135644&wfr=spider&for=pc

（四）重视发展农协组织，提高农民自主能力

农业协会对韩国“新村运动”做出了巨大贡献。其作用主要体现在农协金融机构促进了农村金融业的发展，为农民储蓄和农村产业提供金融支持，农村经济和农民生活因此得到大幅改善和提高，农协组织规模也得到迅速扩大，韩国农业经济在农协的支持下进入了良性循环。

（五）融入文化内涵，推动精神文明建设

20 世纪 70 年代的新村建设以硬件为主，新一轮建设则融入更多的文化内涵。“勤劳、自助、合作”作为这次乡村建设运动的精神主旨，贯穿整个运动的始终。这一精神主旨简单明确，容易理解，既传达了村民居于主体地位的信号，又明确了“新村运动”的集体参与、勤劳、奉献和创新的价值取向。这种精神不仅对村民的价值

图 7－4－2　韩国农村建筑

资料来源：百家号/专注经典影视，《实拍韩国的农村真实生活：富裕程度很高》，百度网，https://baijiahao.baidu.com/s? id=1595722830343135644&wfr=spider&for=pc

观发生作用，通过思想的转变影响行为，而且使他们在解决问题过程中提高了决策能力，培养了合作精神和民主意识。这种精神后来扩展到城市，对韩国城乡精神文明和物质文明建设均有极大的推动作用。

四、典型案例——“新农渔村建设运动”

全国范围内的“新村运动”之后，一些地方政府也陆续开展了乡村建设方面的活动。“新农渔村建设运动”是江原道 1998 年开始正式实行的由村民主导、自下而上的农渔村开发方式(图 7－4－3)。这次运动以“实事求是、自力更生、自由竞争”为三大目标，“精神、收入、环境”为三大理念，通过推荐和审查选定一批自治能力和意志力强的优秀村庄，以奖励和支援资金的方式支援其村庄发展，并以此形成示范效应，进而提升江原道内所有的农渔村竞争力。迄今为止，“新农渔村建设运动”已经有 20 余个年头，这次运动的成效十分明显，有效带动了周边村庄的发展。这次运动也是韩国首次尝试以村民为主导、自下而上式的乡村开发方式。

（一）“新农渔村建设运动”的运作体系

1. 运作主体

“新农渔村建设运动”的运作主体是积极向上的农渔民们。他们以村庄为单位

图 7-4-3　韩国渔村

资料来源:《江原道观光照片征集作品展》,人民网·韩国频道,http://korea.people.com.cn/n/2015/0130/c205187-8843815-8.html

形成团体,包括赢农会、妇女会、生产者团体等。此外,一些支援行政性机构作为运作主体的辅助单位也参与进来,如地方自治组织(道、市、郡)、学术界(大学、研究机关、农业学校)、生产者团体(农协、畜牧协会)等。

2. 运作流程

"新农渔村建设运动"的运作体系中,以村庄运作委员会为中心的村组织首先应向所在的市、郡提交申请,市、郡相关部门通过综合评审选拔出 2 到 4 个具备竞争力的村庄向道府提交建议。其次,获得市、郡推荐的优秀村庄将由道府组建优秀村庄评审团,优秀村庄评审团通过对 18 个市、郡所推选的村庄进行书面评审和现场视察,对这期间的运作成果、村庄发展计划以及今后发展的可能性进行综合评价,最终选定优秀村庄。最后,选定的优秀村庄将得到创新力量项目费 5 亿韩币的支援,支援资金可根据村集体组织自行制订的计划而实施执行。

3. 运作效果

"新农渔村建设运动"鼓励村民自己规划并实践该项目,通过自下而上的筛选,获评的优秀村庄可根据自身具体条件和特征进行项目运作。这些项目以村庄集体利益为核心,对促进村庄整体生产、生活环境具有较大的推动作用。可贵的是,各个村庄结合自己的特点,提出了特色化的村庄建设思路,逐步形成了"亲环境、观光体验型"、"高质量农特产品生产型"、"山村型"、"渔村观光体验型"特色村庄。更重要的是,“新农渔村建设运动”使得居民的自信感和进取心倍增,赋予了村庄新的活力。从一开始便将自主权交给居民,强化了居民的自主性、责任意识和团体性。通过全体村民的团队协作,村民们获得相互团结和促进的契机,也增加了村民对村庄的热爱。

(二)特色与启示

“新农渔村建设运动”通过奖励和资金支援的方式推动示范村庄建设,并进一步形成当地品牌的影响力,大大地提升了江原道所有农渔村的竞争力。通过其发展模式和实践成效可以发现:“新农渔村运动”鼓励村庄以自身特色为基础提出独特的发展模式并给以支持和推广,促使各地村庄形成了与自然环境和资源本底相符的特色发展模式,一定程度上提高了行政效率和政策的可行性。

五、经验与借鉴

作为世界人均耕地面积较少的国家之一,韩国依靠政府、企业、村民等社会各界力量的广泛参与,成功改变了韩国乡村的落后面貌,增强了韩国村民的自信心,取得了举世瞩目的成就。韩国农业现代化与农村城市化过程中,最为成功的是始于 20 世纪 70 年代的“新村运动”,其核心内容为支持乡村的基础设施建设,政府以财政支持建设乡村,以减小城乡、工农和区域间的差距。这种政府主导推动全国乡村的现代化进程的经验,值得我们学习的地方有:

(一)政府的力量和村镇自治力量的结合十分重要

韩国“新村运动”是一场政府主导的“新农村建设”运动,其原动力来自总统和中央政府,主要是通过行政机构的逐级推广来实现。从总统、中央到地方官员层层抓这一运动,为开展“新村运动”,韩国政府建立了从中央到地方的组织领导体制,实行了一系列有利于开发的政策、方针和措施,投入了大量的资金、人力和物力。但这场自上而下的建设运动中,始终未强制村民执行政府意志,村庄是否实施、实施什么项目,都是村民自己选择的。这种“自上而下”行政推动同“自下而上”的民间力量相结合,充分调动起村民的积极性和创造性,避免了不切实际的形式主义,切切实实改变了乡村落后凋敝的局面。

(二)环境和基础设施建设是农村发展起始阶段的关键

“新村运动”起始阶段是在韩国工业获得较大发展之后,工业反哺农业,城市支援乡村。这种反哺与支援首先应聚焦在乡村基础设施建设和公共服务设施上,只有缩小城乡在基础设施方面的差距，才能拉动乡村建设其他方面如产业、人才、技术等方面的提升，才能实现城市要素向乡村地域的扩散。从这个层面来说，加强农村基础设施建设是新农村建设的突破口。我国的城乡经济社会发展很不平衡，应扩大财政建设资金向乡村的倾斜力度，加大国家对乡村基础设施的扶持力度，以便充分发挥城市对乡村的带动作用，加强农村与城市之间的合作。

（三）组织机构和法制、道德建设是乡村发展中后期极为重要的内容

"新村运动"的做法和组织机制并未在运动中逐步制度化，未形成外在推动力向内在动力的转变，"新村运动"始终只是政府主导的运动。在这一方面，我们应吸取其教训，在乡村建设的过程中，对科学有效的组织制度和相关的政策予以法律支持，使政府主导逐步向制度主导转变，在组织上应明确地方组织和中央组织相结合的框架，在制度设计上应关注培训、合作、激励、监督、评价等的制度化，同时应针对不同时期乡村发展的状况和新的形势，不断完善各项制度。

第五节　日本乡村：以工促农、一村一品

一、日本乡村发展概况

日本位于亚欧大陆的东面、太平洋西北部，领土由北海道、本州、四国、九州 4 个大岛和小岛屿 7200 多个其他组成。日本陆地面积约 37.79 万平方千米，总人口约 1.26 亿，人口密度高达 338 人/平方千米。日本是一个多山的岛国，山地和丘陵占总面积的 71%，平原面积狭小，耕地十分有限。日本只有 12%的土地是可耕地，但其单位土地产量世界第一，粮食自给率达到 50%。农业在日本是高补助与保护性产业，政府鼓励小规模耕作，这与美国的大规模耕作方式截然不同。

二战后的日本加速工业化、城市化，吸引乡村劳动力向二、三产业转移，向城市集中，乡村人口急剧减少，造成农业耕地废弃和空置等非常严重的问题。为了解决这一问题，20 世纪 70 年代末，日本开展造村运动，以振兴产业为手段，促进地方经济的发展，扭转乡村人口短缺、资本外流、产业萎缩的局面。在日本的造村运动中最具知名度且影响力最广的开展形式就是 1979 年开始提倡的"一村一品"运动，这一运动是在政府引导和扶持下，以行政区和地方特色产品为基础形成的区域经济发展模式。"一村一品"运动通过振兴以农、林、牧、渔产品及其加工品为原料所进行的工业生产活动，增加农产品的附加价值，延长农业产业链，提高农业综合效益。

在长期的农村(乡村)现代化实践中,日本建立了强有力的保障体系,使其新农村建设一直持续至今,成为亚洲第一个实现农业和农村现代化的国家(图 7-5-1)。

图 7-5-1　日本乡村景观

资料来源:永荣视界,《真实的日本乡村掠影》,太平洋摄影博客,https://dp.pconline.com.cn/dphoto/list_3753158.html

二、日本乡村建设历程

日本是一个地少人多、资源贫乏的岛国,农业至今不能规模化经营。那么,日本政府如何来支持农业、农村和农民发展?从时间上看,各个时期政策侧重点不同,各个时期的乡村建设各具特色,纵观日本的乡村建设历程,主要包含以下几个时期:

(一)战前乡村脱贫期(1919—1938 年)

日本的乡村建设与振兴运动应该追溯到 20 世纪 30 年代的"村庄复兴计划"。战前,日本工业产值开始超过农业,乡村资本流向工商业,加之连续发生的经济危机,乡村遭受沉重打击,贫困加剧。为了缓解乡村地区贫困问题,日本政府加大了财政支持力度,制订"村庄复兴计划"(1932 年),拟定 5 年中每年资助 1000 个村庄。到 1934 年底总共资助了 5.22 亿日元。复兴项目包括农村水库、渠道、仓库、道路的建设和教育、工商贸易发展。另外,1932—1935 年,对贫民无偿配给或低价供给粮食、提供肥料和种子，对农民提供低息和免息贷款。这一时期是日本工业化发展的重要时期，也是农业和农村困难的时期，但因财政支持加强和农业税负持续下降，农业保持了增长态势。

（二）战后的粮食增产期（1946—1960年）

战后初期，解决食品短缺问题是当时日本农业发展的重中之重。1946年日本制定《农地调整法》，将离乡地主的土地和在乡地主超过1公顷的土地出售给佃农，在村庄建立起自耕农体制。事实上，农地改革的主要目的就是调动农民积极性，发展粮食生产。此外，日本政府还陆续制定、采取了旨在保护自耕农的一系列制度和措施，主要包括农业灾害补偿制度、农业协同组合制度、农林渔业金融公库制度，以及制定《土地改良法》，制定生产、技术指导措施，制定农产品价格支持和补贴措施，等等。

（三）高速经济增长期（1961—1975年）

日本经济在20世纪50年代末期进入了高速增长阶段。工业的高速发展使日本政府有实力加大对农业和农产品的补贴。由于财政的有力支持，60年代后期日本稻米生产实现了自给，甚至过剩。1961年日本政府制定的《农业基本法》以提高农业生产力和农业从业人员的收入水平为主要目标，并着力改善农业结构。到1975年，城乡家庭收入差距明显缩小，农村家庭的人均收入甚至超过了城市。

（四）经济稳定期（1976年至今）

1980年日本再次修订《农地法》，制定《增进农用地利用法》和《农业委员会法》，从农用地权利转移和农地转用许可管制，到促进农地生产功能，再到农地利用管制组织机构等多个方面设立管制制度，建立起完整的农地利用管制法律体系。1984年开始了对《农振法》和《土地改良法》的修改，增加以建设农村地域环境为目的内容条款。其后，日本政府在1987年制定了《村落地域建设法》，现代农业生产和良好的居住环境成为村庄建设计划中必不可少的两大功能。可以看出，这一时期经济增长稳定，政府立足乡村规划和农业地域振兴的高度，对乡村地区的开发进行了综合性的法制建设，因势利导，推动乡村地域综合发展。

除此之外，始于这一时期的造村运动对乡村的经济和生活多个层面均产生了重要影响。其中，1979年开始提倡的“一村一品”运动最具知名度且影响力最大。“一村一品”的基本目标就是在培育农特产品方面，在抓住产地建设、培育名牌两大重点环节的基础上，开发、振兴农特产品。其实质是一种在政府引导和扶持下，以行政区和地方特色产品为基础形成的区域经济发展模式。造村运动一直持续到21世纪初，这项运动促进了地方经济的差异化发展，有力地振兴了乡村经济，其后续推广还影响到乡村生产生活的方方面面，涉及景观与环境、历史风貌、基础设施、健康与福利事业等等。

三、日本乡村发展特点

如何实现城市和乡村、经济与社会的可持续发展，是日本经济发展的首要问题。自20世纪初以来，日本一直致力于城市与乡村地区协同发展，在不同时期、不同社会环境下，颁布了一系列扶持农村农业发展的政策，实施了影响深远的造村运动，这些措施改变了传统的城市发展模式，促进了日本城市与乡村、经济与社会的可持续发展。从各时期发展乡村的方式和方法中，我们总结其乡村发展的特点如下：

（一）政府的政策支持和大规模补贴

在日本快速工业化的过程中，政府高度重视农业和农村的发展，主导和参与了一系列建设。无论是农村乡镇的规划、基础建设的资金扶持，还是农业产业发展，都表明政府对乡村建设的重视和支持。尽管农业所占比重逐年下降，但农业农村的发展始终是政府政策的重要内容，通过财政补贴农业、价格支持制度、价格保证制度等实现了农民经济权益的保护。

（二）从制度入手，并重视制度的延续性

近半个多世纪的农村规划管理促使日本形成了一套成熟的规划管理制度体系。为适应农业与农村形势的变化和开发建设的需要，制定了许多与农村规划有关的法律和制度，包括1949年制定的《土地改良法》，1965年的《山村振兴法》，1969年的《农业振兴地域整备法》，1971年的《农村地域引进工业促进法》，以及1970年制定、2000年修订的《过疏地域振兴特别措施法》等一系列相关的法律法规。这些法律法规的出台，从立法的层面规范了农业和农村的建设，为农村农业的发展和农村公共产品的供给提供了长效保护机制。

（三）因地制宜，培育优势产业基地

受地形复杂的影响，日本乡村大都处于交通不太发达、人流难以进入的地区。为了打破这种天然区域劣势，日本立足当地资源优势，挖掘特色产业，使之成为增加农民收入的有效途径。“一村一品”运动便是这种思想和理念的实践探索，它在

很大程度上解决了小生产与大市场，低水平的传统农业与现代市场，单一农业与二、三产业之间的矛盾。因地制宜的产业基地、农产品深加工（图 7－5－2）以及延伸服务促进了乡村富余劳动力转移、农业向更高水平迈进。

图 7－5－2 日本神户牛肉

资料来源："沈少 Neo"，《美食的极致：日本涩谷亲历神户牛肉》，什么值得买网，https://post.smzdm.com/p/501474/

（四）以农业协会为依托，提高农业产业化水平

在日本农业产业化和市场化过程中，日本农业协会发挥了重要作用。日本农协（农业协会）由基层农协、县经济联合会和中央联合会组成。下级农协覆盖了整个日本农村，组成了完备的流通服务网络，为农民提供及时、周到、高效的服务，成为集农业、农村、农户三类组织为一体的综合社区组织。在生产领域，从农协中央会到基层农协，针对农业经营中的问题制定相应对策，制订乡村事业发展计划，指导农民生产环节的高效实施。日本农协作为农民的合作组织，在农民生产产前、产中、产后的服务中发挥了巨大的作用，成为日本产业发展的坚实后盾。

（五）以人为本，调动全民建设的积极性

在实践中，日本政府认识到乡村振兴不能仅依靠政府力量，还需要作为直接受益者的农民自主参与，便设法调动其积极性、创造性，培养其自立性。日本政府十分重视对农民劳动技能和素质的培训，政府组织各界力量构成了一个教育体系，有计划、分层次、有重点地开展对农民的免费培训活动。日本造村运动的最终目标是培养人才，发掘年轻人建设农村的热情和积极性，培养既具有实践能力而又能扎根于本地区的人才。为了培养人才，政府无偿开办了很多讲习班开设培训课程，如农村技术讲习班、商业讲习班、海洋养殖讲习班、妇女讲习班等。日本的经验表明，只有公民素质达到相应的水平，才能形成由政府、学校和民间力量共同构成的多主体

参与格局。

四、典型案例——川场村

位于群马县北部的川场村，面积 85.25 平方千米，人口不足 3800 人。20 世纪 60 年代以来，川场村逐渐走向衰败，并于 1971 年被日本政府认定为“过疏地域”。1975 年起，川场村凭借其得天独厚的自然风光和地理条件，以及当地物产资源的灵活运用，发展农业和旅游业，带动当地村落建设和经济实现了飞跃式发展。1981 年，川场村与东京都世田谷区结为姐妹关系，开展全方位的城乡交流，其发展历史生动地展现了城乡互动这一脉络的发展变化。

（一）城乡互动历程

1981 年是世田谷区与川场村城乡共建的元年，双方为了实现优势互补、共同发展，于当年缔结“区民健康村相互协力协定”，正式开展城乡交流。1986 年城乡互动的进程取得巨大进展，公社组织的成立为城乡互动构筑了统一行为主体。在公社组织的推动下，川场村十分注重挖掘自身文化，保留农业景观的质朴性和原真性，在文化交流中，乡村不仅在接受城市文明的输入，也在向城市输出独特的乡村文化。城市与乡村的文化处于平等的地位，二者的交流则促进了双方的共同发展。

1991 年，川场村、世田谷区以及林地所有者三方共同合作，以“中野馆”附近 80 公顷范围的森林为对象，开展森林保护等系列活动。2007 年开始，在“友谊林”计划的成功基础上，“后山整备计划”、“农林再生事业”等一系列城乡合作活动相继展开。在原有的参与者之外，环保企业与志愿者组织的加入，为乡村建设提供了新鲜的血液。在这些友谊活动的推动下，川场村经济建设进入了良性循环中，更多城市居民来到川场村，为当地带来了客源和收益，同时他们也获得更多的休闲方式与途径，身心得到最大限度的舒缓(表 7－5－1)。

表 7－5－1　川场村城乡互动年谱

背景	
1889	川场村建制
1971	川场村被日本政府认定为“过疏地域”，一系列扶植政策开始实施
1975	川场村确立“农业＋观光业”为主要产业
1982—1985	上越新干线、关越高速公路等交通干线开通，川场村被纳入首都交通圈
第一阶段：乡村服务城市	

续 表

1981	川场村和世田谷区缔结合作协议
1986	“世田谷区川场故乡公社”成立，世田谷区民健康村“富士山馆”和“中野馆”建设
1989	多钟自然课堂与休闲农业活动开展
第二阶段：城乡互助，共建乡村	
1991	“友谊林”项目启动，以“中野馆”附近 80 公顷范围的森林为对象，开展居民与政府协作的环境保护活动
1999	“过疏地域”认定解除
2005	发表“联合宣言”，共同推动文化交流与农产品品牌化
2007	制订“后山整备计划”，进行村落环境修复
2008	制订“都市交流协定——农林再生事业”、“都市交流协定——山村再生计划”等系列计划
未来目标：提升软实力，促进村落可持续发展	

资料来源：赵婧贤、张益修、庄惟敏，《日本乡村建设案例调查——城乡互动、产业复兴的川场村》，《世界建筑》，2017 年第 4 期

（二）特点与启示

从川场村城乡互动历程中我们可以发现，城乡互助为乡村发展带来不只是挑战，更有机遇。首先，在不少城乡合作的案例中，由于城乡的话语权不平等、资源集散能力失衡，城市会对乡村形成虹吸作用，而乡村在城市的不断攫取中逐步走向衰落；而在本案例中，川场村引入了城市以及其他外来力量，但并没有完全依赖这些力量，而是依靠合作协议、合作组织、共建活动等方式搭建合作平台，在合作设计、合作治理中实现了乡村这一弱势方的话语权平等。其次，川场村注重保护特色乡村田园景观和农村文化的举措也值得借鉴，相比国内常见的修建纪念馆、增设咖啡吧等与原有农村文化相去甚远的做法，川场村的建设举措无疑更加贴合实际，也更具持久的活力(图 7－5－3)。

五、经验与借鉴

日本不仅是一个工业发达的国家，农业也同样发达。在日本有限的可耕地上，其单位土地产量世界第一，农业和农村发生了翻天覆地的变化。发达的农业生产水平和便利舒适的乡村环境是在日本政府高补助的扶持与保护下形成的。其中最有借鉴意义的是日本造村运动，以振兴产业为手段，促进地方经济的发展，扭转乡村人口短缺、资本外流、产业萎缩的局面。在这个过程中，1979 年开始提倡的“一

图 7-5-3　川场村景观

资料来源：游学筹智会，《他山之石：田园综合体案例——日本群马县川场村》，搜狐网，https://www.sohu.com/a/162320198_266939

村一品"运动最具知名度且影响力最广。其可借鉴的经验主要包括：

（一）完善的政策支持和法律框架

日本和韩国在乡村发展的策略选择上均为政府主导型。在迅速工业化的过程中，日本政府高度重视农业和农村的发展，涉及农村乡镇的规划、农村金融体系、农业产业发展等等。其完善的政策框架和保障体系使其新村建设的有效措施得以延续至今，进而为乡村发展提供了强有力且长效的保障。针对土地利用、地区发展、农业发展等方面的问题，我国应健全相关法律法规，切实保障农民合法权益，构建新农村建设的长效发展机制。

（二）特色产业定位与产业链延伸

日本乡村地形复杂，平原面积狭小，十分不适合规模经营。因此，日本立足当地资源优势，发展特色支柱产业，即"一村一品"。这种以行政区和地方特色产品为基础的区域经济发展模式取得了巨大的成功。中国在推进乡村振兴过程中，尤其要注意如何将乡村特有的自然环境、传统文化与现代化有机地结合，避免"千村一面"；并要合理定位产业结构，围绕主导产业延伸产业链，尽快形成具有区域特色的农村产业新格局。

（三）加强农民组织建设

日本战后的"农业协同组合"在发展农村经济，提高农业、农村及农民地位，推进农业与农村现代化建设方面发挥了举足轻重的作用。主要体现在农民生产产前、产中、产后的服务中的巨大作用，是农业这一边缘产业和农民这一弱势群体的有力保障。我国的农民组织化程度很低，在政府主导的乡村建设中发挥的作用、贡献的策略、参与的治理有限，应加强新型农民合作组织的建设，使其成为乡村振兴力量的重要组成部分。

第八章　国内不同地域背景下的村庄建设案例研究

第一节　南京江宁美丽乡村示范区建设研究

一、概述

江宁美丽乡村示范区位于南京近郊地区，总用地面积约 430 平方千米，包括 4 个街道、51 个社区、656 个自然村。示范区位于南京最主要的生态廊道之一——“牛首—云台”生态廊道两侧，生态本底优越，山水景观、历史人文以及旅游资源丰富。示范区的北部是南京城市发展的重要方向，具有雄厚的经济基础；示范区南部为广阔乡村地域，郊区旅游初见端倪。“半城半乡”的特殊区位是示范区发展美丽乡村最大的特点。结合示范区内半城半乡的特点，探索城乡统筹、协同发展的可持续之路，是示范区规划的重要切入点。

2010 年以来，示范区建设以“三化五美”为美丽乡村建设目标，通过点面结合、重点推进方式，分阶段、有序地推进美丽乡村规划建设，先后经历了“五朵金花”试点阶段、区域统筹和差异化发展阶段、城乡统筹与美丽乡村长效规划与治理阶段。在建设过程中，将城市资源和社会资本引入进来联合进行开发，形成了都市休闲型美丽乡村建设模式。

二、美丽乡村概念及其提出背景

美丽乡村建设是关于社会主义新农村建设的积极探索，也是推进“美丽中国”建设和实施乡村振兴战略的核心内容和重要载体，具有重要的现实意义。十八届三中全会、2013 年和 2014 年的中央一号文件、《国家新型城镇化规划(2014—2020

年)》中均明确提及此点。2015 年 5 月,国家质检总局、国家标准委发布《美丽乡村建设指南》,为开展“美丽乡村”建设提供了框架性、方向性、技术性指导,美丽乡村被定义为“生态、经济、社会、文化与政治协调发展,规划科学、生产发展、生活富裕、乡风文明、村容整洁、管理民主,宜居、宜业的可持续发展乡村(包括建制村和自然村)”。其实质是建设乡村生态文明,提倡绿色发展方式和生活方式,走生产发展、生活富裕、生态良好的生态型发展道路。

三、江宁美丽乡村示范区规划设计

(一)核心理念

南京市委、市政府在“美丽乡村 美丽中国”示范区建设布局中,提出美丽乡村建设的五大目标和十大任务:从空间形态、功能配套、民众富裕、生态环境、乡风文明等五个方面提出工作目标;从城乡发展空间、现代农业发展、农业生态保育、土地综合整治、新市镇和新社区培育、农村文化建设、农村公共服务、农村文明建设、经济发展农民增收、农村基层组织建设等十个方面提出工作任务。

江宁区结合自身自有优势以及与南京主城区的关系,将规划区域定位为“中国大都市近郊地区美丽乡村建设示范区”。规划紧抓大都市近郊特征,突出了六个方面的特色:一是构建大都市区的生态屏障;二是作为大都市区的菜篮子、后花园和旅游区;三是保持差异化的独特乡村风貌;四是走复合多元的新型城镇化路径;五是多管齐下的整合协调机制;六是以平台、项目为抓手的建设机制。

(二)区位条件

江宁美丽乡村示范区是南京市内五个示范区之首,处于滨江新城和禄口空港新城的中间,北至东山新市区,南至省界,涉及谷里、横溪、江宁、秣陵 4 个街道,656 个自然村(图 8-1-1)。

(三)规划要点

1. 梳理美丽乡村特色资源

当地通过查阅文献、空间分析、实地考察、村民访谈等调查方法,对规划区的山水格局、景观资源、旅游资源现状进行了详细的梳理,总结得出规划区现状概况和存在的主要问题。山水格局方面,规划区主要为丘陵地貌,地形复杂,以牛首山—云台山—天马山为分水岭,河流分属三大水系:沿江水系;秦淮河水系;水阳江水系。景观资源方面,规划区 2 大类、7 中类、18 小类,共 135 个景观资源点,集中分

图 8-1-1　江宁美丽乡村示范区规划范围

资料来源：江苏省南京市江宁区规划局，《“美丽乡村 美丽中国江宁示范区”规划工作方案》(以下简称《江宁美丽乡村规划》)，2012 年 12 月 4 日

布于牛首山—云台山区域内，其中自然景源 62 个，以水库资源为主，人文景源 73 个，以田园风光为主(图 8-1-2)。旅游资源方面，石塘人家、雁南飞观光园、六顺生态农艺园、银杏湖度假区、甘泉湖旅游度假区、前石塘村、千盛农庄这 7 处旅游点年接待量超过 10 万人次。目前发展较为成型的旅游产品主要为两大类：农业观光休闲，水库休闲度假。

2. 保护美丽乡村生态环境

以牛首山—云台山生态廊道为核心，严格划定生态控制线，明确控制要求(图 8-1-3)。牛首山—云台山生态廊道是江宁绿地大斑块、供氧中心、生物生境保护和水源涵养的主要地区。山体禁建区与缓冲区为避免开发建设对生态空间的挤压提供了强制性约束。规划划定水系缓冲区和限制水系缓冲区内的人类活动强度，并加强对缓冲区的控制和管理，分类保护水体资源。

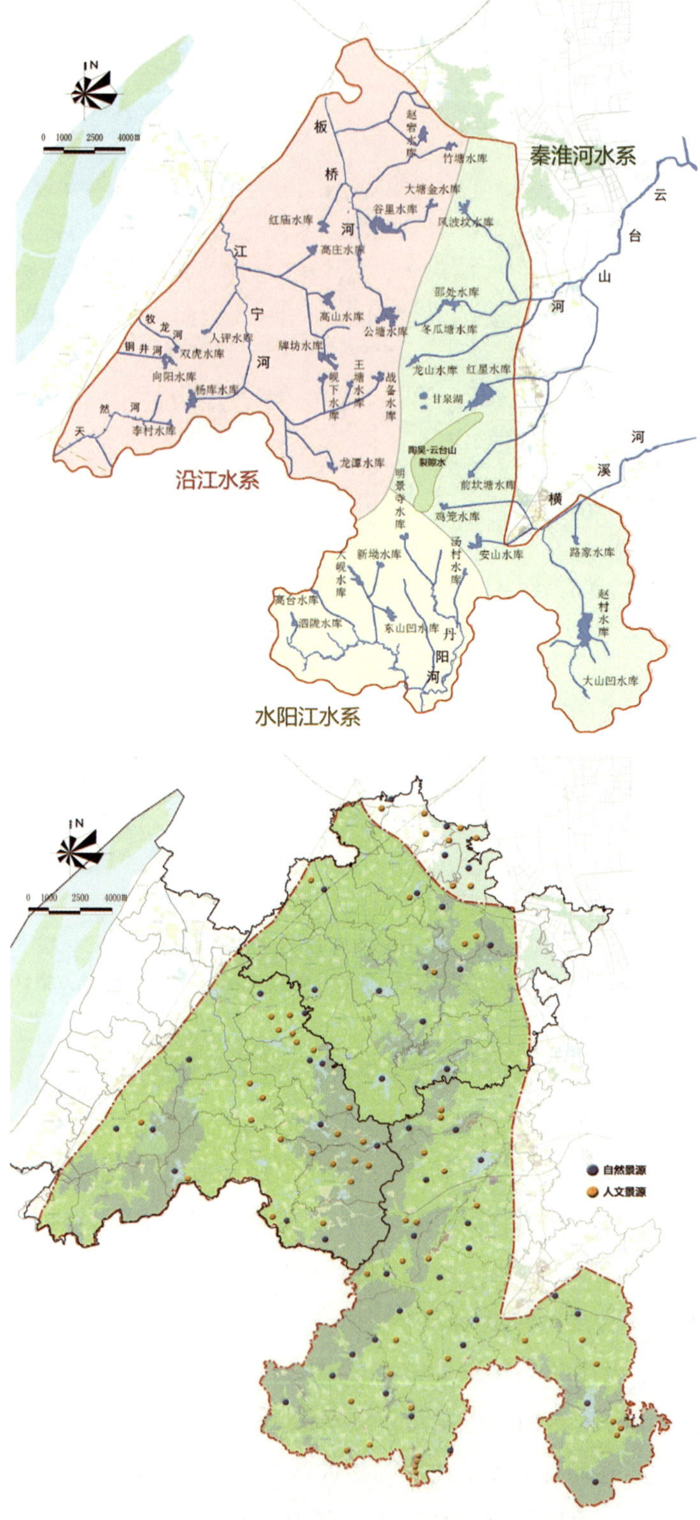

图 8-1-2　江宁美丽乡村示范区山水格局及景观资源分布状况

资料来源:《江宁美丽乡村规划》

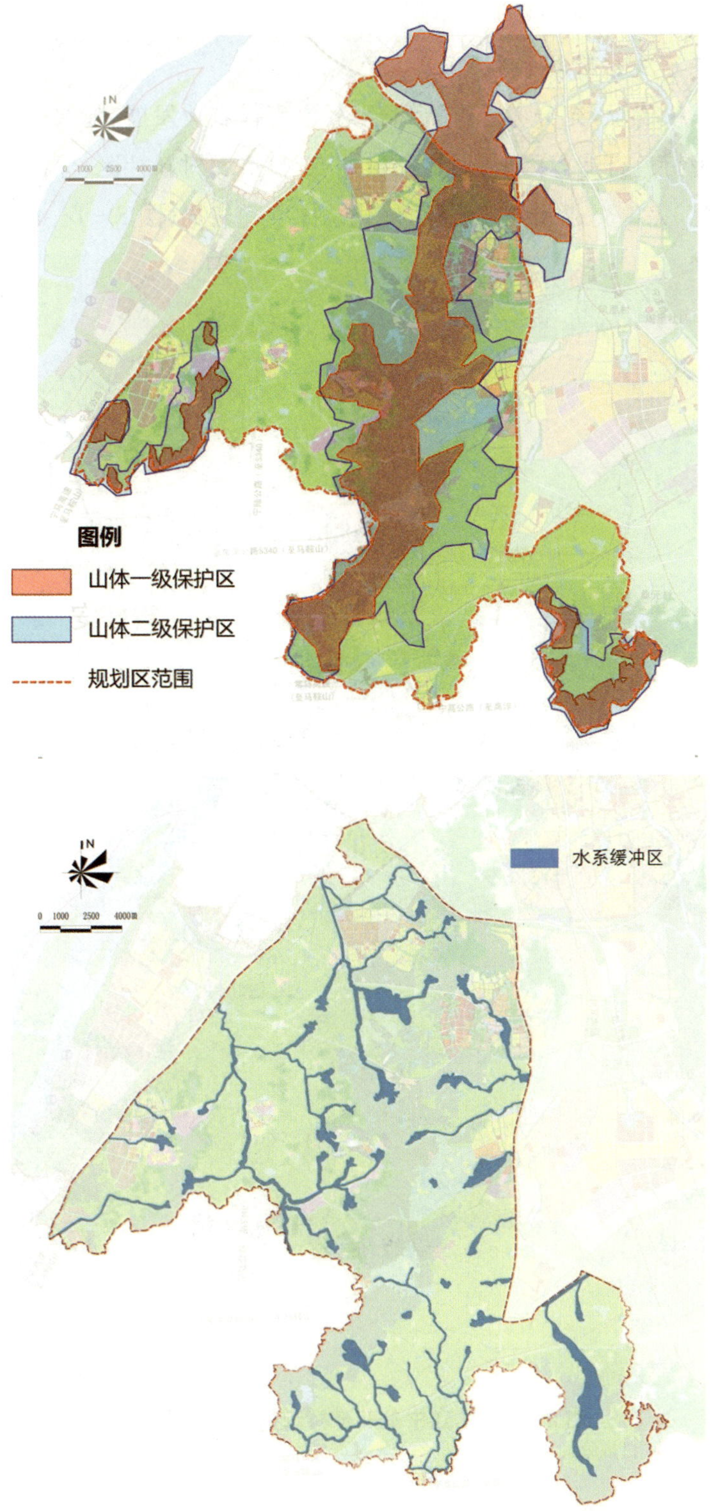

图 8-1-3　江宁美丽乡村示范区山体保护区及水体缓冲区

资料来源:《江宁美丽乡村规划》

3. 整合美丽乡村聚落体系

结合新市镇建设，充分考虑国土综合整治、现代农业发展、公共服务均等化、历史文化与风貌特色打造等因素，通过迁村并点，打造农村新社区，保留风貌特色村，整合乡村聚落，完善交通和公共服务，优化总体空间格局(图 8－1－4)。

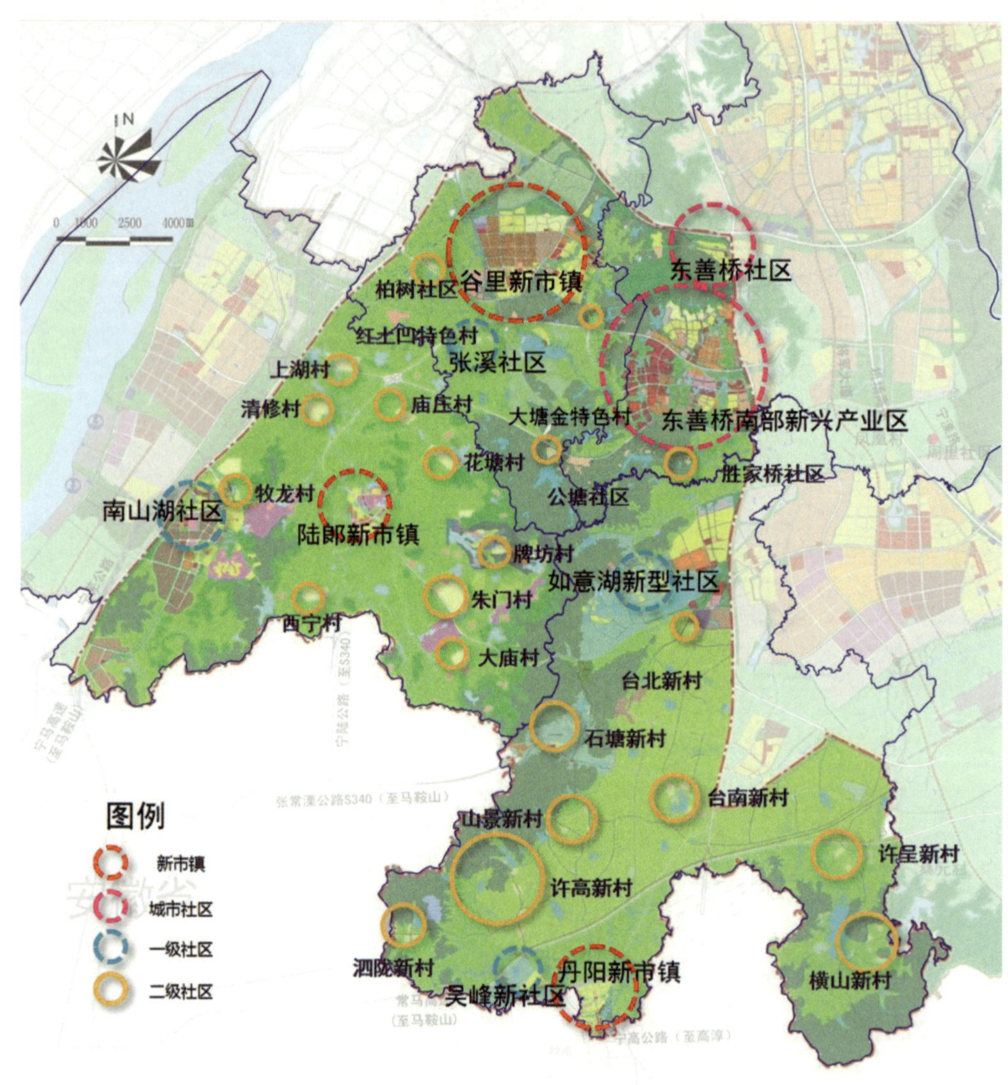

图 8－1－4 江宁美丽乡村示范区聚落体系

资料来源:《江宁美丽乡村规划》

4. 统筹美丽乡村旅游发展

以西部旅游大道为主干，以乡村旅游小火车为辅助，通过龙头项目引领带动，以交通设施建设作为支撑链接，配套旅游设施建设。在分区发展与整合资源的过程中，形成了“一轴四区”的空间格局（图 8－1－5）。“一轴”是指牛首—云台—横山生态轴，“四区”分别为北部乡情文化体验区、中部主题休闲度假区、南部生态农业示范区、东南时尚运动娱乐区。

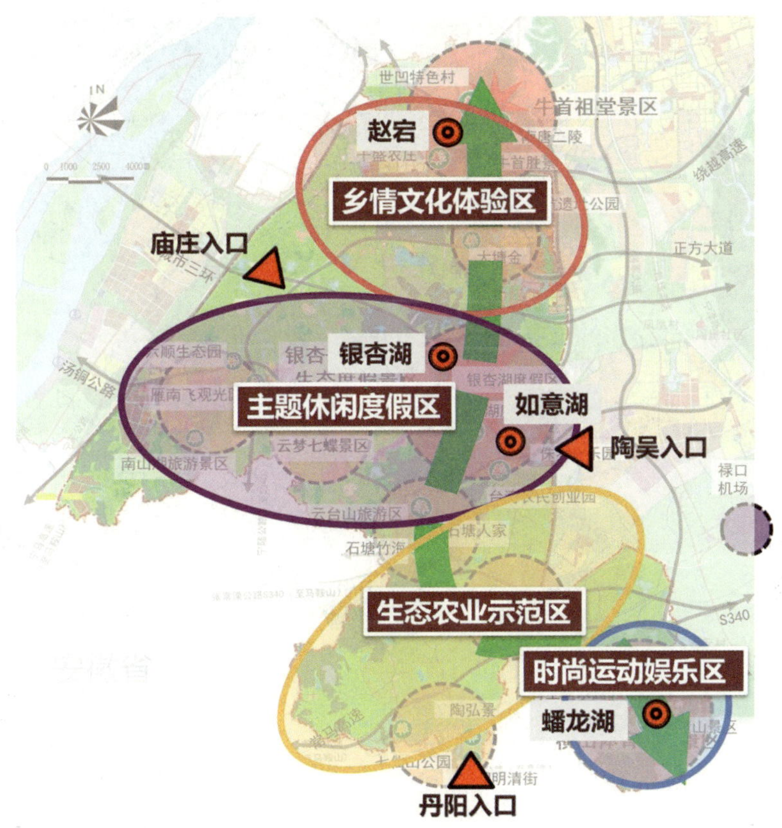

图 8－1－5　江宁美丽乡村示范区功能分区

资料来源：《江宁美丽乡村规划》

5. 振兴美丽乡村现代农业

以农业作为基础，结合旅游促进转型，抢占农业制高点。主要做法是落实“1115”工程，以园区建设为抓手，以农田水利整治提升为保障，大力发展生态农业、设施农业、观光农业，通过横向拓展产业链，提升农业的增加值；纵向完善产业链，推动农业规模化、精细化发展（图 8－1－6）。南京市农业“1115”工程分解到江宁区的目标包括：建成高标准粮田 23 万亩；建成经济林果基地 25 万亩；建成高效养殖基地 19 万亩；建成标准化菜地 13 万亩。

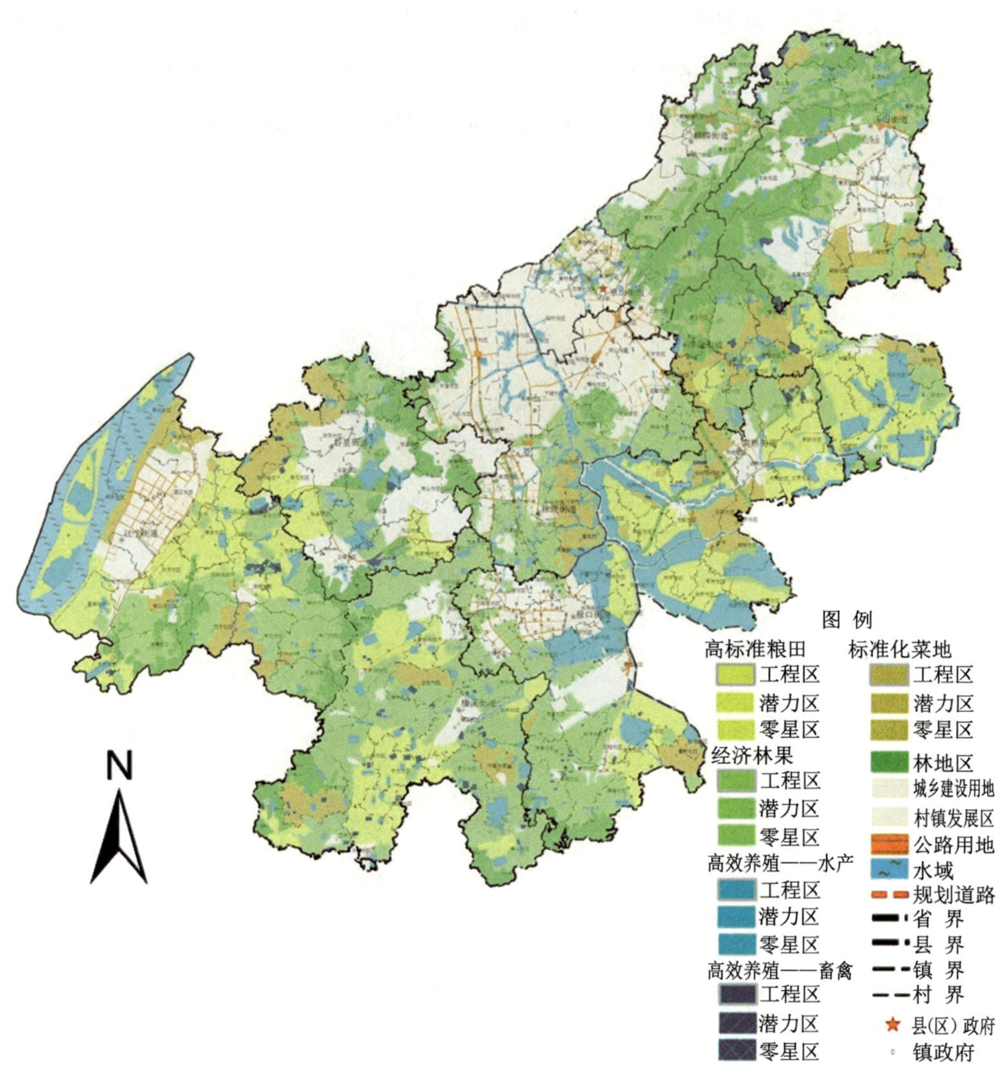

图 8-1-6 江宁美丽乡村用地规划

资料来源:《江宁美丽乡村规划》

6. 营造美丽乡村特色风貌

在乡村风貌保护与营造上,以点、线、面构建多维乡村特色景观风貌框架(图 8-1-7)。具体来说,核心景点、门户节点和特色村的建设,是差异化发展与特色景观的核心示范;西部旅游大道沿线景观风貌特色的营造和水网、绿网的建设,是美丽乡村风貌的多维轴线;特色种植、分区塑造多主题的农业大地景观,是丰富乡村旅游体验的重要格局。

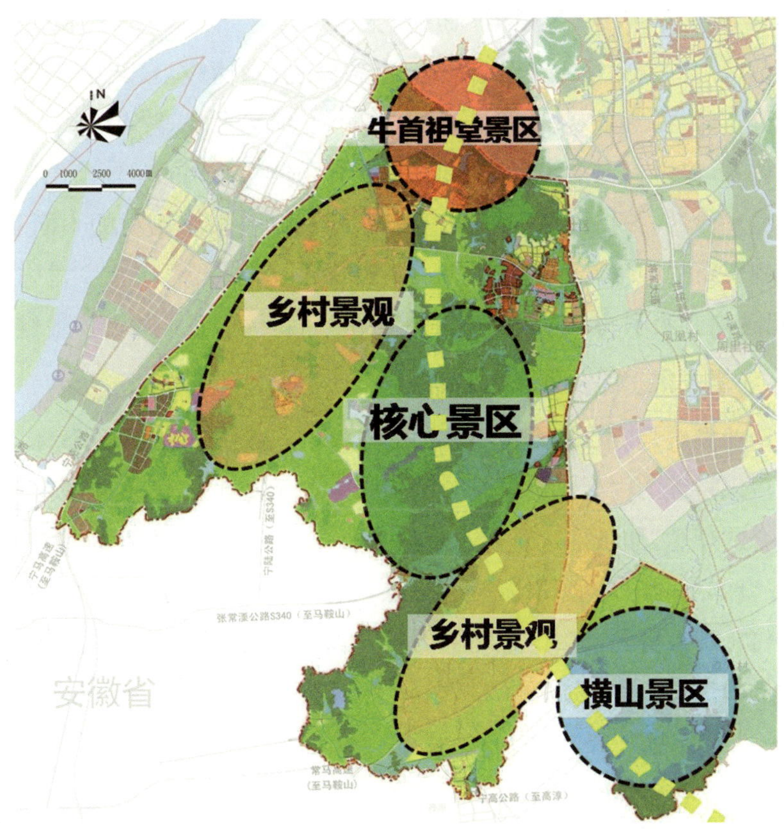

图 8-1-7 一核、一轴、两翼、五区的景观体系

资料来源:《江宁美丽乡村规划》

四、规划方案特色

南京江宁美丽乡村示范区规划以新型城镇化为核心，旨在构建框架性的行动规划，引导示范区美丽乡村建设走可持续发展之路。该规划自实施以来，较好地指导了示范区的建设，现总结其规划方案的主要特点如下：

（一）注重顶层设计，突出规划引领

当地立足大都市近郊和国土空间发展格局，在美丽乡村建设的五大目标、十大任务和“五位一体”的建设思路下，编制完成了全域美丽乡村建设规划。美丽乡村示范区规划整合了土地、农业、生态和交通等规划内容，突出不同的资源禀赋、不同村庄的特色，分批编制保留村规划设计和重点整治村、一般整治村建设实施方案，并将项目细化分解，实现了美丽乡村建设科学、高效、有序地推进。

（二）注重点面结合，突出培育示范

以示范区内的道路体系、沿线景观、生态修复、水体整治、旅游项目开发为重点，打造示范区内村落景观、道路景观、水体景观、绿化景观等“点—线—面”要素的自然景观体系；旅游大道沿线展现出山青、水碧、村美、业兴的整体形象。在全面推进人居环境整治的同时，根据示范村、重点整治村和一般整治村的不同建设要求，注重在规划保留村中培育示范。结合村庄资源不同的特色，培育乡村旅游示范核心项目，迅速增强吸引力，以点串线，拓展旅游项目类型，延伸旅游产业链。

（三）注重发展产业，增强内生动力

乡村产业发展是吸引群众广泛参与的支撑，是富裕农民的有效载体，也是美丽乡村建设得以持续的内生动力（图 8-1-8）。在示范区规划建设过程中，始终坚持产村融合的理念，加快推进农村一二三产业融合发展。以农业为基础，横向拓展产业链，提升农业的附加值；以旅游为重点，挖掘美丽乡村的旅游潜力。这种农旅结合的乡村旅游经济和接“二”连“三”的农业新型业态，突破了乡村产业结构单一和效益偏低的现实瓶颈，为美丽乡村经济注入绿色动力。

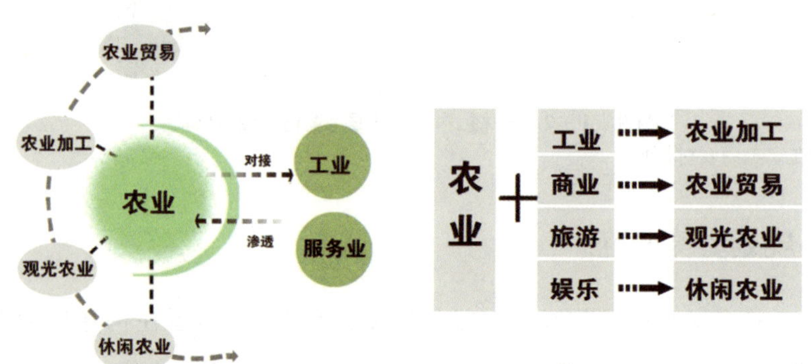

图 8-1-8　江宁美丽乡村产业链拓展方向

资料来源：《江宁美丽乡村规划》

（四）注重保护环境，突出生态优先

乡村拥有丰富的自然资源，环境优良，是生态屏障和生态涵养的关键地域。示范区规划首先通过资源调查，对规划区内山水资源进行分级划定，并划定山体保护区、水系缓冲区、集中式饮用水源、湿地等保护区，进行严格保护。其次，有效实施矿山复绿、水体整治、绿色江宁、环境连片整治、“三高二低”企业关停等生态修复重点工程。在明确生态保育的基础上，还注重乡村景观特色体系营建，改善旅游大道

沿线景观，梳理林网、水网建设，打造多层次、多样化的乡村景观环境体系。

五、经验借鉴

江宁美丽乡村示范区规划从全局角度开展美丽乡村规划，探索乡村地域综合规划体系、内容以及规划实施管理的路径与模式，将国土、水利、农林、交通等部门进行整合，实现在时间、空间以及资金方面的统筹，集中力量建设美丽乡村，实现了乡村地域的全面提升和综合发展。

盐城是农业大市，农业历史悠久，资源丰富。长久以来，盐城乡村已经具备一定的发展基础，产业规模不断扩大，产业体系逐步成型，乡村旅游发展正呈现出经营业态丰富、投资形式多元、市场亮点鲜明、经济效益明显等特点，一批批独居魅力的乡村旅游村落也逐步突显，既带动了地方经济发展，也促进了农村农民生活质量的迅速提升。接下来，充分挖掘乡村旅游资源，促进不同旅游村落点之间的联动发展，推动美丽乡村发展，是构建具有盐城特色的乡村振兴新格局的重要一环。从江宁美丽乡村建设的经验中，可得出以下几点经验：

（一）开展乡村综合规划，统筹全域乡村发展

江宁区通过美丽乡村示范区规划，整合了土地、农业、生态和交通等规划内容，既突出了不同村落的特色禀赋，又实现了美丽乡村建设科学、高效、有序的推进（图 8-1-9）。盐城在乡村建设过程中，应从全局的高度开展乡村综合规划，多规融合，推动传统专项型乡村规划向复合型乡村规划转变。应在系统的框架下进行多层次、多角度的专项研究，推动多部门在战略决策上取得共识，并根据不同尺度、不同阶段进行差异化设计和阶段性落实，适应乡村这一复合系统的多元复杂性特征，实现乡村地区的转型发展。

（二）培育示范村，以点带面促发展

江宁美丽乡村示范区在打造南京都市生态休闲旅游示范村——“五朵金花”后，以新“金花村”的规划建设为载体，加快推动全区的美丽乡村建设提档升级，陆续建成十一个“金花村”。2014 年又升级为“千村整治、百村示范”，全面深化美丽乡村建设。这种阶段性的规划引导乡村建设“由点及面、由主及次”，从“空间—产业—日常生活”，由表及里地促进乡村经济、社会、文化、生态等方面综合发展。借鉴江宁经验，盐城应在打造一批特色旅游乡镇、旅游村的基础上，完善乡村旅游新格局，以点带面、点面结合地推进核心区及其周围地区的基础设施、景观建设、山体

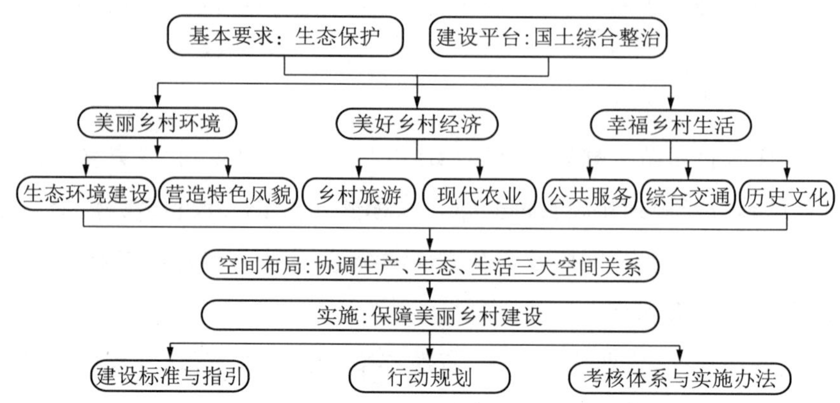

图 8-1-9　江宁美丽乡村示范区综合规划流程

资料来源：《江宁美丽乡村规划》

水体修复工作。

（三）保护乡村特色，守住美丽乡村的“魂”

江宁美丽乡村示范区规划，从乡村区别于城市的特征入手，重新塑造乡村独特魅力：在产业上，强调农业的重要性，利用现代技术，提高农业生产率，创新农业产业新形态；在生态上，进行生态修复，恢复生态系统；在乡村生活上，借助艺术景观手法打造精致的乡村景观，通过旅游业的开发方式，带动乡村产业的改革。乡村文化是美丽乡村的“魂”，没有乡村文化，乡村建筑的实体建设只是虚有其表。盐城美丽乡村建设在实施过程中不应只停留在“刷墙、种树、修路”等“外在美”的建设上，而应从长远的角度出发，重视乡村所独有的文化符号，保护农家院落形态、村落空间和社会结构、邻里关系、生活方式、民俗与习俗、民间信仰以及乡村建筑等方方面面，为乡村持续发展提供动力。

第二节　浔龙河生态艺术小镇建设研究

一、概述

位于长沙县果园镇的浔龙河村总面积 14.7 平方千米，耕地面积 2586 亩，辖 24 个村民小组，总人口 3639 人。村内自然环境优美，资源本底丰富，具备旅游开发的天然优势（图 8-2-1）。2014 年以来，浔龙河按照“城镇化的乡村、乡村式的城镇”的建设目标，以果园镇政府、湖南浔龙河生态农业综合开发有限公司、双河村委员会为建设主体，推动村落围绕土地确权和流转、产业体系构建、农民收入提升和生态环境保护等方面进行综合开发。经过几年的努力，浔龙河已获得国家、省、市级的多项殊荣，如“全国美丽宜居村庄”、“全国文明村”、“湖南省特色发展示范小镇”等。浔龙河生态小镇建设形成了由政府主导推动、企业为主体投资建设、基层组织参与决策的发展模式，在盘活乡村山水资源、实现就地城镇化、促进农民增收农业增效等方面取得了良好效果，具有较强的借鉴意义。

图 8-2-1 浔龙河村(浔龙河生态艺术小镇)标识

资料来源：浔龙河生态艺术小镇网站，http://www.xunlonghe.net/walk/list/3.html

二、特色小镇概念及提出背景

特色小镇是指依赖某一特色产业和特色环境因素(如地域特色、生态特色、文化特色等)，打造具有明确产业定位、文化内涵、旅游特征和一定社区功能的综合开发项目，是以旅游、特色产业构建为主体的城乡一体化发展模式。特色小镇不是传统行政区划单元上的一个镇，而是按照一定理念和特色构建的“产、城、人、文”四位一体、有机结合的重要功能平台。

特色小镇是在推进新型城镇化总体战略部署下应运而生的新生模式。2014年，特色小镇最先在浙江乡村建设实践中被提及。2016年，住房城乡建设部、国家发展改革委、财政部联合发出《关于开展特色小镇培育工作的通知》，提出在全国范围内开展特色小城镇培育工作，到2020年争取培育1000个左右各具特色、富有活力的特色小镇的目标。随后特色小镇建设进入实质性开展阶段，住建部发布《关于做好2016年特色小镇推荐工作的通知》,进一步细化和落实了特色小镇推荐工作的具体安排。2016年,住建部公布了127个第一批中国特色小镇名单,2017年,又公布了第二批276个国家级特色小镇名单,特色小镇建设迅速发展。

三、浔龙河生态艺术小镇规划设计

(一)核心理念

以消费者、市场、浔龙河为主体视角,分析浔龙河的内部优势及外部市场,小镇提出"城镇化的乡村、乡村式的城镇"这一发展定位,其核心价值理想是田园式生态休闲生活,核心价值主张是实现魅力山水田园、美好乡村生活。当地规划设计着力打造一个为当地村民提升城市生活品质,为都市人提供田园生活需求,以生态旅游为主导产业的乡村小镇。

(二)区位条件

浔龙河生态艺术小镇位于长沙县果园镇双河村,该村地形地貌独特,整体呈现出"两多两少"的特点,即"山多、水多、田少、人少"。村内自然资源丰富,山水相依,竹林、树林大面积分布;水系尤其发达,浔龙河、金井河、麻林河三条河流交织环绕。区位优势明显,接近长沙市三环,处在长沙县"一心三片"中经济核心区东北部,距市区25分钟车程,距长沙县城10分钟车程,距黄花国际机场25分钟车程(图8-2-2)。此外,历史文化资源也十分丰富,拥有众多源远流长的民间传说和关帝庙、拖刀石、义云亭、华佗庙等古迹。

(三)规划要点

浔龙河生态艺术小镇规划以乡村土地流转、村民集中居住为切入点,以农业产业化、提高农民收入、建设生态小城镇等为目标,集农业生产及农产品深加工、生态观光旅游、城市资本集中下乡、农民实用技术培训、小城镇建设于一体。规划确定了"一中心两园两区"的发展格局,即一个生态小镇("一中心")、华佗生态养生园及田汉艺术文化创意园("两园")、休闲农业与乡村旅游区和休闲商务度假区("两区"),见图8-2-3。一系列具体规划已经设计完成并逐步实施,其具体做法包括以下几点:

1. "四轮驱动"运作,整合多元主体

所谓"四轮驱动"是指企业、政府、基层组织、村民四类主体充分协作,共同推动生态小镇的建设。在浔龙河生态艺术小镇建设过程中,为充分发挥市场化动力,引

图 8－2－2　浔龙河区位

资料来源：浔龙河生态艺术小镇网站，http://www.xunlonghe.net/walk/list/3.html

入企业投资主体，将其与政府的资源有机整合，形成项目建设投资的合力。在企业开发的同时，巩固基层组织力量和保障村民的知情权、参与权，成立浔龙河生态小镇协调管理委员会。同时，打破村级管理现有模式，建立经济管理中心、公共服务中心和文化发展中心，分别负责土地、社会管理、精神文明建设等方面的健康发展。

2. 开展土地确权，盘活土地资源

土地确权工作为后续开展土地流转、土地改革等工作打下了坚实基础，双河村对宅基地的使用权、耕地承包经营权、山林地使用权以及塘坝、河流、道路等集体土地权益进行调查，明晰集体土地产权，在此基础上形成了《双河村土地权属调查报告》。与此同时，对全村土地生产的具体情况一并进行了调查，为发展规模经营、现

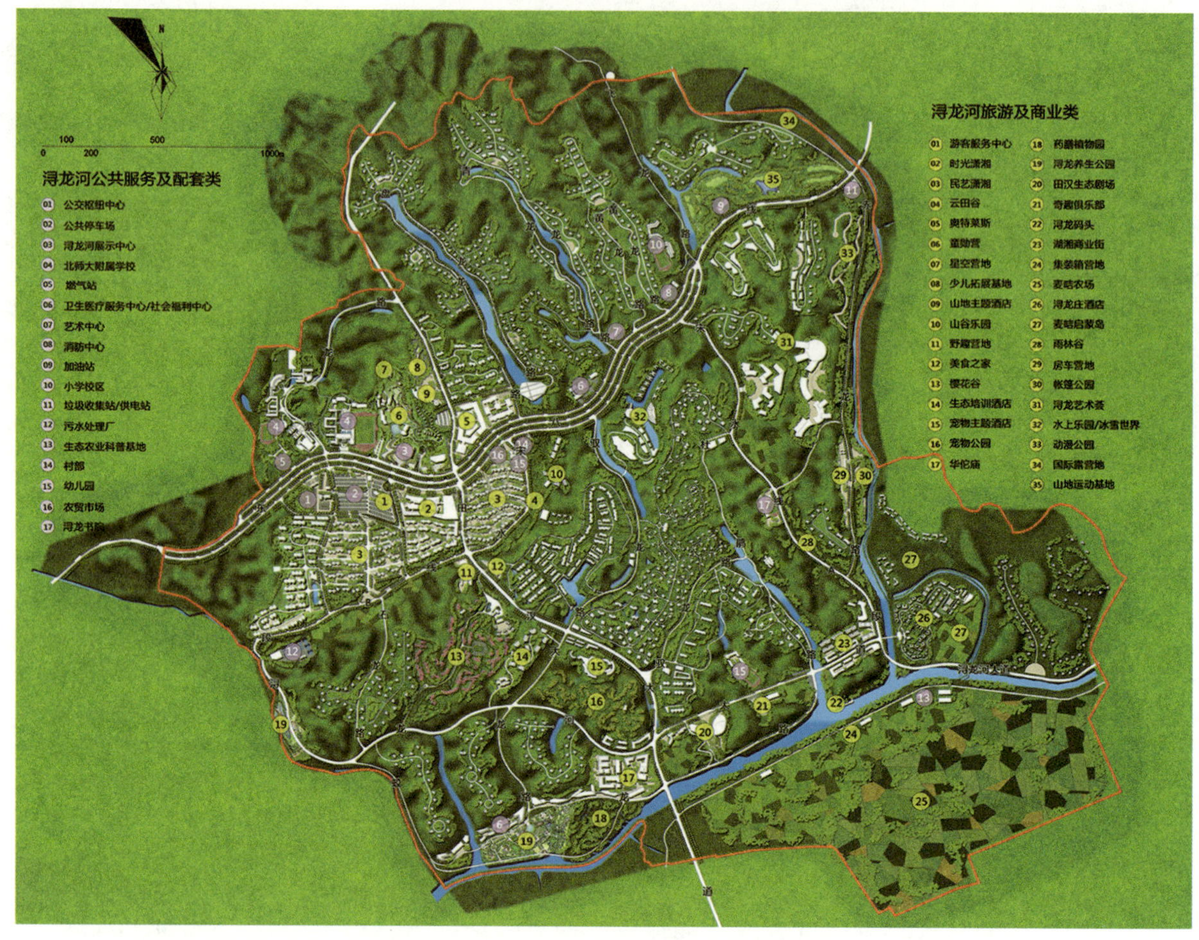

图 8-2-3　浔龙河生态艺术小镇规划分区

资料来源：浔龙河生态艺术小镇网站，http://www.xunlonghe.net/walk/list/3.html

代农业提供了现状参考。在明确土地权属之后，土地合作社随即成立，全体村民以土地入股的形式参与到企业化运营中来，根据依法、自愿、有偿原则，以村民小组为单位进行土地流转，土地集中流转有序进行。与此同时，开展以村民集中居住为目标的土地增减挂钩和异地置换工作，通过土地节约集约利用换取产业和资本支撑，盘活农村土地资源（图 8-2-4）。

3. 培育壮大产业，推动产业融合

产业是浔龙河可持续发展的根本动力，结合该地区近郊农村的地域优势，以及农业、农村、农民利益，该项目重点布局生态农业、文化、教育、旅游和康养产业，推动区域内产业融合（图 8-2-5）。目前，已形成了以蔬菜、花卉苗木和果木基地等为主的生态农业，以乡村儿童主题公园、农业观光、养生度假等为主的乡村旅游产

图 8-2-4　浔龙河村貌

资料来源：浔龙河生态艺术小镇网站，http://www.xunlonghe.net/walk/list/3.html

业，以亲子教育、国防素质教育、北京师范大学合作建校（北师大附属学校）等为主的教育产业，以汉语桥、民俗文化、动漫产业等为主的文化产业，以个性化、私人订制、众筹地产为特色的市民农庄，等等。

图 8-2-5　浔龙河多元化的乡村生态农业

资料来源：浔龙河生态艺术小镇网站，http://www.xunlonghe.net/walk/list/3.html

4. 改善民本民生，保障村民利益

在保障当地村民利益、改善民本民生方面，浔龙河一是通过宅基地置换新房、村民集中居住、小城镇开发建设、基础设施建设以及生活居住配套设施完善等措施实现村民居住条件提升；二是通过土地流转分红和土地经营，增加财产性收益；三是通过现代农业、旅游发展等项目开发为村民提供就业岗位，通过职业培训，指导村民创业(图8-2-6)；四是通过完善养老保险，将全体村民纳入新农保范畴，并适当提高参保金额和保障力度；五是大力开展文化建设，构筑良好的人文环境。

图8-2-6　浔龙河乡村旅游发展景象

资料来源：浔龙河生态艺术小镇网站，http://www.xunlonghe.net/walk/list/3.html

四、规划方案特色

浔龙河生态艺术小镇通过“资本下乡、土地改革、生态供给”的路径，将原本一穷二白的村庄发展成为长株潭地区宜居示范村庄(图8-2-7)。总结归纳其特点，主要有以下几点：

(一) 科学有序的农村土地改革

先后开展了土地确权、土地流转、土地增减挂钩和集体经营性建设用地同价同权试点等乡村土地综合改革，实现了土地混合运营，逐步推进乡村土地资源的资产化、资本化，大大提升乡村土地价值，有效增加了村民收入。

（二）多方协调的项目实施机制

项目“四轮驱动”的建设模式，充分整合了政府、市场和乡村资源，使政府行政资源、项目资源、市场资本资源、人才资源、农村自然资源等要素得到了最大限度的释放，激发了农村发展的内在动力。

（三）因地制宜的特色产业体系

从盘活乡村资源与促进民生发展两大方向入手，因地制宜，构建出复合型多元化产业结构，为乡村可持续发展带来活力。浔龙河以生态农业、文化、教育、乡村旅游、乡村地产为支柱，既有效地利用了当地的自然资源和市场资源，又实现了乡村产业兴旺和农民就业增收。

图 8-2-7　浔龙河乡村建筑风貌

资料来源：浔龙河生态艺术小镇网站，http://www.xunlonghe.net/walk/list/3.html

五、经验借鉴

浔龙河生态小镇以生态农业为依托，围绕现代农业、生态旅游、宜居城镇来营造生态旅游特色小镇，形成了以生态农业、旅游产业、田园居住为产业核心的居示范村庄，在制度建设、产业发展、乡村建设、社会管理等方面积累了丰富的经验。

（一）注重梳理政府、企业和群众在乡村建设中的权责关系

浔龙河特色小镇以小镇建设为平台，由政府、群众（村民/村集体）及公司三大运营主体负责，以企业作为主体，市场化运作，政府负责引导。以小镇人口结构为分析切入点，重点围绕小镇消费结构和消费人群，开发相应的产业，重点发展生态文化旅游及教育产业，并以项目的方式吸引企业投资，形成特色小镇建设与“美丽乡村”现代综合产业发展的双轮驱动模式（图 8－2－8）。其关键在于系统地处理好政府、企业和群众（村民/村集体）的关系：地方政府负责推动基础设施和基本公共服务不断延伸；企业负责拓展市场空间；群众负责提供土地，就地就业，实现自身收入的提升。

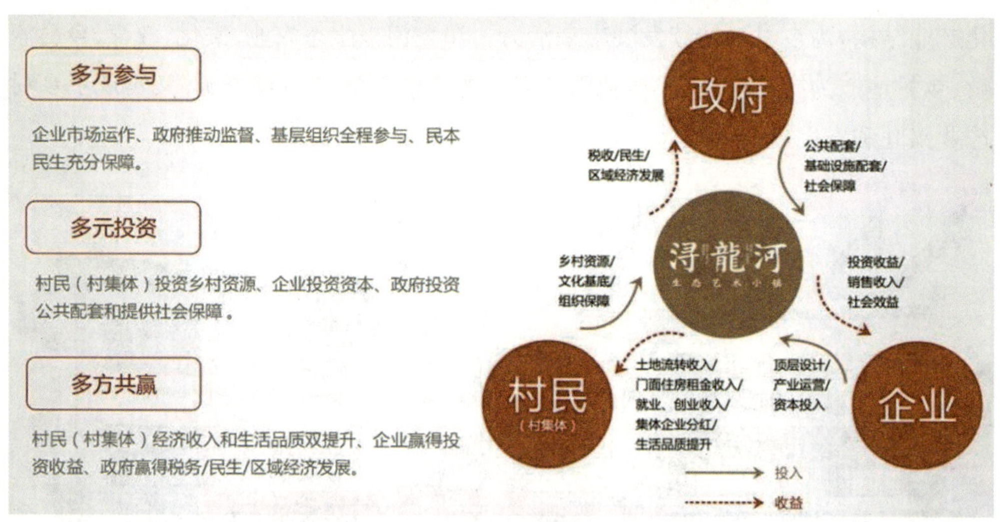

图 8－2－8　浔龙河多元主体协同关系

资料来源：浔龙河生态艺术小镇网站，http://www.xunlonghe.net/walk/list/3.html

（二）优化产业定位，协调产业结构

在打造特色产业过程中，当地注重本土产业优势的融合和利用，不仅充分发扬了林地多、山地俊的自然生态优势，并且紧紧围绕带动人流、聚集人气的核心目的，形成农业种植、农产品加工、休闲旅游、康养产业、基础设施等五大产业之间相互支撑、促进、融合，充分实现产业间互动、内外资源互动的多元复合价值，形成了一定的产业生态，构建了和谐、高效、活力的产业体系与生态圈。

（三）注重整体合作协调，实现规模化运营

“特色小镇”需要具有生产、生活、生态等综合性功能，应该从小镇的规模来考虑其整体布局。在有序推进产业发展和小镇建设的过程中，浔龙河特色小镇建设全面考虑将村民手中所掌握的土地资源资产化，从而实现村民的平等物权价值。在土地承包经营权流转中，无论是水田、山塘还是林地，都统一进行流转，分类进行补贴，

从整体上将土地流转出来，统一规划、统一开发，促进了小镇建设的有序推进。

（四）注重规划设计与自然和谐共生

浔龙河的规划设计以生态环境保护为前提，依托浔龙河村周边原有的地貌作为景观规划设计基础，保留场地原有的肌理和风貌，在维持项目当地资源承载力的同时，最大限度地保留了乡村的原始风貌，项目建设前后景观对比见图 8-2-9。

图 8-2-9　浔龙河部分项目建设前后景观对比

资料来源：浔龙河生态艺术小镇网站，http://www.xunlonghe.net/walk/list/3.html

第三节　无锡阳山村庄田园综合体建设研究

一、概述

位于“中国水蜜桃之乡”——无锡市惠山区阳山镇的无锡阳山田园东方项目是国内首个田园综合体项目，投资总额达 50 亿元（图 8-3-1）。2013 年初开始建设。田园东方项目是在美丽乡村建设的大背景下，以“田园生活”为目标核心，通过生产、生活、生态以及农业、加工业、服务业的有机结合与关联共生，实现生态农业、休闲旅游、田园居住等功能的复合。项目以现代农业、休闲文旅、田园社区为主要板块，主要规划有乡村旅游主力项目集群、田园主题乐园、健康养生建筑群、农业产业项目集群等。田园东方项目作为田园综合体的开拓者，其发展模式成熟，值得我们探讨和学习。

图 8－3－1　田园东方项目鸟瞰图

资料来源：东联设计集团，《无锡阳山· 东方田园综合体总体规划》，2013 年 12 月，（以下简称《阳山总体规划》）

二、田园综合体的概念及提出

“田园综合体”概念源于田园东方的基础实践。2017 年，中央“一号文件”《中共中央 国务院关于深入推进农业供给侧结构性改革 加快培育农业农村发展新动能的若干意见》正式提出了“田园综合体”这一概念：“支持有条件的乡村建设以农民合作社为主要载体，让农民充分参与和受益，集循环农业、创意农业、农事体验于一体的田园综合体，通过农业综合开发、农村综合改革转移支付等渠道开展试点示范。”田园综合体是在城乡一体化格局下，顺应农村供给侧结构改革、实现乡村现代化和新型城镇化联动发展的一种新模式，具有广阔的发展前景。

三、阳山田园综合体规划设计

（一）核心理念

1. 顺应自然发展规律，重塑乡村田园梦

城市经济发展的同时，环境恶化带来的困扰已经使得人们愈加渴望乡村田园的自然生活。当地规划以"田园生活"为目标核心，将生态环保的理念贯穿项目建设的始终(图 8－3－2)。

图 8－3－2　生态环保理念

资料来源：东联设计集团，《阳山总体规划》

2. 倡导人与自然的和谐共融与乡村多功能发展理念

"田园生活"的构建是以现代农业、休闲旅游、田园社区等产业为一体的田园综合体为主要抓手，与过去传统单一农田经济体的乡村发展存在根本差异，在综合功能建设中实现"三生"(生产、生活、生态)空间和"三产"(农业、加工业、服务业)空间的有机结合与关联共生(图 8－3－3)。

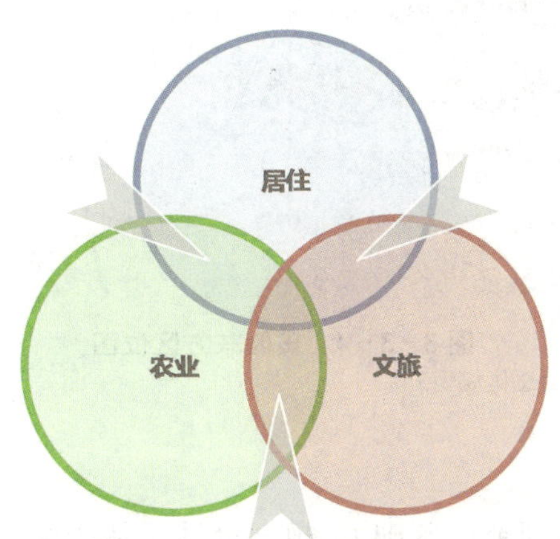

图 8－3－3　"三生"空间融合理念

资料来源：东联设计集团，《阳山总体规划》

（二）区位优势

阳山地处长三角中部腹地，水陆空交通十分便捷，距离无锡市中心 20 千米，距离无锡市高铁站 30 千米，乘高铁到周边城市方便快捷，2 小时自驾可直达长三角任何一个城市（图 8－3－4）。阳山自然生态资源得天独厚，拥有 2 万余亩桃林、7000 多亩生态林，湿地、绿地、桃花、火山地貌是阳山区别于其他江南小镇的独有的旅游资源。田园东方综合体位于阳山镇北部，东南部与西南部分别与阳山镇老镇区和新镇区相接，新长铁路穿过其南部，锡溧运河为其北边界。总面积约 416 公顷（6246 亩），约占镇区总面积的 1/10。

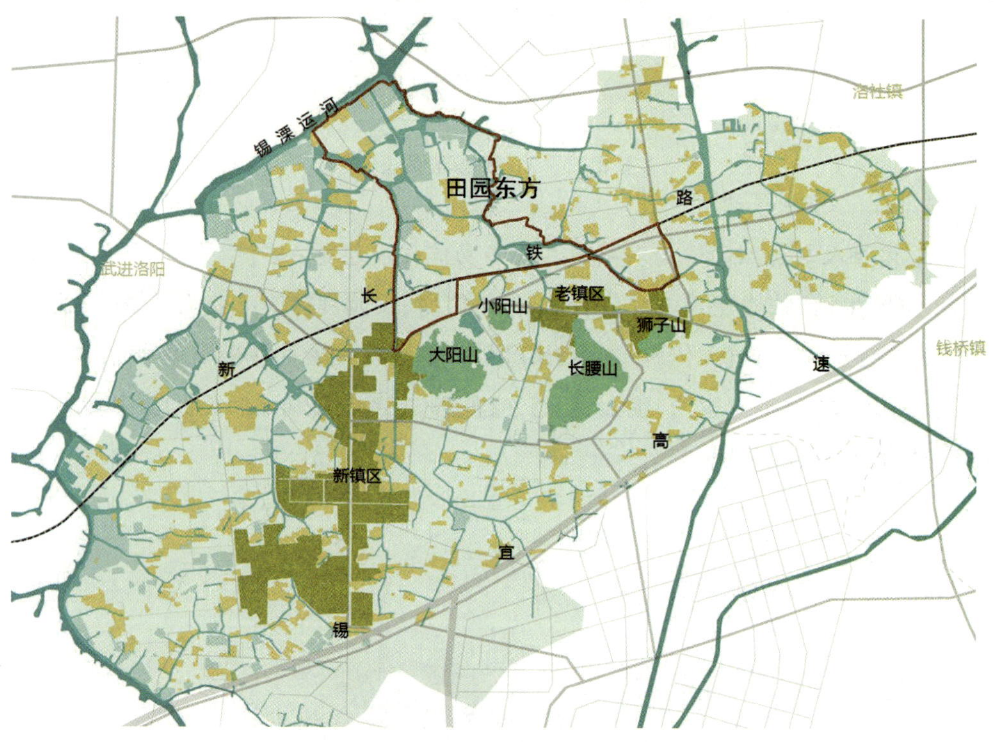

图 8－3－4　田园东方区位图

资料来源：东联设计集团，《阳山总体规划》

（三）规划要点

项目在对基地进行研究的基础上，规划设计了休闲文旅、现代农业、田园社区三大板块及相应产业集群（分布见图 8－3－5）。具体策划的项目共计六类：乡村旅游主力项目集群、田园主题乐园（兼华德福教育基地）、健康养生建筑群、农业产业项目集群、田园小镇群、主题酒店及文化博览（表 8－3－1）。六类项目在相对组

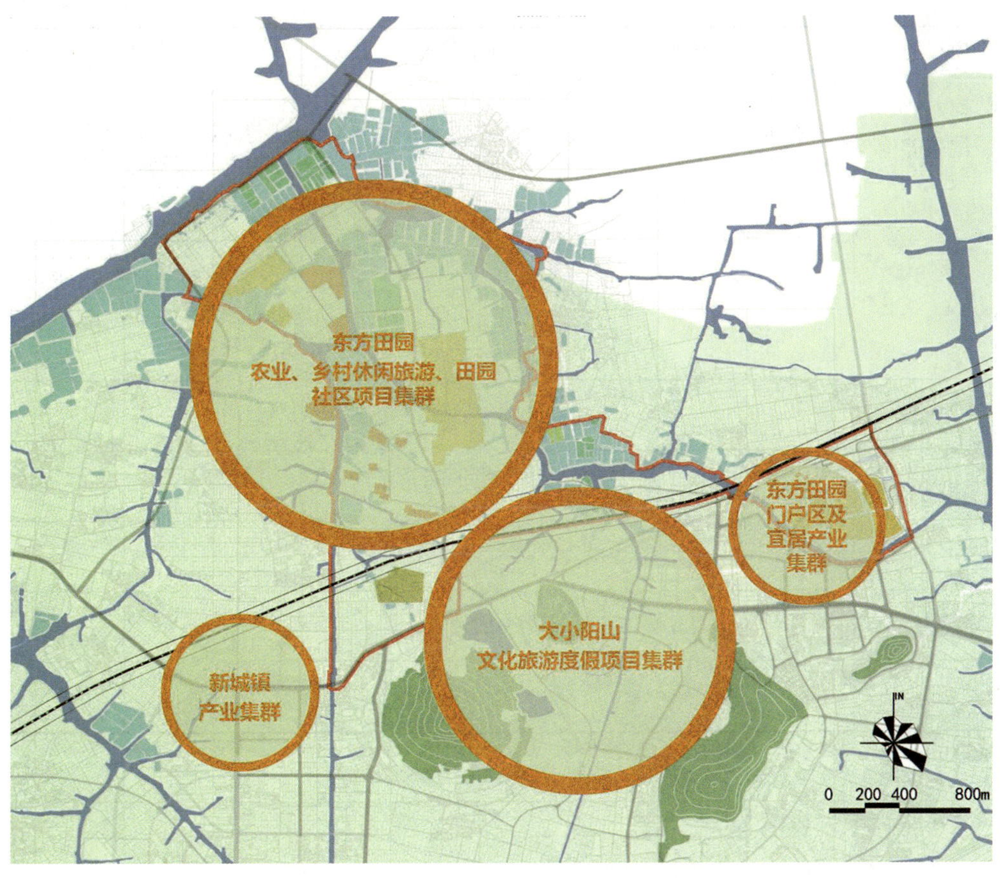

图 8-3-5　田园东方产业集群分布

资料来源：东联设计集团，《阳山总体规划》

团、相互融合中实现农业、加工业、服务业的有机结合与关联共生，实现休闲旅游、生态农业、田园居住的复合功能。

表 8-3-1　田园东方规划项目

项目类型	具体项目设计	项目类型	具体项目设计
乡村旅游主力项目集群	• 拾房清境文化市集 • “心之芳庭”婚庆主题农庄 • 艺术家田园工作村 • 薰衣草森林 • 果酒庄园 • 果林农庄	田园主题乐园（兼华德福教育基地）	• 耕读园 • 菜园体验区 • 畜牧区 • 探索园 • 湿地科普区 • 水上活动区 • 儿童农场 • 垂钓区 • 华德福学校分部

续 表

项目类型	具体项目设计	项目类型	具体项目设计
健康养生建筑群	• 桃溪花语会馆 • 有机食疗会馆 • 健康养生中心 • 健康养生田园 • 原乡院子	农业产业项目集群	• 生物动力农场 • 水蜜桃等果蔬生产示范园 • 科技研发与成果孵化中心 • 农业综合管理中心 • 农品加工及配送中心
田园小镇群	• 滨水休闲街 • 综合服务中心 • 特色疗养型社区 • 田园社区 • 龙湖悠山郡	主题酒店及文化博览	• 桃文化博览园—水蜜桃研究所——品桃园 • “麒麟湾”科创社区 • 嘉麟山庄 • 安阳坊竹海 • 桃源葫芦谷(原阳山生态农家园) • 阳山温泉度假村 • 桃源山庄 • 朝阳禅寺 • 深圳清华大学研究院阳山会所 • 阳山火山地质文化展示厅(原江苏省地质公园火山馆) • 桃花岛/花间堂度假酒店

资料来源:东联设计集团,《阳山总体规划》

(四)三大板块设计

1. 休闲文旅板块设计

休闲文旅板块以“创新发展”为思路,将农业环境和产业资源改造成学校的户外教室或者实习之地,提升乡村活动的文化韵味。当地与品牌商家建立良好共赢的战略合作关系,文旅板块目前已引入拾房清境文化市集、“心之芳庭”婚庆主题农庄、华德福教育基地等优质合作资源(图 8-3-6)。

文化博览方面,桃文化博览园、阳山火山地质公园等项目营造出浓郁的地方文化氛围。桃文化博览园紧密结合阳山“中国水蜜桃之乡”的资源特色,将阳山水蜜桃的栽种历史进行梳理,通过文化旅游的方式来呈现阳山水蜜桃文化。博物馆整体布局错落有致,江南园林特色鲜明,诠释了桃文化的博大精深和阳山桃花的秀美。

阳山火山地质公园是以安阳山为主体,以火山岩地质为主要地质科考和地学科普景区,融合生态农业风光、农家乐休闲以及郊野旅游的综合性地质公园(图 8-3-7),内有火山地质文化展示厅。公园以当地的火山地质资源为基本素材,阐述火山的形成、分布、火山与人类的关系,以及阳山火山的形成与演变、区域地质概况和地貌特征等科学知识,充分展示了阳山的地质演化史,是游客了解火山喷发及演化过程和学习阳山地质历史文化的理想场所。

图 8-3-6　休闲文旅板块的文化市集、教育基地及主题农庄

资料来源：东联设计集团，《阳山总体规划》

图 8-3-7　阳山火山地质公园

资料来源：东联设计集团，《阳山总体规划》

2. 现代农业板块设计

依托当地原有的水蜜桃等优势资源，现代农业板块设计整合了东方园林产业集团生态、景观、苗木等业务板块，规划了水蜜桃生产示范园、水果蔬菜设施栽培示范园等农业生产园区，设计了休闲农业观光示范区、水果加工物流园区、苗木苗圃区等集中展示农业生产的功能区。通过展示现代农业，突出现代休闲农业园“以农为本”的本质；通过拓展农业产业链，大力发展旅游农业、休闲农业、体验农业以及创意农业，建成空间布局合理、产业组合多元、区域特色突出的园区（图 8－3－8）。

图 8－3－8　阳山生态农业及休闲农业

资料来源：东联设计集团，《阳山总体规划》

3. 田园社区板块设计

田园社区板块（即居住板块）的建筑色彩、形态、肌理基本采用了当地农村原生态的空间格调，加以“新田园主义空间”的理论指导，创新延续建筑文化艺术（图 8－

3-9)。具体包括:通过保留江南民居的拾房村旧址,将餐饮、住宿功能融入原生村落生活;新建建筑均坚持“修缮如旧”的理念,选择当地木、石灰、青砖等材料构筑原生态的建筑风格。

图 8-3-9　田园东方建筑风貌

资料来源:东联设计集团,《阳山总体规划》

四、规划方案特色

阳山田园东方项目依托原生态完整村落的景观优势,树立起田园东方的农业主题观光乐园品牌,不仅建成了一个农业全产业链,大大完善了当地乡村的配套基础设施,更建成了一个独具文化风情的特色小镇。归纳总结该项目的方案特色,主要包括以下三点:

(一) 田园空间与居住—工作空间的有机结合

以田园社区服务于原居民和新移民,从建筑形态、空间格局、原生植物等方面,最大限度地保留或恢复村落自然形态,对老房子做规划的同时融入新的活动和业态。吸引不同人群在这里寻找自己需要的情感、物产和交流方式,最终形成新的社区和新的小镇。

(二) 农业产业功能与休闲功能、文化功能、旅游功能的有机结合

以现代农业、休闲旅游、田园社区为辅助,把农业进行商业化,借助阳山镇本身的优质水蜜桃资源,使其成为当地的基础性产业;以生态自然型和多样的旅游度假产品的组合,构成成熟的农业项目产业链,实现产业转型、产品增值、品牌效应提升。

(三) 政府、企业、个人三类主体的有效合作

田园东方项目是在阳山镇既有农业资源基础上,政府和社会资本合作,在统筹各渠道支农资金基础上,借助东方园林产业集团在规划、开发、运营等方面的经验,

以特色优势资源为导引，构筑多元化农业产业链，为农村经济社会全面发展所开拓出的新模式、新业态、新路径。

五、经验借鉴

无锡阳山以田园综合体建设为规划理念，依托当地原有的优势资源，借助社会资本的优势，实现资源的最优整合，拓展了乡村原有产业链，促进了产业价值乘数效应的发挥(图 8－3－10)。它以“田园生产、田园生活、田园景观”为核心组织要素，并以多产业多功能有机融合的空间实体，满足了人们回归乡土的意愿，让城市人流、信息流、物质流真正做到反哺乡村，促进乡村经济的发展。

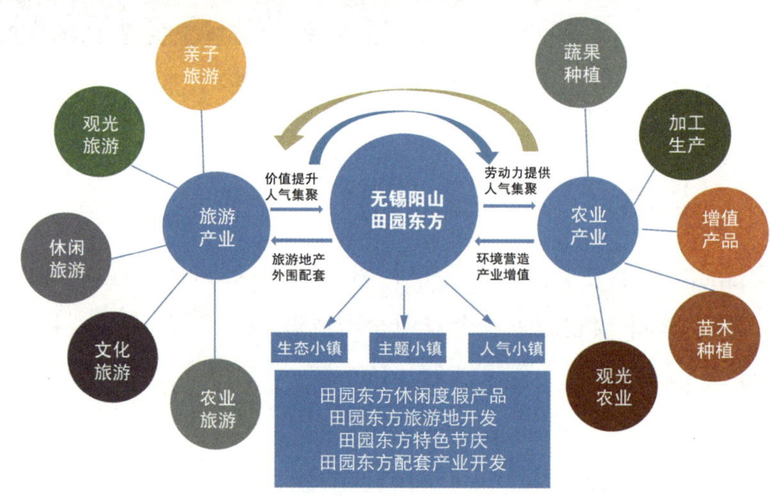

图 8－3－10　无锡阳山田园东方综合体建设路径

资料来源：东联设计集团，《阳山总体规划》

盐城拥有丰富的农业旅游资源优势，为发展田园综合体提供了得天独厚的条件。自 20 世纪 90 年代以来，盐城乡村先后经历了初步发展阶段(20 世纪 90 年代)、快速成长期(2000—2010 年)、转型升级期(2011 年至今)，目前已经建立了大量的乡村旅游景区，乡村产业结构不断转型升级，一批精品乡村旅游路线也逐步形成，乡村品牌效应开始凸显。作为我国乡村振兴战略的关键平台，“田园综合体”将成为推动盐城乡村升级转型的新支点和新引擎。因此，从无锡阳山田园东方综合体建设中，可得出以下几点经验：

(一) 依托先天自然资源、环境景观优势，打造独特的城郊休闲田园风光

阳山田园东方项目在规划设计与建设过程中，始终围绕“阳山水蜜桃”这一既有农业资源进行深化和优化，积极拓展水蜜桃文化，建设了桃文化博览园、水蜜桃生产

示范园等不同功能单元来树立当地的品牌形象。盐城乡村地域广阔，各地所处的地理环境不同，所拥有的资源禀赋也存在差异，概括起来包括水乡特色景观、湿地自然生态景观、水果蔬菜种植景观、现代产业化农业生产景观等类型。在乡村发展中，应注重挖掘各村自身的优势资源禀赋，结合自然环境特色，因地制宜地发展城郊田园风光，重视品牌价值，量身打造自身品牌，在品牌初步塑造的基础上，不断延长品牌的产品线，让品牌的影响不断扩大，最终实现品牌附加值的提升和乡村名片的塑造。

（二）注重“三生”空间的一体化发展

“农业＋文旅＋地产”的开发模式是“三生”空间一体化发展的具体表现，田园东方通过这三大板块的有机融合和关联共生，实现了生态农业、休闲旅游、田园居住功能的复合，更加契合当前城市居民逃离都市、回归田园生活的愿望，满足了他们的精神需求。同时，地产、旅游项目、农产品销售与深加工等方面的盈利来源十分可观，充足的资金不断反哺当地其他项目和基础设施的改善，为田园综合体的可持续发展提供源源不断的动力。借鉴阳山经验，应在生态环境友好的基础上，进行全域统筹开发、农业综合开发、乡村综合改革发展，在“三生”融合的基础上实现乡村经济价值、生态价值和生活价值的提升。

（三）乡村运作主体多元化，健全优化运行体系

在阳山的发展中，采用 PPP 模式(Public—Private—Partnership)进行田园综合体建设，使民本民生得到充分保障，村民和村集体经济收入和生活品质双双提升，企业在市场化运作中获得投资收益，政府则赢得税务、民生和区域经济的发展，三类主体在综合体建设过程中实现了共生与共赢(图 8-3-11)。有鉴于此，盐城

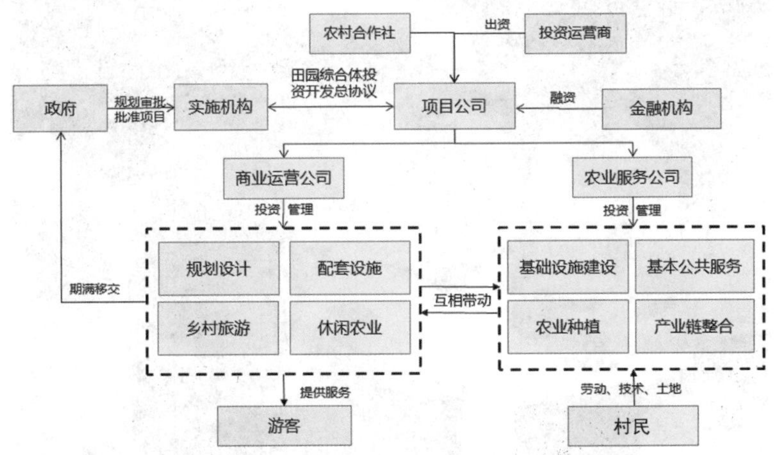

图 8-3-11 田园综合体 PPP 项目的运作模式

资料来源：东联设计集团，《阳山总体规划》

的乡村发展应将传统的以政府为单一主体的运作模式转变为政府、企业、村集体多元主体结构的运作体系，妥善处理好三者关系，创新建设运营管理模式。

第四节　南张楼村“巴伐利亚试验”研究

一、概述

自 20 世纪 50 年代开始，在德国（含联邦德国时期）巴伐利亚州推广试验的城乡等值化模式取得了很大的成功，乡村生态、生活、生产环境大为改善，最为重要是城乡差距缩小，乡村的衰败的印象完全被美好自然环境替代，这种成功的模式之后也逐步成为德国农村发展的普遍模式。1987 年，山东省与联邦德国巴伐利亚州建立了友好省州关系（图 8-4-1）。在这一友好省州关系的框架下，巴伐利亚州和赛德尔基金会共同确立了一系列援助项目，其中包括选择一个特定区域进行“巴伐利亚试验”。项目通过德方和南张楼村共同研究商讨的方式，对村庄规划、土地整理、基础设施建设和生态建设等方面内容进行综合治理，旨在改善农村的生产生活和环境条件，促进农村发展。历经二十多年的实施与发展，南张楼村城乡等值化实验取得了一些成就，也引起了一些反思。它为中国新农村建设和城市化提供了一个非常有价值的案例，其“不同类但等值”的思想，对我们因地制宜地选择地方经济发展战略，因时制宜地推进社会主义新农村建设，具有重要的启示价值。

图 8-4-1　德国专家造访南张楼村进行指导

资料来源：“北斗星”，《中国第一个利用外资开展土地整理工作的村庄——南张楼》，新浪博客，http://blog.sina.com.cn/s/blog_ae9403ad01017ams.html

二、“城乡等值化”概念的提出

二战后，联邦德国乡村问题比较突出，城乡差距进一步拉大。由于乡村公共服务设施落后、产业结构薄弱，大量的人口离开乡村涌入城市，给城市带来就业、环境等多方面的负担。为了解决这一严重问题，巴伐利亚州制定了《城乡空间发展规划》，将“城乡等值化”确定为区域空间发展和国土规划的战略目标，从法律上明确了这一发展理念。

“城乡等值化”建设理念追求的终极目标是实现城乡地域“不同类但等值”，具体来说就是乡村的生活条件、工作条件、交通条件、公共服务等方面与城市形成相对均衡。理念的初衷是实现城乡价值平衡，而不是创造一个均质空间。其主要手段是通过科学、合理的空间规划将差别转化为各自特色，形成城乡系统的高层次协调发展。其主要工作目标可以分解为：促进社会公平，发展城乡经济，保护自然资源。通过这三大目标，保障乡村地区作为生活区和经济区的高吸引力，增加乡村地区的休闲、生活、文化、生态价值（图 8 - 4 - 2）。

图 8 - 4 - 2　现在的德国乡村风貌

资料来源：凤凰网重庆站，《组图：德国乡村风景优美 空气无比通透》，凤凰网，http://cq.ifeng.com/gaoqing/detail_2013_06/19/909894_5.shtml

三、南张楼村的新农村建设

（一）核心理念

“城乡等值化”建设理念从农村发展的角度寻找乡村特色价值，实现城乡价值等同。其内涵主要包括四个基本原则：

1. 可持续发展原则

提倡城乡经济由粗放型增长转向集约型增长，正确处理眼前利益与长远利益、局部利益与整体利益的关系，提升乡村地区的生态价值、文化价值、旅游价值和休闲价值及经济价值。

2. 因地制宜原则

强调城市和乡村应结合其自然条件、历史沿革、经济基础、文化习俗等方面的异同，利用区域优势条件实现乡村地域价值的突破，促进城与乡的和谐发展。

3. 系统化原则

城市和乡村是一个系统中不可分割的两个部分。乡村的崛起与城市的作用密不可分，在乡村地位提升和价值增长的过程中要注意借力城市，促进城乡之间的人流、物流、信息流等要素自由合理地流动，实现城乡共生。

4. 治理原则

转变传统的单独由政府主导的局面，将公民话语权、投票权、建议权纳入政府治理体系中来，重视公民社会与公民权利，推进政府、社会、公民之间的对话沟通与合作，政府则转型为“服务者”的角色。

（二）区位条件

南张楼村位于山东省潍坊市下辖青州市的何官镇，是该镇最大的一个自然村（图 8－4－3）。实验开始之前，南张楼村是一个典型的以农业为主的华北农村，农业产值占比高达 80％ 以上，农业从业人口也占到 88％。加之区位条件有限，资源优势缺失，村庄的发展一直处于缓慢前进的状态。德国专家选择了挑战这些困难，将南张楼村作为“城乡等值化”理念在中国的实践区域，这一项目被人们称为中国的“巴伐利亚试验”。

图 8－4－3　南张楼村风光

资料来源：文峰山房，《南张楼，洋为中用整土地》，搜狐网，www.sohu.com/a/206548159_745288

（三）主要做法

1. 制订村庄建设和发展长远规划

当地为开展“城乡等值化”实验项目，在全面的考察论证基础上，征求全村各方面代表意见后，在德方专家协助下编制了《南张楼村发展规划》。规划将全村划分为南部工业区、东部大田区、北部文化教育区和中部生活区共 4 个功能区。其中，南部工业区主要发展民营企业，在规划之初便注重水、电、路网等基础设施的配套；东部大田区是通过土地整理划出平整的农田，方便进行机械化作业；生活区房屋建设布局整齐划一，村落布局井井有条；文教区主要建设学校、博物馆和文化中心，规划绿草如茵的广场和现代化的体育设施，以丰富乡村的文化生活（图 8－4－4）。

图 8－4－4　南张楼村民俗博物馆及村文化中心

资料来源：文峰山房，《南张楼，洋为中用整土地》，搜狐网，www.sohu.com/a/206548159_745288

在村庄布局规划基础上，中德双方确立了村庄发展的长远规划，主要从产业发展和环境整治、体制建设上提出了发展方向，如发展村级工业经济，调整产业结构，发展第三产业，培育文化、医疗等村级社会事业，改善村民生活条件和环境条件，建设村级组织机构，实现村级社会管理的民主化、规范化。

2. 通过土地综合整理挖掘村庄建设潜力

土地综合整理为机械化耕作和资源盘算提供了基本条件。在全村土地要素调查的基础上，南张楼村对全村的可耕地进行了削高填洼、整平划方、统一埋设界桩等整理，将土地资源集中起来。此外，南张楼村还对村内的荒滩、河道、废弃窑场和沙厂进行因地制宜的复垦改造，既改善了村庄环境，又收到了良好的经济效益。在土地重新划方、农业基础设施大规模建设和改造的基础上，德国基金会提供了联合收割机、播种机等现代农业机械，大规模机械化播种、耕作、灌溉得以实现，土地利用效率和产出效益获得提升。

3. 调整产业结构，大力发展村级企业

“巴伐利亚试验”开始之后，南张楼村规划了专门的工业区发展工业。村工业园区大力招商引资，发展机械制造、纺织、塑料加工等多个行业，从业人员有5000多人(图8-4-5)。在南张楼村，“进厂上班、下班种田”的工作模式成为当地大多数人的生活状态。与此同时，在中德双方的引导下，高产高效、机械化生产方式不断得到推广，农业产业结构也在不断调整优化。

图8-4-5　多类型的村级产业

资料来源：文峰山房，《南张楼，洋为中用整土地》，搜狐网，www.sohu.com/a/2065 48159_745288

四、规划方案特色

(一) 通过“城乡等值化”实现就地城镇化

“就地城镇化”是指在乡村人口适度集中居住的基础上，实现城镇经济社会融合、基础设施到位、基本公共服务健全，让大部分没有在城市扎下根的农民，无须远离自己的家乡，就能享受到和城镇同等的发展成果。南张楼村借鉴德国“城乡等值化”的理念，通过财政支持、政策扶持等形式推进“城乡等值化”，实现了乡村地域的非农工作和高品质生活，与城镇居民在工作、生活方面具有同等条件。

(二) 以土地整理为纲推进乡村发展

“土地整理与村庄革新”是南张楼村村容改善、村经济发展的关键手段。土地整理大大提高了土地利用率，使各类资源发挥最大效益。中心村适度集中使生产生活设施配套更方便，规模效应和集约效应得以发挥。农田平整与整合则便于农业资源的整合，从而更好地把新农村建设与产业发展结合起来(图8-4-6)。

(三) 中德合作背景下的德国经验实践

“城乡等值化”作为“巴伐利亚试验”的核心理念，是德国乡村建设过程中积累的经验，在世界农村发展中具有较大的借鉴价值(图8-4-7)。在此背景下的南

图 8-4-6　南张楼村规划整齐的农田呈现

资料来源：文峰山房，《南张楼，洋为中用整土地》，搜狐网，www.sohu.com/a/206548159_745288

图 8-4-7　德国专家在南张楼村进行调研指导

资料来源：《走向世界》杂志，《迈克尔·克劳斯：我是南张楼村民》，中国山东网，http://news.sdchina.com/show/4193732.html

张楼村建设取得了较好的实践效果，例如：解放了乡村发展的思想，从更长远的视角提出村庄发展规划；缩小了城乡发展差距，提供了就地城镇化的新路径；践行了以土地整理为核心手段的村庄发展方式与手段；等等。

五、经验借鉴

山东省青州市南张楼村的"城乡等值化"试验，通过土地整理和乡村规划，基本实现了与城镇的等值，保证了该村 20 多年来人口没有大规模外流，实现了"就地城镇化"。该案例通过中德合作的形式将德国先进理念和实践经验引入到我国的乡村发展中来，为发达国家乡村发展经验的中国化提供了研究范本和宝贵经验：

（一）应基于城乡统筹发展理念建立空间发展规划体系

“城乡等值化”的理念实质是城乡统筹发展的另一种表达。无论是等值化发展还是一体化发展，关键是把如何在城乡地域上进行实践。从前文的分析来看，把城乡等值化发展的战略目标融入城乡发展规划，建立科学、权威的规划体系，并作为各地区、各行业统一的行动准则，不失为一种科学有效的手段。在制定城乡的空间发展规划时，既要注重城市聚集经济辐射功能的发挥，又要维持乡村乡镇的分散分布的格局，还要着重保障乡村地区发展的效率与公平。

（二）应扩大乡村土地整理职能，挖掘村庄建设潜力

乡村土地整理职能不应只包括狭义层面上的土地整理，即农地整理、乡村居民点整理、土地开发与复垦三层含义，还应加强其作为统筹城乡发展和协调人地关系的有效手段这一职能。事实上，土地整理不仅是技术工程层面上的问题，还应承载着乡村社会、经济、生态层面协调发展的目的。只有扩大土地整理职能，结合村庄建设项目，才能有效地拉动新农村各方面的综合建设。

图 8-4-8　南张楼村乡村土地整理情景

资料来源：文峰山房，《南张楼，洋为中用整土地》，搜狐网，www.sohu.com/a/206548159_745288

（三）应将留住农民作为乡村振兴的核心依据

“城乡等值化”的核心目的是留住乡村的人，实现就地城镇化。留住农民不是生硬地将农民捆绑在土地上，而是以农村自身的优势去吸引和留住农村人才。以留住人才为目标导向，把握农村经济、社会、文化建设等层面的建设要点，缩小村镇

与城市的差别，在公共服务、基础设施、社会保障等方面实现一体化，推动以人为本的就地城镇化，应该是现阶段实施乡村振兴战略的核心要义(图 8-4-9)。

图 8-4-9　南张楼村的社区服务中心(何官镇南张楼社区服务中心)

资料来源：文峰山房，《南张楼，洋为中用整土地》，搜狐网，www.sohu.com/a/206548159_745288

第九章　基于主体协同的田园村庄营建路径探索

如何通过经济要素流动和空间资源优化，解除当前村庄发展困境，让政府包办模式渐渐淡出资源配置领域，将村民主体纳入村庄空间营建体系中，使其成为与政府具有共同决策能力的参与者，是当前村庄空间重构研究的重要课题。这就需要全面总结和梳理相关研究的理论成就，创新性地从主体视角阐发村庄空间重构内涵和形式，并以此为基础探索构建真正符合自然发展规律和村民主体需求的田园村庄发展路径，以适应新时代、新体制的转变。这是城乡规划、城市地理以及社会地理的各个学科领域学者共同关注的焦点问题，也是盐城等发展中地区实现跨越式发展过程中一个绕不开的现实问题。

第一节　村民主体作用下的村庄空间转型机制

在乡村振兴战略的推动和指导下，新一轮的村庄营建活动在全国范围内迅速展开。正如前文所述，村庄发展过程中出现的一系列问题的根源并不仅仅是经济与技术层面的问题，更多的是源于意识形态层面的错位与混乱，因此有必要以主体内涵逻辑为依据，对村庄空间重构的内涵、特征、演化及其规律等进行重新梳理和认识。

一、村庄空间转型机理

（一）村庄空间转型的本质内涵

英国乡村地理学学者迈克尔·伍兹（Michael Woods）认为，在快速工业化和城镇化强力推动下，社会经济结构的重塑导致村庄地区土地利用格局发生改变，引发村庄空间的全面重构。这实际上是伴随传统社会向现代社会转型而出现的村庄空间演化路径突变，是不同于以往演变规律的一种变化形态。基于农业生产需要而形成的传统村庄，是依托地域自然环境自发形成的聚居场所，也是世代村民主体在与自然环境相互磨合过程中，通过传承、改造、进化等方式，共同建造的生活家园。传统村庄的空间形态及其乡土风貌，受其所处地域环境限制，是特定自然力刻画而成的原生性聚落；其在漫长的生长过程中，形成了适应地形、适应气候、适度用地、节约资源、尊重自然、彰显个性以及运用最小产出建造最适宜的本土建筑风貌等优势，凸显了传统村庄与自然环境保持良好关系、融合共生的环境伦理优势。但随着以市场化、全球化、城镇化与信息化为特征的新时期到来，村庄所承载的产业功能不会再仅局限在传统农业上，生活空间也不会仅作为村民日出而作、日落而息的封闭场所而存在。扩大化的空间功能、开放的空间格局以及动态的空间关系都决定了现代化村庄的空间发展逻辑必然是一个完全不同于传统演化规律的新过程，是在与新的经济社会形态相互冲突、适应以及协同中由混沌走向秩序的新阶段。当然，这个过程虽然脱离了传统演化轨道，但并不等于要把旧的全部抹除，生造出一个全新的空间格局，而是要在原生空间基质上，营造适应现代社会发展、匹配现代村民生活需要的新型村庄。从“主体”立场研究村庄空间重构，将有利于抓住更加纯粹的本质，这也是新型城镇化“以人文本”的核心价值所在。村庄生活的基本面是具有恒定性的，因此，村落区别于城镇的空间性质也不会改变，“重构”所要实现的应该是村庄的经济功能、社会内涵、空间形式等要素的持续性变化。超越对村民生活的质朴解释，全面看待村庄空间的重构过程，是对待现代村庄建设的一种理性态度。

（二）村庄空间转型的逻辑主线

村庄空间的重构是在其历史演变基础之上发生的，摸清村庄空间演变的一般逻辑，是构建“重构”路径的必要前提。村庄空间在不同历史阶段所呈现出来的变化，在某种程度上反映了主体及其社会在时间中的流变过程，诠释了其由“量变”及“质变”的基本事实。这是一个蕴含着动机、行为、关系等要素的系统性过程，是外部要素和内部要素共同作用而产生变化累积的长期过程，而非单靠政府行为所能一蹴而就的结果。这种演变在某种逻辑规律引导下，要素由简单向复杂转变，结构由平面体系向网状系统转变，在量变与质变交替中进化，推动村庄空间由模糊混沌向清晰秩序状态转变，呈现出地域乡土所特有的空间纹理和生命机制。

1. 同质到异质

虽然由于地域条件和历史背景差异，各地传统村庄空间形态各有不同，呈现出丰富多彩的聚落风貌，但其内在生成机制基本一致，即由小农社会和小农耕作方式形成了主体生存形态。小农生产的经济形态彼此类似，都以种植为主，差别仅在于种植类型，村民的基本生活资料基本上自给自足，在此基础上形成的社会形态也多是依赖血缘、近邻关系维系的简单结构，大家具有相近的价值观念、思想意识以及风俗习惯，同质性很强，村庄间关联较弱，基本不存在协作或竞争关系，彼此的发展也都是因循相似规律缓慢演进的同质化过程。因此，所形成的村庄空间普遍具有较高的同质性，都是“大分散、小聚居”的分布格局，宏观上星罗棋布，微观上聚居成簇。在四十余年改革开放大潮席卷下，中国广袤的乡村地区面临着剧烈的变革和转型，传统小农经济向现代村庄经济模式转变，传统小农社会向现代化社会形态转变，传统封闭的村庄空间也必然随之逐渐开放，形成彼此协作、相互竞争的现代空间关系。不同的资源优势和区位优势的背景下，村庄空间重构过程体现出明显的差异性，转型路径呈现出多元化发展态势，“异质”，成为村庄的主要特征。

2. 简单到复杂

作为主体建构生存系统的空间载体，村庄演变并不只是简单的建筑、设施等物质数量的增加，而是一个基于系统自我生长的自组织过程，即空间系统自发地由无序向有序、由低级向高级、由简单结构向复杂结构演变的循环往复过程。这个过程同时体现在两个维度上：一个是聚落的建造，通过建筑材料加工形成单体建筑，单体建筑叠合形成院落，院落排布组合形成村庄；一个是社会的建构，“个体”通过血缘、地缘、业缘等各种关系构成一个个“共同体”，“共同体”汇聚成乡土社会。两者在历时性演化的过程中都充分体现了村庄空间演变由简单到复杂的跨越。而从同一时间节点的共时性方面来看，虽然宏观尺度下的村庄空间形态千变万化，但仍可梳理归纳成条状、块状、网络状等几大类别；而当透过整体层面观察内部微观空间时，就会发现建筑、院落、公共空间等不同形式空间，因为主体需求不同而叠合成非常复杂多变的空间形态。同样的，虽然宏观层面下的社会结构比较复杂，但是仍可按某个维度（经济、地缘、职业等）划分为不同类群；而当深入探究其社会个体单位样本时，就会发现是一个异质性非常强的繁杂结构。正因如此，决策者和规划者们虽然可以从宏观角度对地区发展进行简化分析，统一筹划，但是往往会因为忽略微观层面具体信息，而脱离了主体的真正需求，造成空间分布失衡、空间冲突激化、供给与需求不匹配等一系列问题。对于比较单薄的村庄空间系统来说，如果在重构过程中继续采用这种传统的规划模式，那产生的可能不仅仅是上述问题，更可能造成社会空间生活的深层结构破坏。村庄空间复杂性提升过程详见图 9－1－1。

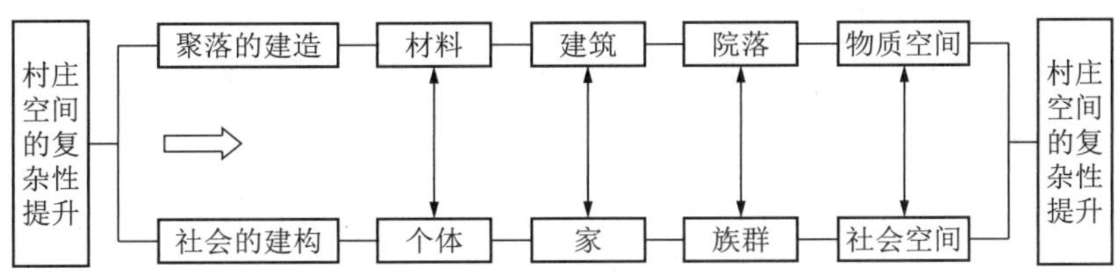

图 9-1-1　村庄空间复杂性提升示意图

资料来源：编委团队自绘

3. 混沌到秩序

混沌本指宇宙形成之初的混乱状态，这里形容村庄在初期发展中的一种随机混乱中隐含某种自发性规律的空间状态。秩序则体现了村庄发展成熟时的一种稳定、有条理的清晰化空间状态，主要表现为由自然规律所支配的自然秩序和由社会规则维系的社会秩序。村庄空间的秩序性可以在自然生长中主动显现，也可以是在外部力量（规划等）作用下的被动显现，前者是村庄空间系统自组织作用的结果，而后者则是他组织为主的作用结果。传统村庄的演进以自组织作用为主，村民们的营建行为看似随机，实则存在着某些因为长期累积的经验、利益、理念、思想、风俗习惯等一系列共识而产生的一致性和规律性，所构成的空间格局往往能够与周边环境融合得很好，并在反复调整适应中形成合理的演进秩序。但是，随着经济社会发展步伐的加快，这种需要长期反复调试的演进方法已经不能适应当前时代发展节奏，当今村庄空间的营造绝不能继续沿用传统的以内部自组织力量为主的随机建造模式，必须引入村庄规划等他组织力量予以引导和推动，加快空间秩序的形成。在这个过程中，如何协调自组织与他组织的关系是一个关键点。如果一味照搬城镇规划模式，抹杀村庄的自组织功能，用高度理性的规划思维进行村庄建设，那么，必然会引发极度秩序化的空间形态，必然与自然环境和村庄社会发展相背离，可能会带来空间形态的僵化、空间活力的丧失和空间机能的衰退。村庄空间从混沌到秩序的发展并不是一个不可逆转的线性过程，两者往往是在相互作用中螺旋上升的；村庄规划也不是一个单纯追求秩序的过程，而是要探寻混沌背后隐含的规律性和普适性，以作为构建新秩序的依据，尊重传统空间的原生特性，实现现代空间的有机更新。

4. 自发到自觉

村庄空间作为村民主体建构生存系统的基本载体，是在主体长期的自发活动中慢慢形成的，并且呈现出较为稳定的地域特征。这种基于生存需要而自发的营建和改造行为使传统村庄空间纹理呈现出一种融于自然并且高于自然的田园美，主要表现出三个特点：一是营建作为自发行为存在的普遍化，二是营建实施的开源化，三是营建形式的多样化，详见表 9－1－1。

快速城镇化大潮冲击下，大片传统村庄空间正在丧失往日鲜活的生命力，面临更新的现代村庄空间湮没在对城镇的蹩脚复制和模仿之中，以往特色鲜明、形态各异的乡土风貌在消逝，整齐划一、呆板僵硬的布置手法极端化了空间秩序，却丢失了田园的趣味和自然的质感。事实证明，以往地方政府主导下基于宏观思维的村庄规划建设模式很难塑造传统自发性建造所呈现出来的那种多样、自然的村庄空间形态。同时，由于现代居住者思想观念、风俗习惯以及建造方法的剧变，其自发建造的村庄风貌也已经无法企及传统空间所固有的美学特征。要解决这个问题，应该从“主体”视角更新村庄规划理念和方法，要求高层决策者和规划编制者对地方生活加以关注和研究，通过引导而不是主导的方式参与村庄规划营建，将空间使用者——村民主体纳入规划和建设过程中来，触动村民的自觉行为机制，将传统村庄居住者的自发营建行为转变为有意识的规划参与行为。对于决策者和规划者来说，从自发到自觉的过渡是对村庄内在秩序的强化和对主体关怀的提升，自觉地关注传统村庄演进的自发性并非认可其或精美或简陋的表象，重要的是通过这些表象，把握村民对生活需求和生态环境最质朴的应对方式，从而更加清晰地认识自身参与村庄建设的职能，融入聚落空间生成的秩序中，进行适度的创造，最终实现改善人居环境的目的。

表 9－1－1　传统村庄自发演进机制特点

<table>
<tr><th colspan="2">基本特征</th><th>阐释</th></tr>
<tr><td rowspan="2">营建存在的普遍化</td><td>时间层面</td><td>在建造师参与村庄建设之前的很长一段时间内，乡土建筑都是由当地工匠和村民建造完成的。</td></tr>
<tr><td>空间层面</td><td>即使在国家大力提倡新农村建设的今日，全国范围内大部分乡土建筑仍由居住者自发建造完成。</td></tr>
<tr><td rowspan="2">营建实施的开源化</td><td>参与方式</td><td>村民不仅能作为房屋的使用者，同时也作为设计者和建造者与工匠共同参与实施。</td></tr>
<tr><td>建造方式</td><td>以长期实践和生活经验为依据，建造体现居住者基本的行为和需求。</td></tr>
<tr><td rowspan="3">营建形式的多样化</td><td>材质</td><td>经济条件影响材质的选取，从地方材料到普及化材料。</td></tr>
<tr><td>色彩</td><td>除材质影响外，时间的跨度也带来了色彩的纷杂。</td></tr>
<tr><td>构造</td><td>以工匠施工经验为主，融合受观念影响的流行样式。</td></tr>
</table>

资料来源：王韬，《村民主体认知视角下乡村聚落营建的策略与方法研究》，浙江大学博士论文，2014 年

（三）村庄空间重构的发生机制

综合来看，村庄空间发生重构的作用途径有两种：一是来源于内部的自组织过程；一是来源于外部的他组织过程。自组织过程是系统在没有受外在特定干预的条件下获得功能的过程，其主要作用力来自系统内部。反之，他组织过程是系统主要在外在作用力干预下实现功能变化的过程，主要作用力来自系统外部。比如大自然中某些生物由于自然进化而形成的探测、飞行、迁徙等特殊技能是其自组织的结果，而人类在特定设计思路指导下制造的各种仿生产品则是他组织的结果。对于村庄空间重构而言，这两种作用方式是同时存在的，分别表现为自发建造与统筹规划两方面，见表 9－1－2。

表 9－1－2 组织与无组织概念的区分

总概念	组织（有序、结构化）	
含义	事物朝有序、结构化方向演化的过程	
二级概念	自组织	他组织
含义	组织力来自事物内部的组织过程	组织力来自事物外部的组织过程
典型	生命的生长	晶体、机器

资料来源：吴彤，《自组织方法论研究》，清华大学出版社，2001 年

1. 自组织过程

传统村庄空间经历了从无到有、从简单到复杂、从低级到高级的自组织演化过程，所形成的自然—社会—经济复合系统，并非来自系统外的特定干预，而是在作为村庄主体的世代村民的自发建造中，在系统环境变化的随机启动下，在长期经济社会变动和文化适应等多种因素交互作用过程中产生的结果。在这个过程中，自然、社会、经济等各种环境要素在特定地理边界约束下，彼此开放、互为相干地进行着物质能量和信息的交换，相互联系、相互依存、相互适应、相互协调、共同作用，形成具有自我成长、调节和进化机制的动态复合系统，表现出人文与自然相互协调的村庄空间格局。传统村庄在"改变—应对—调节—适应"的循环往复过程中，人居环境与自然环境在共生交融创造出丰富的空间形态与宜人的空间尺度：社会环境方面，自组织形成的村庄空间表现出村民最真实的日常生活形态，也表现出根植于乡土的地域文化特征；空间建造方面，在经济条件、社会文化以及地理条件等因素的共同影响下，构筑空间的建筑设施材料选择、建造方式等方面都呈现出富有个性的本地化倾向，用较低建造成本创造了因地制宜的空间效果，约定俗成的建造方法

也带来工艺上的相似和实施效率的提升(图 9-1-2)。

资料来源:(左)"258 坤",《金秋梯田》,天平洋摄影博客,2011 年 10 月 2 号,https://dp.pconline.com.cn/dphoto/list_2192325.html

(右)"杨亮亮",《诺邓古村 延续千年的白族特色村》,古建中国,2017 年 11 月 28 日,http://www.naic.org.cn/html/2017/gcgz_1128/33578.html

资料来源:"邓姐",《中艺环球婺源摄影团作品欣赏》,新浪博客,2015 年 11 月 27 日,http://blog.sina.com.cn/s/blog_14c9f97010102w17g.html

资料来源:(左)"Ru0016":《中国传统村落》,互动百科,2013 年 8 月 13 日,http://tupian.baike.com/s/%E4%B8%AD%E5%9B%BD%E4%BC%A0%E7%BB%9F%E6%9D%91%E8%90%BD/xgtupian/1/1? target=a1_43_08_16300001051406137637082517285.jpg

(右)阮洪丹,《住建部:采取抢救性措施遏制传统村落衰败趋势》,凤凰网房产,2016 年 12 月 19 日,http://qd. house.ifeng.com/detail/2016_12_19/50963279_0.shtml

图 9-1-2　自组织为主的传统村庄空间

尽管纯粹的自组织过程能够沉淀出具有鲜明特色的村庄空间风貌，但这是一个极其缓慢低效的反复试错过程，要经过一段漫长的过程才能达到持续稳定的系统状态，这显然是与快速的现代化发展不相适应的。而且，随着城镇化和市场化发展，传统村庄空间的开放程度逐步提高，内外的资源、人口以及信息等流动加快，原有系统秩序逐渐失衡，表现出空心化、资源浪费、人居环境恶化、社会冲突激化等一系列发展问题，已经无法适应时代发展的节奏，需要来自外部力量的干预和疏导。

2. 他组织过程

政府主导下的村庄规划是干预和组织村庄空间发展的最常用、最直接的外部干预手段，这一典型的他组织作用方式建立在特定的理念规则和先进的技术手段基础上，试图将空间系统偏离预定目标的变化控制在一定范围内，是一种“自上而下”的空间组织机制，具备有效性、阶段性、效率性以及控制性等特点，在某种程度上有效弥补了系统自组织作用的不足。科学合理的统筹规划明确了系统发展方向，及时充足的公共资源建设为系统发展提供了必要支撑，保证了空间建设的秩序性和效率；有目的的产业转型、人口迁移以及土地合并等调整有助于新秩序的快速有效建立，使空间系统进入一个新的稳定状态，进而协调现代社会经济发展与传统村庄聚落空间之间的矛盾。现代化理念和正确价值观的引导，使村民主体逐步与时代发展接轨，削弱城乡二元结构下的认知信息传播的不均衡性。更重要的是现代化技术向村庄的渗透，实现建造工艺标准化，可以更好地控制建造质量和效率（图 9 - 1 - 3），这对于需要快速实现空间稳定的灾害重建地区尤为重要。同时，多种主动式生态技术的运用，如太阳能供热供电以及新型隔热材料的使用，给村民生活的舒适度带来了本质性的改善。

资料来源：（左）韩长赋，《习近平强调“三个不能”：任何时候都不能忽视农业忘记农民淡漠农村》，土流网，2015 年 08 月 13 日，https://www.tuliu.com/read - 14425.html
（右）赵晶：《美丽乡村》，人民网，2013 年 8 月 8 日，http://cpc.people.com.cn/n/2013/0808/c367675 - 22495788.html

图 9 - 1 - 3　他组织为主的现代村庄空间

资料来源：赵晶，《美丽乡村》，人民网，2013 年 8 月 8 日，http://cpc.people.com.cn/n/2013/0808/c367675-22495788.html

资料来源：(左)兰萍：《我市今年将新建农村廉租房 1000 套》，内江新闻网，2015 年 5 月 16 日，http://www.scnjnews.com/news/content/2015-05/16/content_1321776.htm
(右)"今生叨车"：《实拍中原首富村：是中国第一个买飞机的村庄，声名赫赫、威震四海》，快咨询，2018 年 7 月 25 日，http://sh.qihoo.com/pc/2s1cnyfwfqs? sign=360_e39369d1

图 9-1-3　他组织为主的现代村庄空间(续)

尽管现代村庄空间的建构需要他组织作用的积极干预，但已有经验表明，当外部力量过度干预时，村庄空间会产生个性丧失、资源浪费、供需失衡等一系列新的发展问题。单纯追求速度和数量的机械化控制和整齐化建设模式，导致系统自主机能丧失，内部主体性难以发挥，将村庄引向另一个发展极端。原本多样的空间形态消失了，取而代之的是复制粘贴的行列式布置；原本宜人的公共空间尺度消失了，取而代之的是城镇大尺度空间的仿制品。虽然外部资金的注入提高了村庄空间生活功能质量，但往往不能很好地符合村民主体的实际需求，存在供给失衡和不足的问题。现代化技术赋予了村庄生活更多的可能性，但如果仅仅停留在旁观者视角下的生搬硬套的规划建设模式，村庄空间重构将失去本初的意义(图 9-1-4)。

3. 两种作用方式的对抗与协调

对于村庄空间重构来说，自组织与他组织都是以"人"为根本行动者和决策者的两种不同作用方式，两者的关系是对立统一的。前者强调空间系统的自我发展，主要依靠内部要素在相互冲突、沟通、调整、协同以及放入反复试错迭代的过程中，对系统整体的运转和发展产生引导和带动作用，达到最后的稳定平衡状态，要求系

资料来源：王江红，《来看东阳整齐划一新农村》，浙江新闻网，2016 年 12 月 15 日，https://zj.zjol.com.cn/tj? id=508344

资料来源：田佩，《朱店镇新农村建设稳步推进、成就显著》，甘肃·庄浪，2016 年 7 月 26 日，http://www.gszhuanglang.gov.cn/jrdt/13825_2016/content_196480.html

图 9-1-4　整齐划一的村庄空间布局

统运转主要取决于内部生长而非外部控制。而机械化的城乡规划恰恰走的是与之相反的思维路径，将复杂空间系统简化为一个可分解的机械构架，试图依靠宏观控制手段实现空间的有序发展，单方面通过具有强制力量的政府介入，操控系统中每一部分按照预设路径进行运作。这种刚性的他组织过程是建立在自组织机能失效基础上的，是脱离系统自主发展轨迹的，是凌驾于主体意志之上的。它所造就的往往是呆板僵硬，毫无特色和张力的空间效果。纵观整个村庄空间形成过程，他组织实际上是建立在自组织存在基础之上的，是自组织发展到一定阶段的产物，自然系统与社会系统的各个层次中都包含这两种作用方式。只不过在不同发展阶段，他组织所表现出来的形式有所不同，早期的表现形式是力度较为弹性的局部干预和管理；发展到现在，是更加科学和全面的规划行为，持续影响着村庄空间内部演进动力的整合与重构。上述存在于村庄建设中的种种问题，根源并不在于是他组织作用还是自组织作用，而在于两者关系是否协调。如果外在干预力量能行之有效地促进内在动力运作，他组织作用方式能尊重自组织作用规律，那么目前村庄规划所面临的地域性问题、生态性问题以及空间构成问题等都会找到破解答案。两种作用方式在村庄空间演进过程发挥着各自的优势，弥补着对方的劣势(表 9－1－3)。只有在村庄建设中实现两者的有机统一，才能最大限度地发挥各自在村庄空间重构中的积极性，形成一种新的建立在复合机制下的村庄空间重构策略。

表 9－1－3　自组织与他组织的作用方式对比

<table>
<tr><td></td><td colspan="2">自组织</td><td colspan="2">他组织</td></tr>
<tr><td rowspan="4">作用特点</td><td>隐性</td><td>以潜在方式作用于空间系统，即作用力与空间重构间联系较隐性。</td><td>显性</td><td>基本上呈现目标一结果的线性联系模式。</td></tr>
<tr><td>永久性</td><td>基于空间系统永无休止自我调整与演化。</td><td>阶段性</td><td>目标分为近期一远期一远景，具有阶段性。</td></tr>
<tr><td>进化性</td><td>发展是主线，在反复迭代中不断进化。</td><td>优化性</td><td>以空间优化为目的规划设计。</td></tr>
<tr><td>自主随机性</td><td>宏观层次上，空间发展表现出有趣的同质空间聚集的整体有序性，这是自主随机的、在投入一产出平衡下的自组织。</td><td>整体受控性</td><td>对空间进行人为干涉，以期达到既定目标和空间效果，运作过程以空间整体受控发展为特征。</td></tr>
<tr><td rowspan="5">作用效果</td><td>积极因素</td><td>消极因素</td><td>积极因素</td><td>消极因素</td></tr>
<tr><td>顺应自然环境，地域特征鲜明。</td><td>演进历时过久，生成效率过低。</td><td>统筹建设效率高，公共配给较完善。</td><td>破坏性重建严重，地域性特征缺失。</td></tr>
<tr><td>景观生态完整，空间层级丰富。</td><td>土地资源空废，发展水平不均衡。</td><td>土地利用集约高效，产业发展多样化。</td><td>生态景观退化，公共空间单一。</td></tr>
<tr><td>生活方式传统，地域文化延续。</td><td>易导致开放度低，引起观念的滞后。</td><td>社会核心价值引导，适应时代变迁需求。</td><td>对主体关怀欠缺，易引起信息误读。</td></tr>
<tr><td>建造工艺乡土，建造成本低廉。</td><td>技术标准落后，生活品质较低。</td><td>建造工艺现代化，安全性舒适度提升。</td><td>盲目照搬城市模式，忽视乡土营造精髓。</td></tr>
</table>

资料来源：张英，《城市空间发展自组织与城市规划》，《城市建设》，2011 年第 5 期

二、推动村庄空间发生重构的参与者

村庄空间重构是多方力量共同作用的结果，不仅包括空间中的生活主体——村民，还包含参与空间重构活动的其他组织或团体，如政府、村委会、规划师等，不同力量在空间重构过程中承担着不同的职能，发挥着不同的作用。理清各个参与者在村庄空间重构中的定位及其相互关系，是保证空间重构良性有序运作的重要前提。

（一）主体：村民

作为村庄空间中的生活主体，一代代的村民继承和发扬着地域的历史文化特色，通过一定的地缘、血缘或业缘关系相互关联，赋予空间各种社会功能和实际价值。村民在空间构建中承担着多重角色，既是建设过程的设计者、投资者、建造者

和空间的直接使用者，也是村庄生活的规范者和协作者，更是空间营建的主导者、诉求表达者以及后期维护者，与村庄空间有着千丝万缕的联系。村民的主体意义不仅体现在个体的日常生活活动中，也体现在群体的公共社会活动中。对于村民来说，村庄空间营建不仅是一种生产性行为，更是一种社会性活动，村民在这个过程中的核心地位在任何情况下都是不能被代替的。随着经济社会变革的不断深化，村民的生活方式、价值取向以及风俗习惯等主体属性也在不断发生改变，主体需求及其对空间的作用力度也较之前有了巨大的变化。这就要求把对村民主体性的关注和把握作为村庄空间构建的核心环节，以村民实际需求和切身利益作为各项建设工作的出发点和立足点。

（二）调控者：政府

现代村庄建设过程中，政府作为城乡空间构建的决策者和管理者，决定和引导着村庄空间的发展方向。从中央政府对各种村庄建设政策的出台，到地方政府对村庄地区的具体建设决策，都在通过村庄规划、产业投资与价值引导等手段方法从经济、文化、环境、管理等各个方面对村庄建设进行指导和推动。村庄规划是村庄建设发展的蓝图，规划的制定和实施，在引导村庄向着良性方向发展的同时，也可以纠正和弥补村庄在长期自发生长中产生的主要问题，从而完善村庄整体的系统机制。引导外部资源投入是政府干预村庄空间营建的深层动力。在新型城镇化背景下，政府的角色定位正在从传统的领导者、管理者和决策者向引导者、服务者和干预者转变。在村民主体意识及规划参与体系没有完全成熟的时候，政府作为空间营建的重要组织者和统筹运作的领导者，必然还要承担着组织建设活动、解决实际问题、满足建设需求以及引导空间科学建设等多项责任。但随着以村民为主体的空间营建体系逐步成熟，政府将逐步淡化自己在村庄空间营建中的直接主导地位，着重提高公共服务能力。

（三）协调者：规划师

村庄空间重构中，规划师的介入会起到重要的推动作用，但前提是规划师必须从传统规划建设的惯性思维中脱离出来，扮演好自身在村庄空间营建中的角色。村庄空间重构是一项上层政府与基层群众共同参与的行为活动，如何使两方力量的作用在适合的地方适度发挥，是村庄空间良性发展的关键。作为具有专业技能和系统知识的规划策划者和编制者，规划师是完成这项任务的主要承担者。在实际操作中，上层与下层之间力量强弱相差悬殊，这就要求规划师准确定位，选择合适的技术方法，提出适宜的规划理念和思路，构建可以使双方有效介入和沟通的技术平台。但规划师作为村庄空间系统的外来者，如果不去了解和体会村庄空间演化中各种内部复杂因素关系，只是从外部政策制度、专业经验以及设计理念来展开村庄规划编制，就必然会导致规划成果带有较强的主观性色彩，缺乏可操作性。在这个过程中，规划师首先要明确自身在空间构建中的角色，不是一个与空间毫无关系的旁观者，而是融于其中的参与者，要从"主体"视角出发进行规划编制和实施。特别要注意从城市空间建造的固有规模化制造的思维中分离出来，避免将村庄空间视为一般的工业化产品对待，而是将其视为一种弹性的社会行为结果，规划师在融入村庄建造的过程中，必然与系统内各要素发生互动，形成一定程度的制约与反制约，其职能也应发生相应的转变。

以村民为主体的空间营建模式构建，实质是社会组织体系的重构，这是一个从机械组织到成熟运转的自我培育过程。在这个过程中，各参与者的正确定位与组织是关键。应坚持村民的主体地位不动摇，但也要认清村民对在村庄规划设计上的盲目性、自利性和非专业性，应注意适度控制与引导。比如，宅基地的使用分配应在综合考虑村庄资源和使用需求的基础上整体进行，村民应当服从政府对宅基地统一分配；在建造风格和技术方面，村民可以积极参与，充分表达意见，但是，一旦规划确定了对乡村整体风貌和建造技术的要求，村民有义务在建造过程中服从整体控制原则，保持村庄的整体风貌统一，并严格遵照规划师的技术指导，贯彻规划对建筑形态、功能以及施工技术方面的原则性要求时，接受规划师及政府的监督检查，确保房屋安全质量的达标，避免随意的改动造成影响房屋建筑质量的后果(图 9－1－5)。

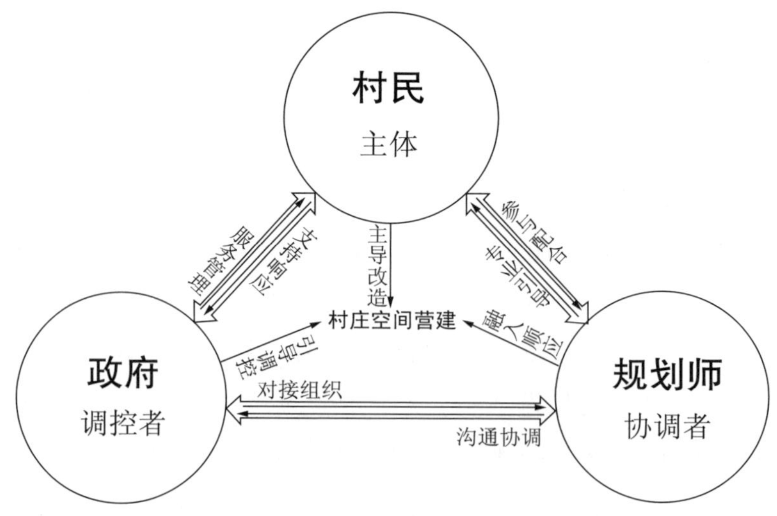

图 9－1－5 村庄空间营建中主要参与者关系示意图

资料来源：编委团队自绘

三、村庄空间转型的村民主体作用机制

（一）村民主体作用的内在动力

1. 主体认知

认知是人认识外界事物的过程，即对作用于人的感觉器官的外界事物进行信息加工的过程，这是人最基本的心理过程，包括感觉、知觉、记忆、想象、思维和语言等。这是一个心理学范畴的概念，它是主体对空间重构产生作用的首要因素，因为只有主体首先对生存空间系统有一个较为全面的认知，才能激发改造空间的内源动力。村民主体认知内涵主要包括两个层面：一是村民的主体性；一是主体认知的发展性。主体性取决于村民在空间重构过程中的能动作用程度，体现了主体与空间的互动关系，而认知发展性一方面表现在时间向度上历代村民对空间认识的经验累积，另一方面表现在空间向度上所有村民认知经验的汇总。主体在社会、政治、经济、文化、地理、气候等外界因素影响下，形成一种相对稳定的可以重复、继承和传授的认知形态，被称为“认知图式”。当空间环境发生变化的时候，主体往往会以已有的“认知图式”为基础，结合新事物进行认知的范围延伸和水平提高。原有认知图式发生“同化”作用，将新生事物纳入其中，转变成为新的“认知图式”。所以，任何新的认知图式的形成都是建立在原有图式基础上的，如村庄空间重构中与自然和谐相处的建造智慧、本土社会秩序与伦理习俗的延续等，都充分体现了原有图式中传统认知的延续性。当然，随着经济社会转型的加快和科技水平的飞跃，外来要素流的冲击越来越强烈，传统“认知图式”有可能完全被颠覆，发生质变，以应对外界这种剧烈的变化，形成一种不太稳定的新形态，如村居建造中求“大”求“洋”的风气，追求高消费生活以及高档品牌等行为，都是这种认知形态的反映。对此，应挖掘和提炼传统认知中的有益部分，使之得以延续，并体现在空间重构中；分析认知中相对易变的部分，对其变更动因进行预判和把握，并予以正面疏导，以促进新的健康的稳定认知图式的形成，使其在村庄空间重构中发挥应有的作用。主体认知发展逻辑解析见图 9－1－6。

2. 主体需求

主体需求是其发起对客体作用的动因，基于主体自身生理、社会以及精神条件而产生，具有普遍性和无限发展的可能性。人们一旦通过劳动生产满足了最基本的生存需求，就会很快地在此基础上进一步产生出各种“新的需求”。马斯洛认为人们的行为动机来源于内在需求，不同发展阶段有不同的主导需求，一般自低层向

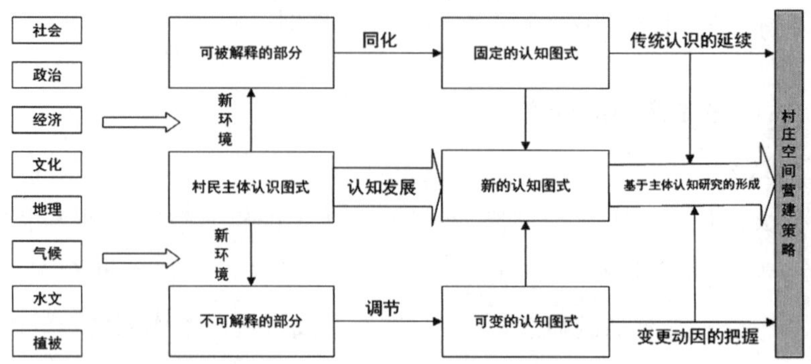

图 9-1-6　主体认知发展逻辑解析

资料汇编：王韬，《村民主体认知视角下乡村聚落营建的策略与方法研究》，浙江大学博士学位论文，2014 年

高层递进。从空间演进历程来看，主体需求是沿着“生存型需求—改善型需求—享受型需求”的层次路径升级，通过空间决策行为影响着空间演进的速度和方式(图 9-1-7)。村庄传统发展阶段，主体需求受低经济水平的严重压抑，只能停留在以吃饱穿暖为核心的生存型需求层面，再加上规模增长缓慢，需求总量提高有限，导致空间演变路径低速而平缓。村庄快速发展阶段，政策的松动和经济增长刺激了主体需求的升级，人均纯收入的大幅提高激发了人们对的居住空间品质需求，建设活动开始活跃，改善型需求机制初步涌现，空间扩张速度会开始加快；主体就业需求大于消费需求，空间发展往往会以生产性空间扩张为主；随着经济水平的不断提高，人们改善生活的需求越来越强烈，整体空间开始由生产功能为主向消费功能为主转型，并随着主体类型多元化和需求复杂化，转向更加繁杂细致的功能分化体系。随着主体收入大幅提高，享受型需求机制开始涌现，空间演变路径由渐变模式转为突变模式，个性休闲区、特色商业区、生态文化区等品质化、专业化的创新型空间层出不穷。总之，随着科技水平的不断提高，主体在对需求最大化满足的持续性追求中，实现了对物质空间环境的深入改造，并在分化提升中丰富和调整了其内在关系形态，成为影响空间嬗变速度及方式的动能来源。

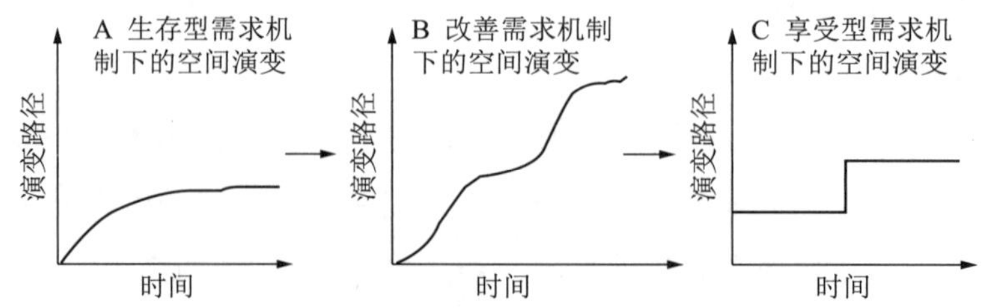

图 9-1-7　单类型需求机制下的空间发展模型

资料来源：编委团队自绘

3. 主体自适应能力

空间重构不仅表现在二维地理平面形态的变化上，而且也体现在多维社会网络系统的升级上。社会网络系统是由不同级别势能节点（职业岗位、经济地位、社会身份等）和节点链接（各种经济社会关系）构成，节点层次及其效用水平与个体的自适应能力正相关（能力越强，占据的地位越高）。人们为了占据更高势能节点，通过学习、领会、竞争等行为，进行技能、知识、理念等方面的转变，以获取更高水平的适应、改造和创新能力，并在这种持续性的追求过程中完成对空间系统的建构（图9-1-8）。单一、同质的传统乡村空间，主体从事相似的农耕工作，经济、社会属性区别不大，网络发育程度很低，所能容纳的个体数量有限，系统扩张能力十分薄弱。体制改革打破了城乡界限，人口和资源要素得以自由流动，网络中的势能节点发育层次多级化、类型多样化、结构复杂化的发展态势日益显著，人口容量随之扩大。同时，占据节点所要具备的能力和水平要求较高，激发个体通过不断的自适应行为占据高势能节点，获得更高的自适应能力的同时也推动了经济社会效率的提高，并通过累积效应催生更多的新势能节点，从而实现整个网络系统的持续性扩张，吸引越来越多的人口参与。人口对自适应能力的持续性追求，使得专业分工、知识累积以及技术进步得到不断的强化，进而诱致了社会网络链的延伸和新网络链的形成，这一追求是空间系统升级的势能来源，也决定了空间重构程度与质量。

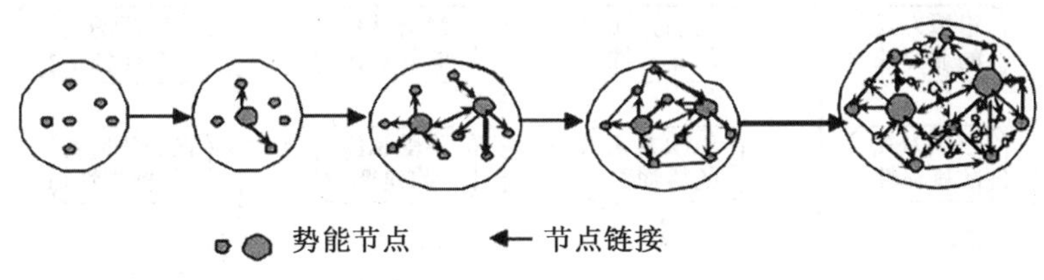

图9-1-8　社会空间网络系统发育过程

资料来源：编委团队自绘

（二）村民主体作用的主要途径

1. 自主建造

自主建造是指在村庄空间营建过程中，以村民为主导的一种空间营建模式，这是当前绝大部分传统村庄建筑形成的主要方式。与自组织建造、自发性建造等强调组织方式排他性的概念相比，自主建造更强调村民在空间营建过程中的主导性，这种主导性与组织方式没有必然的联系，允许出现他组织形式下的自主建造行为（图9-1-9）。所以，自主建造行为并非没有约束，而是在宏观调控引导下的建造。自主建造过程存在着广泛的合作性，并不强调建造者的独立性，而是可以通过集体建造、委托建造等方式实现。虽然村民个体自主建造行为对村庄整体空间的影响比较薄弱，但群体建造行为的累积效应就会对村庄空间格局变化产生很大的作用。基于主体立场的空间重构方式，最为显著的特征就是其发生的非线性，这也直接引发村庄空间形态的多样化。这是在地理、气候、社会、文化、经济、政治等多重要素叠加作用下发生的，任何要素的变动都会对整体产生影响。村民作为空间重构的主体，既受到外在客体因素的影响，又通过自身内源动力反作用于其他要素。因此，系统内部在出现一定程度的偏差和失稳时，会通过自我适应和调整实现自我修复，形成新的系统结构。村庄空间由大量子系统组成，这种自我适应过程贯穿其发展的各个环节，并驱动村庄空间结构向更复杂的模式转变和优化。基于主体立场的自主建造是一个动态的过程，它持续地影响着村庄空间重构活动，即使是在已经规划有序的村落，随着时间的推移，这种影响也不可避免。

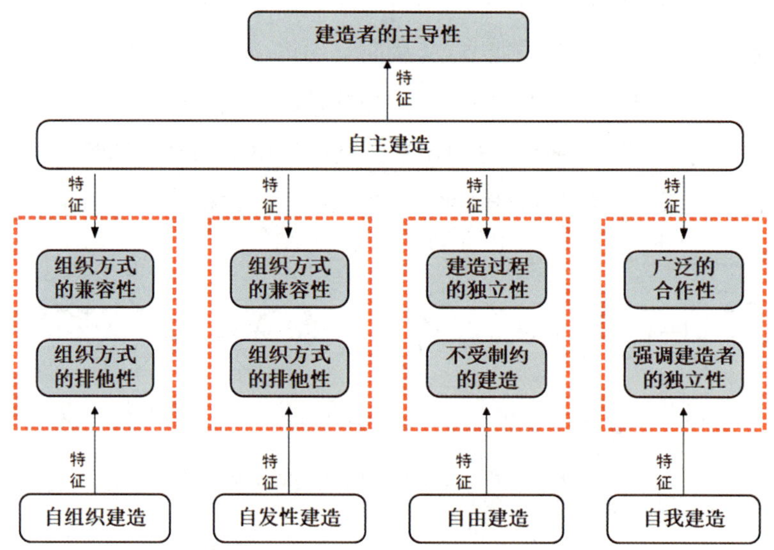

图 9－1－9　自主建造与其他建造模式的特征比较

资料来源：贺龙，《乡村自主建造模式的现代重构》，天津大学博士学位论文，2016 年

2. 规划参与

随着乡村振兴战略的逐步落实和展开，村庄规划的空白会被逐步填补和完善起来。虽然当前城市规划的公众参与问题尚有很多薄弱环节需要改进，在理论上也有很多亟待充实的地方，但是，相对于城市而言，村庄系统比较简单，面对的居民主体规模较小，类型也不是那么复杂，主体性比较容易被激发。所以，我们认为，城

乡规划的公众参与可以尝试从村庄层面开始。其实，公众参与问题并不能一概而论，参与程度和参与领域的不同直接决定其发挥作用的效果。一个良性的空间规划首先应该是一个具有可操作性的规划，可操作性的关键就在于参与“主体”的界定。将村民纳入村庄规划，并将其作为参与“主体”，并不是说由其主导整个规划过程，这显然是不现实的。将其作为参与“主体”的真正含义是，规划的基本立场在于村民。将村民纳入其中的最终目的就是要保持规划的村民立场，也就是保证规划的制定和实施能够符合村民主体需求，顺应村民主体发展规律。所以，村民通过规划参与也必然会成为发挥主体作用、影响村庄空间重构过程的重要途径。

3. 村庄自治

一个聚落空间从规划建设到实施管理的良性运营，都离不开科学的治理框架与制度体系的建立。不论是用地的集约利用、开发强度的适度调整、建筑质量的保证以及公共空间建设的物质空间秩序的建立，还是生活生态健康、邻里和睦、关系良好等社会空间秩序的建立，都需要纳入统一的制度规则中才会得以实现。村庄是中国管理体系结构中最基层、规模最小的空间管理单元，社会结构相对简单，规则秩序模式的调整和改变相对容易一些，是对新型治理模式进行创新、试验和摸索的最佳场所。村庄自治是一种以村民主体自我管理为核心、以外部干预为引导的治理模式。村庄自治的空间重构主要体现为“自组织”生活空间的拓展。当前村庄空间重构主要受上层力量塑造的巨大影响，体现出很强的外向性和现代性特点，但主体生活是基于社会内在发展需要的，即日常的经济社会生活生产活动仍然具有较强的内向性和传统性。其中明显存在错位和脱节。村庄自治就是要以民代会、业主委员会、社区参理事会、邻里中心、街坊会等不同形式的民间组织为依托，参与乃至是主导村庄空间从规划、建设到实施、治理等整个过程，通过多种交流平台的构建，可以代表民众与上层进行对话沟通，对外维护民众利益，对内协调成员关系。这种治理方式更具“社区”本质，在这种治理体系中，主体基于共同理念和利益联系而形成的交往规则，往往可能要比政府基于外部制度安排进行的管理更加有效。

（三）村民主体作用的影响因素

1. 体制力影响

各级政府通过政策制定、规划组织以及制度体系构建的手段影响和推动着村庄空间的发展。虽然伴随着政治经济体制的转型与过渡，村庄空间营建的组织和资源配置将会摆脱单独依靠政府的情况，市场化的影响幅度会日益提升，但由于市场经济体制的完善并非朝夕之功，政府主导的空间营建机制将在今后相当长的一段时间内仍然存在，利用各种管控手段调动地方资源直接推动空间重构。其间，行政主导人员等因素变更往往会导致空间重构方向具有一定的不确定性，比如领导换届，空间规划就可能会发生调整和改变等。另外，从上到下的行政区划调整也是导致空间重构变革的重要手段。

2. 市场力影响

从市场化角度来看，空间既是一种生产资料，也是一种消费对象。中国城镇化发展趋势在于通过经济要素流动和空间资源优化破除城乡二元结构，让单一的政府主体行政性手段渐渐淡出资源配置领域，各种团体以及个体进入市场经济网络体系中，成为与政府共同推动社会发展的多元力量。各方力量在利益需求驱动下，通过空间决策、扩张、控制、竞争、协调等方式影响着城镇化空间组织的演变。当市场调控力度大于行政干预力度的时候，资本在村庄发展中不仅是一种经济资源，更会以空间生产方式直接介入其空间重构过程，成为村庄空间重构的主要干预力量。

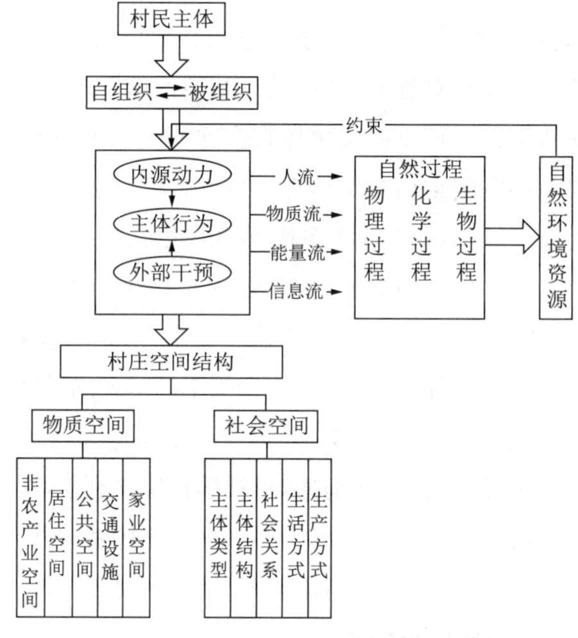

图 9-1-10　村庄空间重构机制示意图

资料来源：编委团队自绘

3. 社会力影响

伴随着城镇化的快速发展，中国城市社会主体（某种属性相近并具有一定规模的社会群体）结构发生了剧烈变动。原来以行业类别划分为主的稳定平面结构在频繁的人口流动中逐渐瓦解，取而代之的是一个动态的多维、多层分异的复杂网络化结构。作为主体建构生存系统的基本空间单元，蕴含着经济资本、利益关系、社会关系和日常活动等多重意义的村庄社区也逐渐打破了以生产组织功能为主的空间壁垒，向开放复杂的多样化组织模式转变，通过分异、隔离、演替、混合等演化形式响应着主体结构变迁，进而影响着整个地域空间的机能运作和社会协调（图9-1-10）。

第二节　顺应村民主体转型的田园村庄发展思想

特殊的时代发展背景决定了中国村庄规划建设刚起步就成为全国各界领域关注的热点，路径选择和态度取向在很大程度上决定了现实与理想之间究竟有多少距离、有多少迂回。制约的产生实际上都源于各种外部力量试图替代村庄空间演变中蕴含着的各种“内在”逻辑，忽视了主体自身的能动性。主体视角下的田园村庄营建研究的核心意义恰恰在于立足于村庄空间重构的自身发展规律，还原村庄空间承载的本初意义，尊重村民的主体地位，营造适应人民日益增长的美好生活需要的、具有村庄特性的空间环境。这就要求在村庄空间决策、规划以及建设过程中，围绕“主体”进行目标体系和发展思路更新，在此基础上提出与乡村发展相适应的发展理念体系。

一、村落与自然的和谐共生

村庄空间营建必然是要依托于一方水土，村民的生息繁衍与这方水土息息相关，形成极具地域特色的社会文化。居者择地而栖，依赖大自然给予的物质资源，又承受着自然环境的制约和影响。村庄空间发展基本来自地域环境，其间渗透着村民在建造中对大自然最质朴的回应，承载着其原生传统的生活方式。随着生产力和技术水平的不断提高，在村庄空间中世代繁衍的村民其行为自由度越来越高，在与自然生态的关系中，逐渐从最初的顺应者变身为攫取者，更加快速便捷地获取资源的同时，也制造、排出越来越多的废物。原本自给自足的生活方式被完全颠覆，利益驱动下的过度建造和日益强化的单向索取必将引发生态系统失衡，使得地区发展前景堪忧。与城市发展不同，村庄生态环境的意义不仅在于生活品质的上层追求，还在于生存供给的基本保障，因此自觉调控自身行为，确保与自然的和谐共生，显得尤为重要。和谐共生的发展观的根本意义在于将村庄空间营建视为一个连续发展的动态过程，不仅要关注村庄营建之初的状态，还应将后续的空间生长

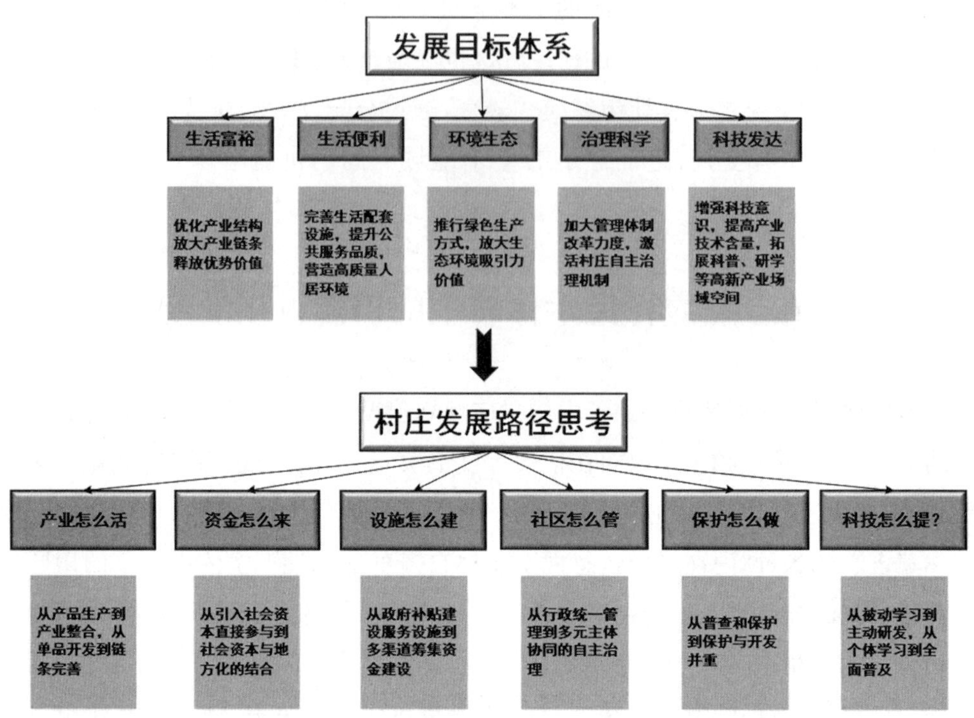

图 9－2－1　田园村庄发展路径推导思路

资料来源：编委团队自绘

过程纳入考虑范围。在这种理念下产生的空间形态应该是与生态环境有机结合的，其中表现出来的是与所处环境的关联性、适应性与和谐性。和谐共生的空间系统中每个子系统都能从不同角度清晰反映系统的整体特征，它们相互联系又彼此独立，在形态中表现出强烈的同构性和类似。正因为如此，规划建设者可以从众多要素的集合中寻找存于其中的相互关联及其内在机理，由此进一步挖掘村庄空间可持续发展模式的条件和基础。

二、集约性与乡土性的适度调配

土地、生态环境等自然资源是村庄空间营建的基础，其承载力、有限性等决定了村庄建设必须以保持生态平衡为前提，失去了这项发展优势，村庄的发展根本也就消失殆尽了。近年来，随着城镇化速度的持续加快，城乡建设力度越来越大，对土地资源的需求也在日益膨胀。有限的资源与需求的无限增长形成激烈的发展冲突，人地矛盾日趋尖锐，土地资源保护成了关系地区经济和社会可持续发展的全局性战略问题，也是村庄综合规划亟待解决的关键问题。传统的村庄空间布局是一种低密度低效率的分布方式，占用了大量土地的同时，也造成了很严重的环境污染，这是与集约发展思想相违背的。现代化村庄建设是基于集中高效原则构建团块式布局的，有完善的配套设施，生活废物都会被集中处理，但是很多建设失去了传统空间特有的乡土特质。产业发展、住区建设等既要坚持把改善生态环境、提高土地利用的经济效益与合理的承载力相结合，又要保持村庄的传统空间特色。如何兼顾集约性和乡土性，是现代村庄建设中一项费思量的现实问题。这需要在对空间发展现状及内在规律的全面正确认识和对变动趋势的科学判断基础上，借助规划建设理念和技术更新，把握好两者之间的度，选择合适的构建方法，寻求破解之道，实现集约性开发与乡土性保护的适度调配。

三、生产性与生活性的有机融合

自给自足的小农经济已然不能满足村民日益增长的生活需求，依托更大的市场经济及区域条件，才是村庄长远发展的必然选择。村庄空间优化的关键不在于静态的物质化布局和建设，而在于经济社会的长足改善。对于村民而言，好的生存状态是“安居乐业”，既有舒适便利的居住条件，也有保障经济的就业条件，只有生活和生产的双管齐下，才能保证主体生存状态步入可持续发展的良性轨道。产业经济发展是保证居民就业的根本，更是村庄振兴的基本动力。当前农村产业效益低、村民收入少、村庄发展慢，是制约经济发展的根本问题。配套基础设施和服务设施不完善以及经济社会生活水平落后等现象，都激发着村庄愈加强烈的发展经济和建构多元产业的冲动。然而，以往村庄地区所遵循的以第一产业发展为准则的发展理念已在逐步弱化，新的产业结构形态和劳动力转移方向尚不明确。但是可以肯定的是，未来村庄的发展将围绕“一产”基础，形成“二产”和“三产”并重的结构格局。随着体制束缚的解绑，村庄的土地成本、生态环境等优势将会加速“二产”和“三产”的落地和崛起。大力推进农业产业化，建立起城乡一体、协调发展的农业产业化经营机制，同时适度多元发展，是解决“三农”问题、加快村庄经济发展的根本出路。在这个过程中，应时刻把握村庄发展优势，构建具有“村”性的产业体系，而不是模仿乃至复制城镇产业模式，只有找到正确定位，形成与城市相互补充和促进的发展态势，村庄才能找到长久良性的生存空间。村庄产业结构转型必然会带动村民生活状态的改变，围绕农田展开的小农社会生活逐步解体，提高村民现代化意识，引导形成与现代村庄经济形态相匹配的生活模式，也是村庄良性发展的必然过程。也就是说，不仅要提高村庄的人居环境质量和经济水平，还要提高村民生活的现代文明程度。这是更高层级的发展要求，也是村庄健康发展的必经之路。

四、现代性与传统性的相得益彰

世代村民生活累积而成的村庄空间场所，往往在选址上巧借自然地势，与农业生产空间也相得益彰。朴素的原生态环境观是村庄保持自身特性的思想支撑，传统特色的延续是村庄保持地域个性的关键。但是，随着现代产业体系和生活形态的逐步形成，传统的村庄空间格局必然会表现出一定的不适应性。如何将现代的生产生活形式与传统的空间形式有机融合，是当代村庄规划建设的重要课题。要营建具有传统气质且能适应现代生活需要的村庄空间，还要依靠先进思想理念及技术创新能力。村庄空间对气候、资源、地势、生态等自然因素与经济、社会、民俗等人文因素的应对，如同生物遗传信息一样反映着特定地域的特质。对于村庄空间营建技术，应基于这种特定的地域基因，通过对传统技术的把握将其衍生为符合现代生活的适宜性技术。首先，村庄空间规划应充分尊重原生的生态基层条件，注重资源节约，采用绿色能源，使其不会超越生态环境的承载能力，最大程度降低生活成本，使村庄循序渐进、可持续化发展。其次，采用能反映地域特色的建筑材料和建造方式与技术，落实到现代村庄空间规划设计中，坚持村庄建设有机更新，空间形态和建筑风格充分与环境相协调，维护和复兴地域特色与乡土个性。

五、主体介入与上层管理的协调组织

村庄空间营建参与者包括村民、政府、规划师以及其他团体组织等，每一方都在其中发挥着自己的作用。其中，最关键的是作为主体的村民和宏观调控者的政府。两者作用力结构的不同，形成了两种完全不同的作用模式：一种是自上而下的政府主导型，一种是自下而上的村民主体型。在很多发达国家，村庄规划建设经历了“政府主导型—村民参与型—村民主体型”的发展模式转变过程。要实现村庄规划建设模式的良性转变，首要是明确和体现村民的主体地位，并形成较为具体详细的工作分配模式。将村民纳入村庄规划建设体系的程度不同，所产生的效果必然也是不同的。由村民参与型向村民主体型工作模式转变的关键在于规划建设的主要话语权是只在政府手中还是同时掌握在村民手中。村民参与型主张的是由政府主持和负责规划建设的全部事物，采用各种方法和技术手段调控和引导村民参与局部工作过程；而村民主体型主张村民在规划建设思想上的自主能动性，要求村民自己提出村庄发展方向，确定规划原则，由政府以及其他参与者进行协助和支持。

两者具有本质的区别。纵观我国村庄规划的公众参与发展过程，至今仍然是处在政府主导型向村民参与型的转化过程中，而且村民参与始终停留在方案公示和方案实施阶段，表面上获得了知情权和监督权，实际上是被动的知情与监督。要将最应有话语权的空间使用者——村民真正纳入村庄规划建设体系，发挥主体作用，实现多元主体协同的规划建设模式，就不仅要从规划设想阶段将村民的认知特征纳入进来，同时还要鼓励村民参与规划目标确定、方案选择等重要程序环节。这就需要构建可以顺畅沟通的平台，提供尽可能多的途径让村民去了解规划的意义，提高自身素质，参与规划方案定夺，开放营建的构架，建立适合地区发展的公众参与方式，努力实现以村民为核心的实施模式。这个过程并不是简单地遵循村民意愿即可，而是要结合其权益诉求，提升其主体意识，在参与中通过激励的方式强化其参与积极性和能动性，从而最终实现村民生活家园的合理营建。

第三节　契合村民主体需求的村庄规划策略更新

一、调研策略更新

对于村庄规划来说，前期调研就像烹调美食的食材准备阶段，只有充分了解每种食材的特性、价值，才能物尽其用，烹煮出美味营养的大餐。要编制出适应主体需求的村庄规划，前期调研的充分性、合理性以及科学性是至关重要的。对事物表象的考察理解和领会表象下的空间本质，是科学研究的必要前提和基础，没有对表象事物充分的感性认识作为基石，就无法系统地对村庄空间本质进行理性解析。传统规划调研中，规划编制者往往存在固化的思维模式，想当然地有选择地调查，用主观的理念逻辑来套割空间发展的实际逻辑，调查的结果会存在片面性和虚假性。要防止这种问题的出现，就要进行“驻村体验”，让自己去融入要规划建设的空间中，用被调查者的视角去观察和理解这个空间，这样才能摸清空间发展的真实逻辑。

（一）技术交流壁垒的削弱

有经验的规划师都非常重视现状调研，这是规划工作的必要前提和重要基础。但传统的蜻蜓点水般的实地调研，只能看到表象问题，并不能真正了解其真实内在，在此基础上编制的规划成果往往可操作性并不高，这是当前村庄规划存在的普遍性问题。村庄规划不单是一种技术性工作，更多的是一种社会性工作，要透彻地掌握和理解一个空间，不仅要看到它的物质外形，更要摸到它的社会发展脉搏。"驻村体验"提倡规划师不仅要进入，更要融入所要规划设计的空间场所中，去亲身感知和体验空间内在，即生活在这个空间中的人的生活状态，在解读来自各方各面的信息基础上，进行综合分析和提炼，以从根本上把握这个空间场所的真正需要。这不仅是一种进行现状调查的技术方法，更是一种空间研究分析的朴实思想。这种调查不仅能了解到村庄经济、社会、土地、人口等方面的情况，更重要的是能真正发现村庄发展建设中最急切需要解决的问题，逐步明确工作思路和规划内容。通过"驻村"可减弱技术专业交流的生硬性，加强与村民的平实沟通，便于技术的传播与认可。"驻村"从行为和态度上降低了规划师专业地位高高在上的姿态，使村民感受到其平等对话的诚意，从而促进村民在情感上的接纳，深化与村民思想上的交流，削弱了规划设计本身技术专业性带来的交流壁垒。

（二）主体导入渠道的构建

村民作为空间规划建设的主体，地位是不可动摇的，但也要充分认识其教育水平有限、专业知识缺乏的现实问题。要打通主体参与渠道，首先要增强规划师与村民的情感培养，实现两者的无缝对接。要使被调查者积极主动配合调查工作，就需要规划师投入大量情感，营造一种融洽的调查气氛，这样才能架设调查双方之间相互沟通和交流的桥梁。"驻村体验"调查中，一方面，要采用不同的方法手段降低专业知识的学习门槛，将专业性较高的技术规范标准等文件转化成村民能听得懂的语言，并用村民能理解的表达方式与之交流；另一方面，要深入村民日常生活，提高村民的主体意识，激发其参与规划建设的积极性，比如少用集体座谈的方式进行调查了解，多采用点对点的方式进行，因为村民一般不太乐意在人多的地方多说话，点对点的频繁交流，不仅可以让被访查对象放松下来，而且还有助于释放其交流热情，提高访谈深度。规划师只有通过"驻村体验"，与村民建立一定的感情联系，打破交流障碍，使村民从不愿交流到乐意交流，由此得到最真实的一手资料，才能对现状基础做出正确认识，对变动趋势做出科学判断。

（三）调研信息解读的深化

村庄空间是一个完整的系统单元，保持着世代沿袭的风俗习惯和思想意识，有着其特有的传统。相对于城市来说，村庄空间系统相对简单，社会结构主要由血缘关系、地缘关系、业缘关系以及两种以上关系混合等形式维系，这些关系形式表现出较大的封闭性、稳定性和传统继承性，我们可以用"熟人社会"来概括其根本特性。规划师通过“驻村”体验，将自己融入这个“熟人社会”之中，可以充分体验和感受这种关系结构。这里所倡导的规划调研虽源自体验和感受，但决不能仅限于此，而是要力图走向系统、深层和独立，在全面把握实态的运作中理解其内在的规则和逻辑。要实现这个目标，规划师就不仅要使自己成为“熟人社会”的一分子，聆听村民发自内心的声音，充分了解村庄空间的真实内在，还要在此基础上，运用自己的专业技能对其进行综合、提炼和归纳，摸清其中的真实逻辑，才能将之应用到规划编制工作之中。

二、技术策略更新

田园村庄规划技术策略更新要求以当前乡村振兴战略方针为依据，符合国家的政策倡导以及新时代对村庄建设的要求，以生态环境友好、产业结构优化、用地空间集约、村民意愿匹配、地域个性彰显等理念作为规划基点，强调从生态基质、物质空间以及经济社会三个维度进行规划策略的技术解析。其中，生态基质的保护与利用是保持村庄自身特性和可持续发展的必要保障，物质空间的规划与设计是满足和落实主体生存需求的主要依据，经济社会的调控与引导是提升村庄营建中“人本”关怀的重要途径。

（一）生态基质的保护与利用

生产力的提高，特别是科学技术的不断进步使得生态环境对村庄空间营建的影响慢慢变弱，人们具有更高的自由度与更低的选择面，引发了对生态观念的相应转变。传统的对自然的敬畏心消失了，建造技术的提升与广泛应用不仅带来了生活条件改善的现实状态，同时改造力度的不断加大也带来一种不可逆转的生态破坏行为，为发展的不可持续性埋下了很大的隐患。村庄之所以为“村”，是因为它不同于“城”，它有着与自然更加贴合亲近的空间纹理和界面，生态基质是其发展的根本，破坏了这个根本，那“村”就会丧失本性，丢失自我。那些在各种利益驱使下对环境的蓄意破坏和对资源的肆意浪费只能是村庄发展的倒退，而非进步。现代村庄空间营建应充分借鉴传统理念，结合现代化建造技术对传统手段进行再整合与再利用，创造性地完成传统到现代的延续，最终在良性发展中实现生态基质的可持续性保护。

1. 生态用地的安全界限设置

村庄的空间格局大多是以大面积的生产空间包围生活空间，用于农业生产的土地面积往往比承载村民日常生活活动的土地面积要大几倍以上。这部分用地既是实现生产功能的载体，也是保证村庄生态安全的重要资源。村庄在实现转型的发展过程中，随着经济水平的不断提高，建设过热的现象是有可能发生的，一旦超过了生态安全界限，那么，村庄的“村性”将慢慢消失殆尽，一系列发展问题也将随之而来。村庄发展所倚仗的就是广大的生态空间区域，满足生产、生活需要的资源与要素都取之于此，自身的“乡土”特性也主要由此体现。村庄发展不仅要考虑自身经济社会作用的因素，更要充分考虑与周围的自然生态环境相适应，营造一种宜居的村域空间环境。因此，设置生态用地的安全界限，保证一个安全稳定的村域生态空间，是村庄与自然环境保持着良好的次序与和谐共生的“互动”的必要前提，是促进村庄可持续发展，体现村庄规划的“村性”视角的重要环节。安全界限可以依据生态安全敏感程度评价进行设置，具体操作过程可参考如下步骤：① 根据地区自然、经济和社会发展现状划定敏感度等级；② 根据敏感度影响因素分析确定评价因子；③ 选择适宜的评价模型，构建评价体系；④ 导入数据进行测算；⑤ 将测算结果在空间上落实，并结合发展需要进行安全界限划定。安全界限一旦被划定，就应该作为强制控制的高压线，以坚决杜绝任何突破的可能。

2. 因地制宜的建造技术选择

现代建造技术使用高科技技术材料和工业化预制的建造方式，强调系统化以及参数化的整体设计和建造，使用高科技建筑材料，建筑风格上体现了简约的功能主义美学效果，而传统建造技艺是来源于民间世代经验累积的本土化成果，具有较为鲜明的个性和特色，就地取材，乡土化建造，成本低廉，体现了立足于地域背景的乡土风貌。田园村庄的营建并不是要在两种技术倾向中辨别优劣，乡土化的不一定是落后的，现代化的也不一定是完全适宜的。两者之间的抉择，应基于本土环境与条件，综合考虑社会状况、经济条件、建造环境等因素，实现成本适宜、实施方便的技艺组合是两者组合协调的共同目标。传统建造技艺的应用并不是原封不动地继承和照搬照抄，而是要加以改进和提升。当前有很多建筑设计者在尝试运用新型设计理念进行竹、木、生土、石等传统建筑材料的建造和组装，也有人尝试运用传统建造技艺进行新型建筑材料的建造，或者将传统建筑材料加以改造，使其焕发新的生机和功用，比如利用秸秆和卤水制备高性能建筑保温材料等。这些都是试图将传统与现代相结合的有益试验，也是运用和提升传统建造技术的有效途径。

3. 生态节能的建造技术应用

在城市生态环境恶化、资源消耗日益加重的现实背景下，为避免村庄发展也陷入类似的困境，应在营建过程中积极采用生态节能技术。具体包括：① 被动式房屋技术，即基于被动式设计而建造的节能建筑物，旨在利用优质的保温墙体，创新的门窗技术，高效的建筑通风、电器节能等手段保证以非常小的能耗保持室内温度的恒定性和舒适性；② 家用小型"人工湿地污水处理"，即一种低投资、低能耗、低处理成本和具有较好氮磷去除功能的废水生态处理技术，主要是利用湿地中基质、水生植物和微生物之间的相互作用，通过一系列物理的、化学的以及生物的途径净化污水；③ 被动式建筑设计，即采用非机械设备手段实现建筑能耗降低，通过对建筑朝向的合理布置、遮阳设置、建筑围护结构的保温隔热技术、自然通风等手段实现人体舒适所需要的温度、湿度和光照等。除此之外，还有应用太阳能技术、风能技术、垃圾再利用技术、中水循环技术等。

（二）物质空间的规划与设计

物质空间的规划与设计就是把经济、社会、文化以及生态等要素形态投射在地理空间上，从最根本、最直接、最易于操作的用地载体层面，进行各种功能、结构、关系以及建筑、设施的研究与探索。村庄空间重构的外在表现就是对其有形的物质世界进行有目的的规划设计和营建，这是将主体认知与物质存在进行对接的主要渠道，也是满足主体需求的基本手段。要想从根本上实现物质空间规划设计的真正价值，首先得明确"村民"的主体地位，将社会科学领域下制度、经济、文化、心理等方面的理念纳入自然科学领域下的工程建设之中。这一过程应围绕村民认知、需求以及行为的具体特征以及空间形成的内在机制确定，遵循从宏观到微观、从整体营建到细节表达的路径，分阶段实施，逐步深化，以实现问题到方法、主观到客观的全面转化。

1. 规划技术体系的优化

科学合理的规划体系是空间良好发展的重要依据，这就要求在构建村庄空间协调机制过程中，对现行规划技术框架体系进行优化。这并不是硬要生造出什么新的规划形式，而是要结合时代发展要求，用新的理念、思想、路线以及模式去调整和优化原有框架体系结构，加强体系刚性框架的控制力度和深度，提高体系弹性框架的引导韧度和广度，形成技术规范、运营良好、管理科学的新型规划技术体系，以便更加灵活而准确地对村庄空间发展进行导控。规划技术体系优化路径包括：规划任务从"项目安排"转变为"调控引导"；技术思维从"先图后底"转变为"先底后图"；协调范围从"城乡分割"转变为"城乡统筹"；调控目标从"单一增长"转变为"全面发展"；功能布局从"用地均质"转变为"用地异质"；设计模式从"问题导向"转变为"成因导向"；决策过程从"至上而下"转变为"上下结合"；规划职能从"技术文件"

转变为“公共政策”。

2. 村域用地的控制与引导

作为空间运营的基本要素，用地结构是表现自然大地生态系统与人文社会生命系统关系的主要载体。每个村庄的用地系统都是国土生态系统安全网络的重要单元。经过漫长的与自然环境相互适应、调整和发展的过程，传统村庄的用地结构形成了与自然环境有机融合的空间纹理，维持着村庄的生态系统平衡与健康。随着经济社会的全面转型，原来的平衡必然会被打破，新的平衡状态有待建立。这是一个关系村庄地区用地结构方向的关键阶段，如何合理控制和引导用地结构，是直接影响现代村庄空间能否重新融于自然环境系统，建构新的村庄生态格局与生态体系的重要前提。具体策略如下：① 进行主体功能区划分，以资源环境承载能力、现有开发密度和发展潜力等要素综合分析为基础，以自然环境要素、社会经济发展水平、生态系统特征以及人类活动形式的空间分异为依据，划分出不同主体功能的地域空间单元；② 用科学计量的方法预测建设规模需求，划定建设空间范围，并根据村庄发展趋势决定预留空间规模；③ 构建各种渠道，引导空置房屋设施再利用，适度促进规模小、空心化比较严重的聚落整合聚集，科学地进行旧村拆除、旧宅基地还耕等。

3. 聚落空间形态的差异化更新

村庄营建的关键内容在于聚落空间的更新与重建，这要受到体制约束力、经济推动力、城镇辐射力以及民众意愿力等很多作用力的共同影响，不同发展条件下的村庄聚落空间更新模式应有所差别。更新模式的选择与决策应符合村庄空间演化的“自组织”秩序和“他组织”规则，遵循空间系统内在相对均衡有序的演进规律。根据国内已有经验，可以将其更新模式分为 5 种：

（1）微调式更新

保持聚落的边界基本不变，通过更新聚落的网络机能，完善聚落的公共设施配套，提升聚落的居住品质、人口凝聚力，推动人口密度和用地效率的提高，以达到集约化用地的目的。该模式一般适用于具有历史文化特色丰富、地域特色显著、区位优势明显或者环境空间容量基本饱和等特征的村庄聚落更新。这些村庄聚落一般需要保持和维护原生空间纹理，坚决避免大拆大建。就边界系统而言，聚落边界应该保持基本稳定，切忌盲目扩张，邻里边界和宅院边界可以根据需要进行适度调整；就空间形态而言，应着重刻画原生聚落空间的纹理特色，对局部进行优化和提升；就内部建筑和设施而言，应遵循原生态个性，用新技术修复旧风貌，用新功能激活旧建筑。

（2）整理式更新

对聚落空间现状进行梳理分析，根据空间质量水平进行评级定类。对不同质量水平、不同类型的空间采取不同的应对措施。对年代较近的、价值较高的以及特色较为明显的建筑设施予以保留，进行必要的修复和翻新；对年代虽然较远，但质量尚好的建筑设施进行改造；对于破损严重、功能不再适用以及破坏空间秩序的建筑设施予以拆除，择址另建。

（3）嵌入更替式更新

很多村庄都是一种自然村点分散布局的空间形态，需要在确定中心村基础之上，有重点地逐步梳理引导空间集聚，这个过程不仅需要空间内部更新，也需要整合原来游离于聚落边界之外的零散农居，通过新建单元的置入，与原有单元相互交织，重新构建聚落边界。新建单元的选址、环境容量的考量以及新空间边界的确定等都需要逐项规划落实。

（4）核心扩展式更新

对于已经具有一定发展基础和规模，运行良好且环境容量充足的村庄聚落，进行培育、提升与扩展式的更新。重点对空间内部进行优化，完善空间功能，提升空间品质，增强空间凝聚力，以培育、引导和调控等软性手段提高空间的自我生长能力。

（5）整合聚变式更新

水网密集的平原地区往往会形成布局零散、单元规模小、密度高的自然村点聚落分布形态。这种聚落系统中，一般没有形成具有带动凝聚作用的重心，需要通过新的空间单元植入，培育核心，以实现零散聚落的全面整合。这个整合过程中，核心的培育至关重要，以开发密度、开发强度、形态特征以及景观风貌等为表征的空间建设方向是未来整合过程的建设标杆，决定了整合后的聚落空间质量。这种模式是对村庄空间的彻底重构，或是基于原有聚落链接的低密度整合，或是全部重迁的高密度整合，整合后的空间形态因整个强度和方式不同形态各异，可包括链接整合型、网状整合型以及团状整合型等。

4. 内部空间要素的重塑与优化

（1）重塑邻里单元，细化空间尺度

作为村庄空间组织的最小单位，邻里单元是与日常生活关系最为密切的基本居住单元，是具有一定规模的相对独立的集体性家庭生活场所，是具有较为清晰边界的、最基本的公共生活空间。在空间单元内的村民经过长期而频繁的互动交往，形成较为稳定亲密的邻里关系，构成村庄社会关系的基本组成。而邻里单元重塑优化的具体技术策略包括：设置适度的空间规模和合理的空间尺度；打造利于邻里沟通的交流场所和平台（公共空间、公共活动等）；结合广场空间、绿地空间以及步行空间等不同形式的公共空间，打造具有连续性、系统性的整体公共活动带，带动整个村庄社会的内部联系。

（2）回归院落空间，界定场所领域

连接公共与私人过渡空间的院落空间的构建意义在于界定私家空间的边界，防止因为个体的乱搭乱建行为导致村庄原有空间秩序的失衡。具体技术策略包括：院落形式根据要素内容灵活组合，根据主体生活需要机动选择；院子朝向尽量以南向为主，可以根据需要辅以内院、天井或者后园等；确定庭院空间规模，保证其与外部道路的必要距离，以强化私人空间的专属领域感；内院、天井、后院等辅助性庭院空间尺度以宜人为主，能有必要的功能划分；采用适宜的方式进行庭院围合，界定边界。

（3）继承建筑形态，创新建造技术

建筑是围合和表征聚落空间的主要要素，也是体现空间风貌的主要载体。建筑形态的延续性是保持村庄自身特点和个性的重要前提。而对建筑形态加以优化的具体技术策略包括：提取表征建筑形态特征的主要要素，进行类型归纳和分析；甄别现状要素中的正统与嫁接部分，去伪存真，揭示和把握能够体现地域传统基因的主要特征要素；在保留原有“地域基因”的基础上使材质及细部处理突出精致化的特征，并在建筑创作中强调等价有效方式的适度互换，即传统模式无法适应和满足建造需要时，选择相对成熟高效的、能够与本土环境相融的现代建造方式予以替代；避免僵化套用或纯粹地自我表现，应立足现实情况，发掘既有方法优点，灵活有效地进行组织创新，以适应日益变化的主体需要。

（三）经济社会发展的调控与引导

1. 产业经济转型路径的选择

盐城农业发展的结构性矛盾是比较突出的，农产品阶段性的供过于求和供需不匹配的现象并存。究其根本，在于传统农业生产链条短，结构单一，没有形成产业体系。从整体来看，传统村庄向现代村庄的转型，就是要从根本上改变传统农业经济发展模式，围绕现代农业，引入二、三产业发展，优化产业结构，形成具有区域经济带动能力的产业链乃至产业网络。曾经带动区域经济增长的苏南乡镇企业、珠三角外资企业以及浙东沿海民营经济等经济体的出现和兴盛都是极具代表性的村庄地区经济优化影响力的案例，这些经济性的发展因素深刻地改变了村庄空间格局与发展轨迹。这种产业经济上的转变是村庄空间重构的根本动力，是村庄社会转变的关键前提，也是村庄在自身建设过程中的一种必然选择。尽管盐城村庄发展没有特别优越突出的自然山水条件和丰富的历史文化遗址作为依傍，而且村庄产业化发展过程也不可避免地出现了很多空间、社会、利益等诸多方面的冲突和矛盾，导致耕地锐减、资源浪费、用地紧张、环境恶化等一系列问题，但是，乡村振兴追求的本来就是一个立足自我提升的长期优化过程，并不是一蹴而就的结果。盐城村庄产业未来发展方向必然是立足地域基础，遵循转化规律的产业链条延展，产业网络形成的不断完善。当然，不同的地域背景、历史背景以及经济背景等因素，会催生不同的产业转型路径。梳理现状，刻画发展轨迹，揭示产业转型路径类型，有利于准确把握村庄未来发展方向，从而形成有效的预判和规划方案。

（1）现代农业经济主导型村庄

现代农业经济主导型村庄往往具备较好的自然生态资源条件、良好农业发展基础和强势的农业产业化推动力。这种类型的村庄依据其农业发展方向及产业发展重点，可分为精细化农业型和规模化农业型。在村庄发展轨迹与动力机制引导上，精细化农业型重点在于结合地区自然条件、社会条件、农业自身发展优势以及把握当下市场需求，选择能够灵活应对市场变化运营模式，提高人员技术能力，提升产业技术含量，以生态、绿色、营养、特色产品为依托，树立商业品牌，构建集“生产—加工—包装—营销”为一体的系统化运营模式，形成能够带动村庄乃至地区经济发展的产业链和产业网系统。现代农业发展的另一个方向就是规模化农业经济。规模化农业型的重点在于“规模”两字，以产量大、成本低为主要优势。规模化农业型要顺应规模化、集约化发展，应该充分考虑地区农业发展的特点和要求，选择适宜地区生产的产品种类，保证合理的生产规模，注重机械设施的配备和更新，提升耕作技术，保证产品数量的同时也要保证产品质量，加强污染物处理，避免农业生产对乡村自然生态环境的污染和破坏。空间上采取农产品基地型的生产布局模式，避免分散耕作，逐步整合和集中聚居空间，将更有利于土地的集约利用和促进地区农业产业化和规模化发展。

（2）特色产业经济主导型村庄

特色产业经济主导型村庄是以与农业相关联的特色生产、加工制造和商贸业活动为主导，以由此衍生的交通运输、仓储物流、餐饮业等行业的发展为经济依托的村庄类型。此类型的村庄一般具有优良的区位优势，往往位于城市近郊或者靠近交通条件较为便捷的地区，如靠近高速公路、绕城公路等城市主要公路的两侧或交叉口处，从而形成和发展扩大。这种类型的村庄具有对发展空间需求较大，人流、物流等经济要素活动频繁，对交通依赖性很强，设施配套要求较高等产业发展特点，其建设与规划布局也就产生了不一样的特征与要求。首先，要与外部交通系统形成良好衔接，理顺内部交通道路，预留停车场、交通维修设施用地。其次，预留必需的用地空间，保证工商贸易活动，并为村庄将来的工商贸易业发展留有足够的发展余地。再次，解决外来人口居住生活设施配套，集中安排外来人口的居住，完善居住小区的设施配套服务，优化村庄商贸活动的环境。最后，需处理好工业的发展与乡村生态环境保护间的矛盾，避免机械化和工业化生产引起的粗放型发展模式，尽可能保持原有村落演进的时空界限，保持原村庄的自然风貌，将发展控制在合理的规模和范围之内，尤其要控制工业发展带来的环境污染，保持乡村景观生态格局的多样性、稳定性以及连续性。

（3）旅游休闲经济主导型村庄

旅游休闲经济主导型村庄主要包括具有优良的生态资源、悠久而著名的历史文化或优美的自然环境，并依托这些特色条件发展村庄旅游或承担地区内旅游接待功能的村庄。具备不同旅游资源优势的村庄其发展着眼点也不同，依托其自身特有的资源条件，具有不一样的旅游发展模式和发展道路选择，同时也会产生不尽相同的村庄建设与规划布局方式，但在保护旅游资源和维持旅游特色方面的思路是一致的，村庄的规划建设及空间布局应遵从村庄的旅游发展及其旅游功能充分实现的需要。旅游休闲经济主导型村庄的发展，首先应该注重村庄生态环境和自然资源的保护，对村庄发展的人口、用地和建设规模加以严格的控制。其次，注重村庄房屋的建造形态与村庄生态环境特征的协调，和谐的建筑形态及人文景观环境将会是对村庄自然环境很好的补充与烘托。再次，加强对村庄旅游基础设施的建设投入，以及对村庄环境污染的防治。而相对于以生态环境为依托的旅游型村庄，历史文化名村则更注重对历史文化的保护、宣扬和维系，村庄的布局要与原有的建筑形态和谐一致，在村庄内应杜绝出现任何现代型的、在历史文化遗迹中显得突兀且格格不入的建筑形式，避免产生对历史文化气息与文化氛围的破坏。

实现村庄经济振兴，关键在于焕发其以农业为基础的产业体系的内生活力，政策上应特别注重其生命力的激发、生长与更新升级，需要在充分认识村庄区位条件、经济基础、社会状况、地域个性和自身优势劣势等因素基础上，认真研究内在发

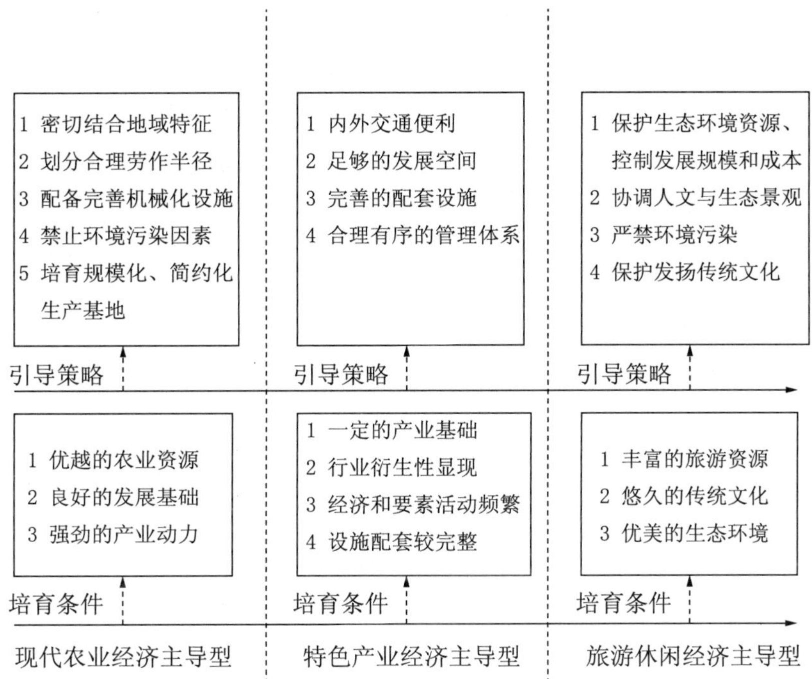

图 9－3－1　村庄分类发展路径引导

资料来源:编委团队自绘

展规律,探索适宜的发展路径。作为一项创新性的工作实践,村庄的产业振兴不应该均衡用力,需要结合强有力的载体梯次推进。有资源禀赋、人文积淀等优势的村庄更容易吸引产业要素集聚,发展成乡村振兴的龙头。分化差异,突出重点,在探索中改进发展思路,从“点”的小规模实践中总结“面”的整体经验。这并不是一个简单易行的研究过程,也不是某个村庄能够独立完成的,需要政府的宏观引导与调配。对于具有一定特色但基础条件比较薄弱的村庄,政府宜早期多介入一些,以防由于保护意识淡薄导致的村庄个性丧失问题;对于资源禀赋或发展基础较好的村庄,则可以减少直接介入,更注重发挥市场经济的作用;对于个性不明显,基础也比较薄弱的村庄,则应该注重培育其自身的具有先进意识、创新精神以及改革魄力的基层领导班子,引导其自主探寻村庄产业经济发展的适宜路径。

2. 村庄社会意识形态的分化塑造

社会意识是指人类群体对世界和自身的态度和信念的总和,包括哲学、政治、经济、文化及日常生活等方面的观点和信念。村庄社会人文层面的建设重点在于社会意识的疏导与塑造,物质空间可持续发展的关键也在于社会意识的提升与转变。村庄社会意识是随着村民主体性的自我觉醒而不断发生改变的,是建立在大多数普通村民文化素养和价值道德观基础之上的。随着与外部信息、文化、资源等要素的频繁交流，村庄社会意识也在村民认知和观念的不断改变中发生分化，传统意识正在被新兴观念代替。清晰认识村庄社会意识发展的层级与特征，辩证地看待传统与现代的关系，有助于在村庄营建和管理中做出最为恰当的应对措施。受学者对村庄文化形态类型界定的启发，本节按照传统意识受外来因素影响程度，将之划分为四类，即自意识形态、超意识形态、和意识形态以及融意识形态（图9－3－2）。

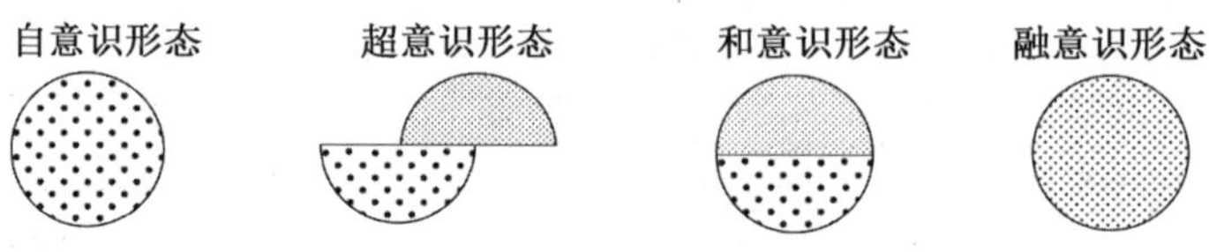

图 9－3－2　主要社会意识形态

资料来源：王韬，《村民主体认知视角下乡村聚落营建的策略与方法研究》，浙江大学博位学位论文，2014 年

（1）自意识形态

自意识形态表现为根植于乡土传统的原初意识形态，在较为闭塞传统的村庄中表现得极为显著。随着全球化、城镇化以及市场化的强力推动，绝对的自意识形态下的村庄已然很少了，尤其在开放度较高的发达地区更是少见，更多的是传统社会意识形态保存得相对完整、内在意识机制对村庄社会发展起主要作用的村庄。这是一种意识形态发展的初级稳定状态，虽然在长期发展过程中，内在机制相对成熟，但运行机制长期处于封闭状态，往往会导致社会活力缺失、社会文化落后以及社会管理专制的不良现象。

（2）超意识形态

超意识形态是随着村庄逐步开放，自意识形态受到外来因素影响后的最初表现形式，是一种处于自我批判中、对外来事物全部接纳的极不稳定状态，这也是中国当前很多发展中地区村庄正在经历的一种状态。外来意识侵入扰动了原本稳定的社会观念体系，促使了村庄异质群体的产生。保守的原生传统意识维护派与全盘接受外来意识的激进派在对抗与冲突的循环往复中形成动荡的对峙态势。在这种意识状态下，传统社会意识中的优秀因子往往容易被外来的思想淘汰和冲蚀，可能会导致社会意识的失范和本土化观念的认同度严重降低，从而出现一定程度的“崇洋媚外”的偏执心态。

（3）和意识形态

和意识形态是随着外来要素对本土村庄社会影响的逐步加深，所形成的较为稳定的社会意识形态，与传统社会意识有序并存但又相对独立。这些村庄的外来要素往往产生独立而又强劲的作用力。比如一些村落依托生态、景观、资源等方面的优势，引入外来资金，通过租赁土地或民宅的形式，推动“农家乐”、“民宿”、“度假村”等经济项目发展，或结合现代农业发展的方式对村庄空间的地域特征进行重新诠释和刻画。虽然这类新的空间形式可能会在短期内造成村民社会意识的波动，但经过一段时间的磨合与适应，二者在空间与意识层面往往会有序并存，并逐渐形成和意识形态，甚至完成向和谐互动态势的转变。

（4）融意识形态

融意识形态是外来要素与本土要素从最初冲突对立到调整适应再到有机交融过程的高级意识形态，是在和意识形态基础上达到相得益彰的和谐状态，包括传统意识的外延化和外来意识的本土化。不少村庄结合现代消费模式发展休闲娱乐以及慢生活体验式的乡村旅游项目，加快外来要素的流入和替代，形成古今意识与中西意识交融于一身的新意识形态，如盐城的甘港村和杨侍村等已成为融观光、商业、休闲于一体的休闲胜地，多种意识共生共荣，逐渐演化成为一种传统意识的发生机制，反映出融意识形态的层级特征。

综上，从意识分层的角度能够更加清晰地明确其发展轨迹，上述四类意识形态的变更可以抽象为以下过程：自意识形态长期的稳定态被外界因素介入，形成超意识形态；超意识形态经过内部要素的有序组织，会促使和意识形态或融意识形态的产生；和意识态异质意识机制的长期互动同样可转化为更为有机的融意识形态；融意识形态最终又会形成另一种新型的自意识形态，从而进入新的循环（图 9－3－3）。理解了四者的关联和成因，可以形成针对性的疏导策略，应对四种意识形态的转化（表 9－3－1）。

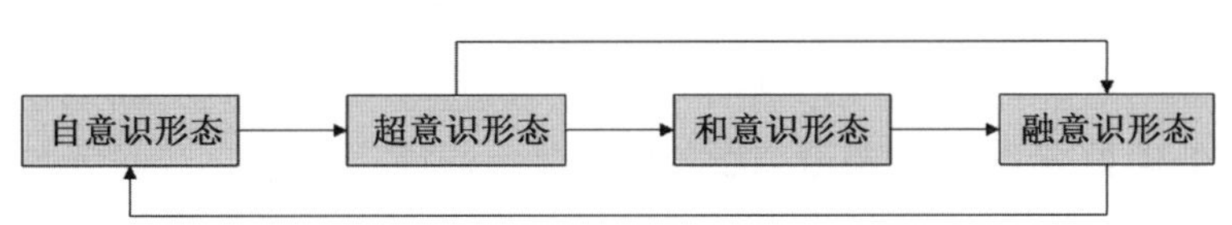

图 9－3－3　四种意识形态转换示意

资料来源：王韬，《村民主体认知视角下乡村聚落营建的策略与方法研究》，浙江大学博士学位论文，2014 年

表 9－3－1 四类社会意识形态的应对策略

	内在特征	外在表现	应对策略
自意识形态	一种本土传统意识的外显。意识承载实体在传统规范作用下产生的，是一种运作稳定的意识机制。意识性格具有封闭性和内向性，进化程度低。	完全自意识的村落现在是极其少见的，更多的是传统意识保存相对完整的古村落，民风淳朴，古宅建筑类型丰富。	作为一种相对稳定的意识状态，对于内在机制的理解和延续首当其冲，同时可适当注入现代要素，避免纯自意识形态在发展中变为一潭死水。
超意识形态	一种社会意识断裂的外显。意识实体产生于内外 规则的冲突下，长期处于此状态易导致价值体系的混乱和传统意识边缘化。	后工业化时代直接影响了村民的价值取向，当前大量“城镇式”、“洋化”等外来风格嫁接的村庄风貌的出现就是社会意识断层的物化外现。在开放度相对较大的发展中地区尤为显著。	尽管超意识形态可能造成意识断裂与混乱，但通过合理的引导可使其成为“有意义的混合”，以至于达到一种合文化乃至融意识状态。
和意识形态	超意识形态被整合逐渐内化成为与传统意识共存的复合体，在该意识实体内就有可能形成一种新的良好的意识机制。	如有的村庄有大量村居成为美、韩、英等“老外”的“洋家乐”，其外形别致、迥然异于普通民居，却不失村屋的风味，二者相得益彰、有序并存。	和意识形态是意识变更中一个良好的阶段，其中虽存在文化差异，但不失为一种有意义的混合，如处理得当可演变为融意识形态，不当则有可能回到超意识形态。
融意识形态	超意识形态被整合并且与本土意识实体互动交融，直至浑然一体，并内化成为本土的新意识机制，实现本土化。	村庄资源的差异引起意识融合方式的不同。如有的村庄与现代化农业发展有机结合，还有的村庄利用文化资源，结合西化旅游产业，如很多古村落都形成了较为良好的融意识形态等。	融意识形态是意识更替的高级状态，长期的稳定化会形成新的自意识形态，因此应警惕自意识形态的相应弊端，避免内向发展的封闭化，应适当调整内部意识要素。

资料来源：王韬，《村民主体认知视角下乡村聚落营建的策略与方法研究》，浙江大学博士学位论文，2014 年

三、保障策略更新

（一）处理好管理机构关系，优化部门综合职能

村庄布局调整过程涉及规划、建设、土地、农业、财政等很多不同的机构和部门，消除条块分割造成的各自为政局面，形成通力合作和有机协调的综合系统工作体系，是制定适宜政策，有效发挥监管功能的重要前提。应统筹各部分关系，厘清体制结构，突出各自功能价值，以各部门管辖的项目实施为导向，强调规划建设过程中合作协调，从而共同为村庄可持续发展提供较为完善的政策环境。

（二）处理好村庄与土地关系，提高制度性供给力度

要处理好土地问题，就得推进体制机制创新，让土地资源要素活化起来，激发广大村民参与积极性和创造性。明确并稳定土地承包制度，完善承包“三权分置”制度，在依法保护集体土地所有权和农户承包权的前提下，平等保护土地经营权。在划定土地生态保护界限和构建严谨的管理体制的基础上，适当下放土地建设开发权，整合用地布局，优化用地功能，提升用地效益。在完善闲置宅基地等的处置政策，严格控制土地用途的前提下，保证宅基地集体所有权、住户资格权和村民财产权的基础上适度放活宅基地和房屋的使用权。维护进城落户农民土地承包权、宅基地使用权、集体收益分配权，引导进城落户农民依法自愿有偿转让用地的各项权益。

（三）提高人口凝聚力，培养新型村庄人才

村庄人口发展是空间良性发展的重要基础，主要体现在两个方面，一是人口数量，一是人口质量。就当前村庄发展情况来看，以人口输出为主因导致的“空心化”和劳动力缺乏，是制约发展的主要瓶颈。如何提升村庄的人口凝聚力，进而不仅减少人口外流，还能吸引外出的人口回流，甚至能吸引周边人口流入？其措施无非就是能够为人们提供“安居乐业”的生存环境。所谓“安居”，就是要有优越的人居环境，所谓“乐业”，就是要有充足满意的就业岗位。最终的落脚点还是在于产业经济发展的推动和住区建设优化上，要引导村庄逐步进入“经济发达—环境优越—人口凝聚”的良性发展轨道。从村庄留守人口发展情况来看，提高村民的综合素质显得更加紧迫和重要。因为留下来的这部分村民作为村庄生活主体，是推动村庄进入良性发展轨道的启动者，在其建设过程中发挥着决定性作用。提高村民主体意识，增强综合素质和能力，村庄空间自组织发展能力才能更加强大。

1. 激发村庄“能人”效应

在村庄转型过程中，一批拥有较高致富能力和社会资源水平的人先行崛起，成为村庄发展的“能人”。这部分人数量不会很多，但是对村庄发展的带动能力却是巨大的，有时甚至会影响村庄的发展方向和速度。因此，构建“能人”筛选、培育以及工作参与体系，发挥“能人”效应，对于村庄发展具有较为显著的促进作用。

2. 大力培育新型职业农民

农业产业化实际上也是农业技术更新换代的过程，提高从业者技能水平，培养新型农民，是促进村庄经济转型的关键因素之一。除了传统的以农技站等形式普

及科技知识外，还可以在村里设立阅览室、文化室等小型资料室供村民们在闲暇时候补充所需的知识和技能，并利用各种职业技能培训机构以及电视、广播、网络等现代传媒手段构建专门针对村民的实用性职业技能培训体系，对其展开系统的教育培训。开办农民夜校，建设基层文化宣传中心，为村民营造良好的学习氛围和环境。同时积极开展送科技、文化下乡活动，通过与周边大学合作或者吸引科学技术人才回乡等方式，定期为村民讲授栽培、养殖、管理等方面的先进技术。

3. 加强村民道德法律意识

引导村民解放思想，树立民主、平等、权利等现代思想理念，使村民能以更加积极的姿态参与村庄建设，以更加开阔的眼界对待村庄事务。通过各种不同的村庄文娱活动来丰富村民的精神生活，培养健康的生活态度；宣传优良的传统道德，形成讲道德、讲文明的良好道德风尚。加强法制宣传教育，提高村民的法律意识，定期开展法制宣传教育活动，加强对村民的法制宣传教育。让村民学会用法律保护自己，维护他们的应有权益，并以合法的手段进行村庄治理，充分发挥他们主人翁的地位和作用。

（四）优化财政资金支撑，开辟多元化投资渠道

任何经济形式的资源高效配置和良性秩序建构都应该回归到“市场”作用上，村庄发展的经济主线也是如此。政府与市场作用力度的适度调配是实现村庄步入良性循环的必要条件。不同的建设领域，资金来源必然有所不同，诸如道路、水利、电力、医疗、教育等公共产品供给仍需政府财政划拨支付。实际上，近年来的财政拨款流向“三农”领域的额度在不断增长，大多以“项目”形式进行投放，以支持村庄地区的经济社会发展。但在田野调查中发现，“项目”只能立在一些示范效果较好的村庄，而有些“项目”却不是村庄真正需要的。有限的资源用在刀刃才能发挥最大的公共效益，财政资金划拨切忌盲目性和形式主义，应在充分调查研究的基础上，将宝贵的公共资源投放在最有效益的地方。构建有助于村庄产业发展的农村金融体系，引导金融资源向村庄经济社会发展的重点领域和薄弱环节配置。创新金融服务模式，严控金融风险，提高金融服务村庄经济的能力和水平。同时，也应该注意村庄自主发展能力的培育，不能一味依靠财政资金支持。财政划拨起到的效果应该是“抛砖引玉”，将公共基础加以完善，提高村庄吸引外资的能力。只有村庄发展前景大有可为，各种外部资本才会积极进入，成为村庄经济与市场经济对接的良好媒介，为村庄经济带来更大的发展空间。在村庄建设中，要注重资金的多渠道筹措，积极引入金融投资，广泛吸引民间投资，形成政府引导、村民和集体投入为

主体、社会多元力量共同支持的多渠道、多层次、多元化投资局面。

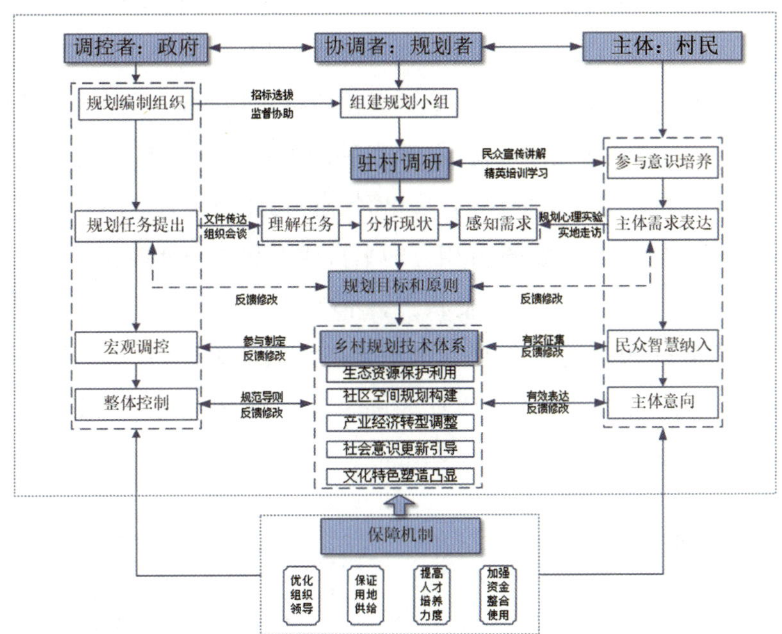

图 9－3－4　基于村民主体意愿的村庄规划工作流程图

资料来源：编委团队自绘

第四节　促进村民主体协同的村庄治理策略更新

村庄规划着眼的并不仅是短期静态的物质建设，而是长远的全面发展。良性的村庄治理是巩固建设成果，维护社会秩序，保障村庄发展品质的关键要素。随着村庄传统宗族组织式微、公共生活萎缩、集体记忆消逝以及市场利益原则凸显，原生社会秩序被打破，新型有效的社会规则还没有完全建立，出现了外部管理失效、内部自制能力缺失的“治理真空”现象，导致了一系列的发展问题。究其根本，在于替代性的内生自组织机制的缺失，即自我适应和调整能力不足，无法与外部管理机制形成很好的衔接。村庄是村民生产、生活的主要场所，也是获取各种信息的空间。任何管理政策，要想顺利实施，都不可能拍着脑袋凭空制定的，肯定要在充分了解地区发展现状和现存问题基础上科学制定。任何脱离地区发展实际的管理模式都必然是低效甚至起反作用的。外在干预必须源于内生机制的需求，一个自我运行良好的系统是不需要外在干预的，只有那些自身无法解决的问题才需要通过外在干预进行引导和调控。对于村庄发展来说，其内生因素与外来力量在接触、冲突、调整、适应的过程中产生的某些问题促成了外在干预的进行。所以，村庄治理良好运行的本质不在于外在管理的全面控制，而在于发掘村庄自我管理能力的内在支撑。就像教育一样，要让一个孩子脱离外在管控，独立自主地成长，就要给他成长的空间和时间。对于村庄，要培育其内在的自我管理能力，首先要从管理理念上认同村庄发展中村民的主体地位，在管理手段上对村庄能够独立自主的部分进行“松绑”，在管理机制上破解村民的“失语”状态，构建简单有效的“上下”沟通平台和交流载体，避免“上下”脱离，没有相应的平台或者载体来承接和应对村庄内部公共事务，使其陷于“治理真空”的不良状态。本节尝试从“村民主体”的视角切入，在大量村庄“田野调查”中观察和发现其自我治理的表征事件，并从中剖析和挖掘村庄的内在自立机制及制约因素，引入社区自治理念，探索有利于村庄独立自主运作的治理策略(图 9－4－1)。

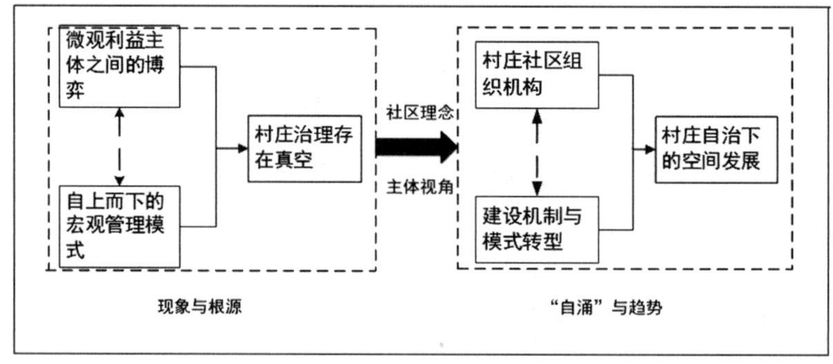

图 9－4－1　村庄自治模式

资料来源：葛丹东，《空间至机制——基于乡村视角的村庄规划建设研究》，浙江大学博士学位论文，2008 年 6 月

一、村庄社区自治理念的植入

自费孝通等学者将英文“Community”翻译成“社区”，引入中国学术界后，这个概念的界定一直是个有争议的话题，被赋予了很多不同的内涵。最初它被解释为“若干社会群体或社会组织聚集在某一空间里而形成的在生活上相互关联的大集体”。随着中国住区建设运动逐步开展，“社区”内涵开始泛化，大到国家，小到邻里单元，都被称作“社区”，反映了社区研究对象的广泛性和多样化。但是，对“社区”概念的本质阐释，还是要从它产生的起点开始。斐迪南・滕尼斯最早用“社区”描述那些存在于前工业社会、从生活习惯到价值理念都高度相似的同质人口组成的关系密切、守望相助的社会关系和社会利益共同体。查尔斯・罗密斯(C. P.

Loomis)把滕尼斯的“Gemeinschaft”译成了英文“Community”，意思是共同的东西和亲密的伙伴关系。阿伦斯伯格和金布尔指出，“社区是将文化与社会联系起来的一个决定性环节”，强调了“文化社会个性之间的联系”。随着人们空间意识的增强，社区的空间性逐渐被挖掘出来，强调是以一定空间为载体的、处于社会交往中、具有共同利益或相互认同感的社会群体，即人类生活共同体。古达尔(Goodall)等人文地理学学者们尝试从空间视角给予解释：为居住、工作等活动而占有和分享有限空间的互动群体，是代表着包含社会日常生活主要特征的最小空间系统。由此可见，“社区”概念的本质在于具有认同感和归属感的“共同体”，即强调一定空间范围内生活主体的互动关系和密切联系。社区自治理念下的村庄治理就是强调在个体、团体、群体等不同主体规模层面上，通过村庄自我治理机制的激发与运作，对社会关系、等级、伦理秩序等进行组织与管理，以实现社会和谐、经济发展、生态平衡等目标。其中，治理组织人员结构以社区居民为核心、上层管理者为引导，可以引入不同的非政府团体组织共同参与，以民主讨论与协商为主要工作形式。

二、村庄社区自治动力的激发

（一）增强主体综合素质，提升主体自治能力

村民作为村庄社区的生活主体，在社区建设过程中发挥着决定性作用，而提高村民主体意识的首要还是在于提高其自身素质和能力。只有综合素质提高了，基层民主才能有所进步，村民才能懂得如何运用自己手中的权力，有力量争取自己应得的利益。其次，要强化村民的团体意识，培育和提高村民的自组织能力。主体性成长的一个重要途径就是团体组织化的城乡的形成，这为主体意识形成提供了空间，而这种组织化的存在又构成了社区发展的一个重要推动力。在任何地方和任何有效的实践中，个人只有在组织化群体中并通过组织化活动才能满足其兴趣和需求，并展开任何有效的行动。最后，还要构建各种渠道培育社会资本，提高村民的社会参与能力。社会资本是蕴涵在社区内部的个人与组织之间或组织内部的关系资本，社会资本的积累最终表现为社区网络的形式，其中民间社会组织是主要载体。拥有丰富社会资本的社会组织对于构建“主体性互构”的内容和机制具有重要的意义。丰富的社团组织、宽广的社会网络、较高的信任程度，则可以加速信息传递、降低信息障碍，促进协调合作、控制违规行为，减少交易费用、增进交往机会，增加互惠行动频次、促进集体行动开展，从而推进社区自治水平。

（二）打通主体参与渠道，构建村庄自治体系

村庄自治从原则上赋予了村民群众民主参与村务管理的权力，但村民民主权利的落实需要有健全的运行机制作为保障，只有建立了畅通的参与渠道，村民才可以得到行使权力的法律手段。首先，要建立民主决策机制，即涉及各种村级管理制度（村规民约、自治条例）的制定与补充，以及涉及村庄利益或者村民切身利益的事情，都应该充分征求村民的意见及建议，并应经村民会议或者是村民代表会议（村代会）充分讨论商议后表决通过。村代会由于成员数量较少、素质较好、威望较高，在实际村庄事务决策过程中，往往要比村民会议更具有现实意义。故倾向于通过层级推选、职权界定、职权制度化等手段优化和创新村代会机制。其次，要形成民主监督机制，组建具有一定职权的监督小组，通过核查、公开、民众评议、透明化等不同手段对村代会和村委会以及各项公共治理活动过程进行监督，这是村民维护自己权益的重要手段，也是实现民主和自由的重要途径。最后，还需要培育非政府组织，包括有政治性取向的村民代表会议、村民小组会议等组织，也有经济性取向的各种集体经济企业组织、各类经济合作社组织等，还有许多由村民自发成立的社会互助性、文化性组织，如红白理事等。这些非政府组织团体的出现，为村庄权力结构体系提供了新的权力主体元素，填补了“政府部门不愿意管，也管不好”的领域管理组织的空白，也增加了村民吸纳资源的能力和利益表达的机会，正在成为影响乡村治理绩效的重要因子。适度疏导原生宗族（家族）势力作用，这是一个十分复杂的社会问题，它的产生及复兴不是依靠行政律令，它的消亡也不可能依靠行政律令来实现。为了适应社会发展从而保证自身能够长久存在，当代村落宗族无论在结构上还是功能上都发生了巨大变化，在有些地区还成了村庄治理的有利因素，在国家政策执行上、福利机构建设上、公共资源调配上以及集体活动组织上等等都起到了很显著的作用。所以，对待原生宗族势力，不是考虑取缔或者彻底消灭，而是应当从具体的实际出发，客观公正地对待这一力量，加以适当的疏导和管理，将其发展成为村庄社会建设可利用的组织力量。

三、村庄社区自治的外部干预机制

（一）树立协同治理理念，提升管理服务水平

当今社会复杂多变，人民的生活需求不再单一，而是变得多层次多样化，单靠政府进行“包办式”管理，已经不能够满足多主体、多样化、多层次的需求。因此，政

府应转变包办一切的管理理念，树立协同治理理念，即明确自身作为引导者和调控者的定位和作用，把握时代发展要求，树立民本意识，弱化管理职能，强化服务职能。具体包括：引导村民做好民主选举，建立和完善民主选举制度，做到选举公正、公开、透明，使村民能真正地行使选举权力，把他们的真实想法表达出来，选出自己满意、信任，思想政治素质高，办事能力强的人充实到村干部队伍中；指导村民委员会的成员增强法制观念，转变工作作风和工作方式，并帮助他们协调与各方关系，解决工作中遇到的各种问题，办好村里的各项工作；对村民进行宣传、教育与培训，帮助村民转变思想观念，正确行使和维护自己所拥有的权利，使民主自治真正落到实处。

（二）健全制度规范，明确职责权限

从制度上对各级管理层的权力范围进行规定，为正确处理各层级关系提供基础的法律依据和指导方针。将行政管理的核心领导作用全面化、具体化，规定其在村庄中的管理仅限于在政治、思想和组织方面的领导，即在宏观层面上的指导。同时明文规定哪些村庄事务的处理需向党支部请示，对于双方都有争议的事情，应该交由村代会或者是村民大会讨论决议；党支部要支持和帮助村委会开展的各种合法合理活动，监督和审查村委会制定的村庄发展规划、决议等是否符与党的方针、政策一致，是否符合国家法律、法规的规定。

（三）加强村级党组织建设

加强基层党组织自身建设，重点是努力提高村庄党支部成员的综合素质。主要建设途径，一是建立合理有效的激励机制，把村庄中道德较好、没有劣迹、受人民群众欢迎的能人吸引进党组织，提高党员队伍的综合素质水平。二是要求村支书了解和把握市场经济下的村民自治的大环境，主动转变工作思想，将村党支部工作重点放在村庄经济的发展上：学习现代管理知识，掌握先进的农业技术；提升理论素养和政策观念，将国家政策准确传达给基层群众并转变为群众的各种行动；始终保持与村民的密切关系，把提高村民的生活水平作为工作的根本出发点。三是改善村党组织的工作方式和领导方式，要发扬党内民主，结合实际做出正确的决策。在村庄管理过程中，走群众路线，依靠说服教育、示范引导，替代简单的行政命令，让村民合法的民主权利充分行使，增强村民的民主意识，疏通民主渠道。重点是支持和引导村委会独立开展工作，给予村委会足够的独立活动空间，充分发挥其功能。

（四）转变工作作风

社区自治理念下的乡镇政府与村委会不是传统的“领导—被领导”关系，而是“指导—被指导”的新型关系。要想真正理顺这种关系，最紧要的任务就是转变乡镇政府及其工作人员的工作作风及工作方式，改变过去那种“唯上不唯民”的态度，一切以广大村民的根本利益为出发点；改变过去那种行政管理方法，通过说服、教育、宣传等方式引导村庄正确开展村民自治，这样才能给村民自治提供更大的生存空间。同时，乡镇政府应该减少在村庄的行政和经济治理上的职能，对乡镇干部的考核要有数字化指标，还要有民众的评价。考核乡镇干部的政绩不能只看数字化指标，更应该从群众的口碑中来评价。对乡镇干部的考核结果应报告上级，作为奖惩依据。另外，乡镇在进行建设的时候，还应该考虑到基层村庄的需要。因为乡镇的建设离不开基层村庄的支持，如果不能充分考虑各村委会的现实情况，那么制定的目标也是不科学、不理性的。只有充分了解人民的需求，才能制订出可操作性强的计划，才能得到基层群众的理解。

第五节　田园村庄理念下盐城乡村振兴战略实践

实施乡村振兴战略是党中央审时度势做出的一项重大决策部署，也是新时代“三农”工作的总抓手，是江苏省城乡建设面临的重大任务。盐城作为农业大市，有着 500 多万的乡村人口和 1200 多万亩耕地，农产品资源丰富，村庄发展类型多样。近年来，盐城市主动把握战略转型升级机遇，践行田园村庄发展理念，积极致力于乡村振兴发展研究及实践。

一、乡村工作的基本情况

（一）主要成效

2009 年以来，在推进新型城镇化和城乡发展一体化的过程中，盐城市通过完善规划，明确“三个集中”、“四化联动”、“六个一体化”的统筹城乡发展任务，着重抓农村产业化建设，确立规划先行、试点突破、全面推进的“三步走”战略，以点带面，为乡村振兴工作奠定了良好的物质基础和工作基础。

1. 现代农业稳步发展

2017 年，盐城市现代农业产值占总农业经济产值比重达 82%，保持苏北第一；

全市高效设施农业总面积超 220 万亩，比重达 17.4%，创意休闲观光农业景点总数达 548 个，年接待游客达 1480 万人次，实现综合收入 71 亿元；农产品电商快速发展，建成各类电商平台和网店 1.36 万家，农产品电商销售额达 59.6 亿元。

2. 农村改革扎实推进

农村土地确权登记颁证工作取得阶段性成果，已发证村（居）1933 个、发证农户 146.6 万户，分别占开展确权村（居）和确权户数的 97.5%和 96.9%，为“三权”分置改革奠定了坚实基础。农村集体产权制度改革全面展开，集体产权交易势头良好。新型农业经营主体质量逐步提升，2017 年底，全市家庭农场累计达 4295 家，农民专业合作社 11064 家，规模以上农业产业化龙头企业 1707 家。

3. 脱贫攻坚成效显著

扶贫工作总体呈现出良好的发展态势，取得了阶段性成效，为全面实现脱贫致富奔小康奠定了坚实基础。截至 2017 年底，全市 6000 元以下建档立卡低收入人口实现脱贫 8.05 万户、18.4 万人，累计脱贫率 43.96%，农村贫困发生率从 7.2%降至 3.8%；省定经济薄弱村达标 62 个，累计达标率 59.05%。

4. 农村面貌明显改善

2016 年启动农村康居工程建设三年行动，计划改造完成 18 万户左右农村危险房屋。截至 2017 年 5 月底，D、C 级危房改造全部完成，目前正在改造 11 万户 B 级危房，农村住房条件得到全面改善。农村环境整治工作在苏北率先高分通过省级全域考核验收，镇村环境得到提升，全市累计完成整治村庄 14484 个；建成 61 个省级美丽乡村，特色田园乡村建设初现成效。

5. 农民收入稳步增长

农民收入一直保持良好增长势头，由 2010 年的 8751 元增长至 2015 年的 15748 元，2016 年全市农民可支配收入达到 17172 元，增幅 9%，2017 年全市农民可支配收入达到 18711 元，增幅 9%，增幅位列全省第八。

（二）主要问题

盐城市城乡统筹和农村发展虽然取得长足进步，但与先进地区相比，农村发展不平衡不充分的问题还十分突出。乡村振兴工作取得了一定成效，但许多工作尚处于起步阶段，还存在诸多困难。

1. 农业发展大而不强，产业效益难提高

粮食种植面积较大，农业园区承载力、科技人才支撑力都不足，结构调整的整体效果和综合效益有待提升；缺少大型龙头企业的带动，农产品加工业与农产品总产值之比仅为2.3∶1,农产品品牌培育力不够,知名品牌数量较少。

2. 农村居住过于分散,基础配套难共享

农村自然村点布局非常分散,大多以组为单位,沿河沿路分布的村庄占2/3左右,集中居住点只占1/5。导致基础设施难以集中建设,居住环境整治难度大,服务配套不健全,社区建设比较滞后。

3. 农民创收能力弱,产业经营模式难转型

农民经营性收入增长缓慢,种植业亩均增加值不足4000元。农民兼职做工难,工资性收入增长受限。农业经济面临自然和市场双重风险,预期收益降低,随着农产品价格波动,风险性比较突出。集体经济基础薄弱,2017年年末,2234个村(居)总资产为126亿元,其中经营性固定资产不到12亿,村平均约50万元,村级总债务达20亿元,村平均约90万元,集体经营性收入在18万元以下的经济薄弱村还有近600个。

4. 乡村发展供需不清,城乡资源难调配

资源要素长期处于从农村到城市的单向流动状态,农村劳动力流失较为严重,人口老龄化、劳动力去农业化趋势严重,30岁以下从事农业生产的农民不到10%,严重制约农业经济发展。

5. 扶贫压力大、脱贫任务艰巨

全市尚有贫困户9.99万户,约22.1万人,经济薄弱村610个。部分低收入群众"等靠要"思想严重,内生动力不足。经济薄弱村大多地理位置相对较偏,没有资金来源,发展基础不足。

二、盐城乡村振兴战略实施的目标体系及基本原则

(一)目标体系

2018年11月,盐城市委、市政府正式出台《关于加快改善全市农民群众住房条件推进城乡融合发展的实施办法》,全面落实以人民为中心的发展思想,从经济社会发展规律、人民群众对美好生活的向往和"四化"同步发展出发,加快改善全市农民群众住房条件,因地制宜改善农村人居环境。乡村振兴实施的近期目标分三个阶段:

第一阶段,到2020年,完成农村建档立卡,对低收入农户、低保户、农村分散供养特困人员和贫困残疾人家庭四类重点对象的危房改造,加快推进"空心村"以及全村农户住房改善意愿强烈的村庄改造。2018年先行组织"十镇百村"试点

建设。

第二阶段，到 2022 年，全市农民群众有改善意愿的老旧房屋建设和“空心村”改造基本到位，小城镇集聚能力和产业支撑力增强，建成一批具有活力的新型农村社区，历史文化名村和传统村落得到有效保护，沿高速、铁路、国省道干线、重要水源地和风景旅游区等附近乡村镇容村貌明显改善。

第三阶段，到 2035 年，全市农民群众住房条件全面改善，城乡空间布局全面优化，城镇化水平显著提升，城乡融合发展体制机制更加完善。

（二）基本原则

1. 坚持系统谋划，统筹推进

针对全市农民群众住房质量普遍不高等突出问题，紧密结合脱贫攻坚工作，统筹生产生活生态，综合考虑地理、民俗、经济水平和农民意愿等，同步配套建设基础和公共服务设施、谋划产业发展、加强社会治理。开展试点示范，塑造先进典型，通过有利生产、方便生活等方面的实质性改善，有序引导集中居住，积极作为，量力而行，分步实施，久久为功。

2. 坚持规划引领，分类实施

按照乡村振兴和“四化”同步的要求，实行“多规合一”，按照集聚提升、融入城镇、特色保护、搬迁撤并的思路，优化城乡空间布局，科学合理确定搬迁规模和建设时序，因地制宜、分类推进建设改造，不搞“一刀切”。

3. 坚持政府引导，农民自愿

充分发挥政府的引导作用，健全工作机制，强化改革创新，结合市场化运作，吸引社会资本参与，集成资金资源，优化要素配置，准确把握工作方向。突出农民群众主体地位，充分尊重农民意愿，让群众参与规划建设，激发农民群众自愿改善居住条件的积极性和主动性，按照“先申请后实施、先建设后拆除”的要求，认真做好农民新旧住房过渡衔接，坚决杜绝强拆强建、赶农民上楼等不良现象。

4. 坚持传承文化，塑造特色

准确把握各地农村特色特点，深入挖掘本乡本土历史地理文化，保护好盐阜地区为数不多的历史文化名镇名村、美丽乡村和传统村落，体现文化特色、时代特征和地域特点，留住乡愁记忆，推进村庄与自然环境和谐相融。

5. 坚持有利发展，人本思想

按照各地财政支撑能力和农民经济承受能力，充分利用现有资源，鼓励引导农民群众向县城、小城镇、撤并乡镇、集中度高的村庄、集中居住点、重点园区、重点路段及附近集中，采取统建、代建、联建、自建等多种形式，鼓励农民群众自建，方便农民生产生活，提高群众生活质量。

6. 坚持底线意识，规范操作

坚守不损害农民权益、严禁新增镇村负债两条底线，把实事办实、好事办好。严格实行土地用途管制，不得违法用地、违规建设以及占用永久基本农田，严禁资本下乡利用宅基地建设别墅大院和私人会馆。强化传统文化保护，不得破坏历史文化镇村和传统村落，不得擅自调整镇村布局规划确定的特色村。坚决依法办事、阳光操作，不得搞运动式推进，不得借机损害农民利益，不得违反廉洁纪律，有效落实农民选择权、参与权，全程接受农民和社会监督，做到流程规范、政策透明、对象公开，整体工作有力有序有效推进。

三、盐城乡村振兴战略实施的政策性探索

党的十九大提出实施乡村振兴战略后，盐城市按照中央和省委部署要求，超前谋划“顶层设计”，迅速启动乡村振兴工作，以 20 字方针为指导，详细制定行动方案，压实工作职责，在践行新发展理念，编制契合实际发展需要的发展政策等方面进行了积极的探索。

（一）政策导向

1. 掌握现实，全面立足发展实际

要求政策、规划以及建设等都要立足于发展现实，在透彻了解乡村实际情况的基础上推进乡村建设工作。组织专门工作组，详细制订农村住房改善情况调查方案，安排专门人员进村入户，采取“户户到、屋屋查”的办法，认真做好农民意愿、住房现状、现实需求以及基层基础设施、公共服务配套和产业发展等实际情况的摸底调查，准确了解进城、入镇、留乡的人口规模、分布状况及收入情况，做到以户定建、以人定房。

2. 科学规划，促进乡村空间优化

统筹兼顾区域人口、经济、社会、文化、生态等发展要素，按照城乡联动、融合发展思路，科学编制乡村系列规划。强化国土空间规划管控，严守生态保护红线、永久基本农田、城镇开发边界三条控制线，实行“多规合一”。按照城乡融合发展和基本公共服务均等化、标准化的要求，加快城镇基础设施和公共服务设施向规划发展村庄和新型农村社区延伸覆盖。遵循“先地下、后地上”原则，搞好供排水、道路、垃圾收运、供气、供电、照明、通信、绿化、生活污水处理及管网等设施配套，合理设置

党群服务、教育医疗、文化体育、健康养老、农贸商业、金融物流等公共服务设施。健全农村基础设施和公共服务设施长效管护机制，落实管护主体、人员和经费，不断提高管护水平和标准，确保长效运行。

3. 注重实施，合理编制和落实工作方案

按照城镇化规律，处理乡村建设的实施范围、规模、时序以及空间需求、产业支撑等，妥善处理农民集中居住相关政策的前后衔接，制订切实可行的实施方案。根据政策支持和地方财力、农民可承受能力等做好建设资金投入和来源测算，确保建设任务和财力大体相当，以提高方案的可行性。

4. 灵活引导，充分尊重和采纳农民主体意愿

工作中必须充分尊重农民意愿，重要公共事项须经村民代表会议审议同意。对不同情况住户进行分类指导和差异化对待。优先和重点扶持贫困户、贫困村以及隐患区等弱势群体和地区；对有意愿、有能力进城落户的居民采取货币化补偿、实物置换等方式鼓励进城居住，同时按规定享受各项惠农政策；对愿意留守乡村的住户鼓励就近向小城镇或集中居住区聚居，建设模式应尊重农民意愿，可统规代建，也可由农户按统一规划设计自行建设；在坚持遵守规划、协调风格前提下，适度放开建设管理限制，支持农民原址新建住房。合理利用现有资源，整治完善撤并乡镇，作为周边村庄集中居住建设使用。对远离城镇的村庄，通过在住房密度较高、建筑风貌较好的村庄进行加密、加宽、插花等方式，用较小代价，引导适度成团、密集状聚集。

5. 分类指导，全面协调村镇体系格局

在符合城乡规划、土地利用总体规划的前提下，结合镇村布局规划调整优化，保护好历史文化名村和传统村落。依托现有资源，按照“百年大计、永续传承”要求，规划建设一批美丽宜居乡村、新型农村社区，集约用地，扩大公共设施和服务的共享力度。择优支持一批具有区位优势、良好基础、对周边乡村发展带动能力较强的重点发展镇，发展成为县域副中心和区域增长级；择优培育一批具有生态绿色、文化内涵、产业特色的小城镇，发展成为有活力、有魅力的特色小城镇；加强一般小城镇和撤并乡镇集镇区环境综合整治，努力提高公共服务水平，满足镇村居民生产生活水平提升的基本需求。

6. 激活经济，强化产业发展支撑

增加城镇就业岗位，促进更多的农村劳动力移动就业，提高进城入镇农民的工资性收入；加快推进农村规模农业、现代农业发展，提高留守农民收入；结合小城镇

和新型农村社区建设，多渠道增加公益性岗位，优先安排低收入群众就业。积极支持返乡下乡创业，拓宽农村劳动力转移就业渠道。落实农业功能区制度，统筹利用好农业生产空间。深入实施科教兴农战略，促进产学研协同创新，推进农业与科技对接。实施现代农业提质增效工程，坚持质量兴农、绿色兴农、品牌强农，大力发展高效、集约、规模化现代农业，加快培育新型职业农民和农民合作经济组织，不断提升产业发展内生动力。建设优势特色农产品集聚区，大力发展农产品精深加工集中区，鼓励和引导农民因地制宜发展休闲农业、乡村旅游、健康养老、电子商务等产业，促进农村一二三产业融合发展，培育立足农村、农民主办、富有区域特色的乡村产业。

7. 挖掘地域特色，注重村落风貌塑造

立足地域平原地区、河湖圩区、沿海垦区、里下河湿地等地的不同特点，注重地域风貌的一致性和连续性，突出公共空间、重要节点、建筑和环境等要素，实现空间、生态、基础设施、公共服务和产业规划有机融合。充分保护和体现地域文化特色，打造多样化的盐阜文化标识。梳理各地传统农村特色的民居元素，提炼盐阜地区特有的建筑风格，积极推进节能型、生态型农房建设，编制特色鲜明、功能齐全、经济实用的新建农房设计方案和既有农房风貌改造设计方案，对农民建房的建筑风貌进行规范引导，避免村庄行列式、兵营式布局，防止千村一面和乡村景观城市化。

8. 集约用地，凸显乡村生态屏障作用

大力开展农村土地综合整治工程，在落实新增耕地数量和质量的同时，着力改善农村生态环境，实现国土空间布局优化与生态文明建设相融合的综合整治目标。充分发挥土地综合整治在促进现代农业发展、城乡融合、脱贫攻坚等方面的作用，放大土地综合整治效能。深入贯彻城乡建设用地增减挂钩、同一乡镇范围内村庄建设用地布局调整、工矿废弃地复垦利用政策，统筹推进高标准农田建设、耕地质量提升、宜耕后备资源开发，加强农田基础设施和配套设施建设，优化耕地布局，增加耕地面积，提升耕地质量，实现数量、质量、生态“三位一体”的耕地保护，为促进农业规模经营和发展现代农业创造条件。

9. 主体协同，完善乡村治理体系

把基层党建同基层治理紧密结合起来，下沉资源、服务、管理，推动乡村组织振兴。扎实推进乡村治理体系优化、农村社区协商优化、“政社互动”机制优化、“三社联动”平台优化和服务管理网络优化，不断创新新型农村社区治理，完善村民自治机制，发挥农村自治章程、村规民约的积极作用，提升乡村治理体系和治理能力现代化水平。以社会主义核心价值观为引领，建好用好新时代文明实践平台，总结推广先进地区成功经验，丰富农村文化生活，提升农民精神风貌，推动移风易俗，培育文明乡风、良好家风、淳朴民风。

（二）具体策略

1. 产业经济发展策略

（1）因地制宜确定乡村的产业发展策略

依据乡村的资源优势、区位优势和发展过程中积累的其他比较优势，确定自己的主导产业，形成能够充分利用自身资源并符合市场需要的产业结构，着重发展特色产业和支柱产业。

（2）注重现代农业提质增效

推进农业产业化的纵深发展，大力发展农产品加工业，加大农业招商引资力度，着力招引和培育一批现代化农业龙头企业；推进农业产业化联合体建设，促进小农户与现代农业发展有机衔接。实施农业结构调整优化行动，推动特色高效农业高质量发展。围绕“缩粮、减油、扩特经”，不断调减低效粮油作物面积，调优粮经作物比例，扩大蔬菜园艺特色经济作物面积。坚持生态优先，实施绿色农业推动行动。以“减”为先，深入开展化肥农药减量增效行动；以“治”为重，持续开展畜禽养殖污染专项整治和农业面源污染治理；以“用”为本，大力推进农作物秸秆、畜禽粪便资源化循环利用。立足质量兴农，实施品牌强农行动。推行农业标准化生产，率先落实“三品一标”农产品的“一品一策”监管措施，切实保障农产品质量安全，深入实施农产品品牌战略，推进全市域、全品类、全产业链区域公用品牌打造。

（3）注重产业融合发展

产业兴旺是乡村振兴的基础，关键在于构建农村一二三产业融合发展体系。充分挖掘和拓展农业的多维功能，促进农业产业链条延伸。推动农业、林业、渔业与旅游、文化、康养、运动等产业有机融合。提升价值链，加快发展农产品精深加工业，围绕粮食、油料、蔬菜、中药材等重点行业，加大生物、环保、信息等技术集成应用力度，提升农产品的溢出价值。优化供应链，完善农村物流基础设施网络布局，加快农产品“电商换市”步伐，促进农产品常态化全网销售。推动产地直销，打通盐城优质农产品进入长三角市场的绿色通道。

（4）积极培育新业态

大力发展创意休闲农业，扎实开展休闲观光农业“百点创建”行动，挖掘特色产业和文化资源，培育一批功能完备、特色突出、服务优良、引领力强的精品景点，创建一批国家和省休闲农业与乡村旅游示范村、示范点，推介一批休闲农业和乡村旅游精品品牌。积极发展“互联网＋”农业，深入实施信息进村入户整市推进工程，组织实施“互联网＋”农产品出村工程，推广“一村一品一店”农业电商模式，加快农业电商载体建设。实施“物联网＋”现代农业行动，积极培植农业物联网示范应用基地。大力发展农业生产性服务业。全市建成、完善 9 个农业全程社会化服务试点，拓展农业市场信息、农资供应、种苗有供、绿色生产技术指导、农机维修服务、农产品销售等服务。

2. 宜居社区构建策略

(1) 改善农村住房条件

加快推进镇村布局规划优化工作，学习浙江等地先进经验，高水平编制村庄建设发展规划，加快改善盐城市农村农民住房条件。加强农村水电路林网等基础设施的投入力度，建立与经济发展相协调的投入增长机制，持续推进农村公路提档升级。

(2) 优化农村生态环境

大力开展“一片林”建设和“厕所革命”，逐步提升村庄绿化亮化水平。全面落实河长制，持续开展城乡河道整治，全面消除黑、臭等劣五类水体。提高农村生活垃圾收运处置能力，消灭“垃圾村”和“污水村”，将绿化与农林经济发展相结合，全面推进森林小镇和田园乡村建设。

(3) 促进城乡基本公共服务均等化

提高农村教育教学水平，均衡教育资源配置，改善农村中小学校办学条件和基础设施状况。加强农村医疗队伍能力建设，强化和完善农村合作医疗制度，健全重特大疾病保障和救助机制。完善保障体系建设，建成全面覆盖城乡居民的社会保障体系。拓展村级综合服务中心功能，为农村居民提供更加便捷高效的公共服务。

3. 促进农民创收策略

(1) 坚持把产业富民作为增收的“主渠道”，坐实富民载体

加大农业结构调整力度，做足土地文章，让土地成为“聚宝盆”，大农业成为“致富源”。向压粮扩经、粮经轮作要效益，向稻田养殖、粮田产业链要收益，加大农业供给制结构性改革力度，促进农业高质量发展，推动传统农业向产业新业态转变，推动传统农业低端农产品向高端农产品转变，推动国内市场向国外市场转变。

(2) 坚持把创业富民作为增收的“牛鼻子”，促进创业带动就业，挖掘富民潜力

盐城市目前在外打工创业的大约有 120 万人，这批人是带动全民创业的“领头雁”。进一步加强创业典型宣传，培育壮大育强创业主体，强化创业服务，通过选树

创业典型、广泛宣传发动、组织开展回乡创业活动，鼓励在外创业成功人士和务工人员以各种形式回乡创办经济实体，促进形成“人回乡、钱回流、企回迁”的“雁归经济”效应。

(3) 坚持把帮促富民作为增收的“加速器”，突出精准扶贫方略，填补富民洼地

围绕打赢脱贫攻坚战的要求，坚持党委统揽、政府主导、全社会参与的工作机制，确保到 2020 年全市 22.1 万低收入人口和 610 个经济薄弱村全面脱贫。一方面要瞄准低收入人口脱贫致富，深入开展产业扶贫、健康扶贫、教育扶贫、兜底扶贫等专项扶贫行动。另一方面要瞄准经济薄弱村脱贫达标，分类指导，因村施策，精准制订经济薄弱村发展规划，确保全市村级集体经营性收入每年增长 8%以上，夯实强村富民物质基础。

4. 人才招揽策略

(1) 积极培养本土人才，鼓励外出能人返乡创业，鼓励大学生村官扎根基层，为乡村振兴提供人才保障。人才是经济社会发展的第一资源。一个能人可以振兴一片乡土。乡村振兴离不开热爱乡土的带头人。打造乡村人才队伍，就是为乡村振兴播下能够形成星火燎原式乡村繁荣局面的种子。人才培养，是实现乡村振兴“以一当百”效应的重要路径，这对经济后发达的盐城农村来讲，显得尤为迫切。据 4 个村的典型调查分析，从事农业生产 30 岁以下、高中以上文化的青年不到 1%，因此，要改造、巩固和建设好乡村党支部，带好乡村振关的班子，为乡村实现良好治理打下组织基础。

(2) 加强职业农民和新型农业经营主体培训，培养造就一支懂农业、爱农村、爱农民的“三农”工作队伍。

(3) 激励更多优秀的城市人才下乡创业，支持和鼓励农民就业创业，为乡村产业兴旺播下人才种子，主动对接盐城市“515”人才引进计划，降低农学类毕业生获取“人才绿卡”的门槛。

(4) 打造乡村信息人才队伍，促进乡村全面融入信息化浪潮，依靠互联网高效接受新政策、新技术、新思路、新商机。

(5) 打造乡村科技人才队伍，依靠科技人才，吸收现代科技成果改造传统农业和农村，依靠现代科技发展现代农业，促进农村一二三产业融合发展。

(6) 培育乡土文化人才，促进乡土文化传承和文化创作，繁荣乡土文化，树立文明乡风。

5. 乡村社区治理策略

(1) 常态宣传教育,倡塑文明新风

以社会主义核心价值观为引领,以培育文明乡风、良好家风、淳朴民风为重点,利用乡村小喇叭、道德讲堂、宣传公示栏、主题活动等,宣传勤俭节约、尊老爱幼、反对铺张浪费、倡导移风易俗等内容,遏制大操大办、厚葬薄养、人情攀比等传统农村陋习,让村民在日常生活中接受文明新风的感化教育。通过发展乡贤文化,用身边人说身边事,用身边事育身边人,充分发挥新乡贤引领作用。

(2) 制定村规民约,共同决议、互相监督

坚持自治、法治、德治相结合,不断完善乡村治理体系,通过召开村民代表会,一起研究修订本村的村规民约,将"反对大操大办红白喜事"、"拒绝铺张浪费"等内容明确写进村规民约,建立红白喜事预申报登记制度。党员干部自觉遵守、带头示范,在传统礼俗和陈规陋习之间划清界限,将移风易俗纳入村规民约,约束村民攀比炫富、铺张浪费的行为,引导树立勤俭节约的文明新风。积极发挥红白理事会的作用,深入婚丧筹办村民家中,向群众讲清利害关系,获得筹办家庭的理解和支持。

(3) 创新乡村治理,建设平安乡村

健全"一委一村(居)一站一办"组织架构,不断完善"三社联动"机制,建立健全党委领导、政府负责、社会协同、公众参与、法治保障的现代乡村社会治理体制,大力推进农村网格化社会治理新模式,按照"一张网"、"五统一"要求,全面建成、做实乡村"全要素"网格,做到不留空白、不留盲区。创新升级农村社会治安防控体系,加强技防"村村通"和农村"雪亮工程"建设,全面加强人防技防设施建设,推动社会治安防控力量下沉。深入开展扫黑除恶专项斗争,严厉打击农村各类违法犯罪。完善农村矛盾纠纷多元化解机制,完善领导干部下访、包案等制度,坚持综合施策,推动农村信访总量不断下降。深入开展治安状况良好、信访诉讼秩序好、乡村环境保护好、公共安全监管好的"四好"乡村创建活动。

6. 生态保护策略

(1) 要坚持人与自然和谐共生,走乡村绿色发展之路,立足产业富民、生态惠民,补齐民生短板,让绿色发展成果惠及广大百姓。

(2) 牢固树立和践行绿水青山就是金山银山的理念,落实节约优先、保护优先、自然恢复为主的方针,加快实施"一片林"工程,厚植盐城生态优势,强力推进森林特色小镇和森林特色村庄建设,以绿色发展引领乡村振兴。

(3) 坚持以结构调整为主线,加快传统行业转型升级,积极推动传统产业"添

绿、调绿、变绿”，不断提升发展含绿量，继续加大在绿色能源领域的投资力度，为盐城的高质量发展注入强劲的新动力。

四、盐城乡村振兴战略实施的保障机制

（一）建立健全组织领导

按照省委、省政府“省政策指导、市负总责、县抓落实”的工作要求，市委、市政府成立改善农民群众住房条件工作领导小组，由市委主要领导担任第一组长，市政府主要领导担任组长，市委、市政府相关领导为副组长，市委办公室、市政府办公室、市委宣传部，市发改委、农委、人社局、规划局、国土局、城建局、房产局、交通局、水利局、环保局、旅游局、财政局、城管局等部门为成员。领导小组下设办公室，办公室设在市城乡建设局，办公室主任由分管副市长兼任，主要负责上下衔接、域内协调，加强工作指导、审核把关和督促检查等工作，确保农民群众住房条件改善工作有力有序推进。各县（市、区）党委政府是改善农村农民群众住房条件的责任主体，县（市、区）委书记是第一责任人，县（市、区）长是一线总指挥。要成立相应组织领导机构，明确一名分管领导集中精力重点重抓，统筹推进各项具体工作落实。市各相关部门要整合政策资源，通力合作，密切协调，合力推进，重点抓好“十镇百村”试点建设，发挥示范引领作用。同时，各县（市、区）对于上报的2018年度“一镇十村”要抓紧调查摸底，尽快形成规划方案，力争年内全面启动。各县（市、区）原则上要在2018年11月底前完成实施方案编制工作，并上报市改善农民群众住房条件工作领导小组办公室。

（二）积极创新体制机制

各地要解放思想，系统谋划，创新机制，紧抓改善农民群众住房条件的机遇期和窗口期，积极稳妥推进落实。以乡村建设要素市场化配置为重点，充分发挥市场作用，加强政策扶持和指导服务，引导鼓励工商资本科学有序参与小城镇发展和新型农村社区建设。统筹推进城乡配套改革，巩固完善农村基本经营制度，构建乡村建设发展新机制。稳步推进宅基地制度改革，探索宅基地所有权、资格权、使用权“三权分置”的途径和办法。鼓励农村集体经济组织，盘活利用建设用地自办或以土地使用权入股、联营等方式兴办企业。

（三）加强资金整合使用

各县（市、区）有关部门要积极争取中央、省财政支持，统筹财政补助资金、增减

挂钩节余指标和补充耕地指标有偿交易资金、地方政府债券资金等，加大对全市农民群众住房条件改善支持力度。各地要根据国家政策规定，通过产业链融资、农村住房财产权抵押贷款等方式，多方筹措建设资金。积极发挥债券融资对农村产业融合发展的作用，通过发行农村产业融合发展专项债券、项目收益债券等方式进行融资。深入探索以 PPP 等形式吸引社会资本参与小城镇和新型农村社区等基础设施、公共服务领域建设运营，吸收更多的资金投入农民群众住房条件改善。市县级财政部门要加大涉农资金统筹整合力度、落实新增预算安排等，建立投入分担机制，重点支持小城镇、特色田园乡村、美丽宜居乡村、传统村落和新型农村社区的基础设施和公共服务配套建设。市财政局安排专项资金，用于对各县(市、区)的考核奖补。各县(市、区)从 2019 年起每年新增财力要安排不少于 20%的资金专项用于改善农村农民群众住房条件。同时，积极鼓励社会力量、个人以捐资捐建等多种方式支持和参与农民群众住房条件改善工作。完善农业支持保护制度，调整农业农村补贴方式，增强补贴的指向和精准性，提高农业补贴的导向性。

（四）加大用地政策支持

盐城市国土部门要加强与省厅的对接沟通，争取更多的政策向本市倾斜，并认真研究制定土地使用保障政策，为改善农民群众住房条件提供先决条件。各地要按照国家、省相关规定，用好用活土地综合整治、城乡建设用地增减挂钩和占补平衡等政策，保障农村合理的建设用地需求。在符合土地利用总体规划的前提下，通过调整村土地利用规划，优化村庄用地布局，有效利用农村零星分散的存量建设用地。以乡镇为单位，统筹考虑预留部分规划建设用地指标，在不涉及永久基本农田的情况下，用于零星分散的单独选址农业设施、乡村旅游设施等建设。采取多种土地供应方式，安排改善农民住房条件建设用地，在城镇建设的鼓励使用国有建设用地。结合第三次全省土地调查，开展房地一体的农村不动产权籍调查和确权登记，重点解决好农村土地确权登记中的历史遗留问题，维护农村集体经济组织和农民的合法财产权益。

（五）发挥宣传引导作用

通过多种途径，采取各种形式，层层发动，广泛宣传引导，使改善农民群众住房条件工作的重大意义、目标任务、工作要求家喻户晓、深入人心，在全市上下树立鲜明的舆论导向。积极鼓励基层创新，总结经验，宣传典型，让广大群众看得到美好愿景，全力争取群众的理解、支持和参与，最大化地激发农民群众改善住房条件的内在动力，形成共建共享美好家园的浓厚氛围。

（六）加大督查考核力度

将改善全市农民群众住房条件工作列入市委、市政府重点工作督查年度计划，并作为年度目标任务综合考核一项重要内容，建立工作进展情况通报制度，按照时序进度要求，对各县(市、区)进行督查指导和考核。对成绩突出、成效明显的给予资金和政策倾斜，对工作不力、成效不大、出现问题的要严肃追究责任，确保这项工作实实在在为民造福，成为人民群众满意的民心工程、实事工程、暖心工程。

综上，田园村庄理念下的乡村振兴战略，本质不在于“授之以鱼”式的物质输入，而在于通过引导生活方式转型与社区空间构建相匹配，以有效重塑农民生活获得感和自我身份认同，最终实现乡村系统中人、社会与空间的全面协同。虽然盐城市乡村振兴战略实施工作才起步一段时间，但是从政策导向来看，政府部门已经对田园村庄理念有了较深的认识和理解，在政策制定和具体工作中也积极贯彻了“尊重农民主体”的基本原则。农民生活“现代化”的路径并不唯一，进城扎根的农民工走向“市民化”，但留守的广大农民群体可以在不同外部条件影响下选择不同于城镇生活形式的多元化转型道路。盐城市在后续乡村工作中，需要特别注重基于农民生活方式转型，分类引导和考量多样化发展形式的研究与实践。

结　语

盐城"6.23"龙卷风灾害已经过去三年，各项规划重建工作陆续完成，受灾民众业已安置妥当，恢复了日常生活和生产活动。在重建安置过程中，各个岗位工作人员都体会到了灾后重建工作的突发性、临时性、复杂性等非常态特征，并在摸索中齐心协力完成了这项艰巨任务。但灾后重建对受灾地区发展的影响并不止于物质环境的建设、恢复和改善，更多的表现在对经济社会环境的长远发展上，需要对后续发展进行长期观察和深入研究。

从大量田野调查及评价结果可以看出，虽然灾后重建的村庄空间基本上是在统一规模下构建的，但是综合发展能力的确要强于普通村庄。很多村庄都借助这次重建契机，积极探寻适合自己转型发展的有效路径，从产业、文化、治理等不同方面做了很多尝试和努力。从很多案例研究中，我们发现，村庄空间的构建和转型困境的出现并不只是物质层面的问题，更多的还是社会层面和意识形态上的问题。重建村庄物质空间在统一规划建设下得到了很大的提升和改善，但从社会空间上来看，稳固的传统模式已然被打破，新的结构模式仍未形成，村庄社会、文化及意识形态尚未稳定。虽然这种突变式的空间演化形式具有一定的特殊性，但是它的发展状态和经验教训对于其他村庄建设仍具有很强借鉴价值。面对灾害留下来的种种困境，盐城要解决的并不仅是如何快速恢复和改善受灾地区日常生产生活的现实问题，更重要的，是如何抓住当前难得的乡村振兴战略机遇，冲破村庄传统发展路径，从而推动整个乡村地区的全面转型和跨越式发展，实现"产业兴旺、生态宜居、乡风文明、治理有效、生活富裕"的总要求。

传统农业经济为基础的村庄空间形态是人们在与自然漫长磨合中逐渐形成的，在快速产业化的今天，已然不能适应时代发展的新要求，亟须在构建模式上进行新的探索和研究。"田园村庄"概念的提出是以主体发展及其与空间关系为基点的，为村庄空间转型提供了一个理想态目标，明确了村庄经济社会发展的逻辑主线。它贴合了新型城镇化“以人为本”的战略核心，也响应了乡村振兴战略关注“民计民生”的中心思想。时代在不断地发展，居民的需求也在不断地提高，而主体发展及其与空间关系趋于协同的目标始终是不会改变的，“田园”的内涵也可以在确立这一根本目标基础上，囊括与“人”有关的一切要素的和谐。而要真正实现这个目标，必须在村庄的建设和发展中着力于“人”主体地位的确立和巩固。

随着中国经济体制改革的逐步深化，村民主体权益（利益分配、设施使用、社会保障等）扩大化、类型多元化以及关系网络化的社会发展态势日益凸显，并在不断创新的村庄空间组织中得到强化。面对这种由于政策调整、结构变化以及时代背景差异表现出的高度复杂多样的发展局面，中国村庄空间构建所需要的不再是简单的“拆拆建建”问题，而是引导村民适应新型空间关系，推动主体及其空间组织的全面协同。当然，就当前发展阶段来说，村庄空间演变中主体作用机制的充分发挥是一个极其复杂的系统性过程，涉及制度、经济、社会、管理、意识等方方面面，并不是一个能够立竿见影的简单操作。这就需要深入探究和把握主体通过自身感知、判断、决策等行为影响和塑造空间的内在规律，以及其在自我适应中通过不断强化和提升所形成的一种新型的、较为稳定的空间形态的动力机制。这不是一个同质化的线性转变过程，由于经济条件、社会属性、历史背景以及个体特征等要素的差异，主体在角色转型中会产生不同的能动效应和转化路径，需要建构不同类型的村庄空间予以匹配。这为破解当前村庄人口流失、资源配置失衡以及空间权益不均等导致的转型困境提供了有效思路，对优化空间决策机制、提高乡村规划可操作性和优化基层社会管理体制，也具有较为重要的现实意义。

参考文献

总体按照全书正文参考、引证顺序先后排序

[1] 江苏省城市规划设计研究院:《盐城市城市总体规划(2013—2030)》,2014 年 7 月。

[2] 王正兴:《发展盐城县域经济研究》,南京林业大学硕士学位论文,2007 年 6 月。

[3] 刘卫权:《江苏盐城农业信息化建设研究》,湖南农业大学硕士学位论文, 2017 年 5 月。

[4] 盐城市人民政府:《走进盐城》,盐城市人民政府网站,2018 年 10 月,http://www.yancheng.gov.cn/col/col3/index.html。

[5] 毕明岩:《乡村文化基因传承路径研究》,苏州科技学院硕士学位论文,2011 年 6 月。

[6] 戴翔:《城乡统筹背景下乡村灾后重建研究》,南京大学硕士学位论文,2013 年 6 月。

[7] 周俊:《和谐规划民意重建——以都江堰市灾后重建农村建设规划为例》,《时代建筑》,2011 年第 6 期。

[8] 王朝红:《面向未来的灾后可持续城镇的重建——美国格林斯堡镇生态重建计划的启示》,《新建筑》,2008 年第 4 期。

[9] 甘文举:《低层房屋龙卷风荷载分析及抗风设计研究》,湖南大学硕士学位论文,2009 年 3 月。

[10] 李树华:《震灾后山村家园重建的思路与技术方法——以 2004 年日本中越大地震后山古志村家园重建为例》,《中国园林》,2008 年第 9 期。

[11] 于海根:《中国海盐文化与盐城城市精神》,《盐业史研究》,2009 年第 1 期。

[12] 周博生:《苏北地区农村居住空间的发展演变研究》,吉林建筑大学硕士学位

论文,2017 年 6 月。

[13] 霍子文:《灾后重建背景下藏区村庄规划初步研究——以青海省玉树州称多县称文镇村庄灾后重建规划为例》,南京大学硕士学位论文,2012 年 5 月。

[14] 戚红年:《玉树灾后重建规划中的村庄规划研究——以称多县称文镇村庄为例》,《江苏城市规划》,2015 年第 7 期。

[15] 胡以志:《灾后重建规划理论与实践——以新奥尔良重建为例,兼论对汶川地震灾后重建的借鉴》,《国际城市规划》,2008 年第 4 期。

[16] 梁艳、沈一:《台湾农村灾后重建中的社区营造及对大陆的启示——以台中埔里镇桃米社区为例》,《国际城市规划》,2015 年第 5 期。

[17] 赵颖:《四川灾区小城镇灾后恢复重建规划研究——以彭州市通济镇、青川县乔庄镇为例》,华中科技大学硕士学位论文,2010 年 1 月。

[18] 万成伟:《农村社区内在活力的营造机制研究——以台湾龙眼林社区为例》,《国际城市规划》,2018 年第 1 期。

[19] 冯俏彬:《汶川地震灾后重建资金的筹集与管理》,《地方财政研究》,2008 年第 9 期。

[20] 四川省人民政府:《关于印发"8・8"九寨沟地震灾后恢复重建总体规划的通知》,《四川省人民政府公报》,2017 年 11 月。

[21] 王凤京、朱平安:《灾后重建多元化融资体系的可行性分析——以汶川灾后重建为例》,《经济研究参考》,2012 年第 17 期。

[22] 江苏省自然资源厅规划处:《省厅全力支持盐城灾后重建工作》,江苏自然资源厅网,2016 年 6 月,http://www.jsmlr.gov.cn/xwzx/xwbb/2016/06/30150703415506.html。

[23] 国家发展和改革委员会:《汶川地震灾后恢复重建总体规划》,2008 年 9 月。

[24] 袁涛、崔欣:《江苏国土资源系统八举措助力盐城灾后重建》,中国江苏网,2016 年 6 月,http://news2.jschina.com.cn/system/2016/06/29/029056171.shtml

[25] 陆梦龙:《城乡融合和产业融合乡村振兴战略的重要抓手》,《新西部》,2018 年第 13 期。

[26] 王立胜、陈健、张彩云:《深刻把握乡村振兴战略——政治经济学视角的解读》,《经济与管理评论》,2018 年第 4 期。

[27] 王英姿、陈跃涛:《"西胪实验"构建民智参与的村镇规划新模型》,《建筑学报》,2013 年第 12 期。

[28] 李箭飞、许世光：《基于对口援建规划特征的编制应对——基于援建规划编制类型与特征的梳理》，《现代城市研究》，2017 年第 8 期。
[29] 高峻、林涛、华晨：《灾后重建中农居建设规划探讨——以什邡市湔氐镇下院村为例》，《浙江大学学报（理学版）》，2010 年第 3 期。
[30] 刘俊：《公众参与的灾后重建建筑设计研究》，西安建筑科技大学博士学位论文，2016 年 6 月。
[31] 李沐寒：《基于可持续发展的盐城龙卷风灾后重建研究》，中国城市规划学会：《持续发展 理性规划——2017 中国城市规划年会论文集（01 城市安全与防灾规划）》，中国建筑工业出版社，2017 年。
[32] 龚晓芳、李曙光、倪明松：《盐城“6・23”特大龙卷风冰雹灾后农居建设规划探讨》，《西部人居环境学刊》，2017 年第 3 期。
[33] 王卓：《论参与式灾后重建的作用和影响》，《社会科学研究》，2018 年第 5 期。
[34] 贺刚、吴婷婷：《基于生态绿色理念的灾后重建策略探讨》，《中国勘察设计》，2017 年第 3 期。
[35] 辛允星：《灾后重建的“发展”映像》，上海三联书店，2017 年。
[36] 张孝奎、万汉斌、杨润林、殷会良：《城市灾后恢复与重建规划》，中国建筑工业出版社，2016 年。
[37] 仇保兴：《地震灾后乡镇典型调查分析》，中国建筑工业出版社，2017 年。
[38] 国家质量监督检验检疫总局、国家标准化管理委员会：《美丽乡村建设指南》，2015 年 6 月。
[39] 盐城市规划局：《盐城市乡村基本设施配套标准》，2017 年 12 月。
[40] 中共盐城市委、盐城市人民政府：《盐城市统筹城乡发展试点示范镇村基本设施配置参考标准（试行）》，2010 年 7 月 21 日。
[41] 江苏省建设厅：《江苏省村庄规划导则》，2008 年 5 月。
[42] 海南省建设厅：《海南省村庄规划编制技术导则（试行）》，2011 年 11 月。
[43] 山东省建设厅：《山东省村庄建设规划编制技术导则（试行）》，2006 年 2 月。
[44] 盐城市规划局：《盐城市“6・23”龙卷风冰雹特别重大灾害灾后重建总体规划》，2016 年 12 月。
[45] 李俐、马瑞亚、吴文捷、刘霄峰、张军、关瑞明、聂兰生：《中国传统民居》，《中国住宅设施》，2012 年第 4 期。
[46] 关瑞明、聂兰生：《传统民居类设计的未来展望》，《建筑学报》，2003 年第

12 期。

[47] 武雪丽:《浅谈新农村住宅设计》,《河北工程技术高等专科学校学报》,2011 年第 6 期。

[48] 刘妍妍:《四川下寺村灾后重建规划设计模式初探》,西安建筑科技大学硕士学位论文,2009 年 4 月。

[49] 江国逊、林恺华、沈山:《空心化村庄居民点废弃地整理潜力探讨——以江苏省邳州市前湖村为例》,《国土与自然资源研究》,2011 年第 6 期。

[50] 黄鸣婕:《现代中式别墅的调查与研究》,同济大学硕士学位论文,2008 年 2 月。

[51] 吕英霞:《中国传统建筑色彩的文化理念与文化表征》,哈尔滨工业大学硕士学位论文,2008 年。

[52] 蒋中晖:《他们告政府有理吗?》,《国土资源》,2004 年第 2 期。

[53] 李华宇:《基于农户家庭特征的农村宅基地一户多宅与闲置研究》,浙江大学硕士学位论文,2014 年 5 月。

[54] 陈舒婷:《乡村住宅适老化改建设计方法研究》,安徽建筑大学博士学位论文,2017。

[55] 叶明川、叶爽:《浅谈住宅的建筑节能》,《工程与建设》,2011 年第 2 期。

[56] 江苏省城镇与乡村规划设计院:《盐城市乡村基本设施配套标准》,2017 年 8 月。

[57] 中公教育教师资格考试研究院编著:《幼儿园一本通》,世界图书出版公司,2014 年。

[58] 钱玉涛、刘峰、赵和生:《乡村幼儿园设计策略初探》,《安徽建筑》,2017 年第 12 期。

[59] 孟建民:《玉树地震遗址纪念馆,青海,中国》,《世界建筑》,2016 年第 10 期。

[60] 孟昀:《5·12 汶川特大地震纪念馆》,《城市与减灾》,2015 年第 3 期。

[61] 徐会玲:《人性的关怀》,《建筑知识》,2014 年第 11 期。

[62] 蔡永洁:《“非建筑”的设计策略:“5·12”汶川特大地震纪念馆中人与自然的一次审慎对话》,《时代建筑》,2018 年第 3 期。

[63] 赵敏:《意向中的 21 世纪中国建筑(三)/建筑师的社会责任》,建筑学院,2015 年 3 月,http://test.archcollege.com/archcollege/2015/03/11678.html。

[64] 谯苗苗:《汶川地震灾区城镇重建社区环境主观评价研究》,西南交通大学硕

士学位论文,2013 年 5 月。

[65] Chang S E.,"Urban Disaster Recovery:A Measurement Framework and Its Application to the 1995 Kobe Earthquake," *Disasters*,2010 年第 2 期。

[66] 杨月巧等:《地震灾后恢复重建的后评价框架体系研究》,《灾害学》,2014 第 1 期。

[67] 中华人民共和国国务院:《汶川地震灾后恢复重建条例》,2008 年 6 月 8 日。

[68] 徐玖平、王鹤:《汶川特大地震灾后基础教育重建的系统分析》,《世界科技研究与发展》, 2008 年第 6 期。

[69] 曹玮:《洪涝灾害的经济影响与防灾减灾能力评估研究》,湖南大学博士学位论文,2013 年 4 月。

[70] 常相全、韩静轩、张波:《基于因子分析的地震灾害评价指标体系研究》,《统计与决策》, 2009 年第 7 期。

[71] 李维玮:《汶川地震灾后重建城镇住宅环境评价因子研究》,西南交通大学硕士学位论文,2011 年 6 月。

[72] 谷莘、常相全、韩静轩:《基于神经网络的地震灾害经济损失评价模型》,《统计与决策》, 2009 年第 10 期。

[73] 王凤京、范嘉毅:《论灾后重建中财政资金的绩效管理》,《生产力研究》,2012 年第 6 期。

[74] 吴育军、张芮:《基于工程经济学理论的灾后重建项目资金分析》,《科技创新导报》,2009 年第 2 期。

[75] 沈茂英:《汶川地震灾区恢复重建中的生态保护问题研究》,《四川林勘设计》, 2009 年第 2 期。

[76] 吴宁、卢涛、罗鹏等:《地震对山地生态系统的影响——以 5·12 汶川大地震为例》,《生态学报》,2008 年第 12 期。

[77] 肖磊、李仕明:《汶川地震生态重建区的承载力评价及产业选择——兼论德阳重灾区旅游产业发展》,《电子科技大学学报(社科版)》,2009 年第 21 期。

[78] 徐慧文:《5·12 地震重灾区灾后生态功能恢复效应评价》,西南交通大学硕士学位论文,2015 年 5 月。

[79] 陈蓓蓓:《汶川灾后重建与政府合法性的双轨效应——对汶川灾后重建的社会影响评估》,华中科技大学博士学位论文,2012 年 5 月。

[80] 李小云、赵旭东:《灾后社会评估:框架·方法》,社会科学文献出版社,

2008 年。

[81] 林万亿:《灾难救援与社会工作——以台北县 921 地震灾难社会服务为例》,《台大社会工作学刊》,2002 年。

[82] 曾倩:《基于汶川地震的自然灾害灾后重建效果评估》,西南财经大学硕士学位论文,2012 年 3 月。

[83] 韩伟:《汶川地震灾后重建需求评估和建议》,《农村经济》,2008 年第 12 期。

[84] 黄承伟:《〈汶川地震灾后恢复重建总体规划〉实施社会影响评估》,社会科学文献出版社,2010 年。

[85] 郭毓东、徐亚纯、郝祖涛:《基于 AHP 和熵值法的绿色物流发展指标权重研究——以长株潭两型社会城市群为例》,《科技管理研究》,2013 年第 18 期。

[86] 常飞:《地震灾区典型村镇聚落重构与发展能力研究》,中国科学院大学、中国科学院研究生院论文,2012 年。

[87] 吴明隆:《问卷统计分析实务——SPSS 操作与应用》,重庆大学出版社,2010 年。

[88] Saaty, Dr. Thomas: *Analytical Hierarchy Process* (*AHP*), Keputusan, 2003 年。

[89] 郭丽华:《灾后恢复重建项目后评估研究》,南京大学硕士学位论文,2012 年 5 月。

[90] 王玉娟、杨山、吴连霞:《多元主体视角下城市人居环境需求异质性研究——以昆山经济技术开发区为例》,《地理科学》,2018 年第 7 期。

[91] 王玉娟、杨山、秦雪婷:《基于人居环境需求感知的居民分类及其影响因素——以昆山经济技术开发区为例》,《国土与自然资源研究》,2018 年第 5 期。

[92] 仵明丽:《美欧等发达国家乡村演变的历程与启示》,《时代金融》,2015 年第 5 期。

[93] 赵凯、褚峤:《美国支持农村发展财政政策法案的演进及其启示》,《经济研究导刊》,2015 年 15 期。

[94] 夏德孝:《发展农村旅游对促进新农村经济建设的影响》,《改革与战略》,2015 年第 11 期。

[95] 丁中伟:《美国早期农场信贷系统对我国农村金融供给的启示》,《时代金融》,2017 年第 5 期。

[96] 宋金平、李香芹:《美国的城市化历程及对我国的启示》,《城市问题》,2006 年第 1 期。

[97] 高强、王富龙:《美国农村城市化历程及启示》,《世界农业》,2002 年第 5 期。

[98] 冯亮、彭洁:《农村社会发展国际比较与中国借鉴》,《河南社会科学》,2018 年第 2 期

[99] 孟广文、Hans Gebhardt:《二战以来联邦德国乡村地区的发展与演变》,《地理学报》,2011 年第 12 期。

[100] 王宏侠、丁奇:《德国乡村更新的策略与实施方法——以巴伐利亚州 Velburg 为例》,《艺术与设计(理论)》,2016 年第 3 期。

[101] 毕宇珠、苟天来、张骞之等:《战后德国城乡等值化发展模式及其启示——以巴伐利亚州为例》,《生态经济》,2012 年第 5 期。

[102] 谢辉、余天虹、李亨等:《农村建设理论与实践——以德国为例》,《城市发展研究》,2015 年第 4 期

[103] 郭永奇:《国外新型农村社区建设的经验及借鉴——以德国、韩国、日本为例》,《世界农业》,2013 年第 3 期。

[104] 常江、朱冬冬、冯姗姗:《德国村庄更新及其对我国新农村建设的借鉴意义》,《建筑学报》,2006 年第 11 期。

[105] 聂梦遥、杨贵庆:《德国农村住区更新实践的规划启示》,《上海城市规划》,2015 年第 5 期。

[106] 郭巍、侯晓蕾:《从土地整理到综合规划:荷兰乡村景观整治规划及其启示》,《风景园林》, 2016 年第 9 期。

[107] 赵霞、姜利娜:《荷兰发展现代化农业对促进中国农村一二三产业融合的启示》,《世界农业》,2016 第 11 期。

[108] 张晋石:《20 世纪荷兰乡村景观发展概述》,《风景园林》,2013 年第 4 期。

[109] 张莉:《荷兰的农业现代化》,《当代农机》,2015 年第 3 期。

[110] 张驰、张京祥、陈眉舞:《荷兰乡村地区规划演变历程与启示》,《国际城市规划》,2016 年第 1 期。

[111] 周娟:《韩国农业危机及其启示》,《农业经济问题》,2015 年第 3 期。

[112] 刘义强:《再识"新村运动":跨越农村现代化关键阶段的韩国案例》,《南京社会科学》,2017 年第 2 期。

[113] 李仁熙、张立:《韩国新村运动的成功要因及当下的新课题》,《国际城市规

划》,2016 第 6 期。

[114] 李炳昨:《韩国江原道新农渔村建设运动的开展过程和特征》,《经济与管理研究》,2011 年第 9 期。

[115] 李虎、赵一帆:《韩国新村运动对我国新农村建设的启示》,《农村经济与科技》,2013 年第 9 期。

[116] 王志:《借鉴韩国农业发展经验,推动中国新农村建设》,《现代物业(中旬刊)》,2011 年第 3 期。

[117] 盛丹萍:《浅析日本乡村旅游发展成功经验及其借鉴》,《农业经济》,2017 年第 8 期。

[118] 刘小蓓:《日本乡村景观保护公众参与的经验与启示》,《世界农业》,2016 年第 4 期。

[119] 杨华:《日本乡村旅游发展研究》,《世界农业》,2015 年第 7 期。

[120] 赵婧贤、张益修、庄惟敏:《日本乡村建设案例调查——城乡互动、产业复兴的川场村》,《世界建筑》,2017 年第 4 期。

[121] 谷中原:《农村社会学新论》,武汉大学出版社,2010 年。

[122] 韩秀兰、阚先学:《日本的农村发展运动及其对中国的启示》,《经济师》,2011 年第 7 期。

[123] 韩喜平、孙贺:《美丽乡村建设的定位、误区及推进思路》,《经济纵横》,2016 年第 1 期。

[124] 刘泽洲、刘晋文、李辉:《行动导向的近郊型美丽乡村片区规划编制探索——以南京江宁为例》,《城市建筑》,2016 年第 11 期。

[125] 李辉、杨莹:《基于生态美学的乡村特色景观生态规划探讨——以南京江宁"美丽乡村"示范区规划为例》,《中华建设》,2014 年第 9 期。

[126] 姚士谋、杨永清、任永明等编:《城乡统筹,和谐江宁:探索中国城乡发展之路》,中国科学技术大学出版社,2011 年。

[127] 吴理财、吴孔凡:《美丽乡村建设四种模式及比较——基于安吉、永嘉、高淳、江宁四地的调查》,《华中农业大学学报(社会科学版)》,2014 年第 1 期。

[128] 刘晋文:《南京美丽乡村江宁示范区规划设计 探寻大都市近郊地区美丽乡村可持续发展之路》,《中华建设》,2016 年第 2 期。

[129] 沈弦艺、黄诚、陈胥君等:《合作治理:城乡一体化进程中农村环境卫生治理的可能路径——基于长沙县浔龙河小镇的个案研究》,《中国农村卫生事业

管理》,2017 年第 12 期。

[130] 彭成圆、蒋和平:《集中社会资本助推城镇化建设研究——以浔龙河生态小镇发展为例》,《安徽农业科学》,2014 年第 14 期。

[131] 陈刚:《浔龙河:以“创新驱动”打造生态小镇》,《中国土地》,2017 年第 3 期。

[132] 周丽芸:《地域文化视角下休闲农业园的传承与创新——以无锡“田园东方”为例》,《设计》,2017 年第 5 期。

[133] 李文君:《观光农业的规划设计理论发展探析——以无锡阳山田园东方为例》,《中国园艺文摘》,2016 年第 7 期。

[134] 曹杰、朱蓉:《田园乐活理念下的江苏城郊休闲景园规划研究——以无锡阳山田园东方为例》,《中国园艺文摘》,2017 年第 3 期。

[135] 胡向东、王晨、王鑫、刘现武:《国家农业综合开发田园综合体试点项目分析》,《农业经济问题》,2018 年第 2 期。

[136] 杨柳:《田园综合体理论探索及发展实践》,《中外建筑》,2017 年第 6 期。

[137] 王雯慧:《田园综合体能否成为乡村振兴新引擎?》,《中国农村科技》,2018 年第 3 期。

[138] 李增刚:《理念—行为—绩效:一个分析框架——兼对山东青州南张楼村的案例分析》,《东岳论丛》,2017 年第 7 期。

[139] 彭莉莉:《山东青州市南张楼村新农村建设考察报告》,《武汉学刊》,2006 年第 6 期。

[140] 李文荣、陈建伟:《城乡等值化的理论剖析及实践启示》,《城市问题》, 2012 年第 1 期。

[141] 赵新娟、王淑娟:《加快城乡一体化进程的对策研究》,《经济纵横》,2008 年第 3 期。

[142] 谭文兵:《“城乡等值化”发展理念对城乡统一建设用地市场的启示》,《中国人口·资源与环境》,2014 年 S3 期。

[143] 毕宇珠、苟天来、张骞之、胡新萍:《战后德国城乡等值化发展模式及其启示——以巴伐利亚州为例》,《生态经济》,2012 年第 5 期。

[144] 王韬:《村民主体认知视角下乡村聚落营建的策略与方法研究》,浙江大学博士学位论文,2014 年。

[145] 葛丹东:《空间至机制——基于乡村视角的村庄规划建设研究》,浙江大学博士学位论文,2008 年 6 月。

[146] 岳天明:《浅谈民族学中的主位研究和客位研究》,《中央民族大学学报》,2005 年 3 月。

[147] 郁枫:《空间重构与社会转型——对中部地区五镇变迁的调查与探析》,清华大学博士学位论文,2006 年 12 月。

[148] 任能:《乡村旅游开发中的政府职能研究——以江苏省东台市甘港村为例》,西北农林科技大学博士学位论文,2016 年 5 月。

[149] 林涛:《浙北乡村集聚化及其聚落空间演进模式研究》,浙江大学博士学位论文,2012 年 5 月。

[150] 余侃华:《西安大都市周边地区乡村聚落发展模式及规划策略研究》,西安建筑科技大学博士学位论文,2011 年 3 月。

[151] 侯丽敏:《社会管理背景下的村庄权力结构研究——以盐城市为例》,中国矿业大学硕士学位论文,2014 年 5 月。

[152] 张文静:《农村社区建设进程中农民主体性缺失与建构研究》,华中师范大学博士学位论文,2013 年 5 月。

[153] 罗丹、刘涛、李文明:《夯实乡村振兴体制机制保障》,《中国农民合作社》,2018 年 5 月。

[154] 中华人民共和国中央人民政府:《中共中央 国务院关于实施乡村振兴战略的意见》,新华社,2018 年 2 月 4 日,http://www.gov.cn/zhengce/2018-02/04/content_5263807.htm。